Bernhard von Bülow
Deutschland und die Mächte vor dem Krieg

SEVERUS

Von Bülow, Bernhard: Deutschland und die Mächte vor dem Krieg
Hamburg, SEVERUS Verlag 2014

ISBN: 978-3-95801-083-3
Druck: SEVERUS Verlag, Hamburg, 2014
Nachdruck der Originalausgabe von 1929

Der SEVERUS Verlag ist ein Imprint der Diplomica Verlag GmbH.

Bibliografische Information der Deutschen Nationalbibliothek:
Die Deutsche Nationalbibliothek verzeichnet diese Publikation in der
Deutschen Nationalbibliografie; detaillierte bibliografische Daten sind im
Internet über http://dnb.d-nb.de abrufbar.

© SEVERUS Verlag
http://www.severus-verlag.de, Hamburg 2014
Printed in Germany
Alle Rechte vorbehalten.

Der SEVERUS Verlag übernimmt keine juristische Verantwortung oder
irgendeine Haftung für evtl. fehlerhafte Angaben und deren Folgen.

Deutschland und die Mächte
vor dem Krieg

in amtlichen Schriften des

Fürsten Bernhard von Bülow
ohne seine Mitwirkung herausgegeben
von einem Ungenannten

Erster Band

EINLEITUNG
Vom Herausgeber

I

„Wer mit seiner Mutter, der Natur, sich hält,
Find't im Stengelglas wohl eine Welt!"

Wie sich nach diesem Goethe-Wort dem Schauenden im Stengelglas eine Welt erschließt, so gewinnt man aus einer Anzahl von Äußerungen des Fürsten Bülow ein gewisses Bild seiner Persönlichkeit, ja seiner Epoche. Darum mögen einige solcher Äußerungen dem Werk pointiert vorangestellt werden; sie wirken fast wie Aphorismen, an denen die Patina von Jahrhunderten haftet, und dem Leser wird sich die Frage aufdrängen: gibt es hier einen Weg, der in die Zukunft führt?

Hier spiegelt sich ein ganzes Zeitalter, das dem Geiste nach der Vergangenheit angehört, so kurze Zeit es auch zurückliegen mag. Diese aphoristischen Streiflichter sind alles Teile aus jenen geheimen Niederschriften, die wohl den größten Teil dieses Werkes ausmachen, offen und rückhaltlos, für kein spähendes Auge der Öffentlichkeit bestimmt, und darum besonders echt. Wenn gerade diese Äußerungen sine ira et studio vorangestellt werden, so darf es nicht ohne den Hinweis geschehen, der Leser möge den jeweiligen Zusammenhang nachschlagen, in dem diese Worte geschrieben wurden, denn nur der Zusammenhang gewährt ein völliges Verständnis; durch die chronologische Reihenfolge wird dies leicht ermöglicht. Diese vertraulichen Bekenntnisse aus Bülows eigener Feder erhellen das Verständnis einer Epoche von dem Licht eines überragenden Mannes aus, der in seiner Erscheinung diese Epoche fast versinnbildlicht:

Die Sicherheit der Allerhöchsten Person geht allem andern voran. 29. 8. 05

*

Euere Majestät mögen versichert sein, daß, wenn das Ungewitter losbrechen sollte, das über dem Kanal steht, mir das Herz nicht in die Hosen fallen wird. Ich werde in Euerer Majestät Dienst dann nach Kräften dafür sorgen, daß wir, wie auch die Chancen liegen, unseren Feinden viele Leichen vor die Füße werfen.
26. 8. 08

*

Die Scheu . . ., welche die Welt heut vor der unerschrockenen Tatkraft Seiner Majestät hat. Diese Scheu war bisher ein Hauptfaktor für die friedliche Erhaltung der Machtstellung Deutschlands. 29. 3. 05

*

Wir wünschen als überzeugte Monarchisten die Aufrechterhaltug des Zarentums und müssen dies wünschen, da wir sonst selbst den Gefahren der Revolution und des Sozialismus verfallen. 3. 3. 08

*

Die Hauptsache ist, daß Euere Majestät Seiner Majestät dem Könige von Italien einige Liebenswürdigkeiten über Ihre Majestät die Königin Helene sagen... Hier ist die Stelle, wo König Viktor Emanuel wie weiland König Philipp in Schillers „Don Carlos" sterblich ist. 10. 3. 05

Ein gleichmäßiges Vorgehen der drei großen Monarchien werde wohl genügen, um die Abrüstungsidee unschädlich zu machen. 10. 2. 07

*

Die Einführung einer obligatorischen Schiedssprechung für internationale Streitigkeiten . . . ist schon von der ersten Haager Friedenskonferenz erörtert worden. Sie ist an dem entschlossenen Widerspruche Deutschlands gescheitert. Dieser Widerspruch gründet sich in erster Linie auf die Erwägungen, . . . daß die unterschiedslose Unterwerfung unter ein Schiedsgericht, kleinen wie großen Staaten gegenüber, sich mit der Stellung einer Großmacht nicht vereinigen läßt . . . 29. 7. 07

*

Betr. des Gedankens einer Konferenz sagten Seine Majestät dem englischen Botschafter, daß man den Japanern nicht zumuten könnte, sich am grünen Tisch um die Früchte ihrer kriegerischen Anstrengungen bringen zu lassen.* 14. 3. 05

*

Der Kaiser an Bülow: Die an und für sich lächerlichen Schiedsgerichtsverträge . . . 27. 12. 03

*

Vollends unannehmbar aber wäre ein Weltschiedsvertrag, der uns . . . kleineren Staaten gegenüber der Möglichkeit berauben würde, den Machtfaktor zur Geltung zu bringen. 29. 7. 07

*

. . . die allgemeine Wehrpflicht mache die Völker friedlich. 11. 2. 09

*

* Also mit anderen Worten: der Besiegte soll dem Feinde völlig preisgegeben werden, er hat nicht einmal Anspruch auf eine Konferenz. Das Blut der Gefallenen soll sich rentieren.

Ich habe mit dieser Aktion* schon begonnen, indem ich das Preßbüro angewiesen habe, ganz unauffällig einen für Witte kompromittierenden Artikel der letzten Nummer der „Zukunft" in die deutsche Presse und auch in die „Darmstädter Zeitung" zu bringen.

26. 7. 05

Nachdem der Kriegsausbruch zwischen Rußland und Japan unvermeidlich geworden zu sein scheint, würde es gut sein, unsere Presse hinsichtlich der von ihr einzunehmenden Haltung mit möglichst einheitlicher Direktive zu versehen. Erleichtert wird dies dadurch, daß die Zeitungen erst morgen abend wieder erscheinen, bis auf „Berliner Tageblatt" und ein eventuelles Extrablatt des „Lokalanzeiger", die vorher eingespritzt werden können. 7. 2. 04

Ich stelle zur Erwägung, ob wir die Frage . . . in die Presse bringen wollen. Eventuell am besten in ein nichtdeutsches Blatt. 6. 7. 04

. . . keine Ahnung davon . . ., daß die diesbezüglichen englischen Nachrichten französische Kuckuckseier wären. 6. 4. 04.

Vom egoistischen deutschen Standpunkt aus wäre uns Delcassé der bequemste, weil er ungeschickt ist.

6. 5. 05

Je geräuschloser unsere ganze diplomatische Tätigkeit bleibt, je weniger dieselbe von der Presse zum Gegenstand von Kritik oder selbst von Lob gemacht wird, um so besser . . . 11. 2. 05

---

* Gemeint ist eine Presseaktion gegen Witte.

Natürlich bleibt das Haupterfordernis für uns eine ruhige, feste, stetige und möglichst geschickte auswärtige Politik ohne Schwäche und Ängstlichkeit, aber auch ohne Rodomontaden und Provokationen.
27. 1. 09

*

Das Wort des ältesten und in mancher Hinsicht tiefsten aller Philosophen, des Heraklit, daß die Dinge im beständigen Flusse sind — πάντα ῥεῖ —, gilt auch für die Beziehungen unter den Staaten und Völkern.
27. 12. 03

*

Mir scheint, ein forscher russischer Admiral müßte jetzt sagen: Gern zwei Schiffe geopfert, wenn ein Japaner mit untergeht ...
27. 9. 04

*

Auf unsere Lage paßt der Spruch: „Cet animal est très méchant, quand on l'attaque il se défend."
11. 4. 05

*

Recht und Unrecht sind aber im Völkerverkehr da von Bedeutung, wo der Rechtsverletzer nicht so mächtig ist, daß er sich über alles hinwegsetzen kann.
4. 4. 05

*

Indessen halte ich mich verpflichtet, schon jetzt die Möglichkeit in Betracht zu ziehen, daß bei dieser wie bei so vielen anderen internationalen Streitfragen nicht die Logik, sondern das Machtgefühl maßgebend für die Entschließungen wird.
4. 10. 04

*

Nachdem wir aber Stellung genommen haben, müssen wir gegen uns und gegen andere gewisse Rücksichten beobachten, wenn wir nicht den Kredit verlieren wollen, welchen eine Regierung ebenso notwendig braucht, wie eine Privatfirma.
4. 5. 05

*

... kommt England gegenüber alles darauf an, daß wir mit Geduld und Spucke über die nächsten Jahre wegkommen ... 26. 12. 04

*

Die Weltgeschichte lehrt, daß einseitiges Vertrauen keine Dauer hat, und daß Mißtrauen ansteckend wirkt. 2. 2. 04

*

Die bessere Zügelung einer manchmal bemerkbaren, herausfordernden und andere Nationen ohne Not verletzenden Ruhmredigkeit in unserer Presse und in unseren Versammlungen ist eine wesentliche Vorbedingung für die Durchführung einer kühlen und vorsichtigen, dabei aber entschlossenen Politik, wie sie uns die derzeitige internationale Gestaltung auferlegt.
25. 6. 08

*

Ich habe Seiner Majestät mehr wie einmal gesagt, daß man in der Politik an etwa geleistete Dienste nicht zu oft erinnern müsse. 25. 9. 09

*

Wenn die Diplomaten nach Tanger und Marokko fragen, so bitte ich, ihnen gar nichts zu antworten und dazu ein ernstes und impassibeles Gesicht zu machen. Unsere Haltung in dieser Beziehung gleiche vorläufig derjenigen der Sphinx, die, von neugierigen Touristen umlagert, auch nichts verrät. 24. 3. 05

*

Es liegt in der menschlichen Natur, daß Hilfe nicht umsonst geleistet wird. 14. 3. 04

*

Als Deutsche aus der Fremdenlegion desertiert waren: Wir müssen wohl vor allem sicher sein, daß die Franzosen nicht etwa die deutschen Deserteure erschießen, denn das würde einen sehr bösen Eindruck machen und sehr schädlich wirken! Im übrigen sollte unsere Presse sich nicht sentimental für die Deserteure erwärmen... * 5. 10. 08

Als Gegenspielern etwas mißlang: Wir brauchen nur den wohlwollenden Zuschauer zu machen, der seine innerliche Freude in sich verbirgt. 21. 1. 09

*

Aus Verhaltungsmaßregeln für den Kaiser bei einer Begegnung mit dem Zaren:
Bei etwaigen Klagen der Russen über Österreich seufzen oder lächeln wir, je nach ihrer Intensität, zucken die Achseln, stimmen aber nicht ein.
Wir betonen immer wieder die traditionellen freundschaftlichen deutsch-russischen Beziehungen, die Basis der monarchischen Ordnung in der Welt und des Friedens. * 10. 6. 09

Die Italiener wären ein skeptisches Volk und begriffen nicht, wie man sich über religiöse Fragen echauffieren könne. Es gelang mir nur schwer, Herrn Giolitti klarzumachen, weshalb sich ein großer Teil der Deutschen über die Aufhebung des § 2 unseres Jesuitengesetzes aufgeregt habe. Als Herr Giolitti die Sache endlich begriff, meinte er, der deutsche Doktrinarismus sei unergründlich. 28. 9. 04

*

Um aus der Marokkoaffäre mit Anstand herauszukommen, ist das erste Erfordernis, daß wir die Franzosen diesen unseren Wunsch nicht zu deutlich merken lassen. * 7. 10. 08

Nach dieser Richtung braucht Österreich mit Versprechungen von Riemen aus dem serbischen Leder ja nicht ängstlich zu sein. Auch den Rumänen könnte ein Stück Serbien als „Kompensation" eines etwa bulgarischen Gebietszuwachses in Aussicht gestellt werden. * 12. 12. 08

Die russischen Sympathien wären zum mindesten geteilt. Österreich-Ungarn könnte zu Beginn des Kampfes erklären, daß es unter keinen Umständen sich serbisches Territorium aneignen werde, es könnte dagegen durch Überlassung eines Stückes von Serbien an Bulgarien letzteres an sich ketten und zwischen die beiden Staaten einen dauernden Keil treiben.
30. 11. 08

*

... die Überzeugung ..., daß deutsche und japanische Interessen sich nicht im Wege sind, sondern freundschaftlich nebeneinander bestehen können. Die Beziehungen der Völker sind von dieser Überzeugung mehr als von Verträgen abhängig. 2. 2. 04

*

Seine Majestät der Kaiser ... fühle aber als Souverän, und als solcher kränkten ihn die Blößen, welche sich Kaiser Nikolaus durch sein schlappes Auftreten gebe. Damit kompromittiere der Zar alle großen Souveräne. Es müsse im Interesse des Ansehens der Monarchien etwas geschehen, damit Kaiser Nikolaus forscher auftrete. * 14. 2. 04

Je mehr wir von dem erfahren, was vorgeht, desto mehr vermindert sich die Gefahr der Lage. 26. 12. 04

*

Die Hauptgesichtspunkte bleiben: 1. Absoluteste, strengste Verschwiegenheit nach allen Seiten über die Sachlage; 2. geschicktes und vorsichtiges Weiterspinnen des Fadens, denn es ist von größter Wichtigkeit, daß er nicht abreißt. * 18. 10. 05

Bei uns halten überspannte alldeutsche Professoren gelegentlich törichte Reden, und pensionierte Offiziere schreiben alberne Artikel. 11. 6. 05

*

Jedenfalls wird sich der Sultan darüber klar sein, daß der erste Schritt auf der schiefen Ebene der Nachgiebigkeit für alle Zeit entscheidend ist. 11.2.05

*

Die einfache Zurückweisung des Neutralisierungsgedankens hätte dieser Verdächtigung neue Nahrung geben müssen. * 13.2.04

Die Geschichte der Gegenwart beweist, daß die politische Entscheidung in Weltfragen nicht wie früher von einem einzelnen übermächtigen Reiche abhängt, sondern daß sich permanent zwei Gruppen von Mächten gegenüberstehen, deren Zusammensetzung jedoch, je nach der Natur der schwebenden Fragen, wechselt.
* 2.2.04

Populäre Strömungen rauschen vorüber, die realen Interessen und Kräfteverhältnisse aber bleiben.
* 28.10.08

Der Würde der Habsburgischen Monarchie würde es nicht entsprechen, wenn sie gestatten wollte, daß ihre durch die Lage erforderten Entschlüsse der Kritik und dem Arbitrium einer Konferenz unterzogen würden ... Im Besitz dieser beiden Provinzen sieht der alte Kaiser Franz Joseph und sieht das offizielle Österreich mit ihm einen Ersatz für den Verlust von Italien und Deutschland. * 30.9.08

Diese letzte Äußerung verdient eine besondere Beachtung, und mit Recht knüpft ein neuerer Historiker, Alfred Frankenfeld, in seinem verdienstvollen Buch „Österreichs Spiel mit dem Krieg, Das Verhängnis deutscher Nibelungentreue" (Verlag Carl Reißner, Dresden), hieran die folgende Bemerkung:

„Damit verspricht also der deutsche Reichskanzler jene berühmte Nibelungentreue, jene „Loyauté sans phrase", jene tragische Bereitschaft, Österreich in seinem Streben nach dem Balkandominat auf Tod und Leben beizustehen, um gewissermaßen die historische „Schuld" auszugleichen, die Preußen-Deutschland der Doppel-Monarchie und ihrem alten Kaiser gegenüber vor damals zweiundvierzig Jahren begangen hat, als Deutschland für Habsburg verlorenging! Revanche pour Sadoval Entgelt für verlorene Schlachten, spätes Pflaster auf alte Wunden, die Bismarck mit Blut und Eisen einst geschlagen, indem er die deutsche Frage ohne und gegen Österreich löste!"

Eine andere Äußerung ist nicht minder bemerkenswert. Witte hatte einen Besuch bei Bülow in Norderney gemacht und ihm hierbei mitgeteilt, „Kuropatkin hätte in einem vor seiner Abreise gehaltenen Kriegsrat gesagt, er würde mit den Japanern fertig werden, wenn man ihm hierfür anderthalb Jahre Zeit ließe, eine Armee von 400000 Mann guter Truppen zur Verfügung stelle und er von dieser Armee 40000 Mann an Toten und Verwundeten opfern dürfe. Unter Bezugnahme auf diese seine damalige Erklärung habe Kuropatkin jetzt ihm (Witte) geschrieben, bisher wären nur 3000 Russen außer Gefecht gesetzt, er habe also noch „marge" für 27000. Kuropatkin ist überzeugt, daß, wenn Rußland durchhält, er die Japaner schließlich schlagen wird. Witte teilt diese Zuversicht." 15.6.04

*

Nach solcher Berechnung, aufgestellt in dem Luxushotel eines mondänen Seebades, hatte der russische Machthaber also noch 27000 Menschen in seinem Kriege zu „verbrauchen", er hatte ein „Guthaben" von 27000 Söhnen von Müttern. Erst dann war sein Konto glatt. Und Bülow gab ein solches Bekenntnis weiter als etwas Selbstverständliches und Alltägliches.

Gerade die Selbstverständlichkeit, mit der dies ausgesprochen und niedergeschrieben wurde, kennzeichnet den Geist solcher Diplomatie. In welchen Abgrund sehen wir hier! Wir können diese Rechnung, die so kühl ausgesprochen wird, erst dann in ihrer ganzen Wucht erfassen, wenn etwa das Bild eines Gefallenenfriedhofes vor uns aufsteigt, mit schlichten Holzkreuzen. Schon einen Friedhof mit hundert Kreuzen vermag der Verstand nicht voll zu begreifen. Und all das vollzog sich, ohne daß die Völker selbst eine Ahnung hiervon hatten, sie, die Totgeweihten. Die Völker hatten nur mit dem Blut von Millionen das Schachspiel der Diplomaten zu bezahlen.

Muß dies alles nicht wie eine Flammenschrift an der Wand wirken? „Menetekel" — dieser Ausdruck könnte eine Formel für den Inhalt sein. Der gleiche Eindruck muß sich auch aufdrängen, wenn wir hier Bülows Weissagung vom 6. November 1905 lesen, die er nur nicht in die entscheidenden Taten umgesetzt hat: „Geht Rußland mit England, so bedeutet das notwendigerweise eine Spitze gegen uns, und es würde dies in absehbarer Zeit zu einem großen internationalen Kriege führen. Was wäre dann die Folge? Geht Deutschland aus einer derartigen Katastrophe siegreich hervor, so würde dies aller Wahrscheinlichkeit nach die Quelle neuer unerfreulicher Verwicklungen bilden. Wird Deutschland besiegt, so feiert die Revolution ihre Triumphe."

Letzten Endes verdichtet sich dies alles zu dem Weltbild eines Staatsmannes und geht hinaus über Bülows Persönlichkeit, Politik und Staatskunst, ja über die weltgeschichtlichen Ereignisse und mündet in ein Weltbild und in eine Weltform, in denen die einzelnen Handelnden nur Getriebene sind, also ohne eigene Schuld.

II

Wie sich in solchen Aphorismen Geist und Inhalt des vorliegenden Werkes spiegeln, so läßt etwas anderes ihre Aufgabe erkennen.

In einem vertraulichen Brief brachte Fürst Bülow zum Ausdruck, wie unerwünscht ihm der Plan der vorliegenden Ausgabe sei, und er ließ den Wunsch durchblicken, wenigstens Einfluß auf die Gestaltung der Publikation zu gewinnen, freilich nicht direkt, sondern durch Mittelsmänner. Nun, dazu ist es allerdings ebensowenig gekommen, wie Bülow diese Ausgabe verhindert hat. Aber nicht ohne Bedeutung dürfte es sein, daß Bülow bald darauf den folgenden Brief geschrieben hat:

Elbparkvilla Klein-Flottbek (Holstein)
den 14. September 1929

Verehrter Herr Dr. Franz Ullstein!

Im Sinne der zwischen uns bestehenden Abmachungen beehre ich mich Ihnen als dem Chef des Verlages Ullstein mitzuteilen, daß ich meine nunmehr endgültig fertiggestellten Denkwürdigkeiten in einem Exemplar vollkommen druckfertig und bereits mit allen Bildern und Faksimiles versehen, beim Bankhaus M. M. Warburg & Co. in der bisher üblichen Weise für Sie mit der Maßgabe hinterlegt habe, daß das Werk nach meinem Ableben zu Ihrer Verfügung steht.

Über die Hinterlegung des zweiten Exemplares in Zürich, wohin ich mich Anfang Oktober zu begeben gedenke, werde ich Ihnen gesonderte Mitteilung zugehen lassen.

In ausgezeichneter Hochachtung
Ihr sehr ergebener Fürst von Bülow

Aus bisher Gesagtem dürfte die Aufgabe des vorliegenden Werkes bereits hervorgehen: sie besteht in einem Gegensatz zu Memoiren solcher Art, die nur für die Nachwelt bestimmt sind. Denn die einzelnen Teile aus Bülows eigener Feder, die sich hier mosaikartig zu einem großen einheitlichen und abgeschlossenen Bild zusammensetzen, sind vertrauliche Niederschriften, die teilweise fast wie ein geheimes politisches Tagebuch aus Bülows eigener Feder wirken.

Werden wir durch Bülows Memoiren die Wahrheit über die vielen noch ungeklärten Ereignisse erfahren? Die Hoffnung hierauf kann für den Historiker freilich nicht allzu groß sein. Eher muß er gegenteilige Befürchtungen hegen — es sei denn, daß bei Bülow ein Wandel in manchen Grundsätzen eingetreten ist, die er selbst zum Ausdruck gebracht hat. Diese Äußerungen sind Tatsachen, die sich der Historiker bei der einstigen Prüfung der Memoiren ohne jedes Vorurteil vergegenwärtigen muß:

Z. B. hat sich Bülow mitunter über Napoleons Niederschriften dahin geäußert, daß Napoleon nicht so geschrieben habe, wie es gewesen sei, sondern so, wie er es gewünscht habe, daß andere es sehen sollten. Warum mag Bülow dies wohl wiederholt erzählt haben? — Vor allem sehen wir auch aus diesem Werk, wie Bülow mitunter eine größere Wichtigkeit in das hineingelegt hat, was er zwischen den Zeilen sagen wollte, als in das, was aus dem Gesagten selbst hervorgeht. Gerade bei Bülows Worten muß man mehr als bei jedem anderen unterscheiden, was hinter den Worten steht, denn sie sind oft nur dort offen, wo sie geheim sind — besteht in diesem Moment doch ein besonderer Reiz des vorliegenden Werkes.

Wenn man sich dies alles aber vergegenwärtigt, so kann man sich nur schwer dem Schluß entziehen, daß vor allem Bülows Reden, etwa im Reichstag, kaum einen Tatsachenwert haben, ebenso wie manche Kundgebungen und manches Geschriebene, das Bülow für die Öffentlichkeit bestimmt hat. Denn der Historiker kann sich nach den Einblicken, die diese Publikation gewährt, kaum des Eindrucks erwehren, daß manches von dem, was Bülow für die Öffentlichkeit gesagt und geschrieben hat, nicht immer mit den wirklichen Dingen in einem Zusammenhang steht. Wie wird dies nun bei seinen Memoiren sein?

Schon einmal hat Bülow ein Werk veröffentlicht, daß er „Deutsche Politik" nannte. Von diesem nun sagte ein Kenner wie Graf Monts, der auch in dem vorliegenden Werk eine Rolle spielt, daß es mehr zur schönen Literatur zu rechnen sei und daß er dafür den Titel „Wahrheit und Dichtung" vorschlüge.

Doch hüten wir uns vor Vorurteilen, und hören wir lieber Bülows eigene Bekenntnisse, wie sie hier enthalten sind. Z. B. schrieb er am 9. Juli 1907: „Ich glaube, daß es aus innerpolitischen Rücksichten nicht schädlich sein würde, wenn ich für die auswärtige Politik reges Interesse an den Tag legte." Aus diesem Grunde, um also beim deutschen Volk eine bestimmte Wirkung auszuüben, ließ sich Bülow damals den französischen Botschafter nach Norderney kommen. Einen so losen Zusammenhang hatten seine wirklichen Beweggründe mit seinen Taten.

Deutlicher wird Bülow in anderen Niederschriften, die wir hier mit Staunen lesen. Zum Beispiel schreibt er am 24. 10. 08: „Das Leitmotiv muß sein: Treue, Ehrlichkeit, Friedensliebe, gerade und aufrichtige Politik, Festigkeit, Ruhe." Welch ein Idealismus, denkt der Leser. Doch dann heißt es unmittelbar weiter: „In meinem Brief an Aehrenthal kann ich offener und freier sprechen."

Am deutlichsten ist Bülows Bekenntnis vom 30. 5. 05, das wir hier gleichfalls lesen: „Dadurch ist auf meine

Veranlassung dem deutschen Volke eine Vorstellung beigebracht worden, welche im direkten Widerspruch mit der Wirklichkeit steht."

Ein Schlaglicht auf den Wert oder Unwert manch dessen, was Bülow für die Öffentlichkeit bestimmt hat, ist auch eine geheime Niederschrift vom 15. 10. 05, die wir hier lesen: „Um so wichtiger ist es, überall und namentlich im deutschen Volke den Eindruck zu erwecken, daß England die Franzosen aufstacheln und vorschieben und einen Weltkrieg entfesseln wollte ... Wichtig ist auch, daß das deutsche Publikum den Ernst der internationalen Lage begreift, die Notwendigkeit, gerüstet zu sein, und wie elend sich gegenüber dem Ernst der Weltlage Parteistreitigkeiten und die übliche philiströse Kleinigkeitskrämerei ausnehmen."

Demgegenüber lesen wir hier unterm 11. 1. 09 Bülows Ansicht, daß die maßgebenden Kreise Englands einen solchen Krieg nicht wollten und daß nur die wachsende Furcht vor unserer Flotte eine drohende Gefahr darstelle. Also wollte Bülow offenbar dem deutschen Volk den Eindruck von Englands kriegerischen Absichten nur deshalb beibringen — eine Vorstellung, die, um Bülows eigene Worte zu gebrauchen, „im direkten Widerspruch mit der Wirklichkeit steht" —, um „Parteistreitigkeiten" zu vermeiden, das heißt also, um jede Opposition gegen sich zu beseitigen. Dies nur ein Beispiel von vielen!

Übrigens ist Bülows Verbindung mit dem gewiß allseitig geschätzten und verdienstvollen Hause Ullstein schon aus einem anderen Grunde erfreulich und interessant: sie ist ein Zeichen dafür, daß selbst dieser große Diplomat und Staatsmann ältester Schule umzulernen und sich an die neue Zeit anzupassen vermocht hat. Das erste Zeichen war wohl die Tatsache, daß Bülow nichts anderes werden wollte, als Reichspräsident in einer von ihm bis dahin so leidenschaftlich gehaßten republikanischen Staatsform, nichts Geringeres als der Nachfolger von Fritz Ebert. Der zweite Beweis dieser bewundernswerten Anpassungsfähigkeit in einem so biblischen Alter, eben seine Koalition mit dem Hause Ullstein, ist nicht weniger aufschlußreich; denn aus wesentlichen Teilen der vorliegenden Ausgabe geht hervor, wie Bülow als die Quelle manchen Unheils gerade die jüdische Presse erblickt hat, in deren Hände er nun sein Lebenswerk legt, das als ein monarchisches zu betonen er nie müde wurde.

Freuen wir uns also dieser Wandlungsfähigkeit und dieser Elastizität noch im hohen Alter! Wenn wir auch freilich nicht ganz das Bedauern unterdrücken können, daß Bülow sorgsam bestrebt ist, diese Koalition während seines Lebens noch streng geheimzuhalten. Die Luft der Geheimnisse ist ja nun einmal der Atem alter Diplomatie, wie wir aus dieser Publikation fast auf jeder Seite sehen, immer wieder mit neuem Staunen.

Bülows Bündnis mit der Firma Ullstein können wir erst dann völlig würdigen, wenn wir hier lesen, was Bülow einst unter dem schützenden Mantel diplomatischer Vertraulichkeit geschrieben hat:

„Auch ich selbst und die Leiter der Kaiserlichen Regierung werden von der deutschen radikalen und jüdischen Presse in gleicher Weise angegriffen und mit Schmutz beworfen. Wir haben ... alle die nämlichen Gegner, nämlich die geschworenen Feinde jeder Monarchie und jeder konservativen Ordnung."   3.3.08

„So bitte ich Sie, darauf hinzuweisen, daß bei uns die Preßfreiheit sich nachgerade in Preßfrechheit verwandelt hat, und daß der Ton und die Haltung unserer Presse, ... auch gegen unsern eigenen Kaiser und die eigene Regierung und die eigenen Minister so roh geworden ist wie kaum in irgendeinem andern Lande.

Diese Erscheinung ist traurig und wird von allen anständigen Kreisen der Nation in höchstem Grade gemißbilligt." 12. 6. 08

Und doch — ist das Mißtrauen gegen die alten Widersacher geschwunden? — Hier sehen wir den ganzen Bülow: Wie er sich einst völlig dem morschen Habsburgerreich mit Leib und Seele verschrieb, und dennoch in ständigem Mißtrauen darüber schwebte, ob sein österreichischer Freund ihn nicht etwa mit England betröge, so schenkt Bülow seinem neuen Alliierten, Herrn Dr. Franz Ullstein, nicht einmal das Vertrauen, ihm das Manuskript der Memoiren auszuhändigen.

Nach alledem kann für den Historiker, dem alles daran gelegen sein muß, die lückenlose Wahrheit zu erfahren, die Hoffnung nur gering sein, daß solche Wünsche nach restloser Erkenntnis in Erfüllung gehen. Im Gegenteil muß er fast die Befürchtung haben, daß die Memoiren die Dinge noch mehr verdunkeln könnten. Um so größer und wichtiger vermochte daher jene Aufgabe zu sein, die sich der Herausgeber mit dem vorliegenden Werk gestellt hat, dessen Wesen in einem scharfen Gegensatz zu solchen Memoiren steht. War bisher Bülow undurchdringlich und wird er es vermutlich auch in allem bleiben, was er für die Öffentlichkeit bestimmt, so vermag man ihn dagegen in diesem Werk wohl völlig zu erkennen; es gewährt auf seinem besonderen Gebiet restlose Klarheit. Sein intimster Reiz besteht eben darin, daß wir hier Bülow ohne Maske sehen. Freilich trägt er mitunter auch hier eine Maske, aber er wendet sie nur dort an, wo er sich offiziell äußert, während er sich einer solchen selten oder gar nicht in ganz vertraulichen Niederschriften bedient, so daß hier Offizielles und Nichtoffizielles mitunter als Widersprüche erscheinen.

Bei alledem, und ganz besonders bei solchen Gegensätzen, erweist sich ein Reichtum von Nuancen, der zur Bewunderung zwingt. Ist es eine Übertreibung, wenn der Herausgeber glaubt, daß diese Nuancenfülle, diese Meisterschaft der Gestaltung und Formung, diese Ausdrucksfähigkeit und Vollendung die einzelnen Teile dieser Auswahl zu dem Mosaikbild eines Kunstwerkes erheben, zu einer Art Urform der Weltgeschichte? Diese einzelnen Teile rühren aus der Riesenurkundensammlung des Auswärtigen Amtes her, die ja dem großen Publikum unbekannt ist; sie allein lüften den Schleier, den Bülow durch sein undurchdringliches Schweigen bewahrt. Bülow hat sie damals im unmittelbaren Erleben niedergeschrieben, um die Ereignisse selbst zu lenken. So gibt diese Auswahl ungewollte und deshalb um so getreuere Aufschlüsse und Selbstbekenntnisse; sie gewährt uns Blicke hinter die Kulissen des Welttheaters.

III

Der Kladderadatsch brachte einstmals eine treffliche Karikatur: Bülow, mit leichtem Röckchen bekleidet, war als Schwerttänzerin dargestellt, und darunter stand der Vers:

> Welch eine Grazie! Schau, schau!
> Welch wunderbarer Gliederbau!
> Es scheint wie ein Mirakulum,
> Daß sich die Maid, nur leicht bekleidet,
> Bei ihrem Tanz so gar nicht schneidet —
> Vor Staunen steht die Menge stumm.

Wie dieser Vers eine treffliche Charakteristik der Erscheinung Bülows ist, so bedeutet es ein Selbstbekenntnis, wenn er, wie wir hier sehen, einen Vers von Goethe zitiert:

> Heute, heut laß dich nicht fangen,
> So bist du tausendmal entgangen.

In der Tat kann man sich keinen größeren Gegensatz zu Bismarck denken, als es Bülow ist. Bismarck, der Schwerfällige und Gewuchtige, den wir uns heute beinahe nur noch als lebendes Monument vorzustellen vermögen, und Bülow, der Elegante, Leichte, Lächelnde, Gefällige, Polierte und Höfliche, dessen Grübchen heute schon zum Anekdotenschatz der Geschichte gehören. In einer Niederschrift gebraucht er hier den Ausdruck, man könnte aus jedem Holz Pfeile schnitzen, ein Ausdruck, der vielleicht nicht minder die Bedeutung eines Selbstbekenntnisses hat. Die jüngste Historie hat wohl kaum einen Staatsmann aufzuweisen, der über eine glänzendere Geschicklichkeit verfügt als Bülow, eine geschmeidigere Anpassungsfähigkeit und eine glattere Liebenswürdigkeit, als dieser Meister schillernder Verbergungskunst. Wie bewundernswert ist zum Beispiel die Geschicklichkeit, mit der Bülow der staunenden Mitwelt einen offenbaren Mißerfolg wie die Algeciras-Konferenz zu einem Erfolg umzutaufen vermochte! Aber hier sehen wir auch die Grenzen: Mochte eine solche Umwertung dem eigenen fürstlichen Ruhm auch freilich dienlich sein — der Sache selbst hat sie nur geschadet, und vor allem war sie doch der Inbegriff staatsmännischer Unproduktivität.

Dabei verbanden sich diese dem deutschen Wesen so fremden Fähigkeiten, die sich oft entscheidend in Nuancen äußerten, mit einer wahrhaft deutschen Arbeitskraft und Sachkenntnis, sowie mit einem profunden Wissen auf den verschiedensten Gebieten. Am erstaunlichsten vielleicht war die Fähigkeit, sich in den verschiedensten Sprachen zu bewegen, und zwar im Ton und aus der Seele und Stimmung des Angeredeten.

Wir lesen hier das nachdenkliche Wort: „Selbst die türkischen Vorgänge mit heiterer Ruhe behandeln." (16. 6. 09.) Welche Weisheit der Lebenskunst! Trefflich hat man ihn als „Kenner und Künstler des Lebens" bezeichnet, als „Meister des geschriebenen wie des gesprochenen Wortes, ein kluger Taktiker, der nicht leicht um einen Ausweg verlegen war, die glänzendste Erscheinung in der Wilhelmstraße, seit der erste Kanzler grollend aus dem Amte schied".

Ein anderer rühmt ihm nach, er sei ein „Mann, in dessen Eigenart sich zu vertiefen für den psychologischen Feinschmecker ein Genuß war, ein mit Bedacht schlürfender Gourmet an der Tafel des Lebens". Ein Causeur und Meister in der Kultur des Tischgesprächs, deren Sinn darin besteht, den Geist während leiblicher Genüsse schwingen und funkeln und glitzern zu lassen — ein Stück antiken Lebensgenusses aus der Einheit von Körper und Geist. Man hat diesem Mann nachgerühmt, er nähme das Leben wie ein buntes Spiel, an dem in heiterer Grazie teilzunehmen sich schon lohne, das aber dennoch nicht zum Einsatz des eigenen Lebens locke.

Die ernste Seite solcher lebensfrohen Dinge liegt freilich auf ganz anderem Gebiet. Bülow gab einmal mit einem Bonmot ein Selbstbildnis, als er darüber spottete, er habe meistens darauf verzichtet, Beleidigungsklagen einzureichen; wer aber behaupten würde, daß er imstande gewesen wäre, die Kriegserklärungen gegen Frankreich und Rußland ergehen zu lassen, den würde er doch verklagen.

So spielerisch dies Wort auch klingen mag, so birgt es doch eine abgrundtiefe Wahrheit, eine Wahrheit von jener Art, die uns erschüttern läßt. Es muß mit allem Nachdruck ausgesprochen werden: **Bülow hätte mit absoluter Sicherheit den Weltkrieg verhindert!** Dies ist eine Erkenntnis, der sich weder Freund noch Feind zu entziehen vermag. Denn Bülows Stärke lag gerade darin, schon gänzlich verfahrene Situationen zu retten, und fast gewinnt man den

Eindruck, als wenn er solche gefährliche Situationen herbeigewünscht habe, um an diesen seine Meisterschaft zu erproben, wie etwa der höchste Augenblick für den Matador dann gekommen scheint, wenn die Gefahr am größten ist. Eine schwerwiegende Frage für Psychoanalytiker: muß ein solcher Mann nicht unterbewußt auf jene Konstellationen hinarbeiten, in denen er seine Meisterschaft bewähren kann — besonders wenn dieser Mann vor Aktivität und Verantwortungsfreude glüht? Man kann diese Frage stellen, nicht aber beantworten. Wenn man aber eine Antwort wüßte, dann hätte man vielleicht den Schlüssel zu jener Tragödie, in der fünf Millionen Menschen starben und Reiche zerschellten. Wirkt nicht auch der Torero auf jene Lage hin, in der er seine Kraft beweisen kann? Solcher Mann ist Rettung und Gefahr zugleich.

Als sich Bülow im Dezember 1914 König Viktor Emanuel in seiner Eigenschaft als neuer Botschafter vorstellte, trat ihm der König mit den denkwürdigen Worten entgegen: „Wenn Sie in Berlin gewesen wären, so wären alle diese Dummheiten nicht geschehen." Und als eine der letzten Äußerungen Holsteins an Bülow ist uns sein Wort an Bülow überliefert: „Wenn Sie fortgehen, wird der Krieg unvermeidlich."

Es steht dem Historiker nur an, mit Tatsachen zu operieren, nicht aber mit „hätte" und „wäre". Dennoch muß er feststellen, daß Bülow es vermocht hatte, mit der leichten Hand des souveränen Meisters Knoten zu entwirren, bei denen nur noch eine gewaltsame Lösung möglich schien. Diese Feststellung hat nichts mit der Frage zu tun, ob ein solcher Meister die Knoten nicht vielleicht selbst geknüpft hat in dem unterbewußten Gefühl, sie entwirren zu können. Aber e i n e Überzeugung dürfen wohl alle haben: dieser Artist des Ausweichens wäre auch jeder Kriegserklärung ebenso ausgewichen, wie er das ärgste Unheil mit Kaltblütigkeit selbst dann noch gebannt hätte, wenn es alle zu verschlingen drohte.

So liegen hier vor uns Zeugnisse einer außerordentlichen und bewunderungswürdigen Klugheit, eines Spiels der Klugheit, dessen Fädenspinnen auch dem Laien ästhetische Freude bereitet. Solch kompliziertes Spiel der Kräfte bereitet einen ähnlichen Genuß, wie die Feinheiten eines Spinnetzes, auf dem der Tau liegt. Wir sehen hier den Meister der Taktik und sein Tastgefühl, das fast wie ein sechster Sinn wirkt. Wir sehen, daß er mit seinem Fernblick erfaßt, wie ein Ereignis irgendwo auf der weiten Welt an einer ganz anderen Stelle Folgen zu zeitigen vermag. Aber wir vermissen auch jede Leidenschaft — es sei denn die Leidenschaft nach Macht und persönlichem Erfolg. Und bei allem Spiel der Klugheit sehen wir, wie letzten Endes die große Einfachheit und Schlichtheit der Weisheit fehlt, die doch alle Dinge durchdringt und die allein schöpferisch zu sein vermag. Gerade die allzu komplizierte Klugheit sieht oft das Nächste nicht, das die Weisheit intuitiv erfaßt. So kommt es, daß der Wirksamkeit Bülows wohl viel Glänzendes, aber nichts Schöpferisches zu eigen ist, und daß sein Schaffen nicht aufbauend gewirkt hat, sondern untergrabend. Ihm fehlte die einfache und große Sehergabe des schöpferischen Menschen: der Blick in die Zukunft. Ohne diesen mußte sein Werk aber versagen und zusammenstürzen, sobald der Meister fehlte.

In seiner großen Rede zur Weltpolitik sagte es uns Bülow, daß Bismarcks Größe nicht im Sporenklirren, nicht in Kürassierstiefeln bestünde, sondern im rechten Augenmaß für Menschen und Dinge. (14. 11. 06.) Mit diesen Worten ging es Bülow ebenso wie einem Nietzsche, der in der Mimosenhaftigkeit seiner Empfindung von der Gewalt des Übermenschen sprach, oder wie einem Trotzky, der aus der Zartheit seiner Seele — die sich freilich nur in persönlicher Berührung erschloß — zu dem grausigen Programm des permanenten Umsturzes gelangte: sie alle sprechen von dem, was sie nicht haben und wonach die Untergründe ihres Ichs doch zum Ausgleich verlangen. Welche Sinnlosigkeit der Übertreibung steckt dann in allem Gesagten! Nimm das Gegenteil von solchen Worten an — und du hast die Wahrheit. Gerade Bülows Blick vermochte niemals mit rechtem Augenmaß die Menschen und Dinge zu erfassen, und an dieser Klippe mußte sein Werk Schiffbruch erleiden, wenn es seinen geschickten Händen entglitten war. „Die Triebkraft der Geschichte hat er nie erlauscht."

IV

Vor allem müssen wir — darin besteht ein Charakteristikum dieses Werkes — Bülows Meisterschaft bewundern, seine Gedanken in bestrickende Formen zu gießen. Wir sehen ihn hier, wie er stets geistvoll und sprühend ist, und wie es keine Trockenheit der Materie gibt, sobald sein Geist diese berührt. So wirkt dies Werk fast wie ein Handbuch der Staatskunst von einem Meister wie Bülow, das die wichtigsten Dokumente dieser Staatskunst enthält, ja vielleicht überhaupt die wichtigsten der jüngsten politischen Historie.

Bülow hatte stets einen meisterhaften Stil und Ausdruck dort, wo er nicht offiziell sprach. Dagegen ist sein einziges, für das große Publikum geschriebene Buch „Deutsche Politik" merkwürdig trocken, und mit Recht sagte man von diesem, es verrate wenig von der wirklichen Schreibweise dieses Stilkünstlers. In der Tat läßt manches von dem, was Bülow für die Öffentlichkeit bestimmt hat, in seiner Gewolltheit nichts von dem Stilkünstler ahnen, der sich in jenen Niederschriften zeigt, die nicht für die Öffentlichkeit bestimmt sind, also in den Teilen, aus denen sich die vorliegende Publikation zusammensetzt. Dies ist freilich ein Rätsel, denn ein Bülow kannte gewiß keine Befangenheit. Vielleicht mögen unsere Psychologen dies Rätsel lösen.

Manche der hier enthaltenen Niederschriften aus Bülows eigener Feder haben einen völlig memoirenhaften Charakter, was dieser Publikation noch ein besonderes Gepräge verleiht. Oder lassen sich trefflichere Memoirenteile denken, als etwa Bülows Aufzeichnung vom 18. 8. 05, die er selbst als „ganz geheim" bezeichnet hat? Zu den interessantesten memoirenhaften Teilen des Werkes gehören auch — um nur ein Beispiel aus der Fülle herauszugreifen — seine Aufzeichnungen über Gespräche mit dem Kaiser, wie etwa die Niederschrift vom 14. 2. 04. Daher dürfte die besondere Eigenart und Bedeutung des Werkes darin liegen, daß es — und zwar überhaupt von der gesamten diesbezüglichen Literatur zum erstenmal in geschlossener Form — die intimsten Einblicke in die Werkstatt eines Diplomaten von höchstem Rang gewährt, was Memoiren eigentlich tun sollen, aber leider oft nicht tun, weil gerade politische Memoiren eines Staatsmannes, dem die weltgeschichtlichen Entwicklungen nicht rechtgegeben haben, mundgerecht für die Mit- und Nachwelt gemacht werden.

Hier sehen wir dagegen in die Werkstatt eines Staatsmannes von weltpolitischem Format, wie es in der kaiserlichen Zeit keinen außer Bismarck überhaupt gegeben hat. Dies Werk zeigt uns den seltsamen und bedeutsamen Weg, den er sich bereitet hat, einen Weg, auf dem ein einzelner über das Schicksal von

Millionen entschied: auf diesem Weg verstand es ein Meister wie er, jeden Krieg zu vermeiden, und doch mußte solcher Weg mit zwingender Notwendigkeit in einen Krieg münden, sobald er von einem anderen beschritten wurde.

So ersteht hier fast ein pragmatisches Lehrbuch der Diplomatenkunst alter Schule, die der Vergangenheit angehört und angehören muß, obwohl sie sich hier noch einmal unter den Händen eines Meisters voll entfaltet, der ihr trotz allem einen bestrickenden Reiz verleiht, weil er eben ein Künstler des Lebens ist. Noch einmal zeigt sie unter seinen Händen, welch fein ziseliertes Instrument sie ist, diese alte Geheimkunst, die aus Jahrhunderten heraufkommt und daher etwas an sich hat von der Goldmacherkunst der Alchimisten oder von der geheimnisvollen Weisheit alter Sterndeuter. Solche Luft strömt uns entgegen, wenn wir diese Werkstatt betreten, in der unser aller persönlichstes Schicksal zusammengebraut wurde. Hier, hinter den Kulissen des Welttheaters, fielen die Würfel über unser Eigenstes — das ist der ganze Irrsinn und die ganze Tragik der alten Geheimdiplomatie. Das Einzelschicksal war nicht mehr als ein Stäubchen in der großen Masse, die den Einsatz in Europas grausigem Spiel mit dem Kriege bedeutete.

Kommen wir nun zu Einzelheiten, so dürfte am spannendsten wohl die Lektüre der hier enthaltenen Berichte Bülows an den Kaiser sein, seine Wiedergaben von Unterhaltungen mit ihm, seine memoirenhaften Niederschriften über Begegnungen mit Monarchen und Staatsmännern, seine Auseinandersetzung mit Tirpitz und besonders das Theater der Monarchenbesuche, bei denen Bülow die „nach Äußerlichkeiten urteilende Welt" in seine Berechnungen einschließt. (19. 2. 04.) Hierbei eine Nebenfrage: Könnten unter

Umständen Begegnungen von Staatsmännern im Rahmen des Völkerbundes nicht ein fataler Ersatz für solche Monarchenbesuche sein? Ist diese Gefahr so gänzlich ausgeschlossen?

Besonders die hier enthaltenen Briefe des Kaisers an Bülow, die wohl überhaupt die wichtigsten geheimen Niederschriften des Kaisers darstellen, ermöglichen ein Bild, wie man es früher nicht gekannt hat und wie es in dieser Weise auch noch nie verwertet und dargestellt wurde.

Für den diplomatischen Laien dürfte es dabei nicht ohne Interesse sein, wie Bülow oft bei irgendwelchen Meldungen Lockspeisen wittert oder einen Leim, auf den er gehen soll. Ein treffliches Beispiel hierfür ist die Niederschrift vom 4.6.04. Bemerkenswert ist es sodann, wie sich Bülow nicht nur mit Deutschlands Stellung beschäftigt, sondern auch auf die Gestaltung anderer Länder Einfluß nehmen will. So z. B., wenn er dem Fürsten Ferdinand von Bulgarien ein Privatissimum über Staatskunst gibt, wenn also Ferdinand bei Bülow gewissermaßen in die Lehre geht und in welcher Art sich dieser Unterricht auswirkt und wie Bülow dabei die deutschen Interessen wahrt. Nicht weniger beachtenswert ist Bülows langer Brief an Prinz Heinrich vom 30.3.05: Hier will Bülow Einfluß auf den Friedensschluß zwischen Rußland und Japan in einer sehr beachtenswerten Weise nehmen und den Zaren lenken. Amüsant wirkt es, wenn Bülow sogar das Pferd zu beeinflussen sucht, das den Kaiser tragen soll, wie wir hier in der köstlichen Schilderung vom 30.3.05 lesen, in der auch das welterschütternde Problem erörtert wird, ob sich eine Sänfte für die Allerhöchste Person eigne, da die Sänfte ein weibliches Transportmittel sei. Welche Sorgen hatten damals doch die Diplomaten!

Von besonderem Wert sind hier auch die trefflichen Charakterisierungen von weltgeschichtlichen Persönlichkeiten aus jüngster Vergangenheit. Bülows tagebuchartige Aufzeichnungen seines Gespräches mit Witte vom 11.6.04 enthalten wohl bessere Charakteristiken des Zaren und anderer Machthaber, als manches Geschichtswerk, und schon damals taucht in der Darstellung der mystischen Neigungen des Zaren vor dem Leser von heute das Gespenst des ungenannten Rasputin auf.

In welch anderem Licht erscheint uns hier auch der plötzliche Wandel in Bülows Haltung gegenüber Frankreich gelegentlich der Marokkofrage, wenn wir hier sehen, daß der letzte Beweggrund dieser Wandlung in dem Scheinvertrag von Björkoe lag, den der Kaiser ganz unvorbereitet mit dem Zaren geschlossen hatte und der dann später annulliert wurde! Eine solche neue Wirkung vermochte sich aus der neuen Gruppierung des Stoffes zu ergeben, die uns auch zu sehen ermöglicht, wie Bülow an den gleichen Tagen nach den verschiedensten Teilen der Welt hin seine Fäden spinnt, oft in der gleichen Stunde.

Und das alles lesen wir heute mit ganz anderen Augen als die Empfänger von damals, weil die Weltgeschichte inzwischen die Probe aufs Exempel gemacht hat.

V

Zu den aufschlußreichsten Teilen dieser Auswahl gehören jene Briefe und Berichte, die das Verhältnis zwischen dem Kaiser und Bülow berühren. Bülows Kunst der Menschenbehandlung treibt hier ihre merkwürdigsten Blüten. Wenn er seine Erfolge nicht zuletzt einem Grundsatz verdankt, den er einmal als guten Rat seinen Attachés erteilte: „Ihr müßt bei den Spartanern schwarze Suppe essen und bei den Persern lange Gewänder tragen", so überschlägt sich diese Lebensklugheit im Verhältnis zum Kaiser. 1893 schrieb er an Eulenburg über den Kaiser, als er den Gesandtenposten in Bukarest mit dem Botschafterposten in Rom vertauschen durfte: „Seine Majestät, unendlich gütig-geistvoll, angeregt, interessant, au possible. Ich war tiefbewegt, als ich ihm die Hand küssen und ihm für so viel Gnade danken konnte."

Doch Bülow beschränkte sich von vornherein keineswegs nur auf direkte Wege bei Schmeicheleien; für noch wirksamer hielt er die Methode der indirekten Wege: er richtete Briefe an Philipp Eulenburg, den gemeinsamen Freund des Kaisers und Bülows, die offensichtlich dafür bestimmt waren, dem Kaiser gezeigt zu werden, der dann auch prompt auf die plumpesten Schmeicheleien hereinfiel. Charakteristisch hierfür ist ein Brief von 1898: „Ich hänge mein Herz immer mehr an den Kaiser. Er ist so bedeutend!! Er ist mit dem Großen König und dem Großen Kurfürsten weitaus der bedeutendste Hohenzoller, der je gelebt hat. Er verbindet in einer Weise, wie ich es nie gesehen habe, echteste und ursprünglichste Genialität mit dem klarsten bon sens. Er besitzt eine Phantasie, die mich mit Adlerschwingen über alle Kleinigkeiten emporhebt, und dabei den nüchternsten Blick für das Mögliche und Erreichbare und — dabei welche Tatkraft! Welches Gedächtnis! Welche Schnelligkeit und Sicherheit der Auffassung!"

Manche Beurteiler dieses Briefes glauben in ihm einen Zynismus zu erkennen, der sich über die Eitelkeit des Kaisers lustig macht. Nichts erscheint aber verkehrter als eine solche Mutmaßung, denn niemals hat sich Bülow über den Kaiser auch nur mit der allergeringsten Ironie geäußert, weder nach seinem eigenen Sturz noch nach dem Sturz des Kaisers. Wichtiger ist ein Brief vom August 1897, der beweist, wie klar Bülow von vornherein die hohen Gefahren erkannt hat, die ein solcher Monarch für das Schicksal seines Volkes bedeuten konnte; dieser Brief liest sich wie eine Weissagung:

„S. M. als Mensch reizend, rührend, hinreißend, zum Anbeten; als Regent durch Temperament, Mangel an Nuancierung und zuweilen auch an Augenmaß, Überwiegen des Willens über die ruhig nüchterne Überlegung . . . von schwersten Gefahren bedroht, wenn er nicht von klugen und namentlich von ganz treuen und sicheren Dienern umgeben ist. Davon wird es abhängen, ob seine Regierung ein glänzendes oder ein düsteres Blatt in unserer Geschichte ausfüllt. Bei seiner Individualität ist beides möglich."

Haben wir so aber den Beweis, daß sich Bülow über das Wesen des Kaisers und die Gefahren, die aus diesem Wesen resultieren könnten, von vornherein im klaren war, so muß man heute einen Eindruck gewinnnen, dessen Richtigkeit nachzuprüfen freilich dem künftigen Historiker vorbehalten bleiben muß: durch solche Methode der Schmeichelei hat Bülow vielleicht eine große Schuld auf sich geladen, denn es wäre bei dem starken Einfluß, den er auf den Kaiser ausgeübt, seine Pflicht gewesen, zu einer Gesundung des Kaisers beizutragen. Dies wäre dem Meister der Menschenbehandlung nicht gar zu schwer gefallen; vielleicht hätte nur eine Änderung der Lebensweise genügt, die Zurückführung aus einem verwirrenden, unsteten Leben. Aber Bülow hat hierzu nicht einmal den leisesten Versuch gemacht; im Gegenteil hat er das Bekenntnis abgelegt: „Ich habe doch den Kaiser nicht gleich anfangs durch Widerstände verstimmen, sondern mir erst meine Stellung schaffen wollen." Nur leider mußte selbst er versagen, wenn er zu spät seine Methode hätte ändern wollen. Ein Menschenkenner wie Bülow mußte genau wissen, daß es unmöglich war, gerade den Kaiser von dem einmal eingeschlagenen Weg abzubringen. Aber es liegen auch keine Anzeichen dafür vor, daß Bülow überhaupt einen Versuch gemacht hat. Im Gegenteil verstieg sich Bülow später sogar dahin, den Kaiser als arbiter mundi zu bezeichnen. Ballin sagte damals: „Das kann unmöglich lange dauern, der Kaiser ist ein viel zu kluger Herr, um nicht zu durchschauen, daß Bülow ihm beharrlich Schmeicheleien sagt." Dem setzte Waldersee entgegen: „Ich bin anderer Ansicht: es ist dem Kaiser bisher noch nie zu viel geworden." Schließlich kommt Ballin zu der Überzeugung: „Bülow verdirbt den Kaiser völlig, indem er ihm dauernd die größten Schmeicheleien sagt und ihn so zu maßloser Selbstüberschätzung bringt." Hat Ballin recht, wenn er so den Kaiser als ein Opfer Bülows darstellt? Waldersee faßt seinen Eindruck 1903 dahin zusammen: „Um den Monarchen liegt ein Netz, das keiner zerreißen kann."

Das vorliegende Werk gewährt hierin manchen Einblick, und vor allem gibt es uns den Beweis, daß manches Lob, das Bülow dem Kaiser erteilte, „in direktem Widerspruch mit der Wirklichkeit" steht, um wiederum Bülows eigene Worte zu gebrauchen. Denn wir sehen hier, wie klar Bülow das Flottenproblem erkannt hat, für wie schädlich er die Agitation des Flottenvereins hielt, für wie gefährlich und nutzlos die Bauten der großen Schlachtschiffe und für wie unheilvoll die Wirksamkeit von Tirpitz. Statt nun aber dem Kaiser entgegenzutreten, schrieb er ihm noch in dem letzten Jahr seiner Kanzlerschaft: „Eure

Majestät bitte ich nicht daran zu zweifeln, daß ich Euerer Majestät Flottenbestrebungen nicht nur mit dem Kopf, sondern auch mit dem Herzen unterstütze. Ich weiß, daß die Schöpfung der deutschen Flotte die Aufgabe ist, die Euerer Majestät von der Geschichte gestellt ist." 26. 8. 08.

Nach seinem Sturz hat sich Bülow in einem hier wiedergegebenen Brief an seinen Nachfolger Bethmann Hollweg über des Kaisers Redereien beklagt: „Ich habe einen großen Teil meiner Zeit und Arbeitskraft darauf verwenden müssen, die stattgefundenen Entgleisungen und Indiskretionen wieder gutzumachen." Gleichwohl lesen wir hier in Bülows Brief an den Kaiser vom 27. 3. 05: „Hier steht noch alles unter dem Eindruck der mächtigen Rede Ew. Majestät in Bremen. Nach meinem Gefühl haben Ew. Majestät selten wuchtiger und tiefer gesprochen. Mit wirklicher Bewunderung habe ich diese Rede gelesen."

Eine kleine weitere Blütenlese solcher Dokumente über die Einstellung Bülows zum Kaiser, wie wir sie hier lesen können, mag folgen:

„Nun steht Euerer Majestät die sauere Arbeit bevor, diesen langen Brief in gutes Englisch zu übersetzen. Mir ist so leid, daß Euere Majestät diese Mühe haben. Meine Rechtfertigung für diese Zumutung liegt darin, daß es sich hier um eine wirklich großartige und für die zuschauende Welt gänzlich unerwartete Weichenstellung handelt." 16. 11. 04

*

„Mir brachte dieses Jahr während Wochen die qualvolle Sorge um meinen Kaiser und Herrn, aber auch die volle Erhörung unserer Gebete." 27. 12. 03

„Vor allem hocherfreulich, daß Euere Majestät persönlich in Rußland auch in den breiten Massen so sehr an Terrain gewonnen haben. Verdienter Lohn für ritterliche und kluge Haltung." 28.8.04

*

„Welche eigene Fügung, daß die Gräfin Korff-Schmising für den gut lutherischen und gut protestantischen Deutschen Kaiser zu dessen Ahnfrau, der heiligen Elisabeth von Thüringen, betet! Es liegt darin aber auch ein Beweis für die staatsmännische Weisheit, mit welcher Euere Majestät in Geduld und Gerechtigkeit nach und nach die durch den Kulturkampf verhetzte katholische Aristokratie auf die Bahn loyaler und damit auch nationaler Gesinnung zurückführen." 27.12.03

*

„Die reizende Postkarte mit dem dicken Paukenschläger meines Regiments hat mich sehr erfreut. Sie wird hübsch eingerahmt und kommt auf meinen Tisch. Euerer Majestät sage ich recht herzlichen Dank für die liebe Erinnerung." 27.12.03

*

„Mit dem herzlichsten Wunsche, daß so viele Sorgen Euerer Majestät Befinden nicht beeinträchtigen mögen, treu gehorsamst Bülow." 28.8.04

*

Wie anders wirkt dagegen das Verhalten eines aufrechten Mannes wie des Grafen Metternich! Wir lesen hier die stolzen Worte eines hohen kaiserlichen Beamten:

„Ich überlasse es ganz Euerer Durchlaucht Ermessen, ob Hochdieselben diese Aufzeichnung zur Allerhöchsten Kenntnis bringen wollen. Ich bin mir wohl bewußt, daß meine Haltung in der Flottenfrage, wobei ich pflichtgemäß wiederholt darauf hingewiesen habe, daß unser Verhältnis zu England hauptsächlich durch sie vergiftet wird, den Beifall Seiner Majestät nicht findet . . . Ich würde aber die Geschichte fälschen, wenn ich anders berichte, als ich es tue, und ich kann meine Überzeugung selbst nicht für die Gunst eines Souveräns verkaufen." 7. 6. 09.

Dennoch darf man nicht glauben, daß es dem Kaiser verstandesmäßig an Klarheit des Blickes gefehlt habe — ein heute weit verbreiteter Irrtum. Demgegenüber lesen wir in diesem Werk gerade zu den entscheidenden Zeiten, welche scharfe und schnelle Auffassungsgabe der Kaiser oft bewies, und zwar — dabei gewinnen wir ein neues Bild — mitunter im Gegensatz zu Bülow. Oft waren Blick und Urteil beim Kaiser klarer und deutlicher als beim Kanzler, und vielleicht wäre manches dem deutschen Volk erspart geblieben, wenn der Kaiser die Kraft gehabt hätte, seine ursprüngliche Erkenntnis in die Tat umzusetzen, entgegen seinem Ratgeber. An solcher Kraft gebrach es ihm jedoch, und darin liegt nicht zuletzt die Tragik seiner Erscheinung: er war zu schwach, sogar d o r t das Richtige zu tun, wo er das Richtige erkannt hatte, und dieser Zwiespalt wird den Leser besonders ergreifen. Wir sehen hieraus aber auch, wie der Kaiser innerlich alles andere war, als ein Imperator. Denn oft hat er sich Bülow gefügt, so daß man den Eindruck gewinnt, als wenn er doch leichter zu lenken gewesen wäre, als man allgemein annimmt — wenn dem Kaiser nur der rechte und aufrechte Mann zur Seite gestanden hätte.

Solche neuen Erkenntnisse fallen aber kaum zugunsten Bülows aus. Ist es nicht anerkennenswert, wenn der Kaiser z. B. einen solchen Klarblick gehabt hat, von dem uns hier Bülow unterm 22. 3. 05 berichtet:

„Der Kaiser . . . erachtet es danach für wahrscheinlich, daß ein Friedensschluß, welcher nach einer ununterbrochenen Reihe von Niederlagen den gänzlichen Verlust des russischen militärischen Prestiges mit sich bringen würde, den Untergang des gutherzigen und sympathischen Zaren zur Folge haben muß, vielleicht auch den Sturz der Monarchie und den Übergang zu einer Volksherrschaft, welche in Rußland, wo etwa ein Fünftel der Bevölkerung lesen kann, ein anderes Gesicht zeigen würde als in Amerika."

Auch ein andermal hat Bülow selbst, kurz nach seinem Sturz, zugegeben, daß der Kaiser sich nicht mit allen Torheiten und Übergriffen Österreichs habe einverstanden erklären wollen, und zwar zur Zeit der bosnischen Krise. (28. 9. 09.) Der Kaiser hatte offenbar erkannt, wie brüchig das Habsburgerreich war und wie es in allen Fugen krachte, und zwar zu gleicher Zeit, als Bülow die Phrase der Nibelungentreue erfand. Amüsant ist ferner, hier zu lesen, wie sich Bülow oft einer anderen pathetischen Wendung bediente, um die Russen vor Frankreich zurückzuhalten, was freilich gründlich mißlang:

„Blicken Sie auf Europa, da haben Sie auf der einen Seite die Westmächte; davon ist Frankreich eine Republik, vom Radikalismus zerfressen und von den Sozialisten unterwühlt. Es ist undenkbar, daß diese Faktoren bona fide die Erhaltung des Zarentums wünschen sollten." 3. 3. 08.

Dem setzte der Kaiser seine viel richtigere Einstellung entgegen: „Und was das Zusammenwirken gegen sie* betrifft, so ist diese Phrase so entsetzlich abgedroschen durch ihre permanente Anwendung in Briefen, Noten und ihren Reden, daß sie gar keinen Klang mehr hat." Weiterhin fügt der Kaiser bezeichnenderweise hinzu: „Wenn Sie mir erst die erste Ordre

---

* Gemeint waren die sogen. Radikalen.

für eine Gesamthinrichtung dieser Schufte vorgelegt haben werden, dann werde ich die obige Phrase selbst für wahr halten, eher nicht!"

Es scheint, als ob die Weltgeschichte gerade in den wichtigsten Fragen dem Kaiser recht gegeben habe und nicht Bülow: bei der bosnischen und serbischen Frage, bei dem Abschluß der Entente und vor allem beim Tangerbesuch, gegen den sich der Kaiser bis zuletzt gesträubt hat und der eine fixe Idee von Holstein war, die sich Bülow zu eigen gemacht hatte.

Wenn sich der Kaiser trotz solcher Klarheit des Urteils dennoch von Schmeichlern einfangen ließ und dennoch in solch schwüler Atmosphäre zu jener Selbstüberhebung kam, dann liegt die Vermutung nahe, daß seine Fehler nicht auf dem Gebiete des Verstandes, sondern auf dem des Charakters gelegen haben dürften.

So mag es vielleicht auch zu erklären sein, wenn der Kaiser 1906, während einer Krankheit Bülows, auf einen englischen Zeitschriftenartikel, der die überlegene Bedeutung tüchtiger Herrscher betonte, schrieb: „Zirkuliert beim Staatsministerium. Mögen sich meine ministres das Wort des alten Homer: Einer sei der Herr, einer sei König! ad notam nehmen und den Schluß obigen articuli ordentlich sich einprägen."

Nur allzu selten war es der Fall, daß Bülow den Kaiser zur Ordnung zu rufen wagte, und wenn sich dies doch ereignete, wie wir hier unterm 17.6.08 lesen, so nötigt die Form, in der es geschah, wiederum Bewunderung vor Bülows Fähigkeiten ab, aber auch ein Bedauern, daß er solche Fähigkeiten nicht als Unheilverhüter gebraucht, wozu er die Kraft gehabt hätte: „Es ist deshalb bedauerlich, daß Euerer Majestät nur für die Offiziere bestimmte Döberitzer Ansprache durch Indiskretion in weitere Kreise gebracht worden ist.

Wir müssen in möglichster Stille an der Schlagfertigkeit und Kriegstüchtigkeit der Armee arbeiten, nach außen aber vermeiden, was auf unsere Arbeit und auf uns unnötigerweise die Aufmerksamkeit lenkt und uns neuen Verdächtigungen und Umtrieben aussetzt."

Will man den Kaiser erkennen, so muß man seinen Brief an Bülow vom 25. 7. 05 lesen — ja, man kann sagen, daß man den Kaiser nicht kennt, wenn man diesen Brief nicht gelesen hat. Manche Teile aus diesem umfangreichen Schriftstück lesen sich fast wie ein Kapitel aus Courths-Mahler, und dennoch liegt über allem eine Naivität, die sich fast zu einer Bauernschlauheit steigert, aber dennoch niemals unsympathisch wirkt — es sei denn an jener Stelle, an der von einem Krieg mit Frankreich wie von einem Spiel gesprochen wird, mit dem bezeichnenden Ausdruck „Mensur." Wie aber der Kaiser die bedrängte Lage des Zaren sich hier zu Nutzen macht in allem guten Glauben, wie er davon spricht, daß sein Herz laut schlüge, daß er ein Stoßgebet zum lieben Gott schicke, daß seine Ahnen, einschließlich der Königin Louise, auf ihn herabschauten, während es totenstill war und nur das Meer rauschte — das alles wirkt wie ein Akt aus einem Lustspiel, dessen Schluß darin besteht, daß sich alle schönen Hoffnungen als unausführbar erweisen und alle bunten Seifenblasen platzen.

„Ich gedenke Ihrer stets in meinem Morgen- und Abendgebet" — diese Worte des Kaisers an Bülow lesen wir hier noch unterm 6. 11. 08. Schon ein Jahrzehnt früher, 1897, schrieb der Kaiser von Bülow, der auf ihn wirkte wie ein berauschender Wein: „Bernhard — Prachtkerl!" Und weiter: „Welche Freude, mit Jemandem zu tun zu haben, der einem mit Leib und Seele ergeben ist und einen auch verstehen will und kann!"

Zedlitz hatte die Stellung der beiden zueinander jahrelang trefflich beobachtet. Er erzählt uns, mitunter habe dem Kaiser etwas nicht gepaßt, und dann traf den Kanzler „ein durchdringender Blick, und bald oder sofort erfolgte eine scharfe Unterbrechung, in der S. M. brüsk, keinen Zweifel und Widerspruch duldende Ansichten aussprach. Sowie dieser Blick sichtbar und dieser Ton hörbar wurde, begann der Vielgewandte devot zu schweigen, um sich dann später unauffällig wieder in das Gespräch einzufädeln ... Wenn er nur einmal im geringsten sich reserviert zeigte oder gar durchfühlen ließe, daß er doch eigentlich von seiner Stellung unabhängig wäre, so könnte er Großes erreichen, denn er ist als Persönlichkeit für den Kaiser ganz unersetzlich. Leider liegt dies nicht in seiner Natur."*

*

„Lieber Bernhard", schrieb der Kaiser am 26. 6. 07, und gar am 11. 8. 05, wie wir hier lesen, auf ein Abschiedsgesuch Bülows: „Meinen Seelenzustand Ihnen zu schildern, werden Sie, lieber Bülow, mir wohl erlassen. Vom besten, intimsten Freund, den ich habe ... so behandelt zu werden, ... hat mir einen solchen fürchterlichen Stoß gegeben, daß ich vollkommen zusammengebrochen bin und befürchten muß, einer schweren Nervenkrankheit anheimzufallen ... Und im selben Atemzuge glauben Sie es vor Gott verantworten zu können ..., Ihren Kaiser und Herrn, dem Sie Treue geschworen, der Sie mit Liebe und Auszeichnungen überhäuft hat .... Ihren treuesten Freund ... sitzen lassen zu können? ... Was ich nicht überleben kann ... Der Morgen nach dem Eintreffen Ihres Abschiedsgesuches würde den Kaiser nicht mehr am

---

* Graf Robert von Zedlitz-Trützschler, Zwölf Jahre am deutschen Kaiserhof. Stuttgart 1923.

Leben treffen! Denken Sie an meine arme Frau und Kinder!"

Diesem innigen Verhältnis zwischen dem Kaiser und Bülow entsprach es auch, wenn der Kaiser dann drei Jahre später, als Bülow den Abschied nahm, seinen „lieben Bernhard" mit Kuß und Umarmung entließ. Bülow erzählt uns hier: „Seine Majestät hat zweimal mein Entlassungsgesuch unter Betonung seines Vertrauens zu mir abgelehnt. Er hat nach der eingehenden Aussprache, die ich im März mit ihm hatte, mich in der gnädigsten, herzlichsten und wärmsten Weise seines vollen und unerschütterlichen Vertrauens versichert. Er hat sich wiederholt zu Tische bei mir angesagt, mich besucht, mich nach Potsdam eingeladen, in Berlin, Potsdam, Wiesbaden usw. in der gnädigsten freundschaftlichsten Weise mit mir verkehrt. Er hat mich und meine Frau, als er von uns Abschied nahm, eingeladen..." 25. 9. 09.

Bedeutsam fügt Bülow die Worte hinzu: „In welchem Lichte erscheint Seine Majestät, wenn das alles Komödie war!"

Der Kaiser freilich erzählte dies anders, wie uns Kiderlen berichtet: er zeigte dem König von Württemberg ein Bild des Schloßgartens, in dem sich dieser Abschied abgespielt hatte, und sagte dazu: „Hier habe ich das Luder weggejagt!"

VI

Eine eigene Note dieses Werkes liegt nicht auf politischem Gebiet: Es ist die Kunst der Menschenbehandlung und Taktik, in der Bülow ein solcher Meister war, wie er vielleicht unter den großen Staatsmännern nur alle hundert Jahre einmal vorkommt. Solche Kunst bereitet auch demjenigen eine ästhetische Freude, dem der politisch-literarische Inhalt ferner steht. Den Gipfel haben wir soeben in seiner Stellung zum Kaiser gesehen. In der Tat ist es genußreich, zu sehen, wie hier mit feinstnerviger Sensibilität Menschen als Mitspieler dieses Welttheaters erfaßt und behandelt werden, Menschen, die in weiter Ferne leben und die der Meister daher oft nicht einmal gesehen hat. Unnötig zu sagen, daß von solcher Meisterschaft erst recht alle heutigen und morgigen Jünger der Staatskunst und selbst der Politik Gewinn zu haben vermögen. Ja, diese Kunst ist hier so ins Virtuosenhafte und ins Artistische gesteigert, daß sie die seltsamsten Früchte trägt.

Von solcher Warte geschaut, ist Bülow noch größer als Diplomat, denn als Staatsmann, und darum schlagen solche seltenen Eigenschaften fast ins Negative um. Mitunter gewinnen wir den Eindruck, als stünde Bülow vor uns als das Urbild eines Hofmannes, der mitten in einem Netz von Intrigen steht und an solchen mitspinnt. Nicht ohne Grund hat man von dem „diplomatischen Zierat" gesprochen, „mit dem die diplomatischen Intriganten der Hohen Politik vergangener Jahrhunderte ihre staatsmännische Wirksamkeit zu schmücken pflegten." Sogar ein bedeutsamer Gegner fand für ihn eine treffliche Charakteristik: „Ein Politiker, der die in Deutschland seltene Gabe des Lächelns besitzt, ein Kulturmensch, der in vielen Geistesprovinzen und Ländern zu Hause ist — so bleibt auch der greise Staatsmann eine Persönlichkeit von bestrickendem Reiz."

Ein Wissender schrieb über diese Kunst der Menschenbehandlung zu Bülows 80. Geburtstag: „Er packte die Menschen bei ihren Schwächen. Höflichkeit aber und Liebenswürdigkeit waren ihm Bedürfnisse seines

Naturells. Gewiß war etwas Romanisches darin; auch schon rein äußerlich in der Häufung der Superlative und der schmückenden Beiworte. Und war bei all dem doch nicht gemacht und nicht gekünstelt. Er hatte den Drang, sich gefällig zu erweisen, zu leben und leben zu lassen. Schon weil er's in der Kultur der gesellschaftlichen Sitten, der äußeren Lebensformen zu einer in Deutschland nicht alltäglichen Vollendung gebracht hatte.

Er hatte eine wunderbare Art, die Menschen zu nehmen; Menschen aller Schichten und jeden Standes, vom Kaiser angefangen bis zum grimmigsten Oppositionsmann. Er hatte erstaunlich viel gelesen: schöne Literatur und Memoiren, Philosophisches und, was im Grunde ja nur ein Teil der Weltweisheit ist, Staatswissenschaften. Und war auf seine Weise wirklich ein vorurteilsfreier Kopf. Er kannte das Relativische in den Dingen und hatte die Gabe, die ihm keine Selbstverleugnung bedeutete, sich in fremde Seelen- und Sinnesart hineinzuversetzen. So war's nicht nur eine gefällige gesellschaftliche Maske, wenn er an der Gasttafel der Landwirtschaftskammer mit den Agrariern der agrarische Reichskanzler war und die Liberalen, die von ihm kamen, zeitweilig mit dem Bewußtsein erfüllte, daß sie am Fürsten Bülow einen stillen Gesinnungsgenossen besäßen.

Auch dazu mußten ihm die mancherlei kleinen Regiekunststücke, in denen er Meister war, helfen. Zuweilen regnete es geradezu Rote Adler und Kronen dritter Klasse, und manches Herz, das gewohnt gewesen war, unruhevoll in Unmut und Opposition zu schlagen, bequemte sich unter dem blinkenden Stern zu gemächlicherer Gangart. Dazu all die kleinen Aufmerksamkeiten, die im Grunde so wenig kosten und doch so sehr verbinden: die Einladungen zu Diners im immer sorgfältig abgestimmten kleinen Kreise, die pünktlichen Telegramme bei traurigen und fröhlichen Anlässen und die liebenswürdigen Komplimente, die mitunter schon manchen Dutzendschreiber erreichten. Aber war das wirklich, wie die Catone eiferten, bereits Korruption?"

Es ist unterhaltsam und reizvoll, dem Meister solcher Regiekunststücke, dem gewandtesten und geschmeidigsten aller Diplomaten der wilhelminischen Epoche, bei seiner Wirksamkeit zuzusehen, wie wir es hier tun können:

Den Sultan kann man durch die Ängstlichkeit, den Fürsten Ferdinand durch die Eitelkeit beinflussen.
26. 2. 04

*

Sich . . . zwar freundlich, aber mehr passiv verhalten und dabei mehr Neugierde als politisches Interesse durchblicken lassen. 19. 3. 04

*

Diese Antwort klingt für den Gegner beunruhigend, verpflichtet uns aber zu nichts. 26. 3. 05

*

Visconti Venosta ist in seinem Wesen eher zurückhaltend, etwas steif, dabei nicht ohne Empfindlichkeit und vor allem vorsichtig. Bei ruhiger und freundlicher Behandlung läßt sich aber, wie ich aus eigener Erfahrung weiß, das Vertrauen dieses erfahrenen, gewiegten und klugen Staatsmannes erwerben. 8. 1. 06

*

Graf Pourtalès . . . schreibt von einer Abkühlung auch in den russisch-französischen Beziehungen. Eine solche kann sich nur dann langsam ausreifen, wenn kein Dritter dazwischentritt, und wenn insbesondere die beiden Freunde nicht bemerken, daß wir von ihren kleinen häuslichen Streitigkeiten etwas ahnen.

29. 1. 09

*

Ich nahm seine Mitteilungen mit freundlicher, aber akzentuierter Gleichgültigkeit entgegen.   12. 5. 04

*

Wenn etwa der Abgesandte auf Ew. Majestät Frage, „wo denn der Rebell Bu Amama die Mittel zu seinem langen Widerstand herbekomme", antworten sollte: „wahrscheinlich aus Frankreich", so würde für Ew. Majestät die Antwort gegeben sein: „Solch eine Niedertracht den Franzosen zuzutrauen, falle schwer."

26. 3. 05

*

Die ... vorgeschlagene Lösung erscheint günstig. Wir dürfen dies aber die Franzosen nicht merken lassen ... Noch weniger als Befriedigung dürfen wir vor dem endgültigen Abschluß Ängstlichkeit oder Nervosität zeigen. Wir müssen vielmehr so tun, als ob wir aus Noblesse oder Kulanz Frankreich soweit entgegenkämen.   18. 9. 05.

*

Ich hoffe, der Zar bringt Lamsdorff diesmal nicht mit. Sollte dies doch geschehen, so werden Euere Majestät an den Spruch denken: „A corsaire, corsaire et demi", und Lamsdorff äußerlich die allerfreundlichste Miene zeigen.   22. 7. 05.

*

Ein Journalist gab einmal eine hübsche Bülow-Erinnerung zum besten: „Als er der englischen Presse ein Fest im Park des Reichskanzlerpalais gab, war man erstaunt, den Fürsten als Engländer zu sehen, mit dem leicht nach hinten gerückten Zylinder und den saloppen Manieren des englischen Lords — recht gegensätzlich zu den etwas steifen Berliner Formen. Aber den Engländern imponierte er an jenem schönen Nachmittag, und das wollte er gerade. Sie nannten ihn His Lordship. Wenn er mit dem Botschafter der französischen Republik, Herrn Jules Cambon, sprach, war er mit seinem akzentlosen Französisch und mit den Sprach- und Umgangsformen des echten Parisers äußerlich mehr Franzose als Herr Jules Cambon, der sich Mühe gab, sich nach deutscher Art zu geben."

Am interessantesten entfaltet sich Bülows Kunst der Menschenbehandlung dort, wo es gilt, Feinde zu gewinnen. Hier arbeitet er freilich nach dem uralten Rezept, den Gegner durch Liebenswürdigkeit zu bestricken und ihm die Waffen aus den Händen zu schmeicheln. Ein altes Rezept allerdings, aber nur ein solcher Virtuose vermag sich seiner zu bedienen. Kein Geringerer als Stresemann hat in seinem literarischen Selbstbildnis „Reden und Schriften: Politik, Geschichte, Literatur" (Verlag Carl Reißner, Dresden) erzählt, wie im Kriege Erzberger als Vertrauensmann von Bethmann Hollweg nach Rom gesandt wurde, um Bülows Mission zu überwachen. „Es zeugt für die Diplomatie Bülows", schreibt Stresemann, „daß es ihm in ganz kurzer Zeit gelang, den Mann, der in der Blockzeit sein schärfster Feind war, und der als spezieller Abgesandter seines intimsten Gegners Bethmann zu ihm geschickt wurde, völlig für sich zu gewinnen, so daß Erzberger selbst für die Kandidatur Bülows als des Nachfolgers Bethmanns eintrat."

Bülows großer Gegenspieler in Rußland war Iswolsky, und für dessen Behandlung gab er dem Kaiser folgendes Rezept: „Im übrigen wird es sich nach meinem alleruntertänigsten Dafürhalten empfehlen, daß Euere Majestät Herrn Iswolsky persönlich mit ruhiger Freundlichkeit behandeln, damit er sich ja nicht als Märtyrer aufspielen kann. Sehr schmeicheln würde es natürlich den eitlen Mann, wenn Euere Majestät ihm auch sagen wollten: Euere Majestät hofften, daß Iswolsky noch lange Minister bliebe; wenn er aber einmal ginge, müßte er als Botschafter nach Berlin kommen." (22. 10. 08)

Bülow selbst berichtete damals über seine Begegnung mit Iswolsky: „Er war aber doch geschmeichelt, als ich ihm sagte, daß weder der Zar noch Rußland einen Staatsmann wie ihn entbehren könnten." (24. 10. 08)

*

Solche gar zu grobe Schmeichelei dürfte nicht jedermanns Geschmack sein. Bewundernswert dagegen ist es, zu sehen, wie Bülow einen Gegner behandelt, dem er soeben eine Niederlage beigebracht hat und den er dennoch für die Zukunft gewinnen will: „Soweit mein Einfluß auf die hiesige Presse reicht, habe ich dahin gewirkt, daß sie nicht von einer ‚Niederlage' oder ‚Zurückweichen' Rußlands spricht. Vielleicht ließe sich auch Rußland jetzt ein gewisses Entgegenkommen, zum Beispiel auf dem Gebiete der bulgarischen Frage, bezeigen." (29. 3. 09)

In der Beseitigung oder zum mindesten in der Ausschaltung von Gegnern lag überhaupt Bülows ganz besondere Stärke. Dies wird am besten durch die Episode illustriert, als in Spanien ein Staatsmann am Ruder war, der Bülow ein Dorn im Auge war, wie der Leser hier unterm 10. 6. 05 sehen kann.

Nicht mit Unrecht hat man Bülow einen „geschickten Menschenfänger" genannt, der vor allem verstanden habe, durch seine persönliche Liebenswürdigkeit sich aus heiklen Situationen herauszuwinden. Diese Fähigkeit hatte er besonders gegenüber oppositionellen Parlamentariern herausgebildet. In solchen Fällen erwies sich Bülow als ein Vielgewandter, ein πολύτροπος im Sinne Homers. Die beste Schilderung hiervon hat uns Scheidemann in seinen meisterhaften Memoiren gegeben, die wohl das weitaus wichtigste und wertvollste Memoirenwerk der Kriegs- und Revolutionszeit überhaupt darstellen.* Scheidemann erzählt dort, wie eifrig Bülow 1917 um seine Gunst geworben habe, in dem er seit alters her seinen ärgsten Widersacher erblickt hatte, um sich so den Weg für einen Wiederaufstieg zur Macht zu bahnen:

„Professor Ludwig Stein, der bekannte Herausgeber von ‚Nord und Süd‘, überbrachte mir im Oktober 1917 eine Einladung des Fürsten Bülow zu einer vertraulichen Besprechung im Hotel Adlon. Es muß vorausgeschickt werden, daß in jenen Tagen die Nachfolgerschaft für den unmöglichen Reichskanzler Michaelis in der Presse lebhaft erörtert wurde und neben anderen auch Fürst Bülow als geeigneter Nachfolger genannt worden war ... Ich ging zunächst zu dem Namensvetter Professor Steins, dem Vertreter der ‚Frankfurter Zeitung‘ in Berlin, Dr. August Stein, um mir einige Tips für die Unterredung mit Bülow geben zu lassen. August Stein, der dem Fürsten während dessen Kanzlerschaft nahegestanden hatte, war vielfach auch sein politischer Ratgeber gewesen ... Über den Fürsten urteilte er recht hart; zweifellos sei er ein gewandter, hochgebildeter Mann, aber alles andere als fleißig; seine Hauptsorge sei vielfach die gewesen, wie er für seinen persönlichen Ruhm werbe. Im übrigen habe er glänzende Bühnenkünstlertalente; gewisse Reden habe er vor dem Spiegel einstudiert. Eine bestimmte Rede, die der Geheimrat Hammann entworfen habe, hätte Bülow in Gegenwart Hammanns vortragen müssen; das sei dreimal hintereinander geschehen, weil die Geschichte nicht zur Zufriedenheit des Geheimrats klappte. Hammann habe die

---

* Philipp Scheidemann, Memoiren eines Sozialdemokraten. Zwei Bände. Verlag Carl Reissner, Dresden.

Szene genau erzählt. Stein schilderte den Hergang in amüsantester Weise folgendermaßen: der Fürst mußte die Rede hersagen, und Hammann bestimmte, w i e er sprechen mußte: ‚langsamer, etwas schneller, nunmehr nach dem Worte suchen, schneller, noch schneller, nun mit der Faust auf den Tisch —'...

Stein schilderte unter anderem, um ‚die Gefährlichkeit des scharmanten Fürsten' zu illustrieren, folgende Szene, die er selbst miterlebt habe. Der Fürst habe die Eitelkeit Bassermanns stets von neuem für sich zu nutzen gewußt. Gelegentlich eines parlamentarischen Abends bei Bülow habe Bassermann mit Stein und zwei oder drei anderen Herren zusammengestanden, als Fürst Bülow mit strahlender Liebenswürdigkeit hinzugekommen sei. Im Laufe der Unterhaltung habe Bülow dann plötzlich gesagt: ‚Ich brauche einen Botschafter für London, einen besseren als Sie, lieber Bassermann, wüßte ich nicht.' Über das Gesicht Bassermanns sei ein seliges Lächeln gehuscht, dann aber habe der Fürst hinzugefügt: ‚Wie aber könnte ich Sie nach London schicken — Sie sind mir in Berlin einfach unersetzlich.' Bassermann zerfloß geradezu in Glückseligkeit. Er war durch die Liebenswürdigkeit, die ihm der Fürst in Gegenwart anderer gesagt hatte, für alle Zeiten und für alle Situationen dem Fürsten hörig geworden. Bülow hat im Ernst natürlich niemals daran gedacht, Bassermann nach London zu schicken.

‚Nehmen Sie sich in acht, lieber Scheidemann, Sie gehen zu einem gefährlichen Diplomaten . . . .

Bald nach vier Uhr ging ich ins Hotel Adlon. Der Fürst empfing mich wie einen alten lieben Bekannten, dankte für mein Kommen, und versicherte, daß er sich sehr darüber freue. Wir hätten früher schon Zwist miteinander gehabt, darüber werde ich wohl hinwegkommen . . .

Nachdem wir Platz genommen hatten, begann der

Fürst: In einigen Zeitungen sei sein Name genannt worden in Verbindung mit dem bevorstehenden Wechsel im Reichskanzleramt. Er sei dabei ganz unbeteiligt, denn er sei gern aus dem Amte geschieden und sehne sich nicht danach, wieder hineinzukommen. Er hätte allerlei Neigungen, denen er leben könne, Literatur und Kunst. Außerdem interessiere er sich (durch seine Frau) besonders für Musik. Freilich — wenn das Vaterland rufe, werde er nicht Nein sagen. Er bezweifle, daß der Kaiser ihn rufen werde. Rufe er ihn aber . . . Er könne das Amt natürlich nur annehmen, wenn er die Mehrheit auf seiner Seite wisse. Wenn er zum Beispiel von mir höre, daß meine Partei oder ich ihn ablehne, so sei seine Kandidatur ohne weiteres erledigt . . .

Er plauderte das in der Tat alles so interessant und in so herzlichen Brusttönen ehrlicher Überzeugung, daß ich immer wieder das vergnügte Gesicht August Steins vor mir sah. Jedenfalls war ich sofort im klaren darüber, daß ich möglichst nur ihn reden lassen, mich selbst aber in der Hauptsache auf die Rolle des Zuhörers beschränken wollte . . .

Wir unterhielten uns zwei und eine halbe Stunde lang . . . Allem, was ich sagte, stimmte er zu. Alles, was ich forderte, fand er für richtig. Als ich mich verabschiedete, ließ der Fürst noch einmal alle seine Künste im Umgang mit Menschen, die er für sich gewinnen wollte, spielen. Er hielt beim Abschiednehmen lange meine Hand und ging dann mit in den Vorraum seines Zimmers, wo er nicht davon abzubringen war, mir in den Überzieher zu helfen. Ich sträubte mich selbstverständlich, er jedoch fiel mir ins Wort: „Ach, was wollen Sie, Herr Scheidemann, wenn jemand zusehen würde, daß Sie m i r behilflich wären, in den Überrock zu kommen, dann wäre die Bemerkung sicher: der Fürst kann nicht mehr in den Rock, der junge

Scheidemann muß ihm helfen. Wenn aber jemand sehen würde, daß ich Ihnen helfe, würde es heißen: dem jungen Scheidemann will der Alte in den Rock helfen, der kann noch allein hinein!"

In Erinnerung an die Instruktionsstunde bei August Stein dachte ich mir: ‚Dir kenn ick!' Ihm aber sagte ich, daß mir ein Fürst bisher niemals in den Rock geholfen habe."

VII

Doch selbst solche Künste verblassen gegen die beiden seltsamsten Kapitel in Bülows Leben, die an die beiden Namen Holstein und Eulenburg geknüpft sind. Hat uns Scheidemann gezeigt, mit welcher Virtuosität es Bülow verstand, einen alten Feind zu umgarnen, so zeigt uns eine andere Episode noch viel drastischer, wie Bülow einen alten Freund-Feind zu beseitigen vermochte: den Geheimrat Holstein.

Das Kapitel Holstein ist auch heute noch das rätselhafteste aus der wilhelminischen Epoche, die sonst so klar vor uns liegt. Wir wissen, daß dieser Mann im Dunkeln der heimliche Diktator war, von dem damals niemand etwas ahnte und vor dem schon Bismarck gewarnt hat. Bismarck hatte einst eine „Gebrauchsanweisung" für ihn formuliert: „Nur im Souterrain zu gebrauchen; Flecken auf der inneren Iris." Vor Holstein hatte Bismarck den Kaiser gewarnt, und der Kaiser den Kanzler Bülow. Holstein hatte alle Fäden als einziger im Auswärtigen Amt in der Hand und wechselte geheime Privatbriefe mit allen Botschaften und Gesandtschaften, wo seine Spione saßen.

Das Eine wissen wir schon heute, daß Bülow unter der Herrschaft dieses Mannes mit seiner unheimlichen Macht gelitten hat, und niemand wird es Bülow verdenken können, wenn er danach trachtete, sich aus Holsteins Klauen zu befreien und sich dieses Mannes zu entledigen. Wie er dies aber vollbrachte, was selbst nicht einmal Bismarck gelungen war, das wirkt geradezu phantastisch.

Zunächst versuchte Bülow es, im Anfang seiner Laufbahn, die unheimliche Stellung dieses Mannes auf andere Art zu erschüttern, um sich vor allem in seiner eigenen Stellung zu schützen. Er schrieb damals an seinen Freund Philipp Eulenburg: „Ich bewundere nicht nur die Intensität und Genialität von Holstein, er ist mir auch ans Herz gewachsen. So viele würden das nicht begreifen, Du verstehst mich. Ich liebe diese tragische Natur. Ich würde mich nie von ihm abwenden, ich möchte ihm helfen. Eine große Schwierigkeit für uns liegt aber darin, daß Holstein außer Rand und Band gerät, wenn ihm sein System bedroht oder auch nur eingeengt erscheint ... Wie würde er nach oben und vielleicht selbst Dir gegenüber vorgehen, wenn er nicht S. M. und Dich als Bundesgenossen gegen seine und seiner Gruppe zahlreiche Feinde nötig zu haben glaubte? ... Wir müssen vor allem Holstein beruhigen."

So äußert sich Bülow über den gefährlichsten Mann, der selbst einen Bismarck einzuschüchtern vermocht hat. Dieser Brief ist ein Meisterstück der Diplomatie, denn er weist auf alle Gefahren, die von diesem Mann drohen und gegen die man sich wappnen muß, in einer Weise hin, daß selbst der Betroffene diese Zeilen lesen kann, ohne sie ihm zu verargen. Denn auf gut Deutsch heißt es in jenem Brief natürlich: Wir wollen den Kerl unschädlich machen, denn er intrigiert ja ständig und wird einst auch gegen uns intrigieren!

Aber die völlige Ausschaltung Holsteins und die Beseitigung seines gefährlichen Einflusses war doch nicht zu erzielen, was dann eines Tages plötzlich gelang. Es war in jenen Tagen, als ganz besonders durch Holsteins Wirken die Marokko-Konferenz an einem Punkt angelangt war, der zum Kriege zu führen drohte. Bülow erhält aus Paris den Bericht, daß Frankreich entschlossen sei, dem Kriege jetzt nicht mehr aus dem Wege zu gehen. Wie ein Blitz wirkt diese Nachricht auf Bülow. Emil Ludwig hat hierüber die beste Darstellung gegeben, die die verschiedenen Quellen zusammenfaßt:

„Großartig tritt nun seine Energie hervor; an diesem März 06 sieht man, was er im Juli 14 geleistet hätte. Von heut auf morgen entzieht er dem Allmächtigen die Akten der von ihm durch Monate geleiteten Konferenz, wirft sich darauf, arbeitet Tag und Nacht, um die Konferenz zu liquidieren, die Kriegsgefahr zu verscheuchen. Dieser März, der seine stärkste Arbeitsleistung umfaßt, wird ihm aber zugleich von einem täglichen Kampf mit dem noch immer amtierenden, noch immer befreundeten, nicht heut, erst morgen zu entlassenden Holstein zerrieben, dessen Briefe und Entlassungsdrohungen, wie Hammann schreibt, des Kanzlers Nerven ruinieren mußten.

Endlich, in den ersten Apriltagen, ist man auf der Konferenz mit Frankreich einig geworden. Die Entente hatte sich in Algeciras zum erstenmal erprobt und zusammengeschlossen, Deutschland hat die Konferenz verloren, bestätigt sich aber einen großen Erfolg, am 5. soll der Kanzler das Werk vor dem Reichstag vertreten. Jetzt ist der Augenblick, den Unerträglichen loszuwerden, sein letztes Gesuch liegt noch im Schreibtisch, der Kaiser ist vorbereitet, am Morgen jenes Sitzungstages trägt Tschirschky, der von Holstein scharf bekämpfte neue Staatssekretär, dessen Entlassungsgesuch dem Kaiser vor, „im Auftrage des Kanzlers." Der Kaiser unterzeichnet. Gleich darauf teilt Bülow das Geschehene Hammann mit: der Kaiser habe die Entlassung „gerne erteilt." Dann fährt er in den Reichstag, ihm folgt das halbe Amt, man nennt das einen Großen Tag.

Einsam sitzt Holstein in seiner Zelle, vom eben Geschehenen weiß er noch nichts. Nach beinahe dreißig Jahren tätigen Wirkens sitzt er heut hier zum letztenmal als entlassener Geheimrat mit Pension und einem Orden: der Strom rinnt morgen nicht mehr durch ihn, sein Motor wurde abgestellt . . .

Zur selben Stunde, während Bebel seine Anklagerede hält, bricht der Kanzler im Reichstag plötzlich ohnmächtig zusammen.

Diese Ohnmacht war einer von Bülows glücklichsten Zu- und Einfällen. Freilich waren Gehirn und Nerven überreizt, freilich war alles echt; daß es ihm aber jetzt, im Plenum des Reichstages, vor vollem Haus und Galerien, im Augenblick der Kritik einer fatalen Sache passiert, nicht eine Stunde vorher oder nachher: daß er vor aller Augen die Opfer eines Dienstes demonstriert, in dem er sich zuletzt tatsächlich aufgerieben, beweist eine Geschicklichkeit sich anzupassen, die aus dem Zentrum eines Regierungs- bis ins Zentrum eines Nervensystems vordringt. So feine Sinne sind auch unter Diplomaten selten, unter den wilhelminischen unbekannt.

Denn als diese Ohnmacht andern Tags bekannt wurde, waren nicht nur Millionen unpolitischer Deutscher geneigter, an die Erfolge der Marokko-Politik, es war auch Holstein genötigt, an Bülows Unschuld bei seiner Entlassung zu glauben. Sein erster Gedanke bei der telephonischen Nachricht von dem Unfall war gewesen: das kann zum Abgang führen, ein neuer Kanzler kann mir gehorsamer sein, auf alle Fälle sollte man das alte Entlassungsgesuch zurückholen. Er war um sechs Stunden zu spät gekommen. Als er am andern Morgen seine Entlassung erfuhr, stand er ungläubig vor diesem traumhaft unwirklichen Dokument. Wann war die grauenvolle Tat geschehen? Leise ließ man die sanfte Fälschung durchsickern, Tschirschky habe den Akt, während Bülow handlungsunfähig lag, hervorgeholt und auf seinen Kopf vom Kaiser zeichnen lassen, er war ja Holsteins Vorgesetzter.

Bülow aber erwachte auch aus dieser Ohnmacht mit einem Lächeln. Wie leicht konnte er jetzt dem alten Freunde seine Unschuld beteuern! Lag er nicht da, im Dienst verwundet? Wie sollte, wann konnte er —?"

Soweit Emil Ludwig. Wenn er freilich meint, daß diese Ohnmacht echt gewesen sei, so mag dies dahingestellt bleiben. Gewissenhaftigkeit erfordert es jedoch, nicht zu verschweigen, daß in weiten Kreisen, und zwar von Persönlichkeiten, denen man eine Kenntnis zuzutrauen vermag, die Überzeugung verbreitet ist, daß diese Ohnmacht vielleicht doch nicht ganz echt gewesen sein mag. Scheidemann erzählt es uns in seinen Memoiren, daß viele Beamte die sogenannte „Ohnmacht" als fingiert bezeichnet haben. Der Historiker wird hierüber wohl nie die Wahrheit erfahren, vor allem niemals aus Bülows eigenen Memoiren. Er kann nur feststellen, daß diese Ohnmacht tatsächlich dem größten von allen Wünschen Bülows zur Erfüllung verholfen hat: der Beseitigung Holsteins ohne Beeinträchtigung der „guten" persönlichen Beziehungen. Und einen eigenen Reiz muß es für den Historiker haben, wenn er z. B. liest, was ein offenbar Wohlunterrichteter zum 80. Geburtstag Bülows in den „Münchener Neuesten Nachrichten" schrieb: „Als Fürst Bülow seinerzeit in offener Reichstagssitzung den sogenannten schweren Ohnmachtsanfall erlitt, den auswärtige Journalisten geschickt und richtig als Schlaganfall mit Bluterguß im Gehirn eruierten, erschienen in allen führenden Zeitungen spaltenlange Nekrologe, weil man mit dem Ableben des Fürsten rechnete. Sie sind wie die Karikaturen sorgsam gesammelt und als behagliche Lektüre des Philosophen Bülow immer wieder durchgeblättert worden."

Die Episode Holstein entbehrt, so wichtig sie auch für die Geschichte ist, gewiß nicht amüsanter Züge. Tragisch dagegen ist es, wenn der Mann, der beseitigt wird, nicht ein Feind ist, sondern ein Freund: Die Tragödie des Philipp Eulenburg wird wohl stets ein geheimnisvolles Kapitel in Bülows Laufbahn bleiben.

Es besteht heute kein Zweifel mehr daran, daß Bülow alles, was er geworden ist, seinem Freunde Eulenburg zu verdanken hat, der ihn allein „gemacht" hat. Der Kaiser hat sich nicht den ständigen Ratschlägen Eulenburgs, des gemeinsamen Freundes, verschließen können. Schon 1895 schrieb Eulenburg an den Kaiser: „Bernhard ist der wertvollste Beamte, den Eure Majestät haben, der prädestinierteste Reichskanzler der Zukunft."

Von der Innigkeit des Freundschaftsbundes zwischen Bülow und Eulenburg vermag sich der Historiker nur schwer eine Vorstellung zu machen, und erst recht dann nicht, wenn man etwa Briefe Bülows an seinen Freund liest. Z. B. schreibt Bülow 1893:

„Sieh, äußerlich in manchem unähnlich, sind wir innerlich doch wahrhaft wahlverwandt. Nicht nur, weil wir so viele, schöne und schmerzliche gemeinsame Erinnerungen haben, sondern weil wir in der Tiefe unseres Wesens gleich denken und empfinden, nach außen im täglichen Leben uns ergänzen. Als schwesterliche entstiegen einst unsere Seelen dem rätselhaften Born alles Daseins, nur andere Hüllen und verschiedenfarbige Flügel wurden uns gegeben... Wenn Dein Scheitel die Sterne berührt, so wurzeln Deine Sohlen doch auf der wohlgerundeten Erde; wenn ich im Boden hafte, so reicht mein Blick doch zu den Wolken und Sternen... Du mit Deinem unendlich feinen Gefühl, ein schöner Edelfalke... Wie herrlich war unser Sonnabendabend! Nie, so lange ich lebe, wird derselbe meinem Gedächtnis entschwinden. Vergangenheit und Gegenwart, Sichtbares und Unsichtbares verknüpften sich, um eine Stimmung hervorzurufen, die nur in weihevollen Augenblicken zu spüren ist ... Die ewige Macht, die Dich leitet, erhalte Dich, mein Philipp!"

Dann ist das große Ziel erreicht: Bülow steht auf der Höhe seiner Macht. Aber zugleich muß er sehen, daß eine andere Macht beim Kaiser, nämlich die des Freundes, vielleicht noch stärker ist als die seine — und hat jede Freundschaft eine solche Kraft und Dauer, daß jene andere Macht nicht doch einmal gefährlich werden könnte?

Welch müßige Frage! Neun Jahre seit jenem Brief sind vergangen, in dem Bülow den Freund fast backfischartig anschwärmt. Neun Jahre seit jenen „Sternengedanken" des Diplomaten, der zur Macht drängte, als Bülow seinem Freund zu verstehen gibt, er möge doch an seine Gesundheit denken, seine Liebhabereien und die schönen Künste den ernsten schweren Staatsgeschäften vorziehen. Dies versteht der Freund, und eine dunkle Ahnung mag in ihm aufgestiegen sein, als er, fünf Jahre vor seinem Sturz, an den Freund einen Zuruf ergehen läßt: „Ich werde auch auf Dich einmal zählen können... Einem gebrochenen und todkranken

Mann werden die preußischen Landsleute und Freunde allerdings noch einen Eimer Gift und Kot über den Kopf gießen, daran zweifle ich nicht . . . Dein Freundesschutz wird mir zu der Zeit nicht fehlen, dazu kenne ich Dich zu genau."

Ein halbes Jahrzehnt später, und Bülow unterschreibt den Haftbefehl gegen seinen Freund, jenen Befehl, der den Freund, wenn Krankheit ihn nicht erlöst hätte, vielleicht ins Zuchthaus gebracht hätte und der ihn auf alle Fälle ins Unglück gestürzt hat — von aller Höhe der Macht.

Auch hier ist dem Historiker ebensowenig wie im Falle Holstein eine Erkenntnis möglich. Er weiß es nicht, ob der Kaiser recht hat, der, wie uns Zedlitz* berichtet, Bülow als den eigentlichen Urheber dieses grausigsten Sturzes bezeichnet, den sich die Phantasie wohl vorzustellen vermag:

„Die ganze Schuld am Eulenburg-Skandal trägt Bülow, da . . . er auch noch persönliche Motive hatte, ihn zu wünschen. Hätte er damals Eulenburg bewogen, im Auslande zu bleiben, dann gab es gar keinen Skandal . . . Seit Cäsar Borgia hat ein so heuchlerischer und verlogener Mensch nicht mehr gelebt!"

Auch mancher andere genaue Kenner gerade jener Zeiten und Dinge, wie etwa Baron von Eckardstein, macht heute keinen Hehl aus der Überzeugung, welch aktive Rolle Bülow bei dieser Tragödie gespielt hat. Haben sie alle recht, wenn sie solcher Überzeugung Ausdruck geben? Wir werden es nie wissen. Daher ist es auch müßig zu fragen.

Tatsache ist es nur, daß dort eine Intrigenluft weht, die einem den Atem verschlägt und die etwa an

---

* Graf Robert von Zedlitz-Trützschler, Zwölf Jahre am deutschen Kaiserhof.

grausige Machtkämpfe aus der Renaissance erinnert. Bezeichnend für diese Intrigenluft, die vielleicht stärker war als eine einzige Persönlichkeit wie Bülow, und der er sich vielleicht nicht hat erwehren können, ist eine Äußerung des Kaisers über den Fürsten von Montenegro, die wir hier lesen: „... Stöße von Briefen, welche der alte Halunke und Gauner an Alexander III. und Nikolaus II. geschrieben, die alle von Verleumdungen Deutschlands strotzten, und in denen er auf das unverschämteste zum Krieg gehetzt habe gegen uns. Ich lachte laut bei dem Gedanken, daß der alte Räuberhauptmann jetzt in Berlin den Schwarzen Adlerorden erhielt ..."   27. 9. 05

Nun war Eulenburg beseitigt, Bülows innigster Seelenfreund, durch den er alles geworden, und Holstein, der Gefährlichste von allen, war erledigt — da gab es nur noch einen, der mächtiger war als Bülow selbst: den Kaiser. Wollte Bülow nun gar die Macht dieses Mannes beseitigen? Dies ist die dritte große Frage, deren Beantwortung wohl niemals möglich sein wird, obwohl auch hierüber zahllose Verdächtigungen den Historiker umschwirren, die ihm die Wahrheit verhüllen. Alle diese Unklarheiten knüpfen sich an die Daily-Telegraph-Affäre.

VIII

Die Daily-Telegraph-Affäre war das wichtigste Ereignis aus Bülows Laufbahn und vielleicht aus der ganzen Regierungszeit des Kaisers, das wie ein Schatten der Katastrophe von 1914 vorauseilt, sie war die Ursache von Bülows Sturz. In ihr wetterleuchteten schon damals Krieg und Zusammenbruch.

Scheidemann, ein Kämpfer jener Tage, der damals

in der ersten Linie der Opposition stand, gibt in seinen bedeutsamen Memoiren eine bemerkenswerte Schilderung:

„Im November 1908 wurden [im Reichstag] nicht weniger als fünf verschiedene Interpellationen, die alle den gleichen Inhalt hatten, verhandelt. Es soll hier der Wortlaut der ‚kaisertreuesten‘ Partei, der Konservativen, wiedergegeben werden:

‚Ist der Herr Reichskanzler bereit, nähere Auskunft zu geben über die Umstände, die zur Veröffentlichung von Gesprächen Sr. Majestät des Kaisers in der englischen ‚Sonne‘ geführt haben?‘

Von den zahllosen Schwätzereien, mit denen der Kaiser bei allen unpassenden Gelegenheiten um sich warf, war zufällig einmal eine an die Öffentlichkeit gekommen und zwar durch den Londoner ‚Daily Telegraph‘. Es handelte sich in der Hauptsache um vier Punkte:

1. Der Deutsche Kaiser habe einem englischen Staatsmann erklärt, daß er, der Kaiser, im Gegensatz zur Mehrheit des deutschen Volkes ein aufrichtiger Freund Englands sei.

2. Der Deutsche Kaiser habe erzählt, daß er im Dezember 1899 an seine Großmutter, die Königin von England, einen von ihm selber ausgearbeiteten, von seinem Generalstab begutachteten Feldzugsplan wider die Buren gesendet habe und daß dieser Plan zum großen Teil übereinstimme mit dem von Lord Roberts wirklich durchgeführten Plan, der zur Niederlage der Buren führte.

3. Der Deutsche Kaiser habe versichert, daß im Jahre 1899 Frankreich und Rußland an ihn herangetreten seien mit dem Vorschlage, England zur Beendigung des Krieges zu zwingen und es ‚bis in den Staub zu demütigen‘, daß er aber die Ausführung dieses Planes verhindert habe.

4. Der Deutsche Kaiser habe die Engländer aufgefordert, sich bereitzuhalten, mit den vereinigten deutsch-britischen Kriegsflotten gemeinsame Interessen im Stillen Ozean gegen Japan und China zu verteidigen.

Steinerweichend klagten die deutschen Rechtsblätter... Die ‚Rheinisch-Westfälische Zeitung' schrieb u. a.:

‚Aufs tiefste aber wird es die deutsche Volksseele treffen, daß sein Kaiser den Kriegsplan ausgearbeitet hat, mit dem das tapfere stammverwandte Burenvolk vernichtet worden ist . . .'

Auf den gleichen Ton war die gesamte Presse gestimmt. Fürst Bülow hatte den Kaiser um seine Entlassung gebeten . . .

Und der Reichskanzler sagte:

‚Die Einsicht, daß die Veröffentlichung dieser Gespräche in England die von Seiner Majestät dem Kaiser gewollte Wirkung nicht hervorgerufen, in unserem Lande aber tiefe Erregung und schmerzliches Bedauern verursacht hat, wird . . . den Kaiser dahin führen, fernerhin auch in Privatgesprächen jene Zurückhaltung zu beobachten, die im Interesse einer einheitlichen Politik und für die Autorität der Krone gleich unentbehrlich ist. Wäre dem nicht so, so könnte weder ich noch einer meiner Nachfolger die Verantwortung tragen.'

Fürst Bülow ging zunächst nicht, der Kaiser schickte ihn auch nicht fort, haßte ihn aber von nun ab wie die Sünde. Die bürgerlichen Parteien fanden nicht den Mut, die notwendige Folgerung zu ziehen und dem Kaiser durch entsprechende Verfassungsänderungen die notwendigen Fesseln anzulegen."

Allerdings verschweigt Scheidemann hierbei, daß die letzte Schuld an der Veröffentlichung — dies ist eines der wenigen Urteile hierüber, die heute schon möglich sind — nicht den Kaiser trifft, sondern Bülow. Dieser hatte das unheilvolle Manuskript vom Kaiser zur Prüfung erhalten, worauf es im Auswärtigen Amt von Hand zu Hand ging, dann wieder an Bülow zurückkam, der es darauf nochmals genehmigte, und so nahm das Unheil seinen Lauf. Bülow wollte dabei das Manuskript nicht gelesen haben, wie er später sagte.

Doch dies Versäumnis machte der Kaiser dem Kanzler weniger zum Vorwurf, als daß dieser ihn nicht verteidigt und die Schuld wahrheitsgetreu auf sich genommen habe, und hierin muß der Historiker dem Kaiser recht geben. In der Tat hatte Bülow zuerst die Absicht, sich vor den Kaiser zu stellen, wie es seine Pflicht gewesen wäre, denn dem Kaiser war in diesem Falle kein Vorwurf zu machen. Als aber Bülow, der Vielgewandte, erfuhr, daß die Stimmung des ganzen Reichstages gegen den Kaiser gerichtet sei, da hielt er es mit dem Stärkeren, als den er das Parlament zu erkennen glaubte, und änderte seine Einstellung noch kurz vor seiner Rede. Scheidemanns Darstellung zeigt ja zur Genüge, wie es Bülow gelungen war, das Unheil von sich abzulenken, denn der ganze Sturm richtete sich nun gegen den schuldlosen Kaiser, statt gegen den schuldigen Kanzler.

Man mag es daher verstehen, wie der Kaiser im nächsten Jahr die erste Gelegenheit ergriff, um Bülow zu verabschieden; diese Gelegenheit bot sich sehr bald, als der sogenannte Bülow-Block bei der Steuerpolitik des Kanzlers versagte.

War jene Irreführung, durch die Bülow in seiner geschickten Weise die Schuld von sich auf den Kaiser gewälzt, die einzige in diesem dunklen Ereignis? Dies ist nach Eulenburgs und Holsteins Sturz das dritte Kapitel, in das wohl niemals ein Licht fallen wird. Mutmaßung und Glauben sind daher an die Stelle der Erkenntnis getreten, wie der tragische Schluß dieses Werkes uns zeigt.

Der Kaiser jedenfalls war davon überzeugt, daß Bülow ihn in doppelter Hinsicht verraten habe, nicht nur vor dem Reichstag, sondern auch durch die Komödie mit dem angeblich nicht gelesenen Manuskript. Den Grund glaubt der Kaiser in der Absicht Bülows zu erkennen, ein „Hausmeiertum" aufzurichten, das heißt, die eigentliche Macht des Kaisers auszuschalten und zu beseitigen, so daß sie nur noch eine Scheinmacht sein sollte. De facto war die Wirkung eingetreten, daß es in jenen Tagen mit der Kaiserlichen Macht vorbei war und daß sogar Abdankungspläne unter den Bundesfürsten und in manchen Parteien mehr oder minder offen erörtert wurden. Steigen die Gespenster Eulenburg und Holstein auf?

Der damalige Staatssekretär des Auswärtigen, von Schoen, hat uns in seinen Erinnerungen erzählt, daß sich der Kaiser nach seinen eigenen Angaben hierüber eine Gewißheit verschafft habe, die ihm wohl nur durch Akteneinsicht ermöglicht worden sein kann:

„Das bis dahin so vertrauensvolle, es ist nicht zu viel gesagt, freundschaftliche Verhältnis zwischen Kaiser und Kanzler war zweifellos erschüttert. Der Kaiser war der Meinung, daß er nicht genügend verteidigt worden war. Das erstemal, wo ich dem Kaiser wieder nahezutreten Gelegenheit hatte, fand ich ihn in gedrückter Stimmung. Er berührte die Vorgänge nur in wenigen kurzen Bemerkungen, die von Bitterkeit zeugten. Aus der Umgebung hörte ich, daß der Kaiser von schweren Seelenkämpfen niedergedrückt gewesen war, die noch nicht ganz überwunden seien. Er gebe sich noch immer tiefem Sinnen anheim, und der Gedanke gewinne an Raum, daß die Vorgänge nicht so gewesen seien, wie sie dargestellt worden sind . . . Monate waren seit dem Novembersturm vergangen, als der Kaiser, kurz vor Antritt der zweiten Reise nach Korfu, bei mir vorsprach und mir in sichtbar tiefer Bewegung anvertraute, er habe nun die schmerzliche Überzeugung gewonnen, daß der Kanzler ihn nicht nur nicht genügend verteidigt, sondern geradezu verraten habe. Es handle sich nicht um ein Versehen oder eine Nachlässigkeit, sondern der Kanzler habe geflissentlich der Veröffentlichung freien Lauf gelassen in der Berechnung, daß die Angelegenheit mit einer Unterwerfung des Kaisers unter ein gewisses Hausmeiertum enden werde. Ich war entsetzt und habe den Kaiser inständig gebeten, von derartigen bösen Gedanken Abstand zu nehmen. Es fehle, soweit ich die Sache kenne, jeglicher Anhaltspunkt zu solchem, eine furchtbare Anklage bergenden Glauben. Ich könne mich ihm unmöglich anschließen. Trotz allem bestand der Kaiser auf seiner Auffassung. Sie gründe sich nicht auf unbestimmte Vermutungen, sondern auf Gewißheiten."

Die Überzeugung des Kaisers, die sich nach seiner Angabe auf „Gewißheiten" stützen soll, läßt sich also dahin zusammenfassen, daß Bülow diese Veröffentlichung absichtlich durchgehen ließ, weil sie ihn blamiere und kompromittiere, worauf ihm dann nichts anderes übriggeblieben wäre, als nach Bülows Pfeife zu tanzen.

Das Mitleid, das man hiernach unwillkürlich mit dem Kaiser empfinden mag, wird freilich dann eingeschränkt, wenn man erfährt, daß er in jenen Tagen, die einen Wendepunkt in Deutschlands Schicksal bedeuten, weil sie die Kanzlerschaft Bethmann Hollwegs heraufbeschworen haben, wodurch der Krieg nun endgültig unvermeidlich geworden war, in jenen Tagen der allergrößten Gefahr nichts Besseres zu tun wußte, als sich beim Fürsten Fürstenberg zu amüsieren. Dazu hatte der Gastgeber eine Pariserin aufgeboten, und der General von Hülsen-Haeseler war als Ballettänzerin verkleidet und tanzte im kurzen rosa Röckchen, bis er tot umfiel, vom Schlag getroffen ...

Noch wichtiger als dieses Urteil des Kaisers ist das Ergebnis, zu dem ein so ernster Historiker wie Professor Johannes Haller in Tübingen gelangt: er erklärt in seinem Werk „Die Ära Bülow", es sei ein „Ammenmärchen", daß Bülow das Schriftstück nicht gelesen habe. Und erst in diesem Jahr erschien anonym eine sehr sorgsame Untersuchung der Vorgänge („Kaiser und Kanzler"), die zu dem Schluß kommt: „Damals standen die Urkunden nicht zur Verfügung; heute kann nicht mehr von einem bloßen ‚Ammenmärchen' die Rede sein, sondern nur von einer absichtlichen Entstellung der Wahrheit ... Bülows immer wiederholte Beteuerungen, keine Kenntnis vom Inhalt des Aufsatzes genommen zu haben, waren eine schier unfaßbare Dreistigkeit."

Die gleiche Schrift fällt über jene Rede Bülows im Reichstag ein treffliches Urteil:

„Sie ist verblüffend kurz, wenig über drei Spalten des stenographischen Berichts, hat nur fünfzehn Minuten gedauert. Diese Kürze ist eine der vielen Meisterschaften jener Rede, sie gehört notwendig dazu. Denn ein Meisterwerk seltenster Art ist die Rede; jeder Staatsmann, jeder Anwalt besonders sollte sie in allen ihren Feinheiten prüfen und würdigen. Man denke, welche Aufgabe jenem Redner gestellt war: etwas Ungeheuerliches war vorgegangen; Deutschland in einem Aufruhr des politischen Zornes wie nie zuvor; der Deutsche Kaiser bloßgestellt wie — man mag es nicht hinschreiben; die englische Presse erregt gegen den Kaiser, gegen Deutschland; der verfassungsmäßige Träger der Verantwortung, der Reichskanzler, am Bundesratstisch, das heißt auf der Anklagebank im Reichstag als der Hauptschuldige an einer unerhörten Pflichtverletzung oder einer ebenso unerhörten Unfähigkeit. Furchtbare Aufgabe, entsetzliche Lage. Der Angeklagte schien verloren; er wäre es gewesen vor jedem Untersuchungsrichter, ja, vor jeder andern Volksvertretung Europas; Bülow ging aufrecht, als Sieger, ja, als Märtyrer des Edelmutes aus dieser schrecklichsten Heimsuchung seines Lebens hervor."

In jenem Brief, der als sein letzter den Abschluß

des vorliegenden Werkes bedeutet, droht Bülow, zu verklagen, wer die Behauptung brächte, Bülow habe sich nicht an die Wahrheit gehalten, wenn er von dem ungelesenen Manuskript spräche. Mit dieser Drohung wollte er ein offizielles Dementi erzielen. Nun, das ist ihm nicht gelungen, und dennoch hat Bülow niemand verklagt, der ihn hierbei verleumdete. Denn bei einem Prozeß hätte ihm ja fatalerweise der Eid darüber zugeschoben werden können, ob er das Manuskript gelesen habe oder nicht ...

IX

Wird bei den letzten Ursachen der Daily-Telegraph-Affäre stets ein „Ignorabimus" gelten, so ist bei den anderen großen Ereignissen der Bülow-Ära heute nichts anderes möglich als das, was Bülow selbst als „prima vista" bezeichnet hat. Es kann heute nicht die Aufgabe sein, zu werten und zu urteilen; vielmehr kann sie nur darin bestehen, aufzuzeigen, wie etwa dies Werk es tut. Man kann daher nicht erkennen, ob die Urteile zweier Politiker wie Emil Ludwig und Ernst Feder das Rechte treffen. So schreibt Emil Ludwig, der die Laufbahn Bülows als einen der Schlüssel zum wilhelminischen Zeitalter bezeichnet und der es auch ausspricht, daß Bülow mitunter der Hofnarr des Kaisers gewesen sei, wobei er nur übersieht, daß ein Hofnarr nicht zu schmeicheln braucht, eher im Gegenteil:

„Wenn man auf die Gelegenheiten hinweist, die Deutschland bei Englands Annäherung versäumte, wenn man die Wahl zwischen England und Rußland nach keiner Richtung vollzogen, wenn man das kindliche Vertrauen auf den sogenannten Dreibund und den romantischen Begriff der Nibelungentreue vor sich sieht, so bleibt der Kanzler verantwortlich, der alle diese Aktenstücke zeichnete, die in unerbittlicher Wahrheit schon heute alle vor uns liegen."

Das Urteil von Ernst Feder lautet:

„Der Staatssekretär und der Kanzler Bülow ist dafür verantwortlich, daß Deutschland in den Jahren 1898 bis 1901 die Gelegenheiten zu einem Bündnis mit England versäumt hat. Bülow hat den Kaiser zu der verhängnisvollen Landung in Tanger gezwungen und hat dann, statt die Möglichkeit einer deutsch-französischen Verständigung über Marokko und darüber hinaus zu nutzen, auf der Konferenz von Algeciras bestanden, auf der Deutschland nahezu isoliert blieb und nichts Wesentliches erreichte, nicht einmal, wie Bülow meinte, ,eine Klingel, die wir jederzeit ziehen konnten.' In der bosnischen Krise hat er zwar mit geschickter Hand den kriegerischen Konflikt verhütet, aber doch immerhin eine Art Generalprobe jener österreichischen Aufführung zugelassen, an der sich sechs Jahre später der Weltbrand entzünden sollte."

Bülow selbst dagegen hat dies freilich nie zugegeben; vielmehr stellt er sich in seinem Buch „Deutsche Politik" auf den Standpunkt, daß in den zwölf Jahren, während derer die Außenpolitik in seinen Händen lag, sich „eine bedeutsame Wandlung" vollzogen habe, und stolz rühmt er sich eines „Aufstiegs zur Weltpolitik." Bei seinem Rücktritt war nach seiner Meinung „die Stellung Deutschlands größer und stärker, als sie seit dem Rücktritt des Fürsten Bismarck je gewesen ist."

Sein Nachfolger betrachtet die Dinge allerdings wesentlich anders, und der Historiker kann nicht sagen mit Unrecht. Bethmann Hollweg hat dem Vorgänger in seinen Memoiren den Vorwurf gemacht, daß seine Hinterlassenschaft aus hoffnungslosen Verhältnissen bestanden habe. Er kennzeichnet die weltpolitische Lage, die die Folge von Bülows Politik gewesen sei, in bemerkenswerter Weise: „England, Frankreich und Rußland waren zu fester Koalition zusammengeschlossen. Angegliedert war ihnen durch englisches Bündnis Japan. Italien hatte sich der Gruppe immer mehr genähert. Englands wirtschaftlicher Gegensatz zu dem deutschen Nebenbuhler war durch unsere Flottenpolitik zu einem akut politischen geworden."

Bülow hat allerdings in einem Brief an Bassermann darauf hingewiesen, daß Bethmann Hollweg schließlich fünf Jahre zur Verfügung gehabt habe, um eine solche Lage zu bessern. Auch mag man sich den denkwürdigen Ausspruch Ballins vergegenwärtigen: „Bethmann ist Bülows Rache."

Freilich wird dies wohl kaum etwas an dem Bild ändern, das der heutige Historiker gewinnt: Bülow, der Lebenskünstler, konnte beschwingt über die Brücke tänzeln, die er allzu leicht und luftig gebaut hatte; der schwerfällige Bethmann Hollweg dagegen, der im Reich der Philosophie eher zu Hause war als auf dem Gebiet der Meisterung des Lebens, mußte einstürzen.

Aber Bülow hat auch selbst ein Bekenntnis von der Grenze seiner Fähigkeiten gegeben, das wir hier lesen und das uns fast wie ein Armutszeugnis erscheint:

„Wir haben damit zu rechnen, daß, wenn wir oder Österreich-Ungarn mit einer der Ententemächte in einen ernsteren Interessenkonflikt geraten sollten, die bis dahin noch losen und vagen Ententen und Verständigungen sich zu konkreten Bündnissen verdichten würden, so daß wir zusammen mit Österreich-Ungarn uns einer starken Koalition gegenübersehen könnten. Die Grundursachen der uns umgebenden politischen Gefahren können wir nicht beseitigen, ohne uns selbst aufzugeben ... Diese Ententen und Allianzen sind also ihrem Ursprung nach eher defensiven Charakters." 25. 6. 08

So sehen wir in diesem Werk die entscheidende Zeit der internationalen Zusammenballungen unter Bülows Wirksamkeit, die mit zwingender Notwendigkeit über kurz oder lang zum Krieg führen mußten; wir haben hier fast eine Chronik der Einkreisung aus Bülows eigener Feder, eine Chronik jener Ballungen, die uns in den Krieg führten und an denen das Kaiserreich zerbrochen ist — ein Sturz, der ohne diese Bülow-Politik, wie sie in diesen beiden Bänden vor uns liegt, wohl nie eingetreten wäre.

Diese Folge wirkt um so tragischer, als Bülow dadurch wie eine Macht erscheint, die Gutes will und Unheil schafft. Denn seine persönliche Friedensliebe, die Friedensliebe seiner Staatskunst sind über jeden Zweifel erhaben; aus jeder Seite dieser Ausgabe gehen sie hervor. Vielleicht ist aber der so oft mißbrauchte Ausdruck „Friedensliebe" übertrieben, und man sollte lieber von dem Wunsche sprechen, jede kriegerische Verwicklung zu vermeiden. Aber waren die Mittel, deren er sich zu diesem großen Ziel der Erhaltung des Friedens bediente, immer die richtigen? Diese Frage zu beantworten heißt nichts anderes, als ein Endurteil über ihn zu sprechen, und das kann nicht die Aufgabe sein. Vielleicht gewinnt hierüber der Leser selbst einen Eindruck; und doch wäre es kaum richtig, einen solchen zu einem Urteil zu verdichten.

Tragisch wirken besonders zwei Bekenntnisse Bülows zum Frieden, wie wir sie hier lesen und wie sie hier fast als Ohnmachtszeichen dastehen:

„Wie sehr unsere internationale Stellung erleichtert werden würde, wenn wir es ebenso geschickt anfangen wollten wie die Engländer und Amerikaner. Jetzt liegt die Situation so, daß man uns für reaktionär, rauflustig und eroberungslüstern hält (bzw. mit einem Anschein von Berechtigung ausgibt), während wir in Wirklichkeit eine sehr friedliche Politik machen. Andere Mächte, welche weniger friedlich und enthaltsam sind als wir, wissen sich dagegen geschickt in den Mantel moderner, humaner und liberaler Anschauung zu drapieren."   5. 8. 06

„Deutschland hat in den letzten 34 Jahren keinem großen oder kleinen Staat gegenüber eine aggressive Politik verfolgt. Gerade wegen unserer Friedensliebe aber müssen wir, es koste was es wolle, den Anschein vermeiden, als könnten wir jemals einer Drohung weichen."   11. 4. 05

Das dumpfe Rollen im Fernen Osten, mit dem dies Werk beginnt, gibt einen schauerlichen Auftakt. Die

Auswahl beginnt mit dem Russisch-Japanischen Krieg, weil sich damals zum erstenmal das Netz zusammenzieht. Wir sehen hier zunächst, und zwar schon im zweiten Schriftstück, das stolze Bekenntnis, daß Deutschland im tiefen Frieden lebe und die Lage völlig gesichert sei. (13. 11. 03) Dann hören wir schon im ersten Schriftstück des Kaisers, das hier enthalten, seinen angstvollen Ruf an Bülow, daß England „mit Hochdruck an der Arbeit ist, uns äußerlich zu isolieren" — eine richtige Erkenntnis, die der Ewiglächelnde abwehrte. Auf sein Handeln hatte sie keinen Einfluß. Es ist nicht auszudenken, wenn des Kaisers richtige Einsicht damals in die Tat umgesetzt worden wäre. Wie damals die Weltlage war, bevor sich jene vielfältigen Reaktionen auf Bülows Handlungen ausgelöst hatten, wird durch zwei Beispiele erläutert: Noch am 22. 7. 05 wird die Möglichkeit erörtert, ob sich Deutschland an den Russisch-Französischen Zweibund angliedern könnte, und gar am 30. 5. 05 lehnt Bülow, wenn auch etwas versteckt, den Gedanken der „Bildung einer mächtigen europäischen Staatengruppe mit Hereinziehung Deutschlands" ab — sein eigener Ausdruck.

Fast in der Mitte des Werkes sehen wir, wie „für Deutschland die Entstehung eines Trusts von Staaten um einen französisch-russisch-englischen Mittelpunkt herum ein Ereignis von unabsehbaren Folgen sein würde." (16. 5. 05)

Kurz darauf sind alle solche Chancen verspielt, und wir müssen lesen: „Nach der japanisch-englischen wird jetzt an der englisch-russischen Annäherung eifrig gearbeitet . . . Diese Gruppe, welche durch den Magnetismus ihrer Stärke vielleicht noch andere Staaten an sich heranziehen wird, bildet . . . den mächtigsten politischen Faktor des Erdballs." (29. 10. 05)

Bis am Schluß die nackte Wahrheit lautet: „Es

liege durchaus im Bereich der Wahrscheinlichkeit, daß sich Mächtegruppen in der Weise bildeten, daß auf der einen Seite Rußland, England und Frankreich und vielleicht auch Italien, auf der anderen Seite Österreich-Ungarn und Deutschland ständen." (13. 10. 08)

Und als letzten Hoffnungsanker, kurz vor seinem Sturz und am Ende seiner Wirksamkeit, greift Bülow zu einer offensichtlichen unbewußten Autosuggestion: „Damit wird der Einkreisungsring, der längst brüchig geworden ist, dauernd gesprengt sein."

Welch grausige Selbsttäuschung! Welche Naturwidrigkeit, die Streitigkeiten zwischen den Ententemächten zu überschätzen gegenüber der Möglichkeit ihres Zusammenwirkens!

Auch schon der Plan des Einmarsches in Belgien gespenstert hier auf, wenn wir die schicksalsschweren Worte lesen:

„Alles kommt darauf an, daß die Belgier vorher nicht ahnen, daß wir sie eintretendenfalls vor ein solches aut-aut stellen wollen. Sonst würden sie ihr vieles Geld in Fortifikationen gegen uns stecken und den Franzosen einen Wink geben, damit diese ihre Pläne auf eine solche Eventualität einrichten."   30. 7. 05

Nun sind die Würfel gefallen — das Spiel ist verloren. Ein halbes Jahrzehnt, bevor der erste Schuß fiel, war schon alles verloren. Wenn man für Bülows Lebenswerk eine sachliche Formel finden wollte, die kein Urteil ist, sondern eine einfache Feststellung von Tatsachen, so könnte diese nicht anders lauten als so: Von einer Situation, in der ein dreimaliges Bündnisangebot Englands an Deutschland möglich war, bis zur Vollendung der Einkreisung.

Hier haben wir das Schicksalsbuch der Deutschen!

Der Schluß dieser Auswahl, der mit dem Schluß der weltgeschichtlichen Tragödie zusammenfällt, ist zugleich das tragische Ende von Bülows Laufbahn, und dies Ende ist herbe, wie wir hier sehen: Bülow, der seinen Nachfolger Bethmann Hollweg protegiert und diesen so „gemacht" hat, wie er einst selbst von Eulenburg „gemacht" worden war, bittet ihn um Abwehr gegen Verleumdungen. Bethmann Hollweg drängt den Kaiser, diese Abwehr nicht zu gewähren, und setzt dann Bülow gegenüber die heuchlerische Unschuldsmiene auf: der Kaiser habe leider „ganz spontan" abgelehnt. „Er hat volles Verständnis und Mitgefühl für die schwierige und peinliche Lage Ew. Durchlaucht."

Dies sind einige der letzten Zeilen des Werkes, das so mit einer Lüge schließt.

X

Bülow und die meisten Diplomaten — sie alle liebten damals den Frieden, und fast alle trieben doch zugleich ihr Spiel mit dem Krieg.

Das Gespenst des Krieges steht fast hinter jedem Schriftstück, das wir hier lesen, wie hinter Böcklin auf seinem Selbstbildnis der Tod uns angrinst. Ein prickelndes Spiel mit dem Kriege, wie man etwa mit einer ungeheueren Gefahr spielt, obwohl oder gerade weil man diese scheut und vor ihr zurückschreckt. Oder kann man es anders auffassen, wenn Bülow zum Beispiel 1905 schreibt: „Die allgemeine Lage würde uns erlauben, den Bogen noch schärfer zu spannen. Wenn ... wirklich eine äußerst heftige antideutsche Bewegung in Frankreich eintreten und eine solche zu einem Zusammenstoß zwischen uns und Frankreich führen sollte, so würde bei einem solchen Frankreich mehr zu verlieren haben als wir, und die Chancen nach menschlicher Berechnung für uns günstiger liegen als für Frankreich."

König Eduard läßt bei einem Gespräch mit Bülow, wie wir hier lesen, durchblicken, daß es wohl überhaupt nicht zu dem Russisch-Japanischen Krieg gekommen wäre, wenn der Zar die Antwort auf gewisse Vorschläge nicht zu lange hinausgeschoben hätte, und hieran trüge besonders der Tod eines Kindes die Schuld, der kleinen Prinzessin Elisabeth von Hessen, der den Zaren sehr beeindruckt habe. (26. 6. 04) Also um dessentwillen ein Krieg mit so ungeheurem Elend, wie kein Verstand es zu fassen vermag! Und die menschliche Weichheit des Zaren als Ursache eines der grausigsten Kriege — welch ungeheurer Widersinn! Von diesem Krieg erzählt hier auch der Kaiser, der doch gewiß nicht fürstenfeindlich empfand, etwas Seltsames: „Die Großfürsten, gänzlich apathisch und unlustig, gehen nicht hinaus ins Feld und amüsieren sich bloß, wie immer." (26. 6. 04)

Die Beendigung eines Krieges ohne Sieg nennt hier Bülow verächtlich eine „Versumpfung des Krieges" (22. 3. 05), und einen Angriff Österreichs auf Serbien bezeichnet er als eine „Züchtigung" Serbiens. (29. 1. 09) Des Kaisers Einschätzung des Krieges erhellt daraus, daß er einen „Friedensschluß für das geringere Übel" hält (3. 6. 05) — also eine Kriegsbeendigung als ein Übel! Bülow fragt sich bedeutsam, „ob es dem deutschen Interesse entspricht, daß der Ostasiatische Krieg weitergeht". (23. 7. 05) Daraus spricht die Erwägung, ob man nicht Blut vergießen lassen soll, wenn sich dies Blut für Deutschland rentiert.

Und der Kaiser? — Für ihn sind einmal die fünfundsechzig Hirsche, die er streckte, wichtiger als ein Krieg, denn in einem Brief spricht er zuerst von dieser glänzenden Jagd, und dann erst von der Möglichkeit eines Krieges. (6. 11. 08)

Ein andermal wird er deutlicher, indem er den Russen Gelegenheit geben will, in Frankreich einzufallen: „Ich habe Glauben, die Aussicht, im schönen Gallien zu rabuschern und zu plündern, würde den Russen Freude genug bereiten, um sie zu locken." (30. 7. 05)

Daher kann es uns nicht überraschen, hier hin und wieder einen Hohn auf die republikanische Staatsform zu lesen, weil es ja oft in deren Wesen liegt, Kriegen auszuweichen, und so spricht Bülow verächtlich von den „kleinen Gesichtspunkten eines vom Parlamentswillen abhängigen Staatsleiters" (18. 2. 04), denn die Völker selbst wollen ja keinen Krieg, wenn sie nicht von den Diplomaten aufgehetzt werden. Ein andermal schreibt Bülow: „Die Zivilisten Combes, Delcassé & Co. haben für sich und ihr republikanisches System einen siegreichen Krieg ebenso sehr zu scheuen wie eine Niederlage." (16. 11. 04)

Überhaupt versuchte Bülow die Staatsform der Republik zu wiederholten Malen als Schreckgespenst zu verwenden, um seine Gegenspieler gefügig zu machen, und zwar sowohl in Rußland als auch in Spanien und Italien.

Innerhalb eines solchen Weltbildes müssen natürlich die Völker selbst gleichgültig sein, und so warnen 1905 der Kaiser und Bülow den Zaren vor einem Frieden, „der so nachteilig wäre, daß der Zar dadurch in seiner Existenz gefährdet würde". Die Gefährdung der Völker ist also gleichgültig, wenn nur die Existenz des Zaren nicht gefährdet wird.

Bülow bedient sich selbst des Ausdrucks „Spielen" bei seinen Verhaltungsmaßregeln, die er dem Kaiser für das Tanger-Abenteuer erteilt. (26. 3. 05) Am trefflichsten deutet er das Spiel der Diplomaten bei der Darlegung an, „daß sehr gefährliche Gegensätze nur dann hervorgerufen werden, wenn die Presse oder eine zu schikanöse Diplomatie die Beziehungen unheilbar vergiften". (30. 9. 08)

Glück und Unglück der Völker waren für Fürsten und Diplomaten der Vorkriegszeit also meist ein Spiel. Darf das Schicksal der Völker in die Hände solcher Diplomaten gelegt werden?

XI

„Wir hätten seit zwanzig Jahren in der Welt nicht so geachtet und gefürchtet dagestanden wie jetzt. Aber das Verhältnis zu England trübe den Ausblick in die Zukunft." (3. 6. 09) Diese Worte entstammen der letzten Phase aus Bülows Kanzlerschaft, und betrachten wir seine Einstellung zu den Mächten näher, wie sie sich in diesem Werk dokumentiert, so steht das Problem England im Vordergrund. Die Geschichte der Staatskunst Bülows ist nahezu eine Geschichte der Entfremdung zwischen England und Deutschland, die in diesem Werk fast chronikartig zum Ausdruck kommt. Cave canem, Vorsicht vor England — das ist überall das Leitmotiv. Hier ist der dunkelste Punkt; hier hat Bülow am meisten versagt. England ist für Bülow der schwarze Mann, der, nach seinem eigenen Wort, „Brandraketen" ausschleudert. Das Mißtrauen geht mitunter so weit, daß man fast an eine fixe Idee glaubt, denn ein solcher Verdacht sieht überall Verdächtiges. Um nur ein Beispiel zu nennen: nach Ausbruch des Russisch-Japanischen Krieges erwächst für Bülow fast die größte Sorge aus der vermeintlichen Gefahr, daß „England in China Unruhen anstiften und sich dann als Schützer des Welthandels im Jangtse festsetzen werde". (26. 2. 04)

Das Verhältnis zu England ist der Kernpunkt von allem, und Bülows Mißtrauen übersteigt dabei alle Begriffe. Daher drängt sich die Frage auf, ob sich nicht die Dinge anders entwickelt hätten, wenn damals, in jenen entscheidenden und wichtigsten Jahren, Bülow eine andere Haltung eingenommen hätte. Er sagt hier selbst, daß Mißtrauen auf die Dauer ansteckend wirke. (2. 2. 04) Jedenfalls war das deutsche Mißtrauen zuerst vorhanden, und zu allem Unglück fiel es in die Periode des Versteckspiels zwischen Onkel und Neffen, zwischen König Eduard und dem Kaiser, so interessant es für uns auch sein mag, dies Versteckspiel hier zu verfolgen.

Das Eine können wir aber heute schon sagen: Bülows Feindseligkeit gegen England, seine fast instinktive Abneigung gegen das stammverwandte Volk, ist genau so widernatürlich, sie entbehrt ebenso jeden intuitiven Schauens, wie es auf dem Gebiet der Innenpolitik beim sogenannten „Bülow-Block" geschah, das heißt bei der Paarung konservativen und liberalen Geistes, die damals ein witziger Kopf als eine Paarung zwischen einem Kaninchen und einem Karpfen bezeichnet hat.

Damals hat es freilich nur ein kleiner Kreis von Eingeweihten gewußt, daß England um 1900 nicht weniger als dreimal ein Bündnis angeboten hat, das von Bülow abgelehnt wurde. Geschah dies wirklich, wie Bülow bekannt hat, um sich nicht zu sehr zu exponieren? Geschah's aus Liebedienerei gegen den Kaiser und dessen persönlicher Flottenliebhaberei? Wir werden es nie erfahren. Nur das Eine wissen wir, daß diese Ablehnung des Bündnisangebotes zur Entstehung der Entente geführt hat, und zwar über den Weg der Algeciras-Konferenz. Die Entente cordiale von 1904 und deren Erweiterung zur Tripel-Entente wäre sonst undenkbar. Dabei hat England es Bülow zur Genüge wissen lassen, daß es sich nach anderen Bundesgenossen umsehen müsse, wenn Deutschland sich weiter ablehnend verhalte.

Lord Alfred Rothschild schrieb im Juni 02:

„Auf die schönen nichtssagenden Phrasen Bülows fällt hier kein Mensch mehr herein . . . Außerdem scheint Ihre Regierung auch heute noch nicht zu wissen, was sie will . . . Chamberlain, der bei mir aß, hat ganz den Mut verloren, er will mit Berlin nichts mehr zu tun haben. Wenn die so kurzsichtig sind, sagte er, und nicht sehen, daß eine neue Weltkonstellation davon abhängt, so ist ihnen nicht zu helfen."

Bald darauf war es zu spät: Unter großem Beifall hatte Bülow eine Rede gegen England gehalten, unter jenem für die Bülow-Ära so charakteristischen Beifall, der die merkwürdige Begleiterscheinung seiner ärgsten Fehler war. Und Chamberlain, von dem das Bündnisangebot ausgegangen war, sagte: „Schon einmal hat mich Bülow blamiert, vor zwei Jahren; jetzt habe ich genug. Von einem Zusammengehen kann keine Rede mehr sein."

Dabei hat Bülow es selbst erkannt und zugegeben, daß die Quelle dieser Entfremdung zwischen England und Deutschland wesentlich in der Flotte bestand. Er selbst hat darüber einige wichtige Bekenntnisse abgelegt:

„Die Situation schiebt sich immer mehr in der Richtung zusammen, daß die Beziehungen zwischen allen Mächten sich glätten, nur zwischen uns und England wird durch die Flottenfrage der Gegensatz schärfer, neben England aber steht Frankreich und neben Frankreich Rußland." 30. 9. 08

„England . . . von dem uns kein ernstlicher politischer Gegensatz trennt und mit dem uns gewaltige wirtschaftliche Interessen verbinden." 20. 4. 09

„Auch nach der Ansicht Ballins beruhen die deutsch-englische Spannung und die Kriegsgefahr in erster Linie auf den deutschen Flottenbauten und speziell auf dem Tempo, in dem wir Schlachtschiffe bauen." 15. 7. 08

Natürlich war Bülow ein viel zu kluger Kopf, um nicht die ganze Fülle des Unsegens zu überblicken. In einem Brief an den Pressechef Geheimrat Hammann spricht sich Bülow darüber offen aus:

„Wenn wir bei unseren Flottenrüstungen den Nachdruck mehr auf die Defensive (Unterseeboote, Minen, Küstenbefestigung, schnelle Kreuzer) legen würden, dann fiele der Hauptgrund der Spannung mit England weg, und vielleicht wäre es auch für unsere eigene militärische Sicherheit besser."

Über den Sinn der Flotte schreibt er: „Schiffe müßten wir haben, da wir nicht wissen könnten, von wem, wo und von wievielen wir angegriffen werden würden." (11. 6. 05) Seltsame Begründung! Mit solchen Argumenten könnte man freilich jede Maßnahme verteidigen.

Bülow hätte Deutschland vor dem Abgrund bewahren können, wenn er seine Einsichten rechtzeitig in die Tat umgesetzt und die Vermehrung der Flotte gehindert hätte. Aber dies tat er nicht, und bald war es zu spät. Vergebliche Liebesmüh war alles, was er dann noch tat. Es war dann nur noch eine halbe Maßnahme ohne Wirkung, wenn er im letzten Jahr seiner Kanzlerschaft die Flottenagitation zu unterdrücken suchte (27. 1. 09), oder wenn er in zwölfter Stunde einen Warnungsruf an Tirpitz ergehen lassen wollte:

„Ich müßte in diesem Falle Euerer Exzellenz allein die Verantwortung vor Seiner Majestät, dem Lande und der Geschichte überlassen, wenn die Folgen unerwünschte und ernste sein sollten." 9. 4. 09

Kurios mutet es uns an, hier zu sehen, welche Angst dabei Bülow vor Tirpitz empfindet:

„In unserer Antwort an Tirpitz müssen wir uns vor allem gegen den Vorwurf schützen, als ob unsere Anfrage bei ihm aus Furcht vor englischen Drohungen hervorgegangen wäre, ein Zurückweichen bedeuten und eine Demütigung des Reiches einleiten sollte." 5. 1. 09

Bülow hat nur selten diese Schicksalsfragen verkannt, wie uns eine Anzahl von Äußerungen in diesem Werk zeigt:

„Die Beunruhigung in England sei nicht Mache Sir John Fishers, sondern entspringe der tiefen und festen Überzeugung des englischen Volkes, daß das Anwachsen unserer Seemacht das britische Reich an der Wurzel bedrohe. Darüber dürften wir uns keinen Täuschungen hingeben. Man könne mancherlei Politik treiben; die bedenklichste Politik aber sei die Vogelstraußpolitik." 3. 6. 09

„Die Stimmung in England sei von der Befürchtung beherrscht, daß wir im Flottenbau den Engländern gefährlich nahekommen könnten. Unter dem Eindruck dieser Besorgnis trete uns England in letzter Zeit überall in der Welt feindlich gegenüber." 3. 6. 09

„Daß die englische Regierung uns wiederholt ihre Bereitwilligkeit zu einer Verständigung über Umfang und Kosten der beiderseitigen Flottenprogramme zu erkennen gegeben hat, können wir nicht leugnen ..." 22. 3. 09

Hierbei sind die Engländer „weit eher in der Rolle von Bittenden an uns herangetreten ... Besorgnis ... und Furcht sind es, welche den Engländern ein Anwachsen unserer Flotte unerwünscht erscheinen lasse ... Mit dieser zunehmenden Erregung hat sich die Gefahr eines Zusammenstoßes zwischen uns und Großbritannien vergrößert, ohne daß angenommen zu werden braucht, daß die englische Regierung auf einen Konflikt mit Deutschland hinarbeitet, eine Annahme, die ich für irrig halte." 11. 1. 09

Auch die verhängnisvolle Idee einer Blockade Englands, wie sie dann später durch den U-Boot-Krieg Deutschlands Schicksal besiegelt hat, taucht hier auf: England sei „ohne gesicherte Getreidezufuhr in einigen Wochen auszuhungern". (16. 1. 07)

Ist es ein Trugschluß oder der Kern eines richtigen Gedankens, dann freilich eines Gedankens, den man in seiner Furchtbarkeit nicht zu Ende zu denken vermag: all die ungeheuren Werte, die

Deutschland damals bei seinem Reichtum in die Flotte hineingesteckt, hätten dazu genügt, alle soziale Not aus Deutschland für alle Zeiten zu beseitigen. Aber gerade dieser so mißbrauchte Reichtum hat — wenn manche vertrauliche Äußerung Bülows, die wir hier lesen, berechtigt sein sollte — doch zu nichts anderem geführt, als zu Englands Feindschaft und damit vielleicht überhaupt zu dem unsagbaren Elend des Krieges. Soll man es glauben, daß gerade das, was die Kraft gehabt hätte, alles Elend zu bannen, nur dazu gebraucht wurde, ein neues unendliches Elend hervorzurufen? — Eine von jenen Fragen, bei denen der Verstand stillzustehen droht, wenn man sie in ihrer ganzen Tiefe erfassen will.

XII

Nächst England ist Österreich das wichtigste Problem gewesen, und die Bosnische Krise hat man mit Recht die „Generalprobe" der Katastrophe genannt. Ohne Bülows meisterhafter und souveräner Regie dieser Generalprobe hätte vielleicht das Drama vom Juli 14 nicht so ausgezeichnet geklappt. Denn Bülow stellte Österreich seine ganze Waffenmacht zur Verfügung, damit dieses sich zwei Balkanprovinzen einstecken konnte! Gleichzeitig erteilte er an Österreich einen Blankowechsel für alle Zukunft. Damals wich Rußland freilich zurück, da es nicht gerüstet war. Aber nun arbeitete es darauf hin, für die Folge besser gerüstet zu sein. Zehn Jahre später, im Juli 14, wurde dieser Blankowechsel präsentiert und prompt eingelöst.

Es ist erschütternd, hier die einzelnen Bekundungen dieser Gefolgschaft auf Leben und Tod zu verfolgen, und besonders Bülows Vollmacht für Österreich zur kriegerischen Aktion gegen Serbien, gleichgültig, ob hinter Serbien, wie Bülow genau wußte, Rußland stand, gleichgültig auch gegenüber einer Erkenntnis, die Bülow selbst in die Worte gefaßt hat: „Wir wissen zwar, wie Zwangsmittel anfangen, nicht aber, wohin sie führen." (2. 12. 05)

„Immerhin würde die russische Regierung bei einer Züchtigung Serbiens durch Österreich ... in eine unbequeme Lage kommen."
22. 2. 09

„Sollte sich Österreich schließlich zur äußersten Konsequenz, zu einem bewaffneten Vorgehen gegen Serbien gezwungen sehen, so bleibt ein russisches Eingreifen trotz aller slawischen Hetzereien nach menschlicher Berechnung wenig wahrscheinlich."
22. 2. 09

„Denn Frankreich will aus verschiedenen Gründen keinen Krieg; jedenfalls wird es alles daransetzen, nicht wegen Serbiens in einen Krieg mit uns und Österreich-Ungarn verwickelt zu werden, in dem es an der Seite des geschwächten Rußlands für utopistische slawische Verbrüderungsideen fechten müßte." 22. 2. 09

„Wir müssen also zeigen, daß wir die Situation nach wie vor ernst ansehen, uns nicht einschüchtern lassen und ebenso wie bei der eben überstandenen Hochkrisis entschlossen sind, bis zum äußersten hinter Österreich-Ungarn zu stehen." 27. 3. 09

„Der Entscheidung Seiner Majestät des Kaisers Franz Joseph und seiner Regierung über den Zeitpunkt, in dem Österreich-Ungarns Geduld gegen Serbien ein Ende haben müsse, sehen wir mit vollem Vertrauen entgegen." 18. 3. 09

„... als Richtschnur unserer Politik in der serbischen Frage bezeichnet, daß wir nur das wünschen, was Österreich will."
29. 3. 09

„Seien Sie überzeugt, daß wir uns in unserer bundesfreundlichen Haltung weder durch die Besorgnisse des Herrn Clemenceau, noch durch etwaige russische Maßnahmen an unserer Ostgrenze beeinflussen lassen." 30. 10. 08

... Die Auffassung, „daß für uns weder Veranlassung vorliegt noch auch Neigung bei uns besteht, das Vorgehen unseres Verbündeten einer Kritik zu unterziehen, wohl aber der feste Wille, in Erfüllung unserer Bündnispflichten an seiner Seite zu stehen und zu bleiben. Auch für den Fall, daß Schwierigkeiten und Komplikationen entstehen sollten, werde unser Verbündeter auf uns rechnen können." 13. 10. 08

„... sich auf die Erklärung beschränken, daß wir die Möglichkeit eines österreichischen Angriffs auf Serbien für ausgeschlossen halten. Jede weitergehende Äußerung würde uns... ganz unnötig zum voraus festlegen ..." 29. 1. 09

„Deutschland und Österreich-Ungarn bilden einen starken Block, der allen Stürmen Trotz zu bieten vermag. Ihr auf Interessensolidarität und gemeinsamer Hochhaltung des monarchischen Staatsgedankens beruhender Bund ist für die beiden Monarchien die beste Sicherheit gegen andere, vielfach von revolutionären Bestrebungen mit autoritätsfeindlichen Ideen angefressene Mächte. Treues Zusammenstehen mit Österreich-Ungarn soll und muß auch in Zukunft der oberste Grundsatz der deutschen auswärtigen Politik bleiben." 25. 6. 08

„Österreich-Ungarn erklärt es mit seiner Würde nicht vereinbar, wenn bosnische Frage auf einer Konferenz diskutiert wird. Wir müssen unserm Verbündeten in dieser Auffassung zur Seite stehen." 13. 10. 08

„Wenn wir Österreich-Ungarn, mit dem uns ein dreißigjähriges Bündnis verbindet, das die Grundlage des europäischen Friedens bildet, nicht im Stich lassen können, auch wenn uns sein Vorgehen vielleicht nicht in allen Punkten opportun und einwandfrei erscheint ..." 8. 10. 08

„Ein die Vorgänge der letzten Zeit zensierender europäischer Areopag kann weder in unsern noch in Österreich-Ungarns Wünschen und Interessen gelegen sein." 12. 1. 09

„Ein Vermittlungsversuch zwischen Rußland und Österreich-Ungarn, ob er gelingt oder nicht, müßte jedenfalls in Wien Mißtrauen gegen uns erregen und uns nicht nur den Österreichern selbst gegenüber, sondern vor der ganzen Welt als laue Freunde erscheinen lassen." 6. 2. 09

„Unsere Lage würde dann eine wirklich bedenkliche werden, wenn Österreich das Vertrauen zu uns verlöre und von uns abschwenkte. Solange wir beide zusammenstehen, bilden wir, ähnlich wie während fünfzig Jahren der alte Deutsche Bund, einen Block, an den sich niemand so leicht heranwagen wird." 30. 9. 08

Ganz kurios wirkt es aber, zu sehen, daß sich Bülow mit dieser Nibelungentreue zwar restlos Österreich ergibt, aber zugleich nicht nur die Ohnmacht Österreichs einsieht, sondern auch voller Mißtrauen gegen jene Macht erfüllt ist, an die er sich gleichzeitig auf Gedeih und Verderb kettet. Den Ursprung eines Hetzartikels gegen Deutschland vermutet er in dem Preß-Büro des Wiener Auswärtigen Amtes, und wieder schlägt uns Intrigenluft entgegen, wenn Bülow seinen Botschafter anweist, beinahe detektivartig darüber zu wachen, daß sein Bundesgenosse ihn nicht mit seinem Feind betröge, mit England. Aber der Botschafter soll nicht nur Detektiv sein, sondern auch Hypnotiseur, der dem Bundesfreund suggerieren soll, „daß Österreich viel stärker ist, als es selbst glaubt. Aber bei dem . . . nun einmal vorhandenen österreichischen Kleinmut dürfen wir den Österreichern die Weltlage und vor allem unsere eigene Lage nie pessimistisch schildern". (29. 6. 08) Nun, wenigstens hat sich diese eine Hoffnung Bülows erfüllt: einen Kleinmut konnte man bei den Bundesgenossen im Juli 14 gewiß nicht mehr spüren!

Gegenüber den beiden Problemen England und Österreich erscheinen die Beziehungen zu allen anderen Staaten von sekundärer Bedeutung. Die Beziehungen zu Frankreich stehen von Anbeginn unter dem Zeichen der Resignation und einer zu späten Erkenntnis. Die Marokko-Aktion und Algeciras-Konferenz hatte Bülow nicht etwa deswegen betrieben, um irgendwelche Vorteile zu erlangen, sondern aus der beinahe fixen Idee einer falsch verstandenen nationalen Würde heraus. Bülow bekennt: „Deutschland ist in dieselbe hineingegangen, um keine Einbuße an Würde und an berechtigtem Interesse zu erleiden. Vorteile erstreben wir nicht . . ." (21. 6. 05) Die Folgen bestanden dann in einer Reorganisation des französischen Heeres. Aber noch schlimmer: Bülow mußte selbst erkennen, daß dieses sein ureigenes Werk nichts anderes war, als „der Ausgangspunkt einer Neugruppierung der Mächte", also eben der Entente. Es ist ein schwacher Trost für den Historiker, daß Bülow diesen Fehler damals schon selbst eingesehen hat, obwohl es ihm gelang, den Mißgriff mit der Glorie des Erfolges zu umgeben, eines Erfolges, der ihm den Fürstentitel eintrug.

In einer vertraulichen Niederschrift hat Bülow einen trefflichen Ausdruck für seinen Fehler gefunden, daß er sich in eine Zwangslage habe hineindrängen lassen: „Es handelt sich . . . darum, daß wir mit Anstand aus der Zwangslage herauskommen, in welche wir durch das herausfordernde Vorgehen des Herrn Delcassé gedrängt worden sind." (12. 6. 05) Auch andere Zeugnisse einer zu späten Erkenntnis haben wir hier:

„. . . kommt alles darauf an, daß wir aus der in letzter Zeit augenscheinlich verfahrenen Marokkoangelegenheit jetzt in einer Weise herauskommen, die unser Ansehen in der Welt intakt erhält . . ." 8. 9. 05

„Wenn wir in einer Frage, in der wir uns einmal engagiert haben, die Mehrheit oder gar alle anderen gegen uns haben, so nutzen auch Forschheit und Drohungen nichts, da unsere Situation dann nach allem Vorhergegangenen etwas beinah Lächerliches haben würde." 23. 11. 05

Wie ein Alpdruck über die Folgen dieses Fehlers liest es sich:

„Vorteilhaft aber wäre, wenn wir den Zaren soweit engagierten, daß Witte und Graf Lamsdorff nach hergestelltem Frieden nicht sofort eine russisch-französisch-englische Entente anbahnen können, welche die „Nowosti" in St. Petersburg und Clemenceau in Paris schon jetzt mit dem Hinzufügen empfehlen, daß dann auch die Marokkofrage ihre Lösung finden würde . . ." 20. 7. 05

„Weit bedenklicher noch sei, daß [sich] aus einer solchen Abstimmung und dem sich an sie anschließenden Scheitern der Konferenz eine neue Gruppierung der Mächte entwickeln würde, die Rußland von den beiden anderen Kaisermächten trennen und mit England und Frankreich zusammenschließen würde. Es sei dringend zu wünschen, daß eine solche Wendung vermieden würde, deren Folgen nicht abzusehen wären." 24. 2. 06

Später, als das Unheil geschehen ist, greift Bülow zu Betäubungsmitteln:

„Frankreich geht militärisch wie an Volkskraft eher zurück, es schwebt in ständiger Besorgnis vor einem Konflikt mit uns und sucht, ohne eigentlich kriegerische Absichten gegen uns zu hegen, nach deckenden Freundschaften. Frankreich will korrekte Beziehungen und selbst einen modus vivendi mit uns ... Je weiter wir den Zeitpunkt eines bewaffneten Konflikts mit unserem westlichen Nachbar hinausschieben, um so weniger wird dieser imstande sein, den schon numerisch immer ungleicher werdenden Kampf mit uns, selbst bei Unterstützung von anderer Seite, aufzunehmen." 25. 6. 08

Und der dritte Bundesgenosse, Italien? Der Sinn des Dreibundes? — Über diesen Verbündeten hat sich Bülow niemals Illusionen gemacht. „Italien kann mit Österreich nur verbündet oder in Feindschaft sein", bekennt er am 26. 10. 08. Und weiter:

„Sie sind aber ein zu gründlicher Kenner der österreichischen Dinge, um nicht zu wissen, daß ein Krieg mit Italien, dem Kirchenschänder, in den aristokratischen Kreisen Österreichs weit populärer ist als ein Kampf mit Rußland ..." 14. 11. 08

„Sodann kommt Italien, welches sich langweilt und mit dem leichten Sinne der Jugend Erlebnisse herbeiwünscht." 27. 3. 04

„Wir müssen aber in den Italienern ein solches Maß von Besorgnis vor den Folgen eines Verlustes der Stütze, die ihnen Deutschland vermöge des Dreibundverhältnisses bietet, lebendig erhalten, daß sie dadurch abgehalten werden, einen entscheidenden Schritt zu tun, der den Flirt mit Frankreich in ein dauerndes Verhältnis verwandeln würde." 6. 3. 04

Dagegen war sich Bülow gegenüber Rußland nur „des einen Triebs bewußt":

„Wir deutschen Politiker sehen ja die Dinge anders an, wir glauben nicht daran, daß Rußland mit Frankreich zusammen gegen uns vorgehen wird." 4. 5. 05

„Euerer Majestät Leitmotiv war ja immer: Wir haben nur den Wunsch, daß die russische Dynastie unverletzt und die russische Machtstellung ungeschwächt aus dieser Krisis hervorgehen möge, denn das liegt im preußisch-monarchischen wie im deutschen politischen Interesse, und diesem Interesse entspricht voll und ganz die persönliche Freundschaft des Deutschen Kaisers und Königs von Preußen für Seine Majestät den Kaiser Nikolaus." 22. 7. 05

„. . . wiederholt unseren Standpunkt dahin präzisiert, wie für uns in erster Linie der Wunsch besteht, daß durch diese Ereignisse das russische Kaiserhaus nicht erschüttert . . . werden möge . . . durchdrungen von der Heiligkeit der Traditionen, die das deutsche und das russische Kaiserhaus verbinden, und überzeugt von der Nützlichkeit eines monarchischen und kräftigen Rußlands . . ." 9. 6. 05

XIII

Wir sehen, wie die Gestalt Bülows eingeordnet ist in seine Umwelt und ein Teil von ihr bedeutet, der sinnbildhaft eine Epoche von Deutschlands Geschichte darstellt. Dieser große Zusammenhang entspricht Bülows eigenem Empfinden, der sich kaum als Individualität empfindet, als persönlicher Träger der Geschichte, sondern als den Teil eines großen Zusammenhanges, in den er hineingestellt ist. Bülow kennzeichnet sich selbst und seine vertraulichen Niederschriften, aus denen dies Werk besteht, wenn er etwa davon spricht, daß wir nicht daran dächten, uns in die russische Revolution von 1905 einzumischen: Wir „werden die Dummheiten von 1792 nicht wiederholen". (6. 11. 05). Im gleichen Zusammenhang spricht er davon, wie „wir" die Linie fortsetzen, die unsere Beziehungen zum Zarentum seit 180 Jahren bestimmten (30.3.05), wie er eine hundertjährige Freundschaft der beiden Kaiserreiche weiterpflege (13.5.09) usw.

Solche großen Zusammenhänge berühren seltsam uns Heutige, die wir in unserer schnellebigen Zeit kaum mehr einen Sinn hierfür haben; ein Jahrzehnt ist uns heute fast so viel, wie für Bülow ein Jahrhundert war. Unser Tempo des Lebens und Erlebens gleicht fast dem des Kindes in seinen ersten Jahren, dem sich die Erfahrungen unendlicher Generationen in wenige Jahre zusammendrängen. Dies mag wohl für alle gelten, die die Zeit vor dem Kriege noch nicht bewußt zu erleben vermochten, weil sie damals noch zu jung und erfahrungsarm für ein eigenes Urteil waren.

Hiermit mag es vielleicht auch zusammenhängen, daß bereits die Gestalt des lebenden Bülow von der Legende umwoben wird und daß man in weiten Kreisen seit alters her geneigt ist, ihm Lorbeeren gerade für legendäre Siegfriedstaten zu flechten. Vielleicht mag dies daher kommen, daß in Vorkriegszeiten die Außenpolitik als ein Noli me tangere galt, in das niemand hineinsehen durfte, zumal es Bülow auch mit meisterhafter Geschicklichkeit verstand, an die schwache Seite der Deutschen zu appellieren: an ihren Autoritätsglauben. Ebenso verstand er es, seinen guten Ruf und Ruhm als Außenpolitiker zu pflegen und vor allem Mißerfolge (wie etwa die Algeciras-Konferenz) zu Erfolgen umzubiegen.

Dann allerdings öffneten sich die Archive, und aus diesen strömte ein Licht, das uns die bis dahin so dunklen Dinge völlig beleuchtete. Dennoch ist es eine merkwürdige Tatsache, daß dieser eingewurzelte Glaube an Bülow, dieses ihm günstige Vorurteil, mitunter stärker war als das so plötzlich erschlossene Licht der Erkenntnis, so daß der rätselhafte Nimbus um Bülows Haupt vor dem neuen Licht nicht zu erblassen vermochte.

Hier setzt nun diese Auswahl ein, und die Kenntnis ihres Inhalts ist unerläßlich für eine Erkenntnis der Zusammenhänge und jene politisch-historische Schulung, ohne die wir das Heutige ebensowenig erkennen können, wie die Entwicklung der Ereignisse, in die wir verstrickt waren und die wohl in unser aller Schicksal mehr oder weniger entscheidend eingegriffen haben. Denn darin liegt ja das Unheimliche, daß jene dunklen Dinge, von deren Wesen und Bedeutung wir alle keinen Begriff hatten, unser persönlichstes Schicksal bestimmten, wie auch jene 27 000 Totgeweihten, über die die russischen Machthaber in einer kühlen Kalkulation verfügten, nichts davon ahnten, wie, wann und wo ihr Leben als Einsatz einer Berechnung galt.

Jetzt jedoch ist es anders, denn die Öffnung der Archive hat uns schauen gelehrt, und so glaubt der Herausgeber nicht zu übertreiben, wenn er der Meinung ist, daß diesem Werk eine Mission innewohnt. Obwohl dem Leser die Lektüre aller dieser Schriften, wie sie in diesen beiden Bänden vereinigt sind, Spannung bereiten werden, so kann er dennoch die Zuversicht haben, daß der Wert wissenschaftlicher Genauigkeit überall verbürgt ist, denn die einzelnen Teile dieses Werkes wurden uns allen ja vom Auswärtigen Amt erschlossen. Aber freilich beschattet der Riesenumfang jener behördlichen Veröffentlichung die großen Gesichtspunkte und Linien, so daß oft die wichtigsten Dinge in der Fülle versinken. Denn die Aktenpublikation umfaßt die Rekordzahl von 15 893 Dokumenten auf insgesamt 22 021 großen Seiten; sie kann daher also selbst nicht einmal für die an der jüngsten politischen Geschichte Interessierten in Frage kommen, obwohl — welch seltsamer Widerspruch! — nichts wichtiger für solche Erkenntnis sein dürfte als gerade diese Dokumente. Daher dürfte es wohl keine Übertreibung sein, von einer Mission der vorliegenden Ausgabe zu sprechen.

Bei der Auswahl war es das erste Bestreben, sich von jeder Einseitigkeit freizuhalten und möglichst klar das in Erscheinung treten zu lassen, was hinter allen offiziellen Worten steckt, und dies ist oft das Gegenteil vom Gesagten, getreu dem alten Diplomaten-Grundsatz, das Wort sei dazu da, die Gedanken zu verbergen. Darum wurde bei der vorliegenden Auswahl vielfach von offiziellen Äußerungen und Kundgebungen Abstand genommen, die nur dort Aufnahme fanden, wo sie zu einem Verständnis notwendig schienen.

Leider gilt ja die große Aktenpublikation, sehr zu Unrecht, als „trocken", jedenfalls für das große Publikum. Dies Vorurteil ist freilich bedauerlich, und zwar um so mehr deswegen, weil es einen Riegel bedeutet, der eine Erschließung dieses Monumentalwerkes für die weitesten Kreise hindert. Auf alle Fälle ist es ein Vorzug dieser Publikation, und zwar dank der hier zum erstenmal angewandten und doch so naheliegenden chronologischen Reihenfolge, daß jede Trockenheit ebenso vermieden zu werden vermochte wie jede Ermüdung, eben weil die sachlichen Dinge nicht fein säuberlich rubriziert sind, sondern jene bunte Fülle haben, wie das Leben und die bewegten Ereignisse selbst. Denn Geschichte darf nicht auf Flaschen gezogen werden, und es ist grotesk, daß dieser Irrglauben selbst von jenem Teil der Geschichte gilt, den wir körperlich miterlebt haben. Die starke lebendige Wirkung, die von diesem Werk ausströmt, beweist auch, daß es nichts Spannenderes und Aktuelleres geben dürfte, als solche Art der Geschichtspublikation.

Bei dem vorliegenden Werk galt als Grundsatz eine bewußte Beschränkung auf Bülows letzte und entscheidende Wirksamkeit, auf diese wichtigsten Jahre, die nicht nur den Staatsmann auf der Höhe seiner Fähigkeiten und seiner Lebensarbeit zeigen, sondern die uns auch inhaltlich am nächsten stehen. Dabei wurde der Nachdruck auf die Absichten und Beweggründe aller politisch-geschichtlichen Handlungen gelegt, weil wir diese alle in ihren Ergebnissen erfahren haben, nicht jedoch in ihren Urgründen. Gerade um diese Triebfeder wob ängstlich gehütetes Geheimnis seit alters her.

Dagegen wurde von Einzelheiten nach Möglichkeit abgesehen, weil sonst der Umfang uferlos und der Zweck dieser Ausgabe illusorisch geworden wäre. Denn bei der Auswahl konnte es im wesentlichen nur darauf ankommen, alle Tendenzen der Staatskunst Bülows und damit des wichtigsten Teils aus der Vorgeschichte des Krieges und alle Wünsche bis in die Untertöne hinein vor dem Leser klar erstehen zu lassen; dies Bild wäre aber durch eine Belastung mit Einzelheiten zerstört, und auch die Anteilnahme des Lesers wäre unnötig absorbiert worden. Diese Art der Herausgabe hat nun wie ein Sieb gewirkt, durch das alle unwesentlichen Dinge hindurchfielen, aller Kleinkram der diplomatischen Maschinerie, die Bülow ja überhaupt meist anderen überlassen hat, während er selbst nur bei den wichtigsten Anlässen die Feder ergriff. So kristallisieren sich aus dem, was zurückgeblieben ist, ohnehin die großen treibenden Kräfte aus der Vorgeschichte des Krieges, und in diesen Tei-

XCI

len haben wir das Ganze, schon deswegen, weil letzten Endes alle Fäden in Bülows Hand lagen, weil doch alles bei ihm mündete und von ihm ausging. Nebenbei bemerkt wird in diesem Punkt der persönliche Einfluß Holsteins auf Bülow meist überschätzt, so wenig es sich Bülow auch hat merken lassen, mit welcher Geschicklichkeit er sich solchem Einfluß zu entziehen wußte; zwar hat er sich Holsteins bedient, nicht sich aber von ihm beherrschen lassen.

Bestand die Aufgabe also einerseits darin, nach Möglichkeit Ballast über Bord zu werfen und dennoch die Vollständigkeit des weltgeschichtlichen Bildes zu erzielen, so sollen die Teile dieses Buches nichts restlos Umfassendes bieten, sondern nur Streiflichter geben. Aber gerade in solchen Schlaglichtern dürfte ein besonderer Reiz und eine besondere Aufgabe liegen, denn diese erhellen mitunter mehr als alle wissenschaftlichen Ausgaben das Dunkel, das selbst für den großen Kreis der Interessierten noch besteht, so klar auch alles für den Historiker liegen mag.

XIV

Einige notgedrungene Bemerkungen über die technische Seite der Herausgabe:

Die Zusammenstellung in dieser Ausgabe ist natürlich keineswegs einfach aus der Aktenpublikation übernommen, sondern sie stellt das Ergebnis einer sorgfältigen neuen Bearbeitung dar, die zu einer neuen Gruppierung führte.

Die Tendenz des Herausgebers bestand darin, seine Arbeit der Auswahl, Sichtung usw. so wenig als möglich hervortreten zu lassen, sich also ganz im Hintergrund zu halten, um die Gestalt Bülows und seine

Staatskunst um so plastischer hervortreten zu lassen. Aber gerade in dieser Hinsicht hat sich der Herausgeber äußerste Zurückhaltung auferlegt, die ihm, wie er bekennen muß, nicht immer leicht geworden ist.

Diese seine Aufgabe glaubte der Herausgeber am ehesten durchführen zu können, indem er auf jede andere Gruppierung, Reihenfolge oder Zusammenstellung verzichtete, die nicht einen rein chronologischen Charakter hatte. Andere Gruppierungen hätten freilich nahegelegen, etwa Zusammenfassungen des Stoffes nach ganz neuen Gesichtspunkten. Dennoch hat der Herausgeber auf solche verzichtet, weil trotz größter Absicht nach Objektivität mit dem Wesen jeder Zusammenstellung eine Tendenz verbunden ist, die aber ein absolut reines Hervortreten der Persönlichkeit und seines Lebenswerkes ausschließt. Schon mit jeder Auswahl bringt ein Herausgeber eine Tendenz zum Ausdruck — darin besteht eben die Unzulänglichkeit alles Menschlichen, die eine reine Objektivität zur Unmöglichkeit macht. War aber das Kompromiß der Auswahl unvermeidlich, so mußte erst recht von allem anderen abgesehen werden, was das Gebot der Objektivität noch weiter hätte gefährden können.

Freilich hatte zuerst der Plan einer sachlichen Gruppierung bestanden, wenn auch in völliger Abweichung von der großen Aktenpublikation, denn während jene nach Gesichtspunkten der geschichtlichen Vorgänge und Ereignisse vorgenommen war, so lag es nahe, diese Schriften eines einzigen Staatsmannes nach den verschiedenen Ausstrahlungen seiner Wirksamkeit zu ordnen. Hiervon hat der Herausgeber aber nach reiflicher Prüfung der Materie abgesehen, denn er glaubt, daß auf keinem anderen Wege ein solches Bild hätte erreicht werden können, wie es hier erzielt wurde.

Bei der großen Aktenpublikation freilich war eine

sachliche Gruppierung nach den Ereignissen unerläßlich, denn sonst hätte die Fülle verwirren müssen und jede Übersichtlichkeit wäre verlorengegangen. Eine solche Gefahr bestand aber bei der vorliegenden Auswahl nicht, da es sich nur um Dokumente eines einzigen Staatsmannes handelt, bei dem die chronologische Anordnung nicht nur das klarste Bild ergibt, sondern zudem noch den großen Vorteil hat, daß sie die Entwicklung der Gedanken und Taten einer welthistorischen Persönlichkeit in allen einzelnen Phasen dokumentiert. So treten gewisse Feinheiten hervor — sei es hinsichtlich der Stetigkeit oder der Schwankungen Bülowscher Staatskunst —, die in jeder anderen Gruppierung hätten untergehen müssen. Dieser ganze Komplex läßt sich ebensowenig fein säuberlich in einzelne Schubladen einordnen, wie die bunte Fülle des Lebens selbst — haben wir hier doch jenes Stück lebendigster Weltgeschichte, das uns Deutsche am meisten anzugehen vermag, weil hier das Entstehen der Entente dokumentiert wird.

Wie bei einer sachlichen Gruppierung die Lebensfülle, die in diesen Dokumenten steckt, ihrer Reize beraubt worden wäre, und wie bei einer stofflichen Gruppierung, etwa bei der naheliegenden Einteilung nach den Beziehungen zu den einzelnen Mächten, gerade die Feinheiten der Bülowschen Staatskunst verlorengegangen wären, zeigt ein kleines Beispiel: In der großen Aktenpublikation mußten vielfach einheitliche Schriftstücke, die in sich ein Ganzes darstellen, in mehrere Teile auseinandergerissen werden, und es liegt auf der Hand, daß gerade Meisterstücke der Diplomatie ihrer eigentlichen Wirkung verlorengehen, wenn sie auseinandergeschnitten und in verschiedene Bände eingeordnet werden müssen. Darum ist hier mehrfach bei solchen Stücken das gewaltsam Getrennte vereinigt worden. Hierdurch entfalten solche Stücke zum erstenmal ihre spezifische lebendige Wirkung, und es kommt zum Ausdruck, daß die einzelnen Teile Glieder eines einheitlichen Organismus darstellen.

Bei alledem lag eine Vollständigkeit natürlich nicht im Sinne dieser Ausgabe — ja, sie würde ihm sogar widersprochen haben. Vielmehr galt der Grundsatz, daß ein Weniger ein Mehr ist. So konnten auch nur die Stücke mit den großen Gesichtspunkten berücksichtigt werden.

Alle Teile stammen — der Deutlichkeit halber sei es wiederholt — von Bülow selbst; was nicht seiner eigenen Feder entstammt, wurde durch kleineren Druck kenntlich gemacht. Eine Ausnahme bildet nur das Protokoll der großen Flotten-Konferenz von 1909, weil in dieser hauptsächlich Bülow selbst zu Worte kommt. Dagegen stammen die Fußnoten ausschließlich vom Herausgeber, was bei den einzelnen Fußnoten angesichts dieser Ausschließlichkeit nicht angegeben wird.

Auslassungen sind mit drei Punkten bezeichnet, jedoch bei Beginn dann nicht, wenn die Einleitung nur eine Anrede oder eine sachlich belanglose Höflichkeitsfloskel darstellt oder einen sachlich gleichgültigen Aktenvermerk, wie etwa: „Antwort auf Ihr Telegramm . . .", oder: „Im Anschluß an Ihren Bericht..." und dergleichen. Am Schluß eines Schriftstückes wurden Auslassungen dann nicht kenntlich gemacht, wenn es sich um irgendwelche schematischen Floskeln der diplomatischen Technik handelt.

Sodann erscheinen diese Schriften hier zum erstenmal in der sinngemäßen heutigen Orthographie und Interpunktion. Mag eine Wiedergabe von Fehlern in dieser Hinsicht für die Aktenpublikation notwendig sein, so wäre das gleiche Prinzip hier nicht nur unnötig gewesen, sondern auch unerwünscht und unsachlich. Auch den „Faust" lesen wir ja nicht in jener Orthographie und Interpunktion, deren sich Goethe einst bediente. Sonst wäre eine Erschwernis der Lesbarkeit die Folge gewesen, und eine Hygiene des Lesens wäre unmöglich geworden, die heute wichtiger ist denn je. Dieser Grundsatz gewinnt besondere Bedeutung bei den Briefen des Kaisers, die in dieser Hinsicht einen phantastischen Wirrwarr zeigen.

Die Beibehaltung der genauen Schreibweise der Originale war freilich eine Notwendigkeit für die wissenschaftlichen Zwecke der großen Aktenpublikation, wie auch die Beibehaltung aller Schreibfehler in den Schriften. Aber solche Schreibfehler, die unvermeidlichen sogenannten „Tippfehler", mußten in der vorliegenden Ausgabe natürlich stillschweigend ausgemerzt werden, eben im Gegensatz zu der Aktenpublikation.

Unnötig dürfte wohl die Versicherung des Herausgebers sein, daß dies alles nur dazu diente, um den Inhalt nur um so getreuer zum Ausdruck zu bringen.

Schließlich sei noch auf das Register verwiesen, denn in diesem Werk hat es keine geringere Bedeutung als die eines Führers. Die Fülle derjenigen Persönlichkeiten, die in diesem Stück Weltgeschichte auftreten, ist so groß, daß nur wenige Historiker mit allen Persönlichkeiten und deren Funktionen ohne weiteres vertraut sein dürften.

ERSTER TEIL: 1903

AN DEN GESANDTEN IN TOKIO GRAFEN VON ARCO
Geheim   Berlin, den 25. Oktober 1903

Nach einer Reutermeldung aus London vom 23. d. Mts. haben Lloyds die Versicherungsprämien für Schiffe nach dem fernen Osten wegen Kriegsbefürchtungen verdoppelt. Auch sonst lauten die Londoner Nachrichten beunruhigend, besonders wegen der großen Kohlenabschlüsse, die in letzter Woche in Cardiff hauptsächlich für japanische, aber auch für russische Rechnung und für die britische Flottenstation in China gemacht sein sollen. Diese Kriegserwartung dürfte sich auf eine frühere, jetzt abgeschlossene Phase beziehen. Gestern ist aus hohen russischen Kreisen die Nachricht hier eingegangen, daß Admiral Alexejew* beim Zaren den Verdacht, auf den Krieg hinzuarbeiten, erweckt habe und deshalb durch ein lakonisches kaiserliches Telegramm „Ich will keinen Krieg" zur Ruhe gewiesen worden sei. Unmittelbar darauf hat Kaiser Nikolaus die Kommission ernannt, die als Kontrollbehörde des Statthalters dienen soll. Danach ist also ein russischer Angriff nicht zu erwarten.

Euer pp. stelle ich anheim, dies, natürlich streng vertraulich, Herrn Aoki zu erzählen mit dem Hinzufügen, daß der erwähnte Vorgang zugleich eine Befestigung der Stellung des Grafen Lamsdorff zur Folge gehabt haben soll. Die Probe auf die Richtigkeit dieser beruhigenden Nachricht wird es freilich

---
* Statthalter für Ostasien.

erst sein, wenn Admiral Alexejew demnächst wirklich nach St. Petersburg berufen wird, um sich zu verantworten.

AN DEN GESANDTEN IN KOPENHAGEN VON SCHOEN
Ganz geheim Berlin, den 13. November 1903

Ew. pp. erhalten beifolgend eine Aufzeichnung über die Unterredung unseres allergnädigsten Herrn mit Seiner Majestät dem Kaiser Nikolaus. Seine Majestät hat bei der Stelle, wo gesagt ist, daß Prinz Hans von Glücksburg die Frage einer Neutralisierung Dänemarks und seiner Gewässer angeregt habe, allerhöchsteigenhändig in den Entwurf hineingeschrieben: „Permanent, bei jeder Gelegenheit." Es unterliegt keinem Zweifel, daß eine direkt und schroff ablehnende Haltung gegenüber dem Neutralisierungsgedanken sowohl Seine Majestät den Kaiser wie auch überhaupt die deutsche Politik allerlei Verdachten ausgesetzt haben würde, von dänischer und vielleicht auch von russischer Seite. Die Billigung des Gedankens im Prinzip, d. h. unter Vorbehalt späterer Regelung der Modalitäten, war sonach diplomatisch geboten.

Über diese Modalitäten möchte ich einiges sagen: Zunächst ist es fraglich, ob Dänemark dabei seine Rechnung finden würde, wenn die beiden Großmächte, von der allerdings begründeten Ansicht ausgehend, daß Dänemark für diese Aufgabe nicht stark genug ist, die Verteidigung der Ostseeeingänge selbst in die Hand nehmen. Es würde dies die Besetzung der strategischen Punkte des dänischen Küstengebiets durch Deutschland, durch Rußland oder durch beide bedeuten. Solche Okkupationen werden heutzutage von dem okkupierten Teil nicht gern gesehen wegen der verschiedenen Beispiele, wo eine vorübergehende

Festsetzung allmählich einen permanenten Charakter annahm. Überdies würde die gemeinsame Aktion von zwei Großmächten vielleicht in Dänemark und anderswo an das gemeinsame deutsch-österreichische Vorgehen von 1864 erinnern. Doch wäre die Gemeinsamkeit eintretendenfalls kaum zu vermeiden, da voraussichtlich weder Deutschland noch Rußland auf die Mitbesetzung der Ostseezugänge würden verzichten wollen.

Neben dieser Spezialfrage kommen aber auch weittragende Gesichtspunkte allgemeiner Natur zur Geltung. Deutschland lebt heute in tiefem Frieden, unsere Lage ist eine um so gesichertere, als wir bei den großen Streitfragen des nahen wie des fernen Ostens nicht direkt interessiert sind. Rußland dagegen kann plötzlich in einen Land- und Seekrieg verwickelt werden. Die Ostsee bildet mit dem Stillen Ozean und dem Schwarzen Meer eine der drei maritimen Angriffsfronten des Russischen Reiches, sie ist sogar von besonderer Bedeutung, weil in ihrem Bereiche die Hauptstadt liegt. Wenn Deutschland dem Angreifer den Eingang in die Ostsee untersagt, so macht es damit die Feinde Rußlands tatsächlich zu den seinigen. Die Folge hiervon kann sich nach zwei Richtungen hin entwickeln. Entweder wird Deutschland in den Krieg mit hineingezogen, oder aber die Feinde Rußlands werden durch das Hinübertreten Deutschlands auf die russische Seite veranlaßt, auf den Krieg zu verzichten. Im letzteren Falle würde sich, wie das schon nach dem Berliner Kongreß geschah, die scharfe Spitze des Hasses von Rußland ab- und Deutschland zukehren, und wir würden für unsere kolonialen und Handelsinteressen auf dem ganzen Erdball fortan mit der vereinten Gegnerschaft von England, Amerika und Japan zu rechnen haben. Diesen Gedanken habe ich in einem Telegramm, welches ich vor der dänischen Reise am 31. März von Sorrent an Seine Majestät richtete, bereits eingehend dargelegt und dafür die Allerhöchste Billigung gefunden. Insbesondere hatte ich hervorgehoben, daß der tatsächliche Beitritt Deutschlands zur franko-russischen Gruppe geeignet sein würde, auch einen entsprechenden Zusammenschluß von Amerika und England herbeizuführen.

In dem Falle, wo wir die Feindschaft der Gegner Rußlands auf uns nähmen, würde die deutsche Regierung berechtigt, dem deutschen Volke gegenüber sogar verpflichtet sein, von Rußland prinzipiell die volle Gegenseitigkeit zu verlangen. Es ist jedoch nicht ersichtlich, wie diese volle Gegenseitigkeit heute zu verwirklichen sein würde. Selbst die beiderseitige Garantie des derzeitigen Besitzstandes könnte keine Ausgleichung bilden, da Rußland in absehbarer Zeit kaum bei einem deutschen Kriege mitzuhelfen haben würde, während die heutige Weltlage zeigt, daß Deutschland unversehens dazu kommen könnte, Rußland bei der Verteidigung seiner Ostseefront zu helfen. Übrigens läßt auch die Bemerkung des Zaren, „daß er die Franzosen an der Leine behalten müsse", darauf schließen, daß von einer Gewährleistung des Besitzstandes, welche Rußland zum Mitgaranten des Frankfurter Friedens machen würde, jetzt nicht die Rede sein kann.

Seine Majestät der Kaiser haben deshalb ausdrücklich befohlen, daß der Passus Allerhöchstseiner Aufzeichnung, welcher sich auf Dänemark bezieht, „selbstverständlich nur zu Ew. pp. ganz geheimen Orientierung" bestimmt ist. Seine Majestät hat wörtlich hinzugefügt: „Zu geschehen hat nichts."

AN DEN BOTSCHAFTER IN LONDON
GRAFEN VON METTERNICH   Berlin, den 21. Dezember 1903
Ganz geheim

Seit einigen Monaten, d. h. seit durch die allmähliche Verschärfung der ostasiatischen Frage ein großer Seekrieg in den Bereich der Möglichkeit gerückt ist, taucht verschiedentlich in der Presse der Gedanke einer Neutralisierung Dänemarks sowie der im dänischen Gebiet liegenden Zugänge zur Ostsee auf.

Der bekannte Völkerrechtslehrer und Vertrauensmann der russischen Regierung Professor von Martens hat diese Neutralisierung mehrfach, zuletzt in der „Revue des Deux Mondes" vom 15. November befürwortet. Auch beschäftigen sich hohe politische Kreise Dänemarks ebenso wie dänische Blätter, sei es spontan, sei es auf russischen Anstoß, unausgesetzt mit jener Frage.

Eine wirksame Neutralisierung der Ostsee würde selbstredend nur dadurch zu erreichen sein, daß die an der Defensive interessierten Großmächte die Verteidigung der Zugänge — Sund und Großer Belt — selbst in die Hand nähmen.

Manche Anzeichen sprechen dafür, daß diese Frage früher oder später an uns herantreten wird. Für Deutschland, welches durch die Neutralisierung der Ostsee doch immer nur einen Teil seiner Handels- und Schiffahrtsinteressen decken würde, ist es angezeigt, Nutzen und Nachteil schon im voraus abzuwägen. Hierbei würde in erster Linie der Gedanke in Betracht kommen, in welcher Weise die Beteiligung Deutschlands an einer Neutralisierung der Ostsee — einer Maßnahme von rein defensivem Charakter — auf die politische Haltung Englands und der Vereinigten Staaten einzuwirken geeignet wäre. Beide Mächte haben sozusagen in der Ostsee nichts zu suchen, und die Freihaltung der Einfahrten in dieses Meer könnte sie nur von dem Gesichtspunkte aus interessieren, daß sie unter Umständen sich in der Lage befänden, aggressive Absichten gegen eine der Ostseemächte, Rußland oder Deutschland, zu verfolgen. Die Aussichten auf einen Konflikt mit England oder Amerika sind freilich für Rußland und Deutschland nicht die gleichen. Deutschland ist bei den beiden großen strittigen Zeitfragen im fernen und im nahen Osten nur indirekt interessiert, während Rußland hier wie dort in erster Reihe steht. Rußland sowohl wie seine Gegner müssen mit der Möglichkeit eines nahen und plötzlichen Zusammenstoßes rechnen. Deutschlands Mitwirkung bei der Neutralisierung der Ostsee könnte daher vielleicht seitens der angelsächsischen Mächte weniger als eine Sicherung der deutschen Ostseeküsten wie als Unterstützung der russischen Küstenverteidigung angesehen und behandelt werden. Ohne einen gewissen Grad von Klarheit über die Rückwirkung, welche Deutschlands Beteiligung an der Absperrung der Ostsee auf die Gesamtheit unserer Beziehungen zu England und Amerika haben könnte, ist es nicht möglich, ein Urteil über die Opportunität dieser sonst in mancher Hinsicht wünschenswerten Maßnahmen zu fällen. Ew. pp. ersuche ich daher, sich gutachtlich über die Frage zu äußern:

Ob Deutschlands Beteiligung an der Neutralisierung der Ostsee und der Verteidigung ihrer Zugänge von seiten ad 1 Englands und ad 2 Amerikas vorwiegend als ein praktisches Mittel zur deutschen Küstenverteidigung oder aber als Parteinahme für Rußland in den jetzt schwebenden Konfliktfragen aufgefaßt werden, und wie das eventuell wirken würde. Drahtantwort.

AN KAISER WILHELM II.

                Berlin, Sonntag abend, den 27. Dezember 1903

Euerer Kaiserlichen und Königlichen Majestät danke ich alleruntertänigst für die gnädige Übersendung des Briefes Seiner Majestät des Kaisers Nikolaus. Einen Entwurf für die Beantwortung des politischen Teils des Briefs wie das Original füge ich ehrfurchtsvollst bei. An der Hand der eingehenden Aufklärungen, welche Euere Majestät die Gnade hatten, mir neulich zu geben, habe ich mir die Sache während der Weihnachtstage reiflich durch den Kopf gehen lassen. Ich glaube, der sicherste Weg, um uns weder ohne Not und für russische Zwecke vor die englischen Schiffskanonen schieben zu lassen, noch dem Zaren berechtigten Grund zu Verstimmung oder Mißtrauen zu geben, ist, wenn wir das von uns geforderte „Project of the scheme" auf den würdigen König von Dänemark abschieben. Die Gefahr, daß die Russen positive Vorschläge von unserer Seite verwerten, um die Japaner durch das Schreckgespenst eines deutsch-russischen Einvernehmens für den Fall eines russischen Seekriegs zu bedingungslosem Kneifen zu bringen, wird dadurch auch verringert. Für mein wohl nicht ganz tadelloses Englisch bitte ich um Nachsicht.

Mit großem Interesse habe ich den Brief von Hinzpeter gelesen, den ich ehrfurchtsvollst zurückreiche. Welche eigene Fügung, daß die Gräfin Korff-Schmising für den gut lutherischen und gut protestantischen Deutschen Kaiser zu dessen Ahnfrau, der heiligen Elisabeth von Thüringen, betet! Es liegt darin aber auch ein Beweis für die staatsmännische Weisheit, mit welcher Euere Majestät in Geduld und Gerechtigkeit nach und nach die durch den Kulturkampf verhetzte katholische Aristokratie auf die Bahn loyaler und damit auch nationaler Gesinnung zurückführen.

Lascelles will Euerer Majestät bei der ersten sich ihm bietenden Gelegenheit von den Besuchsabsichten seines Hohen Herrn sprechen. Seine Majestät der König Eduard wird sicherlich verstehen, daß Euere Majestät für Allerhöchstihre Erholung erst im Mai in Berlin zurück sein können. Einen Besuch des Königs Eduard in Berlin möchte ich, wie die Dinge heute liegen, für nützlich halten. Die Stimmung bei uns ist England gegenüber längst eine ruhigere geworden. Die Stimmung in England ist immer noch eine erregte. Wenn aber Seine Majestät der König Eduard, der sein Volk und seine „Public opinion" kennen muß und beide nicht unnütz zu brüskieren pflegt, den Besuch abzustatten wünscht, wird dieser Besuch auch vom englischen Standpunkt aus möglich sein. Wir haben meines untertänigsten Erachtens keinen politischen Anlaß, dieser Visite auszuweichen. Das Wort des ältesten und in mancher Hinsicht tiefsten aller Philosophen, des Heraklit, daß die Dinge im beständigen Flusse sind — $\pi \acute{\alpha} \nu \tau \alpha \ \varrho \epsilon \tilde{\iota}$ —, gilt auch für die Beziehungen unter den Staaten und Völkern. Es kann wohl wieder der Augenblick kommen, wo die Engländer einsehen, daß sie mit uns noch immer besser fahren als mit anderen.

Die reizende Postkarte mit dem dicken Paukenschläger meines Regiments hat mich sehr erfreut. Sie wird hübsch eingerahmt und kommt auf meinen Tisch. Euerer Majestät sage ich recht herzlichen Dank für die liebe Erinnerung.

Von Herzen hoffe ich, daß Euere Majestät mit Ihrer Majestät der Kaiserin ein gutes Weihnachtsfest verlebt haben. Das alte Jahr geht zu Ende, das Euerer Majestät harte Arbeit, schwere Mühen, viele Kämpfe brachte, aber auch unablässiges und nicht zu hemmendes Fortschreiten mit immer gleicher Energie auf dem für richtig erkannten Wege. Mir brachte dieses Jahr während Wochen die qualvolle Sorge um meinen Kaiser und Herrn, aber auch die volle Erhörung unserer Gebete. Nie werde ich die Angst und Sorge vor dem 10. Oktober, die Freude und den Dank nachher vergessen. Gott segne, schütze und leite Euerer Majestät im kommenden Jahre und für viele, viele Jahre.

KAISER WILHELM II. AN DEN REICHSKANZLER
VON BÜLOW   27. Dezember 1903

Die „Reflections" als Grundlage für den an den König von Dänemark vom Zaren zu schreibenden Brief.

Der Zar schreibt, Ew. Exzellenz möchten etwas aufsetzen; das wird in Ihrer Kladde einfach ignoriert! Das geht nicht an, und würde von ihm übel vermerkt werden und ihn mißtrauisch machen. Es muß daher ein Antwortschreiben so gedacht werden, daß ich ihm, auf Grund der Vorschläge der „Dänischen" Zeitungen gemachte Auszüge unterbreite, welche er als Grundlage für einen Brief an den König benutzen soll, den der König von ihm erwartet. An letzteren würde ich schreiben, der Zar werde selbst mit ihm in Verbindung treten und über die Angelegenheit schreiben!

Diese dänische Neutralitätsfrage muß mit aller Macht betrieben werden, als im hauptsächlichen Interesse Rußlands, dem wir aus Liebenswürdigkeit dabei als „ehrlicher Makler" helfen. In Wirklichkeit ist es aber vom militärischen Standpunkt aus eine Lebensfrage für uns! Es bedeutet eine Verdoppelung unserer Kraft im Kriege, wenn wir uns auf Dänemark stützen können! Denn es ist nicht zu leugnen, daß England — unter der Hand — mit Hochdruck an der Arbeit ist, uns äußerlich zu isolieren. Die an und für sich lächerlichen Schiedsgerichtsverträge haben immerhin den Vorteil, Freundschaftskeime zu bergen oder zu entwickeln und geben ein äußerliches Relief und einen großen Nimbus von Erfolgen, der die „foule" täuscht; da es mit lauter Ländern geschieht, die nicht unsere Freunde sind, ist der Zweck deutlich, wir sollen allmählich isoliert werden, um dann von ihnen mit ein paar Keulenschlägen umgebracht zu werden! Und das ist ohne Dänemark leicht!!!

Die aufgesetzte Antwort, welche statt mit der dänischen Frage mit Nihilisten und Anarchisten anfängt, ist nicht praktisch.

Diese Leute — je mehr sie augenblicklich in Rußland sich fühlbar machen — dürfen Seiner Majestät jedenfalls nicht vorgeritten werden. Und was das Zusammenwirken gegen sie betrifft, so ist diese Phrase so entsetzlich abgedroschen durch ihre permanente Anwendung in Briefen, Noten und Ihren Reden, daß sie gar keinen Klang mehr hat. Um so mehr, als Sie ja seit Ihrem energischen Anlauf zu einer energischen Stellungnahme der Regierungen in dieser Frage — anläßlich der Ermordung des Re Umberto — Jahr um Jahr haben verstreichen sehen müssen, ohne daß das geringste auf dem Gebiet geschehen ist. Im Gegenteil, den Russen zuliebe müssen wir sogar in Berlin eine offiziell bekannte Anarchistenkolonie dulden, um Väterchens Polizei die Überwachung zu erleichtern!! Also da wollen wir die großen „Worte" lieber sparen! Wenn Sie mir erst die erste Order für eine Gesamthinrichtung dieser Schufte vorgelegt haben werden, dann werde ich die obige Phrase selbst für wahr halten, eher nicht!

Wir müssen nun mal die Situation nehmen, wie sie ist. Aus Alvensleben ganz hervorragendem Bericht von gestern ist ganz klar, daß es jetzt zum Kriege nicht kommt. Denn England hat klar und fest den Japs das Geld dazu abgeschlagen und ihnen die chilenischen Schiffe, die sie haben wollten, vor der Nase weggekauft, damit sie nicht durch Flottenübermacht übermütig würden und einen Konflikt vom Zaune brächen. Daher können die Japs jetzt nichts anfangen, ohne sichere Aussicht auf Untergang. Den Russen ist mit Warten nur gedient; sie kriegen zu Land und See immer mehr Truppen und Schiffe hin und werden mit der Zeit immer mehr Übermacht bekommen, so daß — was jetzt noch bedenklich oder schwierig sein könnte — in Zukunft der Krieg von ihnen mit stets größerer Aussicht auf leichten Erfolg unternommen werden wird. Also es wird nicht zum Kriege kommen aus den allgemeinen militärpolitischen Gründen zum Teil lokaler Natur. Wenn genug Docks gebaut sind, um angeschossene oder ramponierte russische Schiffe im Ernstfall aufzunehmen, dann werden in der Zeit auch genügend Truppen in Ostasien konzentriert sein, um jeden Echec, der jetzt noch in Anrechnung gebracht wird, unmöglich zu machen. Dann werden die Russen Korea, vielleicht auch Peking nehmen, ob es anderen paßt oder nicht! England hat auch ein Interesse daran, daß dieser latente Zustand der „Kriegsmöglichkeit" möglichst so bleibt, und jetzt kein großer Krieg entsteht; das hält also die Japs auch zurück. Und da Amerika auch keine Dollars für sie übrig hat, so können sie eben nichts machen, falls sie nicht einen coup de tête riskieren, der stets möglich ist, aber bei politischen Kombinationen nicht in Anrechnung zu bringen ist.

Aus obigem geht also zur Evidenz hervor, daß Rußland u n s niemals dazu brauchen kann, um u n s als im Verein mit ihm befindlich, als Mittel zu verwenden, die Japs zum „Kneifen" zu bringen. Die „kneifen" eben schon „s o" aus obigen Gründen, oder werden „losgehen" auch wie oben gesagt. Eine Verhandlung über die Behandlung der Neutralität Dänemarks, welche uns als gleichinteressiert mit Rußland erscheinen läßt, ändert an dem Verhalten Japans gar nichts.

W i e w i r m i t d e n R u s s e n s t e h e n, das zu ermessen ist jeder halbwegs verständige Politiker in der Welt vollkommen in der Lage gewesen, zumal seit Wiesbaden. Wer unsere Presse und die russische aufmerksam gelesen hat — und zwischen den Zeilen lesen kann —, der wird keinen Augenblick im Zweifel sein, daß wir den Russen bei ihren ostasiatischen Konflikten n i c h t feindlich gegenüberstehen werden. Ich erinnere an Englands Versuche 1900 bis 1902, uns gegen Rußland in der Mandschurei auszuspielen, und die sehr deutliche Absage, die es erhielt mit Ihren meisterhaften Deduktionen darüber im Reichstage. Das factum genügt für einen erfahrenen Politiker vollkommen. Wir haben seit 97 — Kiautschou — Rußland niemals darüber im Zweifel gelassen, daß wir dasselbe in Europa im Rücken schützen würden, falls es in Ostasien größere Politik zu treiben beabsichtige, welche kriegerische Verwicklungen nach sich führen könnte; (in der Absicht, unsere Ostgrenze von dem furchtbaren Druck und der Bedrohung der russischen Heeresmassen zu erleichtern)! Darauf hat Rußland Port Arthur genommen und im V e r t r a u e n a u f u n s seine Flotte a u s d e r O s t s e e g e n o m m e n, und sich uns damit m a r i t i m p r e i s g e g e b e n. In Danzig 01 und Reval 02 ist dieselbe Versicherung wiederholt worden, mit dem Erfolge, daß ganze russische Divisionen von Russisch-Polen aus und aus dem Europäischen Rußland nach Ostasien abgeschoben werden und wurden. Das geschähe nicht, wenn die Regierungen sich nicht geeinigt hätten!! Das versteht auch der dümmste Japaner oder Britische Capman! Also, w i e w i r z u d e n R u s s e n s t e h e n, w i s s e n d i e „W i s s e n d e n" g e n a u, dazu bedarf es keines Drohens mit uns mehr! Wir sind s c h o n m i t v e r a n s c h l a g t, auch seitens der Japs, daran ändert Kopenhagen nichts. Zudem redet die jämmerliche kleine Escadre im Golf von Petschili, die wir dort unterhalten, eine beredte Sprache für jeden Militärpolitiker! Z u schwach, als Hilfe gewünscht, oder als Gegner gefürchtet zu werden!

Da Seine Majestät der Kaiser selbst den größten Wert auf das Geheimhalten der eventuellen Abmachungen über die Garantie der dänischen Neutralität legt, so ist kein Grund anzunehmen, daß er sie wird verletzen oder durch seine Regierung verlautbaren lassen wollen. England betreffend ist zu keiner Besorgnis daher Grund, da es die Sache nicht erfährt. Aber selbst, wenn es sie erführe, wäre es nicht schlimm, da es selbst früher oft für diesen Fall eingetreten ist, und His Majesty würde uns obendrein noch dankbar sein, wenn wir dafür gesorgt haben, daß sein lieber alter Schwiegerpapa vor allen Unbillen geschützt worden ist.

ZWEITER TEIL: 1904

AN KAISER WILHELM II.
        Berlin, Montag vormittag, den 4. Januar 1904

Euerer Kaiserlichen und Königlichen Majestät Schreiben an Seine Majestät den Kaiser Nikolaus habe ich mir fort und fort durch den Kopf gehen lassen. Die Weltlage ist in diesem Augenblicke eine so gespannte, daß jedes Wort von Euerer Majestät zweifellos mit ungeheurer Wucht in die Schale fällt, wo Krieg und Frieden abgewogen werden. Nachdem ich Euerer Majestät Brief immer wieder durchgelesen habe, bin ich fest überzeugt, daß derselbe beim Zaren den Eindruck erwecken wird, wir wollten in einem Moment, wo er vor der Entscheidung zu zögern scheint, ihm Mut zum Kriege machen. Kaiser Nikolaus ist bei aller Freundschaft für Euere Majestät eine ängstliche und mißtrauische Natur. Dazu kommt, daß er oft gehört haben wird, sein Großvater Kaiser Alexander II., sei seinerzeit von hier aus zu dem Kriege gegen die Türkei ermutigt worden, bei welchem schließlich für Rußland nichts anderes herauskam als schwere Verluste und die Stärkung des Nihilismus im Innern. Ich fürchte, daß der auf Ostasien bezügliche Teil in Euerer Majestät Brief den Zaren stutzig machen wird. Diese Gefahr wird vermieden, wenn Euere Majestät anstatt des rot eingeklammerten Absatzes in dem wieder beigeschlossenen Entwurf etwa wie folgt schreiben ...

    Wir können heute abend einen zweiten Feldjäger nach St. Petersburg senden und gleichzeitig an Alvensleben telegraphieren, daß er den heute früh mit dem ersten Feldjäger expedierten Brief Euerer Majestät an den Zaren nicht abgibt, sondern statt dessen den Brief, welchen der zweite Feldjäger überbringt.

AN KAISER WILHELM II. Berlin, den 8. Januar 1904

Euerer Kaiserlichen und Königlichen Majestät behre ich mich alleruntertänigst das anliegende Schriftstück vorzulegen, welches der russische Botschafter Graf Osten-Sacken mir heute abend übergeben hat.

In diesem Schriftstücke wird Klage geführt über falsche Gerüchte, welche betreffs der Ziele der russischen Politik im fernen Osten verbreitet würden. Namentlich wird es unter Berufung auf frühere russische Communiqués als eine Unterstellung charakterisiert, daß Rußland beabsichtige, die kommerzielle und wirtschaftliche Politik der Mächte in China zu durchkreuzen und diese in den von russischen Truppen besetzten Landstrichen ihrer auf Grund bestehender Verträge mit China erworbener Vorteile zu berauben. Rußlands vornehmste Sorge sei naturgemäß der Schutz seiner aus der Grenznachbarschaft zu China fließenden fundamentalen politischen Interessen und besonders seiner großen Eisenbahn. Diesen Schutz durch Vereinbarung mit China zu sichern, sei infolge des schlechten Willens der chinesischen Regierung bisher nicht gelungen. Rußland erkläre aber schon jetzt, und ohne einer zukünftigen definitiven Regelung vorzugreifen, daß es in keiner Weise in seiner Absicht liege, die Mächte in dem Genusse der von ihnen vertragsmäßig erworbenen Rechte und Privilegien zu hindern.

Graf Osten-Sacken äußerte hierbei, er hoffe auf die Erhaltung des Friedens. Nach seinen Nachrichten aus St. Petersburg wünschten dort alle maßgebenden Faktoren wenn irgendmöglich den Krieg zu vermeiden. Ein Beweis dafür sei u. a., daß der russische Botschaftssekretär in London, Poklewsky, der vorgestern auf der Reise nach seinem Posten hier durchgefahren sei, in St. Petersburg den Auftrag erhalten hätte, in London, wo er mannigfache gesellschaftliche Beziehungen habe, zu sagen, daß Rußland von friedlichen Absichten erfüllt sei. Nach Ansicht der maßgebenden Faktoren in St. Petersburg liege ein Krieg in Ostasien nicht im russischen Interesse, da durch einen solchen Rußland in seinen Aktionen in Europa paralysiert werden würde.

Graf Osten-Sacken meinte auch beiläufig, die englische Presse führe zwar eine aufgeregte Sprache, die englische Regierung sei aber friedliebend und bestrebt, für die Erhaltung des Friedens zu tun, was möglich sei. Bei den friedlichen Gesinnungen Seiner Majestät des Kaisers Nikolaus und der russischen Regierung drohe eine Gefahr eigentlich nur von der öffentlichen Meinung in Japan, welche durch die dortige Presse künstlich aufgestachelt sei. Hoffentlich werde es der japanischen Regierung, welche vernünftiger sei als die japanische Bevölkerung, gelingen, die erregten Gemüter wieder zu beruhigen. Die russische Regierung werde ihrerseits durch Besonnenheit und Vorsicht alles tun, um der japanischen Regierung diese Aufgabe zu erleichtern.

Das von Graf Osten-Sacken vorgelegte Schriftstück, welches nach seiner Mitteilung allen Großmächten zugeht, stellt einen Rückzug der russischen Regierung auch hinsichtlich der mandschurischen Frage dar, indem Rußland damit allen Mächten einen beträchtlichen Teil dessen gewährt, was die Japaner bezüglich der Mandschurei bisher vergeblich von ihnen gefordert haben. Es ist wahrscheinlich, daß zu diesem Entschluß der russischen Regierung einerseits die immer mehr akzentuierte Haltung Englands und andererseits die Ankündigung der amerikanischen Regierung beigetragen hat, wonach diese daran festhält, amerikanische Konsulate in der Mandschurei zu errichten.

Randbemerkungen Kaiser Wilhelms II. zu diesem Bericht:

Donnerwetter! Das ist wirklich starker Tobak! also der arme Chinaman ist an allem Unheil schuld! ...

... über dieser obigen Darstellung versteht man eigentlich gar nicht, wie diese von Friedensliebe triefenden Menschen es eigentlich fertig gebracht haben, unmittelbar vor einem Krieg zu stehen! und keiner hat — auch „Väterchen" nicht — auf das Haager Schiedsgericht zurückgegriffen! ...

Man nennt das „reculer pour mieux sauter"! Falls die Jap[anische] Ansicht — so wie sie Hayashi ausspricht — die Oberhand behält, dann nutzt Rußland dieser ganze Quatsch doch nichts. Dann werden die Japs doch vorgehen und aus den sattsam erörterten Gründen den Krieg machen, da jetzt „d i e l e t z t e g ü n s t i g e G e l e g e n h e i t i s t", wie er sagt. Gelingt es der Jap[anischen] Regierung, die Kriegsstimmung zu besänftigen und nicht einmal Truppen nach Korea hinüber zu schieben: D a n n h a t J a p a n K o r e a d e f a c t o v e r l o r e n, denn es hat seine „l e t z t e g ü n s t i g e G e l e g e n h e i t" verpaßt. Dann e r s c h e i n t Rußland gewiß als der „Weichende" oder „Haltende"; aber es wird bei längerem Warten immer stärker und seine Überlegenheit immer unzweifelhafter, und Japans Aussichten immer ungünstiger. Ich würde in einer Abstandnahme der Japaner — nach allem Gedrohe und Getue und Rüsten — von einer Expedition nach Korea, und in einer Demobilmachung ohne Kampf, im Augenblick, wo Rußland a n s c h e i n e n d z u r ü c k w e i c h t, eine schwer Japan[ische] Niederlage, und einen großen moralischen Erfolg der Russen ersehen. Denn ein jeder wird sich sagen: wenn Japs i m j e t z i g e n g ü n s t i g e n Augenblick den Russen nichts tun, da Rußland, wie klar zu sehen, noch nicht fertig ist, dann werden sie es erst recht nicht wagen, wenn nach Monaten oder Jahren Rußland seine Übermacht herzustellen in der Lage gewesen ist. Das heißt d i e J a p a n e r sind vor allem „A s i a t e n" — vor allem der gelben

Rasse, deren Führer sie zu sein streben gegen die Weißen — moralisch tot! Es ist also — ein Stillebleiben und Abrüsten der Japs vorausgesetzt — das augenblickliche „Kneifen" der Russen vielleicht ein großer moralischer Erfolg! Vor den „Asiaten", auf die es für Rußland sehr ankommt, ganz besonders! Das hat zur Folge, daß, wo es seine Aufmerksamkeit auch hinlenken möge — Afghanistan, Persien, Tibet — bei Betonung seiner Wünsche, die Überlegung bei den dortigen Machthabern mitwirken wird: „Das von England unterstützte Japan hat nicht gewagt, gegen die Moskowiter aufzumutzen, also wird es England allein auch nicht!"

In diesem Sinne ist die Note zu beantworten.

Wilhelm I. R.

P. S. Die „Besonnenheit und Vorsicht" der Russen ist besonders hervorzuheben als meine Bewunderung erweckend; und einfließen zu lassen, daß die qu. Punkte sich besonders für das „Haager Schiedsgericht" empföhlen und gut eigneten.

AN DEN BOTSCHAFTER IN LONDON
GRAFEN VON METTERNICH   Berlin, den 9. Januar 1904

Wir haben in unserer Haltung und unseren öffentlichen Enunziationen, insbesondere auch im Parlament, keinen Zweifel darüber bestehen lassen, daß in Korea und der Mandschurei nennenswerte deutsche Interessen nicht gegeben sind. Hieraus ergibt sich von selbst, daß, wenn wider Verhoffen in Ostasien sich die Verhältnisse zu einem Konflikt zuspitzen sollten, wir unsererseits eine loyale Neutralität beobachten werden.

Gelegentlich einer Unterredung, die ich gestern mit Sir F. Lascelles gehabt, habe ich mich erneut in obigem Sinne ausgesprochen. Es liegt also an sich für uns kein Anlaß vor, dort nochmals diese unsere Auffassung, zumal sie selbstverständlich und im Lauf der letzten Jahre wiederholt in Tokio kundgegeben ist, zum Ausdruck zu bringen. Ew. Exzellenz stelle ich jedoch anheim, sich in gleichem Sinne zu äußern, wenn und wo Sie es für geboten erachten sollten.

AUFZEICHNUNG   Berlin, den 11. Januar 1904

Ich stelle anheim, ob dem Allerhöchsten Wunsche in der Weise Rechnung getragen werden kann, daß in ganz allgemeinen Wendungen Lamsdorff durch Alvensleben (oder noch besser Osten-Sacken durch den Herrn Staatssekretär) gesagt würde:

Seine Majestät sei mit allem einverstanden, was zur Erhaltung des Friedens beizutragen geeignet sei, und habe sich über die Friedensliebe der Russen anerkennend ausgesprochen.

Ich habe Osten-Sacken bei der Übergabe der Note gesagt: Ich nehme Akt von derselben. Wir würden eine solche Erklärung nicht provoziert haben, da wir kein Interesse in der Mandschurei und in Korea hätten. Sollte diese Erklärung zur Erhaltung des Friedens beitragen, so werde mich das freuen.

AN DEN VORTRAGENDEN RAT IM AUSWÄRTIGEN AMT
    VON HOLSTEIN   Berlin, den 15. Januar 1904

Die Vorfrage für die Beantwortung Ihrer Anfrage ist, ob Sie Krieg oder Frieden im fernen Osten für uns für nützlicher halten. Die von Ihnen angeregte Demarche in Tokio würde, soweit ich es beurteilen kann, die Chancen eines Zusammenstoßes eher verringern. Auch können wir gegenüber Japan nicht wohl Bezug nehmen auf das ganz sekrete und rein persönliche Telegramm Seiner Majestät an den Zaren. Seine Majestät denkt nicht daran, sich zum Vorkämpfer der weißen Rasse gegen die gelbe Rasse aufzuwerfen. Seine Majestät will aber mit Recht, daß, wie auch die Würfel im Osten fallen mögen, sein gutes Verhältnis zum Zaren und unsere diplomatischen Beziehungen zu Rußland unversehrt aus der Krisis hervorgehen.

AUFZEICHNUNG   Berlin, den 16. Januar 1904
Ganz geheim

Seine Majestät stimmt mit mir ganz darin überein, daß wir uns gegenwärtig gegenüber dem russisch-japanischen Konflikt ruhig halten und vor allem alles vermeiden müssen, was speziell in Rußland den Glauben erwecken könnte, als wollten wir zum Kriege hetzen. Rußland und der russische Zar müssen, wie auch die gegenwärtige ostasiatische Krise weiterlaufen möge, die Überzeugung gewinnen, daß sie an dem Deutschen Kaiser und an der deutschen Regierung einen loyalen und sicheren Nachbarn haben.

Seine Majestät äußerte heute, es erscheine ihm nicht unmöglich, daß Rußland im Falle weiterer Zuspitzung der Verhältnisse unsere Unterstützung in irgendeiner Form nachsuchen werde. Da man sich in der Politik auf alle Fälle vorbereiten müsse, bitte er mich, schon jetzt meine Gedanken darüber aufzusetzen, welche Gegenforderungen wir in einem solchen Falle aufstellen könnten.

Je eher ich Seiner Majestät ein entsprechendes Promemoria vorlegen kann, umso besser. Dasselbe darf nicht zu lang und nicht verklausuliert sein. Es muß in kurzen, klaren Sätzen abgefaßt sein. Es darf nicht den Anschein erwecken, als ob wir von vornherein und prinzipiell jede Verständigung oder Abmachung mit Rußland perhorreszierten. Wohl aber kann dargelegt werden, warum wir ohne bindende und ausreichende Zusagen von russischer Seite uns nicht für Rußland engagieren können. Wichtig ist, hierfür eventuell eine Form zu finden, die den Zaren nicht mißtrauisch macht und der russischen Regierung den Gedanken an eine Verständigung à tout prix mit Japan, England und Amerika oder weiterer Konzessionen an Frankreich nahelegt. Die Hauptsache ist die

Formulierung derjenigen Garantien, die wir eventuell von Rußland zu verlangen hätten.

AN DEN GESANDTEN IN TOKIO GRAFEN VON ARCO
Berlin, den 21. Januar 1904

Der Kaiserliche Botschafter in London meldet, daß die französische Diplomatie bemüht ist, den russisch-japanischen Konflikt durch Heranziehung der guten Dienste dritter Mächte zu beendigen. Für uns kommt die Vermittlungsfrage nicht in Betracht, denn erstens fehlt die Vorbedingung des Ansuchens beider Teile, und außerdem würden wir, wie Ew. pp. bekannt ist, die mit einer Garantie der Ausführung des Vertrages verbundene Möglichkeit eines Krieges wegen der Mandschurei oder Koreas grundsätzlich ablehnen.

Übliche vertrauliche Verwertung anheimgestellt.

AN DEN GESANDTEN IN TOKIO GRAFEN VON ARCO
Berlin, den 2. Februar 1904

Das japanische Mißtrauen, über welches Ew. pp. berichten, ist mir unverständlich. Dasselbe findet in der Geschichte der deutsch-japanischen Beziehungen keine Erklärung. Deutschland hatte Anfang März 1895 der japanischen Regierung vertraulich den Rat erteilt, schnell und unter maßvollen Bedingungen Frieden zu schließen, mit Rücksicht auf die damalige allgemeine Weltlage, welche andernfalls eine Einmischung der Mächte gewärtigen lasse.

Erst Ende April, als ersichtlich wurde, daß Japan unsere Warnung nicht beachtete, trat der ostasiatische Dreibund unter Beteiligung von Deutschland in Tätigkeit. Wenn Deutschland gegenwärtig den Plan hätte, in Ostasien einzugreifen, würde es ebenso offen wie 1895 vorgehen und würde, gleichviel auf welche Seite es träte, sicher sein, im Mittelpunkt einer Gruppe zu stehen. Die Lage hat sich jedoch seit 1895 geändert, und Deutschland glaubt seinen Interessen entsprechend zu handeln, wenn es neutral bleibt. Die Neutralität Deutschlands hat diejenige Frankreichs nach sich gezogen. Auf diesen Zusammenhang der Neutralität Frankreichs mit dessen europäischer Lage wurde bereits in dem diesseitigen Telegramm vom 9. November 1900 hingewiesen. Wenn Japan sich heute in einer günstigeren Lage befindet als 1895, so ist dies tatsächlich eine Folge der neutralen Haltung Deutschlands.

Wenn Deutschland eine Aufteilung Chinas plante, wie das von deutschfeindlicher Seite ausgestreut wird, hätte es dazu im Herbst 1900 die beste Gelegenheit gehabt, als wir in China eine Schlachtflotte und ein Armeekorps hatten, während England in Südafrika beschäftigt war. Gegenüber einem gemeinsamen Vorgehen der Mächte des „ostasiatischen Dreibundes von 1895" hätten die anderen Mächte sich 1900 wohl ebensowenig gerührt wie das erstemal, als England noch keinen Burenkrieg hatte. Die Regierung Seiner Majestät des Kaisers erachtete jedoch eine ostasiatische Aktionspolitik nicht als dem deutschen Interesse entsprechend, sondern erkannte durch den deutsch-englischen Vertrag vom 16. Oktober 1900 den Grundsatz der Wahrung der chinesischen Integrität sowie den der offenen Tür an und richtete sich im übrigen auf Neutralität ein. Infolgedessen erklärte sich auch Frankreich für neutral, und wiederum wird es als eine Folge der französischen Neutralität anzusehen sein, daß England und Amerika ihre Politik schärfer markiert haben von dem Zeitpunkt an, wo es ersichtlich wurde, daß ein Zusammenwirken des „ostasiatischen Dreibunds von 1895" nicht zu gewärtigen sei. Die deutsche Politik hat also dazu beigetragen, die Weltlage zugunsten Japans zu verändern. Da die deutsche Regierung hierbei lediglich von der Rücksicht auf deutsche Interessen geleitet war, so ist sie auch weit entfernt, von der Herbeiführung dieser für Japan günstigen Konstellation einen Anspruch auf Dankbarkeit herzuleiten, wohl aber konnten wir hoffen, es werde hiernach in Japan die Überzeugung Boden gewinnen, daß deutsche und japanische Interessen sich nicht im Wege sind, sondern freundschaftlich nebeneinander bestehen können. Die Beziehungen der Völker sind von dieser Überzeugung mehr als von Verträgen abhängig. Wenn daher die japanische Regierung trotz ihres regen Eifers für alles, was sie als nationales Interesse erkennt, gar nichts täte, um ihrerseits die Überzeugung von der Möglichkeit einer ungestörten Koexistenz und Weiterentwicklung deutscher und japanischer Interessen nebeneinander in der Oeffentlichkeit gegenüber den Ausstreuungen von dritter Seite zur Geltung zu bringen, so würde ich daraus zu meinem Bedauern den Schluß ziehen müssen, daß die japanische Regierung diese unsere Überzeugung nicht teilt.

Euer pp. ersuche ich, von vorstehendem freundlich, aber deutlich in der Ihnen geeignet scheinenden Weise, sowohl dem Minister wie dem Vertrauensmann gegenüber, **mündlichen** Gebrauch zu machen und daran etwa folgende Schlußfolgerung zu knüpfen: Die Geschichte der Gegenwart beweist, daß die politische Entscheidung in Weltfragen nicht wie früher von einem einzelnen übermächtigen Reiche abhängt, sondern daß sich permanent zwei Gruppen von Mächten gegenüberstehen, deren Zusammensetzung jedoch, je nach der Natur der schwebenden Fragen, wechselt. Bei dieser Weltlage bedarf es keiner Auseinandersetzung, von welcher Bedeutung für die Entscheidung der einzelnen Fragen es ist, ob und wie Deutschland dabei Partei nimmt, bzw. ob es neutral bleibt. Deutschland hat im Augenblick, in dem es die Neutralität als nützlich für Deutschland erkannte, zugleich Japan genützt. Es ist kein zu hoch geschraubter Anspruch, wenn ich der Hoffnung Ausdruck gebe, daß dieser einfache Gedanke auch in solchen Blättern, welche der japanischen Regierung nahestehen, zum Ausdruck gebracht werde.

Ich würde darauf Wert legen im Interesse der zukünftigen Beziehungen beider Reiche, denn die Weltgeschichte lehrt, daß einseitiges Vertrauen keine Dauer hat, und daß Mißtrauen ansteckend wirkt.

AN DEN GESANDTEN IN PEKING FREIHERRN MUMM
VON SCHWARZENSTEIN   Berlin, den 5. Februar 1904

Die Sondierung Ihres französischen Kollegen ist möglicherweise ein Versuch des Herrn Delcassé, die durch Petersburger „New York Herald"-Meldung uns untergeschobenen Absichten auf Provinz Tschili zu vereiteln und gleichzeitig französische Erwerbungen in Südchina vorzubereiten. Der Gedanke liegt nämlich nahe, wenn Tschili durch Neutralitätserklärung sichergestellt wird, alsdann auch andere chinesische Provinzen in gleicher Weise vom Kriege zu eximieren. In diesem Falle würde den Schutz der Neutralität im Süden wohl Frankreich, am Jangtse England übernehmen wollen, wogegen man Deutschland etwa auf den Schutz von Schantung beschränken würde. Eine solche französisch-englische Interessenkombination, die zu einer Teilung Chinas zu unserem Nachteil überleiten würde, müssen wir zu verhüten suchen.

Bitte deshalb, mit Ihrem amerikanischen Kollegen von sich aus und ohne Erwähnung des französischen

Gesandten und seines Vorschlags etwa in folgendem Sinne zu sprechen: Die drohende Gefahr eines Krieges zwischen Rußland und Japan sei ja nicht mehr abzuleugnen. Es könne mithin für die nicht beteiligten Mächte nur noch darauf ankommen, den Krieg für den Fall, wo er wirklich ausbräche, möglichst zu lokalisieren. Dies könne am besten wohl dadurch geschehen, daß das chinesische Gebiet außerhalb des voraussichtlichen Kriegsschauplatzes, der Mandschurei, also etwa alles chinesische Gebiet südlich des Breitengrades von Talienwan, jedoch natürlich mit Ausnahme der Halbinsel Liaotung, für neutral erklärt und seine Neutralität unter den Schutz der Mächte gestellt würde. Eine solche Maßnahme, welche in erster Linie dazu beitragen würde, die Chinesen zu beruhigen und somit Exzesse zu verhüten, liege durchaus im Sinne des auch von den Vereinigten Staaten angenommenen deutsch-englischen Abkommens vom 16. Oktober 1900, sie würde wohl genügen, um der gewiß unerwünschten Verlegung des chinesischen Hofes von Peking fort vorzubeugen, und sie trage keine Spitze gegen einen der streitenden Teile, sondern solle lediglich die Interessen aller Unbeteiligten vor Störungen wahren. Ihr Kollege solle Ihnen sagen, ob er glaube, daß eine solche Anregung in Washington Verständnis finden würde.

AUFZEICHNUNG   Berlin, den 7. Februar 1904

Nachdem der Kriegsausbruch zwischen Rußland und Japan unvermeidlich geworden zu sein scheint, würde es gut sein, unsere Presse hinsichtlich der von ihr einzunehmenden Haltung mit möglichst einheitlicher Direktive zu versehen. Erleichtert wird dies dadurch, daß die Zeitungen erst morgen abend wieder erscheinen, bis auf „Berliner Tageblatt" und ein eventuelles Extrablatt des „Lokalanzeiger", die vorher eingespritzt werden können. Mir scheint, wir müssen ohne Emphase, aber mit ruhiger und nüchterner Sachlichkeit einerseits unsere durch die mehr sekundäre Natur der deutschen Interessen in Ostasien wie unsere guten Beziehungen zu allen Mächten selbstverständlich gebotene Neutralität betonen, andererseits einfließen lassen, daß wir im Rahmen der für uns indizierten Unparteilichkeit und Reserve das für uns Mögliche getan hätten, um den Ausbruch eines Krieges zu verhindern, den wir beklagten. Spitzen sind gegenüber Rußland wie gegenüber Japan, England und Amerika zu vermeiden.

Ich bin gern bereit, Seiner Majestät über unsere Haltung gegenüber dem Kriege in Ostasien ein P. M. zu unterbreiten, für welches die Denkschriften von Exzellenz von Holstein vortreffliches Material bieten, und das recht klar und nicht zu lang sein müßte.

AN DEN BOTSCHAFTER IN PETERSBURG
GRAFEN VON ALVENSLEBEN   Berlin, den 13. Februar 1904

Der Gedanke der Neutralisierung chinesischer Gebietsteile ist weder von Deutschland noch von Amerika, sondern von dem französischen Gesandten in Peking zuerst am 3. oder 4. d. Mts. angeregt worden. Jener französische Vorschlag, gerade die Provinz Tschili zu neutralisieren, war geeignet, uns nachdenklich zu machen, und der Umstand, daß die Anregung von Frankreich ausging, konnte unsere Bedenken nicht verringern. Unter gewöhnlichen Verhältnissen hätte vielleicht die einfache Ablehnung am nächsten gelegen. Wir hatten jedoch zu berücksichtigen, daß wenige Tage zuvor, am 28. Januar, ein großes amerikanisches Blatt in einer angeblichen

Petersburger Drahtkorrespondenz die Nachricht verbreitet hatte, Deutschland habe als seinen Anteil bei der unvermeidlichen Aufteilung des Chinesischen Reichs die Besitznahme der Provinz Peking für sich in Aussicht. genommen. Die einfache Zurückweisung des Neutralisierungsgedankens hätte dieser Verdächtigung neue Nahrung geben müssen. Es kam also für uns darauf an, zunächst uns über die Tragweite und die Beweggründe jener unerwarteten Anregung zu orientieren. Daß wir uns hierbei nicht in erster Linie nach Petersburg wandten, erklärt sich lediglich daraus, daß von russischer Seite sorgsam vermieden worden war, uns in eine Erörterung der russisch-japanischen Streitfragen hineinzuziehen. Wir wollten den Schein vermeiden, als suchten wir eine Gelegenheit, um uns in Geheimnisse einzudrängen. Auch mußte der Umstand, daß die erste Anregung von französischer Seite kam, den Gedanken beseitigen, daß die Neutralisierung von Tschili der russischen Regierung unangenehm sein könnte. Dagegen lag es nahe zu vermuten, daß die Neutralisierung von Tschili anderen Mächten unangenehm sein werde. Diese Vermutung ward noch verstärkt, als der amerikanische Gesandte Conger, über seine Stellung zur Sache von Freiherrn von Mumm befragt, direkt ablehnte, den Neutralisierungsgedanken seiner Regierung auch nur mitzuteilen. Da es uns nicht gleichgültig sein konnte, in eine Parteistellung hineingeschoben zu werden, so wurde der Kaiserliche Botschafter in Washington beauftragt, die amerikanische Regierung über ihre Stellung zu dem Neutralisierungsgedanken zu sondieren und dabei zu sagen, daß wir demselben, eine genaue Fixierung der Modalitäten vorausgesetzt, schon im Hinblick auf unsere Handelsinteressen in Ostasien, prinzipiell freundlich gegenüberständen. Die amerikanische Regierung hat darauf ihrerseits die Initiative ergriffen, und der amerikanische Vorschlag ist ein Tag früher hier eingetroffen als der von Frankreich angeregte Vorschlag der vier Vertreter. Der amerikanische Vorschlag, welcher, natürlich unter Ausscheidung der Kriegszone, den Fortbestand des übrigen Chinesischen Reichs zeitweilig sichert, scheint mir mehr als der Vorschlag der vier Gesandten geeignet, die Chinesen zu beruhigen und auch ihrerseits in der Neutralität zu erhalten. China ist kein Gegner für die offene Feldschlacht, kann aber durch Aussendung von Guerillascharen unbequem werden, und Graf Lamsdorff hat wahrscheinlich mehr Einzelheiten als wir darüber, daß Yuan-Schi-Kai die von europäischen Offizieren ausgebildeten Truppenkörper mit möglichster Beschleunigung nach der Nordgrenze befördert.

Die Frage des Grafen Lamsdorff, warum Korea nicht von den Amerikanern in die Neutralisierung hineingezogen sei, erledigt sich wohl dadurch, daß amerikanischerseits die Neutralisierung als reine Nützlichkeits- oder Tatsachenfrage behandelt worden ist. Man will die Kriegszone ausscheiden, ohne sich um die Souveränitätsverhältnisse zu kümmern. Auch hier möchte ich mit meiner Ansicht nicht zurückhalten, daß diese Art der Behandlung gerade dem russischen Interesse entspricht, während umgekehrt Japan, wie ich aus einer gestrigen Äußerung des hiesigen japanischen Gesandten entnehme, mit dem Plane umzugehen scheint, zu verlangen, daß die bei der Neutralisierung sich beteiligenden Mächte das Souveränitätsverhältnis der Mandschurei zu China prinzipiell feststellen. Die deutsche Regierung wird, falls dieser Gedanke zum Ausdruck kommt, durch ihre kategorische Zurückweisung desselben wohl auch von einigem Einfluß auf die Haltung der übrigen Regierungen sein.

Ich fasse unsere Stellung zu dem Neutralisierungsgedanken dahin zusammen, daß wir demselben gänzlich fernstanden, daß aber, nachdem derselbe einmal angeregt war, und zwar von derjenigen Regierung, deren Politik gegenüber für uns jederzeit die größte Aufmerksamkeit geboten ist, wir gezwungen waren, der Frage nachzugehen, bei deren Behandlung von uns stets betont worden ist, daß die Neutralisierung selbstverständlich nur insoweit in Frage kommen könne, als dadurch die beiden kriegführenden Teile in der Verfolgung ihres Kriegszweckes nicht beeinträchtigt würden.

Dem Inhalte dieser Darlegung entsprechend, ersuche ich Ew. pp., den Grafen Lamsdorff über die Haltung der deutschen Regierung aufzuklären.

AUFZEICHNUNG   Berlin, den 14. Februar 1904
Geheim

Seine Majestät der Kaiser sagte mir heute morgen, er sei durch die Antwort des Zaren auf seinen Brief tief enttäuscht. Er habe gehofft, die Wärme seines Briefes werde den Zaren veranlassen, seine ganze Macht gegen Japan zu wenden. Statt dessen bleibe die Haltung des Kaisers Nikolaus nach wie vor eine kleinmütige, er scheine nicht fechten zu wollen, und es sei nicht ausgeschlossen, daß er die Mandschurei schließlich ohne Schwertstreich oder nach schwächlichem Widerstand den Japanern überlasse. Eine solche Wendung der Dinge müsse unter allen Umständen verhindert werden. Ich erwiderte, das sicherste Mittel, um zu erreichen, daß die Russen mit Japan einen voreiligen und faulen Frieden schlössen, würden unvorsichtige deutsche Ermutigungen an die Adresse des Zaren sein. Wenn der Zar den Wunsch Seiner Majestät merke, daß er sich mit Japan fest verbeißen möge, so würde ihn das veranlassen, sofort abzuschnappen.

Seine Majestät der Kaiser erwiderte, vom Standpunkte des Staatsmannes möge ich recht haben. Er fühle aber als Souverän, und als solcher kränkten ihn die Blößen, welche sich Kaiser Nikolaus durch sein schlappes Auftreten gebe. Damit kompromittiere der Zar alle großen Souveräne. Es müsse im Interesse des Ansehens der Monarchien etwas geschehen, damit Kaiser Nikolaus forscher auftrete. Ich entgegnete, Seine Majestät hätte nur die Pflicht, seine eigene Ehre und das Interesse des preußischen und deutschen Volkes zu wahren. Für andere Herrscher und Völker sei der Deutsche Kaiser nicht verantwortlich. Kaiser Wilhelm I. und Friedrich der Große hätten sich auch nicht für die andern den Kopf zerbrochen. Was Ludwig XV. und Peter III. getrieben hätten, wäre dem großen König gleichgültig gewesen, wenn er nur seinen eigenen Vorteil wahrgenommen hätte. Seine Majestät meinte, jetzt wären andere Zeiten. Damals hätte es keine Sozialisten und Nihilisten gegeben, die von der Blamage der Fürsten Vorteile zögen. Durch sein energieloses Verhalten schädige der Zar das monarchische Prinzip. Er solle nach Moskau fahren, das heilige Rußland zum Kampf aufrufen, die ganze Armee mobilisieren usw. Ich sagte, ob der Zar das tun wolle, möge Seine Majestät doch ihm selbst überlassen. Noch weniger als andere Menschen liebten Fürsten belehrt zu werden. Zuviel Belehrung würde den Kaiser Nikolaus nicht in die gewünschte Richtung bringen, sondern verstimmen und mißtrauisch machen.

Seine Majestät der Kaiser gab zu, daß meine Argumente vom politischen Standpunkt aus zutreffend sein möchten. Ich übersähe aber eine ungeheure Gefahr, die er als Souverän besser würdigen könne als

Diplomaten, die gewohnheitsmäßig nur mit der Gegenwart rechneten, nämlich die gelbe Gefahr. Sie sei die größte Gefahr, welche die weiße Rasse, Christentum und Europäertum bedrohe. Wenn die Russen vor den Japanern weiter zurückwichen, würde die gelbe Rasse in 20 Jahren in Moskau und Posen stehen. Als ich einwarf, daß ich an diese Gefahr nicht glaube, und dieselbe jedenfalls alle anderen Weltmächte, Rußland und England, Amerika und Frankreich näher berühre als uns, beharrte Seine Majestät auf seiner Ansicht, die ich zu Papier bringen und im Archiv deponieren möge. Es sei eine Schande, daß Frankreich seinen russischen Verbündeten im Stich lasse und England und die Vereinigten Staaten mit Japan sympathisierten. Wir müßten den Zaren auf die Größe der gelben Gefahr aufmerksam machen, die er noch nicht begreife. Ich entgegnete, dies würde nur zur Folge haben, daß der Zar uns auffordern würde, ihm gegen eine Gefahr, die uns so groß erscheine, bewaffnete Hilfe zu leisten. Damit wäre der Krieg mit England gegeben.

Seine Majestät der Kaiser frug, wie ich mir denn den Ausweg aus einer durch die Schwäche des Zaren, die Perfidie der Engländer und die Selbstsucht der Franzosen so verfahrenen Lage dächte. Ich sagte Seiner Majestät, daß es m. E. für uns nur darauf ankomme, zweierlei zu vermeiden: Einmal, daß unsere Beziehungen zu Rußland durch den Krieg geschädigt würden. Zu diesem Zweck müßten wir alles vermeiden, was uns in Rußland als unsicheren oder schadenfrohen und hinterlistigen Nachbarn erscheinen lassen könnte. Seine Majestät dürfe auch nichts tun, was den Zaren persönlich gegen ihn verstimmen könnte. Andererseits müßten wir sorgsam vermeiden, uns von den Russen gegen Japan oder gar gegen England vorschieben zu lassen. Beide Klippen würden wir umso eher umschiffen, je mehr wir uns einer ruhigen Haltung befleißigen.

AN KAISER WILHELM II. Berlin, den 18. Februar 1904

Euerer Kaiserlichen und Königlichen Majestät beehre ich mich alleruntertänigst zu berichten, daß die von uns unter der Hand angeregte Aktion der Vereinigten Staaten von Amerika zur Neutralisierung Chinas — mit Ausnahme der Mandschurei — im gegenwärtigen Kriege bisher Erfolg gehabt und unsere Mitwirkung einen guten Eindruck gemacht hat. Den immer aufs neue auftretenden Ausstreuungen, als ob Deutschland den jetzigen Konflikt für selbstsüchtige Zwecke benutzen wollte, ist damit hoffentlich für einige Zeit ein Ende bereitet.

Insbesondere meldet Euerer Majestät Gesandter in Peking, den ich beauftragt hatte, die chinesische Regierung von unseren China zugute kommenden Absichten zu unterrichten und sie zu entsprechendem Verhalten zu ermahnen, folgendes: „Die Minister des Waiwupu bitten mich, der Kaiserlichen Regierung ihren tiefgefühlten Dank für die zugunsten Chinas unternommene Aktion auszusprechen, und versichern, daß China alles aufbieten werde, um im Einklang mit gestern erlassenem Kaiserlichen Edikt eine strikt neutrale Haltung zu bewahren."

Über den Stand der Angelegenheit konnte Euerer Majestät Botschafter in Washington schon unter dem 13. d. Mts. melden: „Staatssekretär teilt mir mit, daß außer Italien, Österreich-Ungarn und England heute auch Frankreich amerikanischer Eröffnung im Prinzip zugestimmt habe. Mr. Hay nimmt an, daß Delcassé erst nach Anfrage in Petersburg diese Erklärung durch hiesigen französischen Botschafter abgegeben habe, und daß Rußland, wie es Japan bereits getan, amerikanischen Vorschlag annehmen werde." — Auch die offizielle Zustimmung Rußlands ist nach Ansicht Euerer Majestät Botschafters in St. Petersburg demnächst zu erwarten. Graf Alvensleben berichtet unterm 15. d. Mts. abends nachstehendes: „Die Aufklärung, welche ich soeben dem Grafen Lamsdorff über unsere Haltung zum amerikanischen Vorschlage gegeben habe, war sichtlich von günstiger Wirkung. Ich glaube, daß es mir vollständig gelungen ist, das bei ihm etwa noch vorhandene Mißtrauen zu beseitigen. Graf Lamsdorff dankte mir und betonte, wie angenehm es ihn berühre, daß Deutschland die politische Seite der Frage ganz ausgeschieden habe. Admiral Alexejew hat, wie Graf Lamsdorff mir vertraulich mitteilte, sich dahin geäußert, daß er gegen die Neutralisierung Chinas, unter der Voraussetzung, daß die Mandschurei, die Gebiete der etwaigen Kriegszone und die Eisenbahnen ausgeschieden würden, keine Bedenken habe, solange diese Neutralität von China und Japan aufrichtig und regelrecht beobachtet werde. Die amerikanische Regierung wird Graf Lamsdorff von vorstehendem verständigen, sobald Seine Majestät der Kaiser die Genehmigung voraussichtlich morgen erteilt haben wird."

AN DEN BOTSCHAFTER IN PARIS FÜRSTEN VON RADOLIN
Berlin, den 18. Februar 1904

Ihren interessanten Brief vom 4. d. Mts. habe ich sorgfältig und lange erwogen. Der vom Fürsten von Monaco angeregte Gedanke einer Begegnung unseres Allergnädigsten Herrn mit dem Präsidenten Loubet ist mir in mehrfacher Hinsicht sympathisch. Zweifellos wäre damit ein Schritt in der guten Richtung getan, und ich nehme an, daß die Persönlichkeit des Kaisers dort wie anderswo ihre Wirkung ausüben würde. Ich bin auch wohl nicht der einzige, welcher die Frage von diesem Gesichtspunkt aus betrachtet, und möchte eben deshalb vermuten, daß der Gedanke dieser Zusammenkunft energischem Widerstande begegnen wird seitens aller derer, welchen in England, Rußland und Frankreich eine Verbesserung der deutsch-französischen Beziehungen und eine Befestigung des Regime Loubet-Combes unerwünscht ist. In Ihrem Briefe ist eine Bemerkung des Präsidenten zum Fürsten von Monaco wiedergegeben, wo ersterer andeutet, daß die „Revolverpartei der Nationalisten" seine Begegnung mit dem Deutschen Kaiser gegen ihn — den Präsidenten — vielleicht ausnutzen würde. Jedenfalls geht aus dieser Bemerkung des Präsidenten schon deutlich hervor, daß derselbe sich nicht stark genug fühlt, um gegen äußere Einflüsse gleichgültig bleiben zu können.

Diese Unsicherheit der Aussichten macht mir die größte Vorsicht zur Pflicht. Es ist unsere — Ihre und meine — gemeinsame Aufgabe, zu verhüten, daß Seine Majestät der Kaiser, dem die kleinen Gesichtspunkte eines vom Parlamentswillen abhängigen republikanischen Staatsleiters fernliegen, ein Projekt genehmigt, welches dann mit einem französischen „Korbe" seinen Abschluß findet. Ich kann daher den Gedanken einer Begegnung nur dann an Seine Majestät heranbringen, wenn Sie überzeugt sind, daß der Präsident Loubet die Begegnung akzeptieren und nicht etwa noch im letzten Augenblick faux bond machen wird. Diese Frage kann nur in Paris beurteilt werden. Falls Sie zweifelhaft sind, ist es besser zu warten. Ich bin mit Ihnen der Ansicht, daß die Zeit für uns läuft, indem sie die feindseligen Erinnerungen allmählich verblaßt, und ich glaube deshalb, daß das, was heute uns noch riskiert erscheinen könnte, in wenigen Jahren vielleicht ganz einfach und alltäglich sein wird. Aber wie gesagt, mache ich in dieser Spezialfrage mein Urteil von dem Ihrigen abhängig und werde meine Entscheidung bezüglich eines Immediatvortrags erst nach Eingang Ihrer Rückäußerung fassen.

Es bedarf für einen Diplomaten von Ihrer Erfahrung kaum der Erwähnung, daß Sie als Vertreter der Person Seiner Majestät bei Besprechungen oder Sondierungen sich nicht würden herausstellen können, ohne schon dadurch Rückschlüsse hinsichtlich der Allerhöchsten Absichten zu veranlassen.

AN KAISER WILHELM II.   Berlin, den 26. Februar 1904

Euerer Kaiserlichen und Königlichen Majestät möchte ich vor allem sagen, wie tiefbewegt ich bin durch den Tod des kleinen Prinzen in Kiel. Gott tröste und stärke die Hohen Eltern, die an ihren Kindern mit so zärtlicher Liebe hängen und sehr erschüttert sein werden!

Euerer Majestät gnädige Zeilen habe ich mit ehrfurchtsvollem und herzlichem Dank erhalten. Ich danke auch sehr für den Besuch von Leuthold.* Ich werde mich einige Tage schonen müssen, da ich stark erkältet und namentlich ganz heiser bin. Wenn Szögyényi wiederkommt, werde ich ihm sagen, daran wären seine Freunde vom BT schuld.

Die Nachrichten, welche Euere Majestät die Gnade hatten mir zu geben, haben mich im höchsten Grade interessiert. Die Ansicht, daß die Engländer keine sich etwa bietende Gelegenheit ungenutzt lassen wer-

---

* Leibarzt des Kaisers.

den, teile ich vollständig. Daß diese Meinung auch in französischen Kreisen geteilt wird, ergibt sich aus dem anliegenden Bilde des „Charivari" von gestern. Der „Charivari" meint, daß die Beteiligung Frankreichs am Russisch-Japanischen Kriege die Engländer veranlassen würde, ihre Ansprüche noch zu steigern.

Nach dem Kriegsausbruch lag die Gefahr am nächsten, daß England in China Unruhen anstiften und sich dann als Schützer des Welthandels am Jangtse festsetzen werde. Diese Gefahr ist zwar nicht ganz beseitigt, aber doch mehr in die Ferne gerückt, nachdem es gelungen ist, den Amerikanern den Gedanken einer Neutralisierung von China unter dem Schutze aller Mächte zu suppeditieren. Die Engländer haben vergeblich versucht, eine Verständigung über die Neutralisation zu hintertreiben, indem sie vorschlugen, daß nicht die ganze Mandschurei, sondern nur der östliche Teil derselben als Kriegszone betrachtet werden solle. Diese Einschränkung, welche Rußland niemals hätte annehmen können, fand jedoch keinen Anklang. Hoffentlich geben die Chinesen nicht durch Fremdenhetzen den Engländern und Franzosen einen Vorwand zum Einschreiten. Abgesehen von dieser Eventualität wird der Russisch-Japanische Krieg, solange er lokalisiert bleibt, den Engländern wohl nur zur Besitznahme von Tibet verhelfen, wobei außer Rußland niemand direkt beteiligt ist.

Anders stellt sich die Sache, wenn es am Balkan losgeht. Die Engländer hoffen, daß dann die Mächte des Kontinents möglichst vollzählig hineingezogen werden. Von verschiedenen Seiten kommen die Nachrichten, daß man von englischer Seite sogar durch amtliche Organe die Bulgaren zum Kriege drängt. Es scheint indessen, daß diese keine Lust haben, weil sie befürchten, daß Rußland es ihnen bei erster Gelegenheit einträgen würde, wenn sie in einem Augenblick losgehen wollten, welcher für Rußland so ungünstig ist wie der jetzige. Wenn wirklich die jetzt schwebenden direkten Verhandlungen zwischen dem Sultan und der bulgarischen Regierung zu einer Verständigung führen, so ist damit die Möglichkeit gegeben, daß wir diesen Sommer noch keinen Balkankrieg erleben.

Inzwischen hat sich aber bei allen Mittelmeervölkern zweifellos die Nervosität gesteigert, weil alle mit der Kriegseventualität zu rechnen haben. Als vor acht Tagen die Zeitungen meldeten, Spanien wolle die Garnisonen und Befestigungen auf den Balearen, auf den Kanarischen Inseln, in Ceuta, Ferrol usw. verstärken, fragte ich telegraphisch bei Radowitz, Monts und Wedel an, wer der spanischen Regierung diesen Floh ins Ohr gesetzt habe. Keiner der drei Botschafter konnte etwas erfahren, und Radowitz meldete noch, die spanische Regierung erkläre amtlich, keine fremde Regierung habe die Frage, wie eventuell die spanische Neutralität zu wahren sein werde, überhaupt nur angeregt. Ein paar Tage später meldete Radowitz, daß die Neutralitäts- und Rüstungsfrage für Börsenzwecke aufgebauscht und ausgenutzt worden sei. Obschon mir sonach die Anhaltspunkte fehlen, möchte ich doch vermuten, daß die spanischen Minister außer Börsenzwecken wohl noch andere Beweggründe für die von ihnen angeordneten, freilich recht ungenügenden Maßnahmen hatten. Indessen werden alle Fragen, welche auf Besitznahme bzw. Verteidigung von Inseln und strategischen Küstenpunkten Bezug haben, erst akut, wenn der Balkankrieg losgeht. Die beiden Faktoren, von denen dort die Erhaltung des Friedens abhängt, sind der Sultan und der Fürst Ferdinand. Den Sultan kann man durch die Ängstlichkeit, den Fürsten Ferdinand durch die

Eitelkeit beeinflussen. Er hat es allmählich durchgesetzt, daß bulgarische diplomatische Agenten in St. Petersburg, Wien, Rom, Paris und London angenommen worden sind. Er trägt nun das glühende Verlangen, daß Euere Majestät ihm gestatten, einen Agenten auch in Berlin akkreditieren zu dürfen. Ich glaube, wenn Euerer Majestät Generalkonsul in Sofia beauftragt würde, dem Fürsten zu sagen, daß, falls eine Verständigung mit der Pforte jetzt zustandekäme, Euere Majestät in Anerkennung der hierdurch bewiesenen Friedensliebe sich freuen würden, einen bulgarischen Agenten in Berlin zu empfangen, so würde diese Aussicht bestimmend auf die Haltung des Fürsten wirken. Die Verhandlungen zwischen Konstantinopel und Sofia sind nach Meldung von Marschall gerade jetzt in das entscheidende Stadium eingetreten, und der Abschluß bzw. der Abbruch ist schon in den nächsten Tagen zu erwarten. Darf ich dem Generalkonsul von Below im obigen Sinne telegraphieren?

AN DEN GENERALKONSUL IN SOFIA
VON BELOW-RUTZAU   Berlin, den 27. Februar 1904

Geheim

Seine Majestät der Kaiser verfolgt mit besonderer Aufmerksamkeit die gegenwärtig zwischen der Pforte und Bulgarien schwebenden Verhandlungen. Seine Majestät hält dieselben für die Erhaltung des Friedens am Balkan wie in Europa für bedeutsamer als irgendeine andere diplomatische Aktion der Gegenwart. Das günstige oder ungünstige Endergebnis dieser Verhandlungen liegt wesentlich in der Hand des Fürsten Ferdinand, da es von ihm abhängt, solche Forderungen zu stellen, welche eine Zustimmung des

Sultans unmöglich machen würden. Von der Ängstlichkeit des Sultans ist zu erwarten, daß er alles annimmt, was er ohne Gefahr für seine Person glaubt annehmen zu können. Nach der Berichterstattung des Kaiserlichen Botschafters in Konstantinopel, welcher seinerseits bemüht ist, die Verständigung zu fördern, unterliegt es keinem Zweifel, daß der Sultan jetzt den dringenden Wunsch hat, sich direkt mit Bulgarien zu verständigen. Bei Besprechung dieser Frage äußerte Seine Majestät heute früh, daß er, falls diese Verständigung zustande käme, das Hauptverdienst daran der damit bewiesenen Friedensliebe des Fürsten Ferdinand zuschreiben würde, und daß er sich freuen werde, wenn der Fürst ihm den Abschluß durch einen besonderen Vertreter sofort mitteile, welcher dann auch dauernd hier zu akkreditieren sein würde.

AN DEN BOTSCHAFTER IN PETERSBURG
GRAFEN VON ALVENSLEBEN   Berlin, den 2. März 1904

Vor einigen Tagen redete mich der englische Botschafter auf die Balkanfrage an und akzentuierte dabei eine hochgradige Besorgnis. Im fernen Osten, meinte er, werde alles sich wieder zurechtziehen, im nahen Orient aber sei nicht nur in Mazedonien, sondern auch in Albanien sehr viel Zündstoff aufgehäuft, und es sei nicht ausgeschlossen, daß der Sultan, von den Altttürken bedrängt, Bulgarien angreife. Beiläufig frug dann der Botschafter, ob ich an die Möglichkeit einer Konferenz glaube. Ich entgegnete, daß eine Konferenz nach einem langen Krieg notwendig werden könne. Sie könne auch in friedlichen Zeiten nützlich sein, wenn alle Beteiligten von vornherein über die zu erstrebenden Ziele im großen und ganzen einig wären. Wo dies aber so wenig der Fall sei wie jetzt, könne eine Konferenz die Verwirrung nur vermehren und mit ihr die Aussicht auf weitere Konflikte.

Ungefähr gleichzeitig mit dieser Unterredung traf ein Bericht des Grafen Metternich ein, welcher meldete, daß der sehr gut unterrichtete und sonst immer zum Optimismus neigende österreichische Geschäftsträger Graf Mensdorff sich mit ernster Besorgnis über die Ziele der englischen Balkanpolitik ausgesprochen habe. Er glaubt, daß England darauf ausgeht, das europäische Konzert an die Stelle der Ententemächte zu setzen, um dann Hand in Hand mit Frankreich und Italien eine Erweiterung des mazedonischen Reformplanes vorzuschlagen. Auf diese Art hofft, nach Ansicht des Grafen Mensdorff, England, die anglofranzösische Freundschaft wieder aufzufrischen, welche an der Divergenz der öffentlichen Meinung beider Länder in der ostasiatischen Frage zu zerspringen droht.

Das Zusammenfallen der besorgten Äußerungen des Grafen Mensdorff mit der Sondierung des englischen Botschafters in betreff einer Konferenz ist immerhin beachtenswert und läßt mich wünschen zu erfahren, wie Graf Lamsdorff die Frage einer Balkankonferenz ansieht. Da bei dieser der Zweibund als solcher — was wohl auch den Engländern nicht verborgen ist — in peinliche Lagen kommen könnte, so läßt sich Graf Lamsdorffs Standpunkt ungefähr erraten. Sicherheitshalber wollen Ew. pp. jedoch ihm die Frage von Sir Frank Lascelles und meine Erwiderung vertraulich mitteilen und dem russischen Minister dann überlassen, ob er die Gelegenheit benutzen will, um sich ungefragt zu äußern.

AN DEN BOTSCHAFTER IN PARIS FÜRSTEN VON RADOLIN
Ganz geheim   Berlin, den 5. März 1904

1. Besteht Sicherheit des Erfolges, wenn eine Begegnung zwischen Seiner Majestät und Präsident Loubet anläßlich der bevorstehenden Allerhöchsten Mittelmeerreise angeregt würde? Da Seine Majestät bis Ende April unterwegs zu bleiben gedenken, würde an sich eine Begegnung auf hoher See oder auch zu Lande, vielleicht während der Reise des Präsidenten nach Rom von unserer Seite ermöglicht werden können, und zwar je nach den Wünschen des Präsidenten.

2. Wie würde die französische öffentliche Meinung es auffassen, wenn Seine Majestät und der Präsident der französischen Republik in italienischen Gewässern oder auch auf italienischem Boden aneinander vorbeifahren würden? Würde sie etwa darin einen Triumph des glücklichen französischen Liebhabers über den verlassenen deutschen Ehemann, d. h. eine persönliche Niederlage Seiner Majestät erblicken?

3. Hätte es irgendwelche Bedenken, wenn Seine Majestät, um die algerische Küste, ohne in der Gegend zu ankern, zu sehen, nahe an der Kolonie und namentlich an der Stadt Algier vorbeiführe?

Je präziser, einfacher und rückhaltloser Eure Durchlaucht auf diese Fragen antworten können, um so nützlicher wird es sein.

AN DEN BOTSCHAFTER IN ROM GRAFEN MONTS
            Berlin, den 6. März 1904

Als sich Graf Lanza, wie mir im Bericht Nr. 33 angekündigt worden war, am 4. d. Mts. bei mir einstellte, habe ich ihm in nuce gesagt, daß ich gern bereit sei, auch weiter zwischen Italien und Österreich-Ungarn zu vermitteln. Es werde mir dies um so leichter, als ich wisse, daß Österreich-Ungarn nicht daran dächte, sich auf der Balkanhalbinsel vergrößern zu wollen und insbesondere Absichten auf Albanien zu haben. Ich ließ hierbei einfließen, wie die an verschiedenen Stellen immer wieder auftauchende Verleumdung, als ob Österreich-Ungarn eine ehrgeizige und insbesondere eine gegen Italien gerichtete Balkanpolitik inaugurieren wolle, offenbar aus derselben Quelle flösse, wie die umgekehrt in Wien an die Österreicher herangebrachte Insinuation, daß Italien die erste Gelegenheit zu ergreifen wünsche, um über Österreich herzufallen. Man wolle eben Österreich-Ungarn und Italien verhetzen. Es werde dies aber bei einiger Vernunft auf beiden Seiten nicht gelingen, da beide Mächte sich gegenseitig bloß ihrer Uninteressiertheit hinsichtlich Albaniens zu versichern brauchten, um diesen Hauptstein des Anstoßes aus dem Wege zu räumen.

Weit ernster erschiene mir die Gefahr, welche der bevorstehende italienische Besuch des Herrn Loubet in sich berge. Wenn dieser Besuch so aufgebauscht würde, wie dies nach den Zeitungsmeldungen beabsichtigt zu sein scheine (Stapellauf in Spezia, Flottenrevue in Neapel usw.), und wenn andererseits während des Besuchs das Verhältnis von Italien zu Deutschland ignoriert werde, so würde das nach meiner festen Überzeugung „le glas funèbre" des Deutsch-Italienischen Bündnisses bedeuten. Es gäbe Dinge, welche sich weder die deutsche Regierung noch das deutsche Volk zumuten ließen. Wir könnten nicht loyal und ohne Einschränkung alle Gefahren und Lasten des Bündnisses mit Italien auf uns nehmen, wenn Italien dieses Bündnis durch sein Verhalten gegenüber Frankreich illusorisch mache. Ich deutete hierbei an, es sei uns von französischer Seite gesagt worden, daß Italien sich Frankreich gegenüber verpflichtet habe, im Falle eines deutsch-französischen Krieges neutral zu bleiben. Zusicherungen und Erklärungen unter vier Augen uns gegenüber könnten öffentliche Demonstrationen nicht paralysieren. Wenn der Besuch von Loubet in der Weise vor sich ginge, wie dies von französischer Seite betrieben und von italienischer akzeptiert zu werden scheine, und wenn während des Besuchs das Festhalten Italiens an seinem Bündnis mit Deutschland gar nicht erwähnt werde, so könnte ich im Mai beim Wiederzusammentritt des Reichstages mich gezwungen sehen, vor dem deutschen Volke zu erklären, der Dreibund sei zwar erneuert worden, das Bundesverhältnis zwischen Deutschland und Italien bestehe aber virtuellement nicht mehr.

Graf Lanza erwiderte mir, daß er sich dem Ernste dieser Erwägungen nicht verschließe, er sei aber überzeugt, daß alle maßgebenden Faktoren in Italien, der König wie die Minister, an dem Bündnis mit uns festzuhalten wünschten.

Ich entgegnete, daß ich das auch nicht bezweifle, daß wir aber dem vorbeugen müßten, daß durch den tatsächlichen Verlauf des Loubetschen Besuchs die Fortdauer des deutsch-italienischen Bündnisses unmöglich gemacht werde. Graf Lanza versprach, in diesem Sinne bald und offen nach Rom zu schreiben.

Euere Exzellenz bitte ich, sobald Sie bemerken, daß ein solcher — telegraphischer oder schriftlicher — Bericht des Grafen Lanza dort eingetroffen ist, bei Ihren Besprechungen mit den dortigen Staatsmännern sich in gleichem Gedankenkreise bewegen zu wollen. Selbstverständlich dürfen wir in keiner Weise die italienische Eitelkeit verletzen. Wir müssen aber in den

Italienern ein solches Maß von Besorgnis vor den Folgen eines Verlustes der Stütze, die ihnen Deutschland vermöge des Dreibundverhältnisses bietet, lebendig erhalten, daß sie dadurch abgehalten werden, einen entscheidenden Schritt zu tun, der den Flirt mit Frankreich in ein dauerndes Verhältnis verwandeln würde. Die Festlichkeiten für Loubet dürfen nicht großartiger gestaltet werden, als diejenigen für unseren Allergnädigsten Herrn waren. Vor allem aber muß bei dem französischen Besuch im Toast des Königs Viktor Emanuel das Bündnis mit Deutschland zum Ausdruck gelangen.

AN DEN BOTSCHAFTER IN ROM GRAFEN MONTS
Berlin, den 8. März 1904

Ich habe den Eindruck, daß die italienischen Staatsmänner sich des Ernstes der Sachlage noch nicht hinreichend bewußt sind. Ein Empfang, wie er offenbar in Italien für Herrn Loubet vorbereitet wird, hebt für uns alle Vorteile des Bündnisses mit Italien auf und läßt für uns nur seine Unbequemlichkeiten und Gefahren bestehen. Ein Italien, welches die Union indissoluble mit Frankreich so offen affichiert, ist für uns kein nützlicher Bundesgenosse mehr; vielmehr würde unsere Politik an Bewegungsfreiheit gewinnen, wenn wir uns dann von der vertragsmäßigen Fessel losmachen, die uns jetzt an Italien knüpft. Es würde uns das in der auswärtigen wie in der inneren Politik vieles erleichtern. Wenn diese Folge vermieden werden soll, ist es nötig einerseits, daß die Empfangsfeierlichkeiten für Herrn Loubet wesentlich eingeschränkt werden, andererseits und vor allem, daß während des Besuchs des Präsidenten das Bündnis mit Deutschland dort nicht verleugnet, sondern in den Reden des Königs ausdrücklich betont wird.

AN DEN BOTSCHAFTER IN WIEN
GRAFEN KARL VON WEDEL   Berlin, den 9. März 1904

Ew. wollen dem Minister der Auswärtigen Angelegenheiten nachstehende vertrauliche Eröffnungen machen:

Nach verschiedenen übereinstimmenden Meldungen besteht bei den Ententemächten die Absicht, falls die Türkei die in der Konstantinopeler internationalen Militärkommission aufgestellten „conclusions" betreffend Reorganisation der Gendarmerie in Mazedonien nicht annimmt, sich wiederum an die Mächte zu wenden, damit diese einen erneuten Druck auf den Sultan ausüben. Diese „conclusions" enthalten u. a. folgende Bestimmungen:

„Reconnaissance par la Porte du pouvoir exécutif du général et des officiers étrangers à savoir:

a) pouvoir de transmettre des ordres aux officiers ottomans et de casser ceux qui n'obéissent pas.

b) pouvoir d'éloigner de la gendarmerie des trois vilayets les officiers et militaires ottomans dont les qualités physiques, intellectuelles ou morales ne seraient pas suffisantes et ceux dont la mauvaise conduite ou la discipline donneraient lieu à des plaintes.

Les officiers et militaires ottomans qui pour un motif quelconque seront exclus de la gendarmerie des trois vilayets devront être transférés ailleurs et quitter le pays sans délai."

Wir haben bisher alle Schritte Österreich-Ungarns zur Beruhigung und Ordnung der Balkanverhältnisse auf das nachdrücklichste unterstützt. Ew. pp. wollen besonders unsere Haltung bei Empfehlung der Wiener Februarbeschlüsse vom Jahre 1903 und namentlich des Mürzsteger Programms in Erinnerung rufen. Wir haben dies mit völliger Hintansetzung jeder Rücksicht auf unsere eigene Stellung und auf unsere Sonderinteressen in der Türkei, lediglich im Interesse der Erhaltung des europäischen Friedens und der Schaffung geordneter Zustände auf der Balkanhalbinsel getan und glauben zu dem bisher Erreichten einiges beigetragen zu haben. Wir sind auch jetzt noch — ebenso wie vordem — bereit, der Durchführung des Mürzsteger Programms unsere volle Unterstützung zu leihen, sofern dies Programm nicht weitgehende und bedenkliche Veränderungen erfährt. Solche Erweiterungen sind aber nach Ansicht der Kaiserlichen Regierung in den sogenannten „conclusions" enthalten.

Das Mürzsteger Programm überträgt dem fremden General „la tâche de réorganiser la gendarmerie", seinen adjoints wird die „faculté de contrôler, d'instruire et d'organiser" zugewiesen.

Die Militärkommission hat dies dahin erweitert, daß den fremden Offizieren das pouvoir exécutif übertragen wird, d. h. das in keiner Weise beschränkte Recht, den türkischen Offizieren Befehle zu erteilen mit der gleichzeitigen Befugnis, ohne jede Prozedur und Formalität diese Offiziere zu kassieren, d. h. fortzujagen. Die fremden Offiziere werden damit die unbedingten Herren der türkischen Gendarmerie, und daneben kann selbst der Schein eines Kommandorechts oder Verfügungsrechts der Türken überhaupt nicht mehr bestehen. Der Verfasser der „conclusions", indem er im Widerspruch mit dem Mürzsteger Programm den fremden Offizieren ein „pouvoir exécutif" verleiht, übersieht entweder, daß zur vollziehenden Gewalt nicht nur Befehls- und strafrechtliche, sondern auch Vollzugsorgane gehören und die fremden Offiziere in dieser Beziehung vorläufig auf die Türken angewiesen sind. Oder aber er will die Bahn ebnen für f r e m d e Vollzugsorgane, und das würde der erste Schritt zur Besitznahme des Landes durch Fremde bedeuten.

Das Mürzsteger Programm, eben weil es konservative Ziele verfolgt, setzt ein Zusammenwirken der fremden Offiziere mit der Pforte voraus. Die letztere muß die Befehle geben, welche die Durchführung der Reorganisation der türkischen Gendarmerie sicherstellen. Das würde dadurch geschehen, daß sie sich verpflichtet, den vom General de Georgis bezüglich der neuen Einteilung, Rekrutierung usw. der Gendarmerie gemachten Vorschläge stattzugeben und ebenso auf dessen Antrag alle diejenigen Elemente aus derselben zu entfernen, deren Beseitigung der General aus irgendwelchem Grunde für angezeigt erachtet. Dabei muß sie die Verpflichtung übernehmen, solche Elemente, deren Verbleiben in Mazedonien für schädlich erachtet wird, in andere Landesteile überzuführen. Diese Zusicherungen wären vorläufig genügend. Auf der anderen Seite ist zu erwarten, daß der Sultan es eher zum Äußersten kommen lassen wird, als christlichen Offizieren ein unbeschränktes Befehls- und Kassierungsrecht bezüglich muselmanischer Offiziere einzuräumen. Das sind Dinge, die er nicht nur als Souverän, sondern auch als Kalif nicht bewilligen kann. Hierbei kann wohl auf den Vorgang Bezug genommen werden, daß deutsche Militärreformer anerkanntermaßen Jahrzehnte hindurch in der Türkei Erhebliches geleistet, dabei jedoch grundsätzlich vermieden haben, jemals eine Kommandogewalt in Anspruch zu nehmen.

Die in den „conclusions" versuchte Erweiterung des Mürzsteger Programms steht nicht nur mit dessen Wortlaut, sondern auch mit dessen konservativer Tendenz in Widerspruch.

In dieser Anschauung stimmen alle hier vorliegenden Berichte und Äußerungen der kaiserlichen Vertreter und berufener Kenner der Türkei überein. Angesichts dieser Sachlage hält es die Kaiserliche Regierung für ihre

Pflicht gegenüber der verbündeten und befreundeten K. K. Monarchie, die Aufmerksamkeit der Regierung auf diese Schwierigkeiten zu lenken und ihr anheimzustellen, ob nicht durch eine Einschränkung der Forderungen auf das oben näher bezeichnete Erreichbare den Zielen der an der Aufrechterhaltung des Friedens interessierten Mächte am besten gedient sein würde. In der neuen Forderung, daß dem Chef der fremden Gendarmerie die Befugnis eingeräumt werden solle, aus eigener Machtvollkommenheit und ohne die Vermittlung türkischer Behörden türkische Offiziere zu entlassen, sieht die Regierung Seiner Majestät des Kaisers eine Gefährdung des Reformwerks und folglich auch des europäischen Friedens.

Die gleiche Eröffnung geht nach Petersburg.

Drahtbericht über Aufnahme.

AN DEN BOTSCHAFTER IN PETERSBURG
GRAFEN VON ALVENSLEBEN   Berlin, den 14. März 1904

Von verschiedenen Missionen sind neuerdings Meldungen eingelaufen, welche zeigen, daß die englische Diplomatie, um bei den Verhandlungen in Konstantinopel in die erste Reihe zu treten, bemüht ist, das europäische Konzert an die Stelle der Ententemächte zu schieben. Es wäre wünschenswert, daß die Reformgendarmerie ihre Tätigkeit in Mazedonien begönne oder sich wenigstens dorthin begäbe, bevor der diplomatische Angriffsplan Englands zur Reife kommt. Denn England wird nicht allein stehen, und der Sultan wird vielleicht versucht sein, jetzt wie früher die Uneinigkeit der Mächte auszunutzen. Nach den neuesten Nachrichten scheint es mir, daß die Form, wie die mißglückten „conclusions" aus der Welt geschafft werden sollen, seitens der Herren Diplomaten in Konstantinopel mit einem gewissen Humor behandelt wird, welcher mit dem Ernst und der Dringlichkeit der Lage vielleicht nicht ganz im Einklang steht.

Ew. pp. wollen übermorgen in diesem Sinne mit Graf Lamsdorff sprechen.

AN DEN GENERALKONSUL IN SOFIA
VON BELOW-RUTZAU   Berlin, den 14. März 1904

Die in Ihrem Briefe vom 26. v. Mts. wiedergegebenen Äußerungen des Fürsten von Bulgarien betrachte ich als ein wichtiges Ereignis. Der Fürst hat meine erste vertrauliche Eröffnung mit einem rückhaltlosen Vertrauen erwidert, welches ich zu würdigen weiß. Er wird von mir niemals eine Mitteilung bekommen, welche ich nicht für wahr, noch einen Rat, welchen ich nicht für richtig halte.

Abgesehen von der Vertrauensfrage ist aber auch der sachliche Inhalt des Briefes geeignet, meine volle Aufmerksamkeit zu fesseln. Fürst Ferdinand hat durch sechzehn schwere Jahre hindurch seine von übermächtigen Gegnern angefochtene Stellung nicht nur behauptet, sondern verstärkt und sich einen hoffnungsvollen Ausblick in die Zukunft gewahrt. Der staatsmännische Befähigungsnachweis ist damit erbracht. Wenn ich dann sehe, wie ein Mann dieser Art zu einer Reihe von Trugschlüssen geführt wird, suche ich die Ursache der Fehlrechnung nicht in ihm, sondern in den ihm von außen zugetragenen falschen tatsächlichen Unterlagen. Daß der Fürst nach dem Satze „trau, schau wem" sich seine Berichterstatter genau angesehen und nicht dem ersten besten geglaubt hat, ist selbstverständlich. Als eine seiner

Hauptquellen betrachte ich Montenegro, von dort werden wohl direkt oder auf Umwegen die schwersten Verdächtigungen gekommen sein. Diese laufen kurz gefaßt darauf hinaus, „Österreich-Ungarn ist bestrebt, sich auf dem Balkan noch weiter auszubreiten, es macht eine bulgarenfeindliche Politik. Deutschland ist dafür mitverantwortlich, denn in Wien geschieht, zumal wenn militärische Gesichtspunkte mit in Betracht kommen, nichts, was nicht zuvor in Berlin gebilligt worden wäre." — Gerade die letztere Angabe liefert mir den Maßstab für die Beurteilung des übrigen. Denn in Wirklichkeit vermeidet die österreichische Staatsleitung, vielleicht unter dem Eindruck, daß während der letzten vierzig Jahre das Machtverhältnis sich verschoben hat, sorgfältig jede Erörterung, welche uns Anlaß zu Ratschlägen geben könnte. Man kommt nur dann an uns heran, wenn man, was selten der Fall ist, unserer Unterstützung direkt benötigt zu sein glaubt. Dies trifft in gleichem Maße zu für die Bismarcksche Periode wie für die Jetztzeit. Auf Deutschland würde also keine Verantwortung fallen, wenn die Gesamtmonarchie am Balkan Vergrößerungspläne verfolgte.

Meiner Ansicht nach tut sie aber nichts der Art.

Kurz vor Eingang Ihres Briefes hatten Graf Monts und der hiesige italienische Botschafter mitgeteilt, die italienische Regierung habe lebhafte Besorgnisse wegen österreichischer Vergrößerungspläne, speziell bezüglich Albaniens. Italien werde eventuell genötigt sein, eine Gegenaktion einzuleiten.

Die italienischen Verdachtsmomente stimmten so genau mit den Angaben des Fürsten Ferdinand überein, daß ich beide auf die gleiche montenegrinische Quelle zurückführte. Einige Monate zuvor hatte ich nämlich die Überraschung gehabt, an einer Hohen

Stelle, wo ich bis dahin traditionelle Sympathie für Montenegro vermutet hatte, der Ansicht — ja sogar der festen Überzeugung zu begegnen, daß der Fürst von Montenegro eifrig bemüht sei, den König von Italien für eine Beteiligung an der endgültigen Regelung der Balkanterritorialfrage zu interessieren. Um den königlichen Schwiegersohn anzuspornen, gab es natürlich kein wirksameres Mittel, als wenn man bei ihm den Verdacht erweckte, daß ein Dritter im Begriff stehe, zuzugreifen, und daß der ruhige Zuschauer riskiere, zu kurz zu kommen. Dem Könige Viktor Emanuel wird nachgesagt, daß er einer Aktionspolitik nicht unter allen Umständen abgeneigt sein würde. Seine gegenwärtigen Minister hingegen, friedliche Leute, welche vor allem auf Durchführung der Konversion und Befestigung der Finanzlage bedacht sind, waren wirklich beunruhigt.

Die Gleichzeitigkeit und Gleichartigkeit der Alarmnachrichten aus Sofia und aus Rom veranlaßte mich, noch einmal die Frage der politischen und militärischen Balkantätigkeit Österreich-Ungarns einer diplomatischen und militärischen Nachprüfung zu unterziehen. Das Ergebnis derselben hat meine bisherige Überzeugung bestätigt, daß an den maßgebenden Stellen in Wien wie in Pest keine anderen als defensiven Kombinationen gemacht werden, und daß man hinsichtlich Albaniens nur das eine Bestreben hat, zu verhindern, daß ein Dritter sich dort festsetze. Bei ein paar Armeekorps in Bosnien und Umgegend sind die Trains pp. auf mobilen Fuß gesetzt, dagegen ist kein Reservist einberufen worden. Diese teilweise Bereitstellung ist m. E. das Minimum dessen, was unter den gegebenen Verhältnissen zu geschehen hatte, wenn die österreichisch-ungarische Staatsleitung überhaupt mit der Möglichkeit rechnete, Überraschungen abwehren zu müssen. Die letzten hier aus Wien und Rom eingegangenen Berichte melden übrigens eine Detente. Graf Goluchowski hat dem neuen italienischen Botschafter völlig befriedigende Erklärungen über die österreichische Balkanpolitik gegeben. Die Hauptbedeutung dieser Erklärungen sehe ich darin, daß dieselben vernünftig sind. Weder der österreichischen noch der ungarischen Staatsleitung kann heute eine Vermehrung der Nationalitäten erwünscht sein. Allerdings stehen neben oder gegenüber der Staatsleitung auch Elemente, welche zur Aktion drängen, weil für sie des Staates Verlegenheit die beste Gelegenheit sein würde. Diese Elemente haben aber in Österreich-Ungarn bisher wenigstens auf die Gestaltung der auswärtigen Politik noch weniger Einwirkung gehabt als in Rußland. Fürst Ferdinand weiß ebenso genau wie ich, daß gerade in Balkanfragen die amtliche (Petersburger) und die panslawistische (Moskauer) Politik ganz verschiedene Ziele verfolgen: die eine ist konservativ; die andere revolutionär mit dem kaum versteckten Hintergedanken, daß der am Balkan begonnene Umsturz vor den russischen Grenzpfählen nicht haltmachen werde. Bisweilen wird der panslawistische Einfluß auch amtlich fühlbar; z. B. war die Flottendemonstration nach dem Morde des Konsuls Rostkowsky, welche die Spannung der Lage fast bis zum Krach steigerte, eine Konzession an den panslawistischen Instinkt. Es ist vielfach behauptet worden, daß Herr Sinowiew der einsame Vertreter der Petersburger Politik auf der Balkanhalbinsel sei, während fast alle übrigen diplomatischen und Konsularorgane Rußlands mehr Moskau zuneigten, und wenn der österreichische Militärattaché in Sofia sonderbare Reden geführt hat, welche geeignet sind, über die Politik seiner Regierung irrezuleiten, so kann derselbe sich auf das Beispiel ähnlich situierter russischer Zeitgenossen berufen. Infolge dieser Gegenwirkung der beiden russischen Aktionen konnte im vorigen Jahr keine Beruhigung eintreten. Das amtliche Rußland besorgte von der Aufrollung der Orientfrage eine Sprengung des Zweibundes mit Schwenkung Frankreichs nach der englischen Seite und suchte deshalb den status quo zu stützen, während der Panslawismus unbekümmert um alles übrige auf die republikanische Föderation sämtlicher Slawen unentwegt hinarbeitete. Jetzt aber, wo der japanische Krieg die Hauptkraft des Slawentums in Anspruch nimmt, scheint auch der Panslawismus den gleichzeitigen Ausbruch eines Balkankonflikts zu perhorreszieren. Diesem Umstande hat, wie ich aus zweiter Hand erfahre, der Exarch Jossif Rechnung getragen, indem er die Führer der Komitatschis wissen ließ, sie würden sich, wenn sie jetzt losbrächen, der späteren Rache Rußlands aussetzen. Ich wünsche aufrichtig, daß diese Mahnung des einflußreichen Mannes dazu beitragen möge, die Arbeit des Fürsten Ferdinand zu erleichtern. Denn ich nehme an, daß der Fürst seine Aufgabe darin sieht, die Ereignisse nicht zu brüskieren, da die Zeit für Bulgarien läuft. Es wird mir leicht, in diesem Punkte objektiv zu urteilen, da eine Ausdehnung Bulgariens kein deutsches Interesse verletzen würde.

Die Lebensdauer des Türkischen Reiches beliebig zu verlängern, hängt von keiner Großmacht, selbst nicht von Rußland ab, da das Leiden ein inneres ist; die Türkei krankt an ihrer inneren Politik, nicht an der äußeren; letztere trägt im Gegenteil durch die Eifersucht der Mächte zur Verlängerung des Lebens bei. Da die zersetzenden Elemente rein innerliche sind, läßt sich von außen das Lebensende nicht bemessen. Jedoch ist dies nicht die Frage, welche aus Ihrem Briefe herausschaut, sondern vielmehr die, ob nicht durch österreichische Ausbreitungsgelüste das natürliche Wachstum derjenigen Balkanstämme, welche sich heute als die Erben der Türkei ansehen, gehemmt werden könnte. Nach meiner Kenntnis der Verhältnisse verneine ich diese Frage aus innerster Überzeugung. Vielleicht würde etwas Derartiges geschehen, wenn die Gesamtmonarchie sich in ihre Bestandteile auflöste und die heute von Wien und Pest aus regierten Slawen sich ihre eigene republikanische Wirtschaft einrichteten. Aber der Selbsterhaltungstrieb der Gesamtmonarchie bietet eine Gewähr nicht nur gegen deren eigene Ausbreitung, sondern auch dafür, daß sie etwaigen Einbruchsversuchen sich entgegenstellen wird.

In gleicher Weise wird meiner Meinung nach die amtliche russische Politik, deren Kräftigung sich jetzt auch in der Versetzung des Herrn Bachmetiew betätigt, auch fernerhin bemüht sein, akute Balkankrisen hintanzuhalten, um die heikle Auseinandersetzung bezüglich der Meerengen möglichst hinauszuschieben. Deshalb glaube ich auch an eine Fortdauer des russisch-österreichischen Einvernehmens, weil für jetzt — die Zukunft kann ich nicht vorhersagen — weder die Gesamtmonarchie noch der Zar Gebietszuwachs auf der Balkanhalbinsel erstreben.

Diesen konservativen Faktoren gegenüber steht zunächst England, welches aus naheliegenden Gründen bei jeder sich bietenden Gelegenheit die Balkangegensätze zu verschärfen sucht, z. B. bei den armenischen Unruhen und anläßlich der Durchfahrt der russischen Torpedoboote durch die Meerengen.

In die französische Politik habe ich keinen Einblick, da wir seit dem Kriege von 1870 noch nicht wieder in politische Fühlung mit Frankreich gekommen sind. Mir ist jedoch aufgefallen, daß bei der Erneuerung des Dreibundes der italienische Minister Prinetti, welcher als diplomatischer Neuling vollständig unter dem Einflusse des Botschafters Barrère stand, einen nachdrücklichen Versuch machte, den Dreibund zwischen Rußland und die Meerengen zu schieben. Zu derselben Zeit veröffentlichte ein Korrespondent des „Giornale d'Italia", Herr Ojetti, eine Unterredung mit Delcassé, wo letzterer die Italiener für ihr Ausbreitungsbedürfnis auf Albanien verwies. Diese Symptome und ebenso die Sprache, welche offiziöse Organe wie der „Temps" auch jetzt noch Tag für Tag führen, lassen vermuten, daß Delcassé bei einem akuten Balkankonflikt zu profitieren hofft. Vielleicht will er dann, wenn die übrigen Mächte im nahen oder im fernen Osten beschäftigt sind, seinen lange gehegten marokkanischen Plan zur Ausführung bringen.

Jetzt komme ich zum Schlusse wieder auf Bulgarien zurück. Ich vermute, daß Fürst Ferdinand, als er mir offenen Einblick in seine Lage gab, den Wunsch hegte, meinen Rat zu hören. Dieser geht dahin, daß Bulgarien rebus sic stantibus am besten tut, mit den beiden Ententemächten zu gehen, weil es dadurch den Zeitpunkt des Konflikts mit der Türkei in die Ferne rückt. Umso besser für die Menschheit, wenn jener Konflikt ganz vermieden werden kann. Ist das nicht möglich, so sollte er, meine ich, vom Standpunkte der bulgarischen Sonderinteressen aus wenigstens solange verzögert werden, bis die allmähliche Verschiebung der Stärkeverhältnisse zwischen der Türkei und Bulgarien es wahrscheinlich macht, daß Bulgarien den Krieg ohne fremde Hilfe zu Ende führen kann. Es liegt in der menschlichen Natur, daß Hilfe nicht umsonst geleistet wird, und es könnte passieren, daß die Früchte des Sieges mit der Abfindung des oder der Nothelfer ganz oder größtenteils draufgehen. Dies „an" sowohl wie dies „quando" läßt sich vom Balkan besser als von hier aus beurteilen. Ein Urteil traue ich mir hierin nicht zu, wohl aber betreffs der österreichischen Balkanpolitik. Die Verdächtigungen, daß das Wiener Kabinett sich mit Erwerbsplänen trage, halte ich für eine zielbewußte Entstellung der Wahrheit.

Ich bitte, das Vorstehende vollinhaltlich dem Fürsten mitzuteilen, dessen Vertrauen ich mit Vertrauen erwidert habe.

AN DEN BOTSCHAFTER IN ROM GRAFEN MONTS
Berlin, den 15. März 1904

Ich' habe dem italienischen Botschafter heute abend gesagt, ich zweifelte nicht an dem guten Willen der italienischen Minister, müsse ihm aber offen sagen, daß von dem Verlauf des Loubetschen Besuchs die Aufrechterhaltung des Deutsch-Italienischen Bündnisses abhängen würde. Gegen die Flottenbewegung in Neapel wolle ich nur deshalb keine weiteren Einwendungen erheben, weil sich Seine Majestät der König Viktor Emanuel in dieser Richtung festgelegt zu haben scheine. Ich setze aber voraus, daß alle Schiffe, welche bestimmt seien, später Loubet zu begrüßen, schon für Seine Majestät den Kaiser in Neapel eintreffen und dann dort bleiben würden. Ich betrachtete es vor allem als conditio sine qua non, daß der Toast des Königs auf Loubet sehr „sobre" sein und die Wendung enthalten würde, que l'Italie est fidèle à ses engagements qu'elle considère comme une garantie primordiale de la paix.

AN KAISER WILHELM II.   Berlin, den 19. März 1904

Seine Majestät der König von Italien hat durch Graf Lanza bei mir angefragt, ob er den Minister des Auswärtigen Tittoni nach Neapel mitbringen solle. Ich möchte ehrfurchtsvollst empfehlen, daß Euere Majestät die Anfrage huldreichst bejahen, denn im Hinblick auf den bevorstehenden französischen Besuch, welcher möglichst dramatisch ausgestattet werden soll, scheint es mir wünschenswert, daß für die nach Äußerlichkeiten urteilende Welt auch die Bedeutung des Besuches Euerer Majestät von italienischer Seite noch besonders akzentuiert werde.

Außerdem hat Seine Majestät der König angefragt, ob in Neapel Toaste gehalten werden sollten. Auch diese Anfrage möchte meines Erachtens zu bejahen sein, weil der König alsdann nicht umhin kann, sich offen dreibundfreundlich zu äußern.

Endlich hat Euerer Majestät Botschafter in Rom jetzt, wo feststeht, daß Allerhöchstdieselben in Neapel durch die italienische Flotte empfangen werden, angefragt, ob unter diesen Umständen vielleicht Kapitän Koch in Neapel sich melden soll.

AN DEN BOTSCHAFTER IN ROM GRAFEN MONTS
Berlin, den 19. März 1904

Ich werde, wenn Graf Lanza kommt, seine Eröffnung als „ersten Gedanken" behandeln und dann in der Unterhaltung nach und nach etwa folgende Gesichtspunkte hervorheben:

„Die Begegnung zu Dreien in Neapel würde natürlich — und ich freue mich dessen — das Prestige Italiens bedeutend erhöhen. Deutschland hat dabei nicht viel zu gewinnen, denn Loubet ist nicht Frankreich, und ob die französische öffentliche Meinung ihm bei diesem Schritte folgen würde, ist mir zweifelhaft. Eine starke Partei in Frankreich würde gegen die Begegnung sein, und es würde viel Geschrei geben. Deshalb weiß ich nicht, ob die Idee dem Präsidenten einleuchten wird. Die Begegnung würde auch in Rußland übel aufgenommen werden. Allerdings geniert sich Frankreich im Augenblick weniger Rußlands wegen als Rußland Frankreichs wegen. Indem ich mir die Sache überlege, komme ich zu dem Schluß, daß ich die Angelegenheit noch nicht jetzt gleich bei meinem Allergnädigsten Herrn zur Sprache bringen werde; dazu wird immer noch Zeit sein, nachdem Sie die Franzosen sondiert haben. Hoffentlich können Sie nach jener Seite hin auf absolute Diskretion rechnen. Wenn die Welt erführe, daß Ihr König einen erfolglosen Schritt getan hat, würde sie dieses Ergebnis als ein diplomatisches Echec Italiens behandeln. Ich habe kein Interesse daran, Sie von dem Projekt abzuschrecken, vielmehr würde ich persönlich eine Begegnung sympathisch begrüßen, welche uns zwar vielleicht keinen sonderlichen Vorteil, aber auch keinerlei Nachteil bringen kann. Indessen muß man die Dinge so sehen, wie sie sind. Ich glaube, daß die französische Regierung zögern wird, sowohl wegen der Klerikalen wie auch um Rußlands willen. Verschiedene kleine Anzeichen, welche in den letzten Jahren bemerkbar wurden, deuten darauf hin, daß Rußland die Aufgabe, Deutschland und Frankreich zu versöhnen, sich selber vorbehalten möchte. Auf der andern Seite kommt freilich auch in Betracht, daß seit dem Kriegsausbruch die Stellung Frankreichs gegenüber Rußland sich in gewissem Grade modifiziert hat. Den Zweibund betrachte ich auch heute noch als vollkommen dauerhaft und wirksam. Aber Frankreich bewegt sich freier als während der letzten zwölf Jahre in Fragen, wo russische und französische Interessen nicht identisch sind. Es ist daher nicht ganz undenkbar, daß die französische Regierung eine Begegnung mit dem Deutschen Kaiser als einen acte d'indépendance auffaßt, durch welchen sie das Gefühl ihrer Unabhängigkeit und den Wert ihrer freiwilligen Russenfreundschaft in Petersburg fühlbar machen will. Dies ist reine Konjektur. Ob sie begründet ist oder nicht, wird eventuell daran zu erkennen sein, ob man in Paris sich der italienischen Sondierung gegenüber ablehnend verhält oder nicht."

Es entspricht dem von Ew. eingenommenen Standpunkte, daß Seine Majestät der Kaiser keine Kenntnis von dem Gedanken einer Begegnung zu Dreien verrät, sondern den König davon anfangen läßt. Es liegt in der Natur, daß die Italiener, falls Frankreich ablehnt, versuchen werden, sich auf ein deutsches Mandat zu berufen, damit das Echec ein deutsches und kein italienisches sei. Seine Majestät der Kaiser hat das direkt entgegengesetzte Interesse, muß sich deshalb gegenüber einer eventuellen Anregung des Königs zwar freundlich, aber mehr passiv verhalten und dabei mehr Neugierde als politisches Interesse durchblicken lassen. Ich werde in diesem Sinne an Seine Majestät telegraphieren und rechne sehr auf Ew. Unterstützung.

Ich vermute, daß Herr Delcassé mit seinem festgewurzelten Deutschenhaß der Begegnung eher entgegen sein wird. Das Ergebnis wird daher wesentlich von der Stellungnahme Barrères abhängen, welcher vielleicht nach der Ablehnung seiner russischen Botschafterkandidatur weniger russenfreundlich geworden sein mag. Die Einwirkung auf Barrère wird, soweit ich dies von hier aus zu übersehen vermag, ausschließlich den Italienern zu überlassen sein.

AN KAISER WILHELM II. Berlin, den 23. März 1904
Geheim

Monts hat in unauffälliger Weise bei Tittoni den Gedanken einer Begegnung Euerer Majestät mit Loubet angeregt. Tittoni hatte diese Anregung ursprünglich mit Lebhaftigkeit aufgenommen und Monts gesagt, Lanza werde beauftragt werden, hier einen solchen Vorschlag zu unterbreiten. Seitdem sind jedoch mehrere Tage vergangen, ohne daß Lanza etwas von sich hätte hören lassen. Heute abend saß Lanza bei mir, blieb jedoch über die Besuchsfrage stumm wie ein Fisch. Dies Schweigen der Italiener deutet offenbar darauf hin, daß von italienischer Seite zunächst bei Barrère sondiert worden ist, und dieser den Gedanken zurückgewiesen hat. Unter diesen Umständen dürfte es sich meines ehrfurchtsvollsten Erachtens empfehlen, daß Euere Majestät von sich aus in Neapel die Frage der Begegnung unberührt lassen und auch volle Zurückhaltung bewahren, wenn etwa von anderer Seite Anspielungen gemacht werden sollten. Dadurch wird der Möglichkeit vorgebeugt, den Gedanken einer Begegnung Euerer Majestät mit dem Präsidenten der Französischen Republik vor der Öffentlichkeit als eine deutsche Anregung hinzustellen. Anders wäre es, wenn Seine Majestät der König Viktor Emanuel die Frage der Begegnung zu Dreien Euerer Majestät gegenüber als gemeinsamen italienisch-französischen Vorschlag zur Sprache brächte.

Hoffentlich leuchtet die Sonne wärmer über Neapel wie sie vor acht Jahren schien, als ich das Glück hatte, Euere Majestät im Schneesturm nach Camalvoli zu begleiten.

AN DEN BOTSCHAFTER IN ROM GRAFEN MONTS

Berlin, den 26. März 1904

Ich habe nochmals ernst mit Graf Lanza gesprochen. Die Quintessenz meiner Ausführung war, daß es von dem Verhalten der italienischen Minister und mehr noch von dem Seiner Majestät des Königs Viktor Emanuel während des Loubet-Besuches abhängen werde, ob das Bündnis zwischen Italien und Deutschland diesen Besuch überdauere. Nur unter diesem Gesichtspunkte könne die ganze Angelegenheit betrachtet werden.

In diesem Tone, tief ernst und besorgt um die Zukunft, wenn auch ohne verletzende Bitterkeit, werde ich mündlich und schriftlich die Sache behandeln, so oft sich mir eine Gelegenheit bietet. Euere Exzellenz werden voraussichtlich auch Ihrerseits öfters in die Lage kommen, in gleichem Sinne zu wirken.

AN DEN GENERALKONSUL IN SOFIA
VON BELOW-RUTZAU

Berlin, den 27. März 1904

Geheim

Fürst Ferdinand, welcher, wie ich aus Ihrer neuesten Mitteilung wieder konstatiere, mir mit Vertrauen entgegenkommt, kann sich darauf verlassen, daß er von seiner Offenheit keinen Ärger oder Nachteil haben wird. Um letzterem vorzubeugen, bin ich allerdings zu großer Vorsicht genötigt. Mein Allergnädigster Herr, welcher der Regentenlaufbahn des Fürsten aufmerksam gefolgt ist, hatte — ich weiß nicht, ob aus sich heraus oder von außen her — den Eindruck empfangen, daß Seine Königliche Hoheit einen europäischen Krieg als Mittel zur Erreichung seiner Ziele herbeiwünsche. Nur allmählich und nicht ohne Mühe gelang es mir, diesen Verdacht zurückzudrängen. Derselbe könnte wieder hervortreten, wenn der Kaiser auf den Gedanken käme, daß man seine Politik hinsichtlich der Meerengen im voraus festlegen will. Denn Deutschlands topographisch ungünstige und vielseitig gefährdete Lage bietet den einen Vorteil, daß wir nicht „pignon sur la Méditerranée" haben und folglich in Mittelmeer- und damit verwandten Fragen unsere Politik elastischer einrichten können als die näher daran liegenden Staaten. Der Russisch-Französische Zweibund hat deshalb der deutschen Regierung zu keiner Zeit Besorgnis eingeflößt. Wir wußten, daß dieser Vereinigung auf französischer Seite freilich ein Angriffsgedanke, auf russischer Seite aber lediglich ein Verteidigungsgedanke zugrunde lag, denn durch eine Stärkung Frankreichs hätte Rußland die eigenen Aussichten auf Erwerb der Meerengen verschlechtert. Frankreich hat an den Meerengen und an den Mittelmeerküsten von Kleinasien und Syrien, dem alten Kreuzfahrergebiet, ein vielhundertjähriges Interesse. Rußland weiß das und hat wesentlich im Hinblick auf seine französischen Beziehungen seit einem Vierteljahrhundert vor den Meerengen haltgemacht. Rußland weiß auch — und es liegt dies in der Natur der Dinge —, daß es leichter sein würde, Deutschland als Frankreich wegen der Meerengen zu desinteressieren. Jedoch konstatiere ich bei diesem Anlaß, daß weder über diese noch über irgendeine andere politische Frage, groß oder klein, eine Abmachung zwischen uns und Rußland besteht. Wir wünschen uns freizuhalten, sind uns im übrigen aber bewußt, daß ein Versuch Deutschlands, in der Zone der Bagdadbahn p o l i t i s c h e n Einfluß zu gewinnen, das sicherste Mittel sein würde, um die tiefe innere Spaltung zu überbrücken, welche bisher die russische und die französische Orientpolitik getrennt hat. Daß diese Spaltung bis in die Neuzeit hineinreicht, geht z. B. aus der Äußerung hervor, welche der Minister Hanotaux zur Zeit der armenischen Unruhen zu einem fremden Botschafter machte: „j'espère que la Russie ne va pas soulever la question des détroits, parce que cela serait trop gros pour nous." Herr Delcassé ist keineswegs russenfreundlicher als sein Vorgänger, eher das Gegenteil. Seit Herr Delcassé am Ruder ist, sieht man die Konturen der alten Krimkrieggruppe (Frankreich, England, Italien) sich mit zunehmender Deutlichkeit in den Nebeln der Zukunft zeichnen. Herr Delcassé ist aber zugleich ein ruhiger, überzeugter Feind Deutschlands.

Der Fürst hat eine Gruppierung Deutschland-Frankreich als das Ideal bezeichnet. Was mich anlangt, so glaube ich an das Wort von Thiers: „Il ne faut jamais dire: Jamais!" Aber ebenso glaube ich auch, daß es noch recht lange dauern wird, bis Frankreich als Volksbegriff — einzelne selbst hervorragende Individuen rechnen dabei nicht — aufhört, „Jamais!" zu sagen. Es gibt ein Symptom, an dem der Fürst wird erkennen können, ob der psychologische Moment für eine deutsch-französische Annäherung gekommen ist, wenn nämlich französische Staatsmänner es für möglich und denkbar halten werden, daß Deutschland und Frankreich sich gegenseitig ihren Besitzstand gewährleisten. Diese Gewähr bildet bekanntlich den Grundgedanken und Hauptartikel eines jeden Verteidigungsbundes. Ich zweifle aber, daß Seine Königliche Hoheit, obschon er nach dem Naturgesetz noch auf eine lange Lebensdauer Anspruch hat, diesen psychologischen Moment erleben wird.

Es ist unter diesen Umständen ein uneigennütziger Rat, wenn ich gleichwohl dem Fürsten sage, daß er gut tun wird, seine Beziehungen zu Frankreich, allerdings unter Wahrung seines libre arbitre, sorgfältigst zu pflegen; denn es liegen Kombinationen nicht allzufern, bei welchen Bulgarien ein wertvoller Trumpf in dem französischen Spiele sein kann. Dies würde schon heute in höherem Maße der Fall sein, wenn bereits die Überzeugung bestände, daß das Volk der Bulgaren dem Fürsten gegen jeden Feind folgen würde. Dafür ist es wohl noch zu früh. Naturgemäß jedoch muß sich nach jeder überstandenen Krisis, nach jeder Stärkung Bulgariens auch die persönliche Stellung des Fürsten im Lande und außerhalb befestigen. Das führt mich wieder auf den Gedanken zurück, daß der Fürst die große Entscheidung nicht brüskieren sollte. Er hat vielmehr in denjenigen Faktoren, welche ihn s c h o n h e u t e für den Gedanken der Brüskierung gewinnen und ausnutzen möchten, die gefährlichsten Gegner seiner persönlichen Interessen vor sich. Unter diesen voran steht England, welches am rücksichtslosesten hetzt und gewohnheitsmäßig wenig bereit ist, nachher dem Gehetzten beizustehen. Vielleicht wird in der Hinsicht Japan, falls Rußland sich als der ausdauerndere Streiter von den beiden erweist, demnächst allerlei Erfahrungen machen. Sodann kommt Italien, welches sich langweilt und mit dem leichten Sinne der Jugend Erlebnisse herbeiwünscht. Endlich Frankreich, dessen frisch-fröhliche Balkanpolitik sich weniger durch die Interessen des Zweibundes als durch den Wunsch erklären läßt, die Aufmerksamkeit von Marokko abzulenken, vielleicht auch durch den Gedanken, daß mit der Krimkrieggruppe bessere Geschäfte, namentlich in der Mittelmeerzone, zu machen sind als mit Rußland.

Diese drei Mächte, Vertreter der Aktionspolitik, wünschen natürlich, Bulgarien in ihre Strömung hineinzuziehen. Würde jedoch eine von ihnen Bulgarien beistehen, falls Rußland, „zur Sicherung gegen einen Angriff von Süden", Varna und Burgas besetzte? Der Fürst ist zur Beantwortung dieser Frage kompetenter als ich. Wir beide wissen aber, daß auf russischer Seite jene Besetzung schon wiederholt erwogen worden ist. Ich glaube auch, daß sie dem russischen politischen Gedanken näher liegt als eine Festsetzung auf türkischem Gebiete im Wilajet Adrianopel. Denn je stärker die Gegner einer russischen Besitznahme von Konstantinopel hervortreten, je fester sie sich gruppieren, desto mehr wird die russische Politik — jedenfalls die amtliche — darauf hingedrängt, sich in dem Sultan einen bequemen Türhüter zu erhalten, den man dann auch nicht unnötig ärgert. Überdies würde die Besetzung von Varna und Burgas eine nachdrückliche Warnung, eine reductio ad absurdum der bulgarischen Aktionspolitik sein, während hingegen eine russische Landung auf türkischem Gebiete die bulgarische Aktionspartei in noch viel höherem Grade als die vorjährige Flottendemonstration aus Rand und Band bringen würde. Vom russischen Standpunkte aus spricht also alles für die Besetzung strategischer Punkte auf bulgarischem, nicht auf türkischem Gebiete. Vom Standpunkte des Fürsten aus erscheint es demnach, sofern von den Aktionsmächten keine Unterstützung zu erwarten ist, als das richtige, für jetzt Rußland und Österreich nicht zu scharf zu brüskieren. Diesen beiden macht schon das direkte Abkommen Bulgariens mit der Türkei keine Freude. Durch das, was in Konstantinopel vom Sultan bisher erreicht war, hatte der Fürst einen bedeutenden Erfolg erzielt. Durch das Amendement Petrow, hinter welchem ich als untersten

Beweggrund den Wunsch des Generals vermute, die Verdienste von Natschewitsch in den Schatten zu stellen, wird das ganze Abkommen gefährdet. Der Sultan wird von mächtigen Faktoren energisch dagegen bearbeitet, und es ist keine grundlose Vermutung, wenn ich sage, daß der Sultan vielleicht eines schönen Tages erklären wird, an das bisher Bewilligte nicht länger gebunden zu sein. Es wäre z. B. denkbar, daß man ihm für diesen Fall günstigere Bedingungen in der Gendarmerie- oder einer sonstigen Reformfrage gewährte.

Die Gendarmeriefrage bringt mich wieder auf Österreich, welches in dieser Frage am exigeantesten ist. Wenn ich bestrebt war, den Fürsten hinsichtlich der österreichischen Absichten zu beruhigen, so lag es mir dabei doch fern, Herz und Nieren der Gesamtmonarchie zu prüfen. Nur die Frage der Möglichkeit prüfte ich, und da ist es mir unerfindlich, wie von Wien aus ohne Ungarn oder gegen dasselbe eine Aktion in die Wege geleitet werden soll, deren Endziel eine Vermehrung des österreichischen Slawentums sein würde. Die ungarische Stimme ist heute im Rate der Gesamtmonarchie mächtiger als jemals; das hat man letzthin wieder bei der Frage der Armeesprache gesehen. Pläne kann man vielleicht ohne Ungarn machen, aber eine Ausführung ist ohne Ungarn nicht denkbar.

In Summa glaube ich, daß der Fürst von Österreich nichts zu besorgen hat. Sollte der österreichische Thronerbe später vielleicht die Befriedigung der slawischen Instinkte mehr in den Vordergrund stellen, so würde auch er sich zunächst an dem Widerstande Ungarns stoßen. Und ohne Ungarn wird Österreich niemals viel machen können.

Bei Rußland ist die Frage weniger einfach. Das

amtliche Rußland bedroht den Fürsten, wenn er vorgeht, das revolutionäre, wenn er sich ruhig hält, beide, das amtliche wie das revolutionäre, würden Varna und Burgas gern in russischem Besitz sehen. Solange der japanische Krieg dauert, will aber ganz Rußland Ruhe am Balkan haben. Diese Ruhepause sollte der Fürst ausnutzen, um durch eine Konvention mit dem Sultan auf der Basis des Erreichbaren die Stellung Bulgariens als mitsprechende Balkanmacht zu konsolidieren. In dieser neu errungenen befestigten Stellung kann er dann abwarten, was die Zeit bringt; sie läuft meines Erachtens für Bulgarien.

AN KAISER WILHELM II. Berlin, den 30. März 1904

Am 7. v. Mts. hat der Pascha von Fes den eingeborenen Agenten (Mochalat) einer deutschen Firma ins Gefängnis werfen lassen, ohne vorher unserem Konsularvertreter die durch Vertrag und Herkommen vorgeschriebene Mitteilung von der bevorstehenden Verhaftung und von den Gründen dafür zu machen. Euerer Kaiserlichen und Königlichen Majestät Gesandter in Tanger sieht die wahre Ursache für die Einsperrung des Mannes in dessen Ansprüchen auf ein von der scherifischen Regierung als ihr gehörig betrachtetes Grundstück. Die Bemühungen des Konsulatsverwesers in Fes, von dem marokkanischen Minister des Äußern Abdelkrim ben Sliman die Freilassung des Mochalaten zu erlangen, blieben nicht nur erfolglos, sondern bewirkten, daß man den Gefangenen zwang, schriftlich auf seine Mochalatenstellung und damit auf sein Schutzrecht zu verzichten. Auf die Nachricht hiervon forderte Freiherr von Mentzingen von Abdelkrim ben Sliman in einer diesem am 25. v. Mts. behändigten Note dringend die sofortige Haftentlassung des Mochalaten und seine Sicherung gegen weitere Verfolgungen. Der Minister erfüllte die Forderung nicht und entzog sich auch, des wiederholten Drängens des Konsulatsverwesers ungeachtet, mit leeren Ausflüchten dem ferneren Verlangen des Gesandten, die Antwort in kürzester Frist durch den Überbringer unserer Beschwerden nach Tanger gelangen zu lassen. Der gefangene Mochalat mußte das Eintreten des Gesandten Euerer Majestät für ihn damit büßen, daß er zeitweise in Eisen gelegt und aus seinem bisherigen verhältnismäßig erträglichen Gefängnis in einen verpesteten Raum geschafft wurde.

Erst am 14. d. Mts. erhielt Freiherr von Mentzingen durch einen der Sultansvertreter in Tanger mündlich die Antwort Abdelkrims ben Slimans. Die Erklärung war in jeder Beziehung unbefriedigend. Ohne einen Grund für die Verhaftung anzugeben, suchte der Minister sich mit der unwahren und vom Freiherrn von Mentzingen leicht widerlegten Behauptung zu rechtfertigen, der Vorfall sei auf einen Irrtum in den der marokkanischen Regierung von uns mitgeteilten Listen der deutschen Mochalaten zurückzuführen. Die Abfertigung dieser Unwahrheit durch Euerer Majestät Gesandten war so schlagend, daß selbst die Sultansvertreter Verwendung für die Befreiung des Gefangenen bei Abdelkrim ben Sliman zusagten. Ob die Zusage gehalten werden und Erfolg zeitigen wird, dürfte aber auch in dem gegenwärtigen Stadium der Angelegenheit nicht mehr von Bedeutung sein. Die bloße Freilassung des Mochalaten würde unter den gegebenen Umständen nicht mehr genügen.

Schon seit Jahr und Tag sucht sich die scherifische Regierung allen Verpflichtungen gegen uns zu entziehen. Freiherr von Mentzingen berichtet darüber:

„Abdelkrim ben Sliman hat auf schriftliche Anregungen seit Monaten kaum geantwortet und ist den mündlichen Vorstellungen des Konsulatsverwesers entweder mit Versprechungen oder mit dem Hinweis auf die Freundschaft Deutschlands und die mißliche Situation begegnet."

Dies System passiven Widerstandes und böswilliger Verschleppung wendet die Sultansregierung neuerdings in allen Fällen an, mag es sich um materielle Fragen wie Geldzahlungen oder um mehr virtuelle Forderungen, etwa um die Gewährung von Genugtuung für Ausschreitungen des Fanatismus und des Fremdenhasses handeln. Trotzdem haben wir bis jetzt gegenüber der marokkanischen Regierung im Hinblick auf ihre schwierige Lage nach innen und außen Geduld und Nachsicht bewiesen. Daß es auf diesem Wege aber nicht weiter geht, zeigt der hartnäckige Widerstand Abdelkrim ben Slimans in der vorliegenden Frage, in der er unsere berechtigte Forderung ohne jedes materielle Opfer befriedigen konnte. Die Nichterfüllung unserer Wünsche und die Verschärfung des Konflikts durch Pressionen schlimmster Art gegen den gefangenen Mochalat sind charakteristisch für die augenblickliche Stimmung unter den Machthabern am Sultanshofe. Die offen deutschfeindliche Haltung Abdelkrim ben Slimans legt die Vermutung nahe, daß der Minister, dessen Sympathien für Frankreich bekannt sind, in seinem trotzigen Widerstand gegen uns von außen bestärkt wird. Unsere politische und wirtschaftliche Stellung in Marokko, namentlich auch den übrigen dort engagierten Mächten gegenüber, dürfte es meines unmaßgeblichen Dafürhaltens unumgänglich machen, diesen Widerstand zu brechen und auf Gewährung voller Genugtuung für das vertragswidrige, in offene Verhöhnung unseres Rechts ausgeartete Verhalten Abdelkrim ben Slimans zu bestehen. Auch Euerer Majestät Gesandter in Tanger hat die Erlangung schleuniger und ausreichender Sühne für die flagrante Vertragsverletzung in Fes als geboten bezeichnet. Als Genugtuung dürfte neben der sofortigen Freilassung des gefangenen Mochalaten die Gewährung billiger Entschädigung an diesen selbst und die sonstigen durch seine Verhaftung beeinträchtigten Personen sowie die strenge Bestrafung der in die Angelegenheit verwickelten scherifischen Beamten zu fordern sein. Durch eine solche Beschränkung unserer Forderungen und durch die Fernhaltung aller wirtschaftlichen Bestrebungen von dem vorliegenden Rechtsfall würde auch etwaigen Einmischungsversuchen dritter Mächte am sichersten vorgebeugt werden. Angängig erschiene es dagegen vielleicht, im Rahmen unseres Vorgehens wegen des Zwischenfalls in Fes auch unsere übrigen, zum Teil seit längerer Zeit schwebenden Reklamationen gegen Marokko zu endlicher Erledigung zu bringen. Nach dem bisherigen Gange der Verhandlungen erscheint es nahezu ausgeschlossen, daß die scherifische Regierung sich gütlich zu einer schleunigen Erfüllung unserer Forderungen bequemen wird. Andererseits tut Eile zur Erhaltung des Respekts vor uns not. Um zu einer schleunigen Lösung zu gelangen, würde es jetzt darauf ankommen, den weiteren Verhandlungen durch militärische Machtentwicklung Nachdruck zu verleihen. Ich gestatte mir, in tiefster Ehrfurcht darauf hinzuweisen, daß schon in einem früheren Falle Anfang 1899 die von Euerer Majestät allergnädigst befohlene Entsendung Euerer Majestät Schulschiffe „Stosch" und „Charlotte" sowie des kleinen Kreuzers „Bussard" die scherifische Regierung zu schleunigem Einlenken bestimmte und unseren Forderungen, die bis dahin nicht durchzubringen waren, zu einem vollen Erfolge verhalf.

Euere Kaiserliche und Königliche Majestät wage

ich hiernach alleruntertänigst zu bitten, Allerhöchst in Gnaden genehmigen zu wollen, daß eines Euerer Majestät Schiffe zur Unterstützung unserer Forderungen und Beschwerden gegen die scherifische Regierung nach Tanger entsandt wird. Für den Fall des Allerhöchsten Einverständnisses mit diesem Antrage verfehle ich nicht, weiter die Ermächtigung Euerer Majestät dafür nachzusuchen, daß ich zu dem gedachten Zwecke mit dem Chef des Admiralstabes der Marine in Verbindung trete.

AN DEN RAT IM KAISERLICHEN GEFOLGE
GESANDTEN VON TSCHIRSCHKY   Berlin, den 3. April 1904

In Ergänzung meines Telegrammes Nr. 47 bemerke ich, daß die Krankheitsgerüchte, welche, soweit man nachforschen konnte, Pariser Ursprunges sind, schon gleich nach Beginn der Reise Seiner Majestät sporadisch auftauchten. Als erster telegraphierte der Londoner Rothschild an Schwabach, ob die von Paris eingetroffene Nachricht von schwerer Erkrankung und erneuter Operation Seiner Majestät richtig sei. In den letzten Tagen sind die Gerüchte allgemeiner und mit größerer Intensität aufgetreten, teils als Pariser Telegramme, teils mit der Einleitung: „Man schreibt uns aus Paris."

Von anderer Seite erfahre ich, daß die französisch-englischen Vertragsverhandlungen neuerdings, kurz vor dem Abschlusse, auf Schwierigkeiten gestoßen sind, weil eine starke Partei in England sich dagegen ausspricht, daß Marokko und auch daß Maskat unter französisches Protektorat komme. Die Vermutung liegt nicht allzu fern, daß Delcassé die Fügsamkeit der Engländer durch den Hinweis erzwingen will, der Kaiser, welcher persönlich und allein den Beitritt Deutschlands zum ostasiatischen Dreibund verhindere, werde das Ende des Jahres nicht mehr erleben. Das letztere wird mit Bestimmtheit von Paris aus an englische und auch an italienische Blätter geschrieben (z. B. „Corriere della Sera" vom 1. April).

Es ist begreiflich, daß Herr Delcassé mit den äußersten Mitteln arbeitet, um bei den Engländern, wenigstens während der kurzen Zwischenzeit bis zum Vertragsabschluß, den Verdacht nicht zur Ruhe kommen zu lassen, daß Deutschland sich schließlich doch wieder beim ostasiatischen Dreibund beteiligen werde. Denn wenn Deutschland das nicht tut, sondern nur stillschweigend neutral bleibt, zwingt es schon dadurch auch Frankreich zur Neutralität. Delcassé dagegen wünscht natürlich, sich Frankreichs Neutralität mit weitgehenden englischen Konzessionen bezahlen zu lassen. Da es vermutlich schwer war — obschon es auch versucht worden ist —, den Engländern glaubhaft zu machen, daß Seine Majestät der Kaiser sich mit Rußland und Frankreich gegen England verbinden werde, so blieb das Krankheitsgerücht als letztes Mittel übrig. Die betreffenden Ausstreuungen sind auch schon im voraus bemüht, unsere amtlichen Dementis möglichst wirkungslos zu machen durch die Bemerkung, daß man natürlich auf solche Dementis gefaßt sein müsse, daß man ja aber wisse, was dieselben wert seien.

Ew. pp. und Geheimrat Klehmet wollen es als Ihre Aufgabe ansehen, dieses französische Manöver zu vereiteln, indem Sie die Gelegenheit suchen, um an allen Orten, namentlich aber in Malta in Fühlung mit den Korrespondenten angesehener, namentlich englischer Blätter zu kommen, welche jedenfalls gern bereit sein werden, wahrheitsgemäß zu bekunden, daß die ganze Erscheinung und das Auftreten Seiner Majestät des

Kaisers genügt, um jene Tendenzgerüchte Lügen zu strafen.

Aus dem oben angegebenen Grunde ist es besonders wichtig, daß glaubwürdige Richtigstellungen möglichst bald in die großen e n g l i s c h e n Blätter gelangen.

AUFZEICHNUNG Berlin, den 6. April 1904

Ich sagte dem englischen Botschafter, ich hätte ihn zu mir bitten lassen, um ihm die Versicherung zu geben, daß das Befinden Seiner Majestät des Kaisers das allerbeste wäre. Die von den englischen Blättern reproduzierten gegenteiligen Meldungen französischer Journale wären vollständig aus der Luft gegriffen. Sir Frank schien keine Ahnung davon zu haben, daß die diesbezüglichen englischen Nachrichten französische Kuckuckseier wären. Er sprach immer wieder sein Bedauern über die Haltung namentlich der „Times" in der fraglichen Richtung aus und versprach darauf hinzuwirken, daß die englischen Blätter über den Gesundheitszustand Seiner Majestät keine falschen Nachrichten brächten. Er will versuchen, ob dies namentlich via Malta geschehen kann.

Im weiteren Verlauf der Unterredung mit dem englischen Botschafter betonte ich mit großer Bestimmtheit, wie ich überzeugt sei, daß der ostasiatische Krieg lokalisiert bleiben würde. Wir dächten nicht daran, aus unserer strikten und loyalen Neutralität herauszutreten. Solange wir Gewehr bei Fuß blieben — was wir unbedingt tun würden, alle Gerüchte über Erneuerung des Ostasiatischen Dreibunds wären leeres Geschwätz; nicht nur der Wille Seiner Majestät sei hier entscheidend, sondern auch der Wunsch und die öffentliche Meinung von ganz Deutschland —, würde sich Frankreich unter keinen Umständen rühren. Diesen Teil meiner Ausführungen nahm Lascelles mit großer Aufmerksamkeit und Zustimmung entgegen.

Sir Frank sagte mir, das englisch-französische Abkommen werde wohl bald abgeschlossen sein. Lord Lansdowne habe ihm geschrieben, er rechne auf ihn, um hier begreiflich zu machen, daß dasselbe sich nicht gegen Deutschland richte. Ich erwiderte, wir hätten das auch nicht angenommen. Daß England und Frankreich sich über eine Reihe bisheriger Differenzen verständigten, sei uns erwünscht, da es im Interesse des Weltfriedens liege.

Lascelles glaubt, daß die Stimmung in England jetzt weniger gereizt gegen uns sei als noch vor einigen Monaten. Der Augenblick werde kommen, wo man in England sich wieder davon überzeugen werde, daß Deutschland und England keinen Grund hätten, sich zu mißtrauen und anzubellen. Das konservative Ministerium werde übrigens wohl nicht mehr lange am Ruder bleiben. Der künftige Premier sei wahrscheinlich der Herzog von Devonshire, vielleicht auch Lord Spencer. Minister des Äußern werde wohl Lord Rosebery werden, möglicherweise Grey. Die jüngsten Artikel englischer Blätter über aggressive Absichten Deutschlands gegen England behandelte Lascelles als foolish.

AN DEN RAT IM KAISERLICHEN GEFOLGE
GESANDTEN VON TSCHIRSCHKY   Berlin, den 6. April 1904

Die Verhandlungen mit der marokkanischen Regierung wegen der rechtswidrigen Verhaftung eines deutschen Mochalaten in Fes sind durch die weite Entfernung und die mangelhafte Verbindung zwischen Tanger und Fes sowie durch den Umstand verzögert worden, daß damals gerade die Feier eines hohen islamitischen Festes mit dem dadurch bedingten Ruhen aller Geschäfte stattfand. Von der Wendung, welche die Verhandlungen infolge der deutschfeindlichen Haltung Abdelkrim ben Slimans erfuhren, ist dem Auswärtigen Amte durch einen am 22. v. Mts., also nach Abreise Seiner Majestät von Gibraltar eingelaufenen Bericht des Gesandten in Tanger die erste Mitteilung zugegangen. Der Bericht enthielt die ungenügende Antwort des scherifischen Ministers des Äußern. Die früheren Fälle, in denen die marokkanische Regierung es uns gegenüber an Entgegenkommen hatte fehlen lassen, lagen wie gleichartige Beschwerden anderer Mächte und boten für sich allein genommen keine genügende Unterlage für eine militärische Aktion.

Seine Majestät der Kaiser und König haben Allerhöchstseine Willensmeinung dahin auszusprechen geruht, daß wir ein etwaiges gewaltsames Vorgehen gegen Marokko tunlichst in Verbindung mit den drei dort in erster Linie beteiligten Mächten in die Wege leiten sollten. Ich halte es für meine Pflicht, darauf hinzuweisen, daß die Verbindung, die wir zu diesem Zweck in Paris, London und Madrid zu suchen hätten, möglicherweise im Inlande unerwünschte Rückwirkungen auf das Schicksal der zu erwartenden neuen Flottenvorlage zeitigen könnte. Die Opposition, die aus jedem Holz Pfeile schnitzt, wird unser Zurückgreifen auf fremde Hilfe gegen Marokko leicht zum Ausgangspunkt für flottenfeindliche Argumente nehmen.

AUFZEICHNUNG   Berlin, den 9. April 1904

Ich meine, wir sollten das jetzt unterzeichnete englisch-französische Kolonialabkommen in unserer Presse ohne jede Gereiztheit noch Eifersucht als ein neues Symptom für die friedliche Gestaltung der Weltlage besprechen, das sich ähnlichen friedlichen Symptomen wie der bulgarisch-türkischen Konvention, der Realisierung des Programms der Ententemächte, der Konferenz Goluchowski-Tittoni usw. anreiht . . .

AN KAISER WILHELM II.   Berlin, den 9. April 1904

Das türkisch-bulgarische Abkommen ist gestern abend gezeichnet und damit ein bedeutender Schritt zur zeitweiligen Beruhigung der Balkanhalbinsel getan worden. Der Sultan wie Fürst Ferdinand erhielten im Laufe der Verhandlungen von außen Ratschläge, die darauf berechnet waren, die Verständigung zu hintertreiben. Insbesondere forderte der Sultan eine Militärkonvention mit Spitze gegen Österreich, während der Fürst die sofortige Ausdehnung der mazedonischen Reformen auf das Wilajet Adrianopel beanspruchte. Gestern sagte der Sultan dem Botschafter Euerer Majestät, er habe unserem Rate entsprechend sich entschlossen, den Passus über die Militärkonvention streichen zu lassen. Andererseits hat Fürst Ferdinand, um seine Forderungen, wie wir ihm dies anempfahlen, zu beschränken, einen schweren Kampf nicht nur vielleicht gegen sich selbst, sondern jedenfalls gegen seinen mit Rücktritt drohenden Ministerpräsidenten, General Petrow, zu kämpfen gehabt. Er spricht offen aus, daß für ihn der Wunsch entscheidend gewesen sei, sich mit den Intentionen Euerer Majestät nicht in Widerspruch zu setzen. Dem Fürsten war nach Euerer Majestät Bestimmung mitgeteilt worden, daß Euere Majestät geneigt sein würden, einen diplomatischen Agenten Bulgariens zu empfangen, sobald der Fürst durch Abschluß der türkischen Konvention seine Friedensliebe unzweideutig betätige. Im Gegensatz zur deutschen und zur amtlichen russischen Politik gibt es andere Mächte, welche den japanischen Krieg für den richtigen Zeitpunkt halten, um durch einen akuten Konflikt die Balkanfrage g e g e n das anderweitig beschäftigte Rußland zu lösen und Rußland dauernd vom Mittelmeer abzusperren. Bis zuletzt arbeiteten diplomatische und militärische Agenten beim Sultan wie beim Fürsten Ferdinand, um die türkisch-bulgarische Reibungsfläche wund zu erhalten und noch mehr zu reizen.

Euere Majestät haben die deutsche Politik immer von dem Gesichtspunkte aus orientiert, daß der Abfluß der russischen Kräfte ins Mittelmeer für Deutschland erwünscht ist und eine Aufstauung dieses Abflusses unter Umständen für uns bedenklich werden könnte. Euerer Majestät Direktive entsprechend habe ich mich daher bestrebt zu verhindern, daß der akute Orientkonflikt, welcher sich freilich in infinitum nicht hinausschieben lassen wird, im gegenwärtigen Augenblick zum einseitigen Vorteil der Westmächte erledigt werde. Als das wirksamste Mittel der Hinausschiebung erscheint die türkisch-bulgarische Konvention, welche das Anormale in den türkisch-bulgarischen Beziehungen tunlichst beseitigt und dadurch der Einmischung Dritter soviel wie möglich den Boden entzieht.

Der Inhalt der Konvention, so wie derselbe demnächst der Öffentlichkeit übergeben werden wird, ist folgender:

Bulgarien verpflichtet sich, die Bildung von revolutionären Komitees und bewaffneten Banden gegen das Türkische Reich zu verhindern und seine Untertanen, welche in den bennachbarten Provinzen revolutionäre Handlungen vorgenommen haben, nach Maßgabe der Gesetze zu bestrafen. Bulgarien wird außerdem die Einfuhr von Explosivstoffen usw. nach den drei mazedonischen Provinzen verhindern. Mit Rücksicht auf die mit den Ententemächten vereinbarte Durchführung der Reformen in den drei Provinzen wird der Sultan alle wegen revolutionärer Akte Verurteilten, Verhafteten oder Verbannten amnestieren, dieselben in Freiheit setzen und ihnen die Rückkehr in die Heimat gestatten, mit Ausnahme der wegen Dynamitattentaten Verurteilten. Die mazedonischen Flüchtlinge werden bei ihrer Rückkehr von der Pforte behufs Wiederaufbaues ihrer Wohnungen unterstützt. Ausnahmsweise Zollmaßregeln und die gegen die Zirkulation von Eisenbahnzügen verfügten Erschwerungen sind aufgehoben. Die türkischen Untertanen bulgarischer Abkunft sind zu öffentlichen Ämtern in der Türkei zugelassen. Eine gemischte Kommission wird die übrigen noch schwebenden Streitfragen erledigen. Ein Vertrag über Auslieferung von gemeinen Verbrechern wird vorbehalten, ebenso alle Vereinbarungen über gegenseitigen Grenzschutz.

Euerer Majestät gnädige Grüße aus Palermo sowie die reizende Ansichtskarte haben mich und meine Frau sehr erfreut. Wir sind glücklich über die am Fuße des Monte Pellegrino empfangenen guten Eindrücke und hoffen von Herzen, daß auch in Malta alles schön verlaufen möge. Alleruntertänigst B ü l o w

AN KAISER WILHELM II. Berlin, den 17. April 1904

Euerer Majestät so gnädiges Telegramm aus Malta habe ich mit alleruntertänigstem Dank erhalten. Wie gern hätte ich Euere Majestät auf dem Rundgang durch die alte Johanniterstadt begleitet und so mannigfache anregende historische und politische Eindrücke empfangen! Die Feststellungen Euerer Majestät über die dortige englische Stimmung gegen Rußland sind von hohem Interesse, namentlich zur Zeit, wo in England so viele Faktoren — ob auch König Eduard? — eine russisch-englische Verständigung anzustreben scheinen. Daß eine solche von französischer Seite lebhaft gewünscht wird, liegt auf der Hand. Schon deshalb freue ich mich, daß Euere Majestät, Zeitungsnachrichten zufolge, an der Ostküste von Sizilien und Italien zu bleiben scheinen und so jede Möglichkeit eines auch nur zufälligen Karambolierens mit den französischen Schiffen ausschließen, das im gegenwärtigen Augenblick als Nachlaufen ausgelegt werden würde. Französische Blätter haben die Frechheit zu behaupten, daß Euere Majestät nichts unversucht lassen würden, der französischen Flotte zu begegnen. Es wird hinzugefügt, Frankreich habe an einer solchen Begegnung kein Interesse.

KAISER WILHELM II. AN DEN REICHSKANZLER
GRAFEN VON BÜLOW   Syrakus, den 19. April 1904

Das jüngste englisch-französische Abkommen gibt mir doch nach mancher Richtung hin zu denken. Ich finde, daß die Franzosen den Vorteil ihrer augenblicklichen politischen Lage mit bemerkenswertem Geschick ausgenutzt haben. Sie haben es fertiggebracht, ohne das Band mit Rußland zu lockern, sich von England ihre Freundschaft teuer bezahlen zu lassen. Die präponderierende Stellung, die sie nunmehr in Marokko erlangt haben, ist unstreitig ein großer Gewinn für sie, den sie mit der Aufgabe des Restes ihrer mehr theoretischen als faktischen Rechte in Ägypten billig eingeheimst haben. Da unsere Handelsinteressen in Marokko bedeutend sind, hoffe ich, daß unsererseits für die nötigen Garantien gesorgt worden ist, damit unser Handel dort nicht leidet. England andererseits hat in Ägypten ganz freie Hand erlangt. Die möglichen Reibungspunkte mit Frankreich sind durch das Abkommen für England wesentlich eingeschränkt worden, und letzteres hat dadurch an Bewegungsfreiheit auch sonst in der Welt viel gewonnen. Es ist nur natürlich, daß die zunehmende Freundschaft mit Frankreich und die sich daraus ergebende

Sicherheit, daß von dieser Seite nichts zu befürchten ist, für England jede Rücksichtnahme auf uns mehr und mehr in den Hintergrund treten lassen wird. Die Sprache der englischen Presse zeigt ja auch, daß die Gereiztheit gegen uns dort jedenfalls nicht im Abnehmen begriffen ist. Unter diesen Umständen dürfte es wohl als ein Segen anzusehen sein, daß eine Flottendemonstration unsererseits in Marokko unterblieben ist. Wilhelm I. R.

AUFZEICHNUNG FÜR DEN STAATSSEKRETÄR DES AUSWÄRTIGEN AMTES FREIHERRN VON RICHTHOFEN
Ganz geheim   Berlin, den 19. April 1904

Besten Dank für Ihre mir sehr interessanten Zeilen. Ich habe ohne Bezugnahme auf dieselben heute morgen die Frage mit Holstein besprochen, und wir kamen unsererseits beide zu ähnlichem Ergebnis.

Sobald wir die Reichstagsbeschwerden hinter uns haben, müssen wir diese hochwichtige Angelegenheit ruhig und sehr eingehend besprechen. Nach meiner Empfindung ist Ägypten der Nagel, an den wir am besten das übrige hängen. Szögyényi frug mich gestern, wie wir zu dem ägyptischen Teil des anglo-französischen Abkommens stünden. Ich habe ihn gebeten, die Frage mit Ihnen als unserer Autorität in Egyptiacis zu besprechen. Auf dieser Basis ließe sich beginnen.

Ich bin ganz damit einverstanden, daß wir auch alle übrigen kleineren und größeren Fragen — Samoa und Transvaalentschädigungen, wie Kanada und Vorzugsrecht des Mutterlandes — mit hineinzubringen suchen. Auch die Hineinziehung des Schiedsverfahrens wäre günstig. Ein Flottenvertrag in dem von Ihnen angedeuteten Sinne müßte wohl von unserer Seite erst angeregt werden, wenn wir über die anderen Fragen mit England wenigstens prinzipiell einigermaßen d'accord sind, und wäre sehr vorsichtig und leicht zu behandeln. Vorzeitig darf hierüber nach keiner Seite etwas verlauten. Dies vorausgeschickt, bin ich überzeugt, daß ich Seine Majestät für die ganze Transaktion gewinnen werde.

AN KAISER WILHELM II. Berlin, den 20. April 1904

Eurer Majestät gnädige Telegramme aus Malta und Catania habe ich mit alleruntertänigstem Dank erhalten. Der heute abgehende Feldjäger bringt einen eingehenden und interessanten Bericht von Bernstorff über das englisch-französische Abkommen. Mir scheint, daß dasselbe zunächst eine gegenseitige Garantie gegen Beteiligung des einen wie des anderen Landes am ostasiatischen Kriege ist. Zweifellos aber gewinnen beide Mächte durch dieses Abkommen wie durch ihre Annäherung an internationalem Gewicht und an Bewegungsfreiheit. Auch wird die Anziehungskraft der anglo-französischen Entente auf Italien noch stärker sein, wie es schon ohnehin die Anziehungskraft jeder der beiden Westmächte war. Ein gewisser Grad von Abkühlung wird vermutlich erst eintreten, wenn die Friedensunterhandlungen zwischen Rußland und Japan beginnen. Voraussichtlich wird sich dann England bemühen, durch Unterstützung des japanischen Programms die ostasiatische Stellung Rußlands möglichst einzuschränken, während Frankreich zögern wird, den Russen Dinge zuzumuten, die für das tief verletzte russische Nationalgefühl schwer annehmbar sind. Unsere Handelsbeziehungen zu Marokko sind Gegenstand besonderer Aufmerksamkeit. Wie schön muß Euerer Majestät Empfang in Catania gewesen sein!

AN DEN BOTSCHAFTER IN ROM GRAFEN MONTS

Berlin, den 26. April 1904

Stehen anläßlich Loubet-Besuchs weitere Toaste zu erwarten, insbesondere in Neapel? Falls beabsichtigt werden sollte, bei einem neuen Trinkspruch das

Bundesverhältnis mit Deutschland wiederum totzuschweigen, müssen wir unbedingt erwarten, daß von weiteren Toasten überhaupt abgesehen wird.

AN DEN BOTSCHAFTER IN MADRID VON RADOWITZ
Berlin, den 29. April 1904

Fürst Radolin berichtet:
„Der spanische Botschafter sagte mir, als er Herrn Delcassé an seinem letzten Empfangstage gesprochen hatte, in ziemlich erregtem Ton, Spanien könne doch unmöglich die englisch-französische Abmachung bezüglich Marokkos so ohne weiteres hinnehmen. Über Marokko könne doch nicht zwischen zwei Staaten verfügt werden, ohne sich der Zustimmung der übrigen dort interessierten Mächte vorher zu vergewissern. Leon y Castillo, der die Faust in der Tasche ballt, meinte, diese französisch-englische Konvention würde noch ernste Folgen haben und Verwicklungen zeitigen, deren Tragweite nicht abzusehen sei.

Trotz seiner alten freundschaftlichen Beziehungen zu Herrn Delcassé ließ der Botschafter durchblicken, daß er von ihm düpiert worden sei, wie er mir das bereits mehrfach angedeutet hatte."

Dies bestätigt die auch in Euerer pp. Bericht Nr. 75 und anderweit gemeldete Mißstimmung der Spanier über ihre bisherige Beiseitelassung und ihr Gefühl, daß sie der geopferte Teil sein sollen. In dieser Richtung bewegt sich wohl auch die folgende Mitteilung, die mir der hiesige spanische Botschafter im Auftrage seiner Regierung gemacht hat: Spanien beabsichtige, bei den von Frankreich mit Spanien über Marokko einzuleitenden Verhandlungen für sich die mittelländische Küstenstrecke von Ceuta bis Melilla und ferner ein größeres Gebiet in der Rio-d'Oro-Gegend zu beanspruchen, erkläre uns aber jetzt schon, daß es in dieser ihm zu schaffenden Interessensphäre volle Handelsfreiheit ohne jede Art von Zeitbeschränkung zusage. Die spanische Regierung rechne dabei auf unsre Sympathie und deren Betätigung bei geeigneter Gelegenheit.

Wir sind gern bereit, uns Spanien nützlich zu machen; dies um so mehr, da, wenn Spanien gar nichts bekommt, eine Gefahr für die Dynastie unverkennbar ist. (Graf Benomar hat schon vor zehn Jahren gesagt, Spanien könne Kuba, die Philippinen, alles verlieren, eins aber nicht: den Besitz von Marokko. Dies wäre das Ende der Dynastie.)

Von Port Mahon sehen wir vollständig ab. In erster Linie liegt uns an Fernando Po, das wir auch unter Umständen gut bezahlen. Ist darüber hinaus eine Hafenstation im Westen von Marokko zu erlangen, so wäre das sehr nützlich. Vielleicht läßt sich von Ew. die obwaltende Stimmung in diesen Richtungen benutzen.

AN DEN BOTSCHAFTER IN ROM GRAFEN MONTS

Berlin, den 7. Mai 1904

Da mir aus der Berichterstattung Euerer Exzellenz die Notwendigkeit ersichtlich wurde, das Kabinett von Rom über die Einheitlichkeit unserer Politik aufzuklären, bat ich den italienischen Botschafter um seinen Besuch und habe mich ihm gegenüber gestern in folgendem Sinne ausgesprochen: Der Kaiserliche Botschafter in Rom habe nichts gesagt, was nicht den diesseitigen Instruktionen entsprochen hätte. Graf Monts habe nicht für seine Person und aus eigenem Antrieb, sondern auf Grund der von mir erteilten Direktiven gesprochen und gehandelt. Man möge in Rom auch nicht glauben, daß die Telegramme, die Seine

Majestät der Kaiser aus Venedig an Seine Majestät den König Viktor Emanuel und Herrn Giolitti gerichtet habe, in Widerspruch stünden mit der Sprache und Haltung des Kaiserlichen Botschafters in Rom. Unser Allergnädigster Herr habe gegenüber Seiner Majestät dem Könige von Italien seine Dankbarkeit für die ihm in Italien bereitete Aufnahme wie seine Genugtuung für den guten Verlauf seiner Erholungsreise zum Ausdruck gebracht. Außerdem entspreche das Telegramm an Herrn Giolitti der hohen persönlichen Wertschätzung, welche unser Allergnädigster Herr für den leitenden Staatsmann empfinde. Aber in der Beurteilung der durch die jüngsten Vorkommnisse geschaffenen Lage befinde sich Seine Majestät der Kaiser in voller Übereinstimmung mit seinem Reichskanzler wie mit seinem Botschafter in Rom. Es könne in Deutschland nicht zweierlei Ansichten darüber geben, daß ein so akzentuiertes Heranrücken Italiens an Frankreich nicht zu vergleichen sei mit einer Verständigung zwischen einer der Dreibundmächte und irgendeiner anderen Macht als Frankreich. Der Unterschied liege darin, daß Frankreich den deutschen Territorialbestand nicht anerkenne und nicht aufgehört habe zu erklären, daß der Angriff auf Deutschland das Endziel aller französischen militärischen und diplomatischen Vorbereitungen sei. Dieses Verhalten Italiens sei geeignet, auch Deutschland die Notwendigkeit einer anderweiten Orientierung seiner Politik nahezulegen. Während Deutschland bisher fortdauernd bestrebt gewesen sei, die aus Mißtrauen entsprungenen antiitalienischen Regungen Österreich-Ungarns zu bekämpfen, würden wir vielleicht durch weitere Markierung des Heraustretens von Italien aus dem Rahmen des Dreibundes genötigt werden, der Wirklichkeit Rechnung zu tragen, d. h. in Anbetracht der tatsächlichen Lostrennung Italiens auf eine neue Gruppierung für Deutschland Bedacht zu nehmen. Wir würden eintretenden Falles nicht lange herumzusuchen brauchen. Das Abkommen, welches zwischen Wien und Petersburg im Interesse möglichster Erhaltung des Status quo auf der Balkanhalbinsel vereinbart worden sei, funktioniere nun schon seit einer Reihe von Jahren in durchaus befriedigender Weise und habe sich namentlich während der schweren Balkankrisis, welche im Herbst 1902 begonnen habe und jetzt, wenigstens zeitweilig, zum Stillstand gekommen sei, als wirksam erwiesen. Zu dieser Wirksamkeit habe Deutschlands Unterstützung nicht unwesentlich beigetragen. Nichts würde einfacher sein als Deutschlands formeller Anschluß an dieses Abkommen der beiden anderen Kaisermächte, welches unter Wahrung seines Hauptcharakters gewisser Erweiterungen fähig sei. Immerhin werde jedoch jedem Politiker einleuchten, daß dieser Schritt Deutschlands eine Weichenstellung bedeute. In Anbetracht meiner Sympathien für Italien, für welche es wohl keines Beweises mehr bedürfe, verzögerte ich deshalb diese Entscheidung so lange wie möglich und wartete zunächst die Erklärung ab, welche Herr Tittoni im Parlament über die Stellung Italiens zum Dreibunde abzugeben beabsichtige. Diese Erklärung könne, je nach dem Inhalt, viel oder wenig bedeuten. Zunächst könne ich daher nur abwarten und das Beste hoffen.

Ew. pp. wollen aus dem Vorstehenden ersehen, daß ich vor allen Dingen das Ziel verfolgt und wohl auch erreicht habe, den Verdacht zu beseitigen, daß Ihre scharfen Erklärungen vielleicht spontan von Ihnen abgegeben worden seien. Im übrigen habe ich mich bemüht, den zum Teil schroffen Inhalt meiner Eröffnungen in möglichst freundliche Form zu kleiden, indem ich namentlich das Bedauern hervortreten ließ, schließlich durch Italiens Verhalten doch vielleicht in eine Richtung hineingedrängt zu werden, welche je länger je mehr uns von Italien entfernen müsse. Daß wir die Unabhängigkeit und Wahlfreiheit unserer Stellung erkennbar machen, halte ich für nützlich. Wenn aber der Gedanke unseres Anschlusses an die russisch-österreichische Balkanpolitik als Ausgangspunkt weiteren Zusammengehens überhaupt geeignet ist, die Italiener stutzig zu machen, dann wird eine ruhige, wenig betonte allgemeine Hindeutung genügen. Von lebhaften Vorstellungen haben wir meines Erachtens in der jetzigen Phase keine Wirkung mehr zu erwarten. Ew. pp. stelle ich anheim, sich auch Ihrerseits da, wo es Ihnen geeignet scheint, freundlich aber ernst im Sinne meiner Darlegungen zu äußern, ohne jedoch zu insistieren oder besonderes Interesse zu zeigen.

AUFZEICHNUNG Berlin, den 12. Mai 1904

Graf Lanza suchte mich heute auf, um mir das anliegende Telegramm des italienischen Ministers des Äußern vorzulesen, das er mir nachher motu proprio übergab. Graf Lanza erklärte hierbei auf das bestimmteste, daß zwischen Italien und Frankreich jetzt keinerlei besondere Abmachungen getroffen worden wären und überhaupt keine uns unbekannten Vereinbarungen beständen. Ich nahm seine Mitteilungen mit freundlicher, aber akzentuierter Gleichgültigkeit entgegen.

Im weiteren Verlauf der Unterredung führte Graf Lanza aus, er sei überzeugt, daß weder König Viktor Emanuel III. noch seine Minister aus dem Dreibund austreten oder gar sich gegen Deutschland wenden wollten. Die Minister glaubten, daß sie gleichzeitig mit Deutschland und Frankreich in guten Beziehungen bleiben könnten. Der König stünde am liebsten allein, ohne Verpflichtungen nach irgendeiner Seite; nur mit Frankreich oder selbst mit Frankreich und England im Bunde wolle er auch nicht sein. Daß man in Italien gegenüber populären und namentlich demokratischen Bewegungen laviere, hinge mit dem Grundzuge des modernen Italiens zusammen und sei immer so gewesen. Eine Abwendung von Deutschland wollten weder die maßgebenden Faktoren noch irgendwelche ernsthafte Leute in Italien.

Ich entgegnete, daß ich vom rein deutschen Interessenstandpunkt oder auch als unbeteiligter und ganz objektiver Zuschauer es verstehen würde, wenn Italien den Dreibund mit einer anderen Kombination zu vertauschen wünsche, da die Voraussetzungen, aus denen der Dreibund seinerzeit hervorgegangen wäre, wenn überhaupt, so jedenfalls nicht mehr in der früheren Schärfe bestünden. Der Dreibund sei begründet worden, um der Gefahr eines russisch-französischen Angriffs gegen Mitteleuropa vorzubeugen. Diese Gefahr erscheine für absehbare Zeit ausgeschlossen. Ein aktuelles Bedürfnis nach einem Zusammengehen oder gar nach einer Unterstützung von seiten Italiens hätten wir nicht. Vielleicht bestünde auf italienischer Seite dieselbe Empfindung. Als Freund von Italien, mit dem mich viele Erinnerungen und Beziehungen verknüpften, bedauerte ich allerdings die Wendung, welche die italienische Politik seit dem französischen Besuch in Rom genommen habe. Diese Wendung müsse später oder früher zur Republik oder vielmehr zu Republiken in Italien führen.

Beiläufig erwähnte ich, wie ich bestimmt voraussetzen müsse, daß Herr Tittoni in der Kammer nicht etwa sagen würde, wir wären mit den jüngsten Vorgängen in Italien, der Aufnahme von Loubet und der Verbrüderung der Italiener mit Frankreich einverstanden. Einer solchen Verdrehung des Tatbestandes würde ich eventuell öffentlich entgegentreten müssen.

Als mich Graf Lanza verließ und um „un mot rassurant" für Rom bat, antwortete ich, ein so tief erschüttertes Vertrauen ließe sich nicht sobald wiederherstellen.

AN DEN BOTSCHAFTER IN MADRID VON RADOWITZ
Berlin, den 22. Mai 1904

Die zum Teil erregten Auslassungen der französischen Presse lassen vermuten, daß Spanien bei den marokkanischen Verhandlungen Forderungen stellt, welche Frankreich nicht geneigt ist zu bewilligen. Besonders auffällig ist eine im „Eclair" vom 19. d. Mts. veröffentlichte Zuschrift des bekannten Kolonialpolitikers René Millet, welche in Pariser Journalistenkreisen als von Delcassé inspiriert angesehen wird. Millet bekämpft lebhaft den Gedanken einer Überlassung von Tanger an Spanien. Für die schweren Opfer, welche Frankreich in dem Abkommen mit England, namentlich durch die Preisgabe Ägyptens, gebracht habe, sei die völlige Handlungsfreiheit in Marokko das einzige wertvolle Äquivalent gewesen. Ein spanisches Tanger mache die französische Herrschaft im scherifischen Reiche illusorisch. Frankreich müsse Tanger besitzen, um dadurch in der Lage zu sein, gegenüber dem drohenden Gibraltar wenigstens von der afrikanischen Seite die Einfahrt in das Mittelmeer zu beherrschen.

Voraussichtlich wird die französische Presse in diesen Ton einstimmen und dadurch der französischen Regierung die Möglichkeit geben, zu erklären, mit

Rücksicht auf die unzweideutig und allgemein sich äußernde Volksstimmung sei an einen französischen Verzicht auf das von Spanien beanspruchte Küstengebiet nicht zu denken.

Meines Erachtens ist unter diesen Umständen eine Verschleppungspolitik für Spanien angezeigt. Ich habe einen bestimmten Grund zu der Annahme, daß England nach langem Zögern zu dem vorbehaltlosen Verzicht auf Marokko sich nur herbeigelassen hat, weil Delcassé ihm die bevorstehende Erneuerung des ostasiatischen Dreibundes von 1895 — Rußland, Frankreich, Deutschland — glaubhaft zu machen wußte. Wenn England, was wohl demnächst der Fall sein wird, die Überzeugung erlangt, daß diese Kombination keine Aussicht auf Verwirklichung hat, wird es die Marokkofrage kühler ansehen und vielleicht sogar geneigt sein, die spanischen Ansprüche indirekt zu fördern. Frankreich seinerseits wird alsdann, je mehr sich die englische Abkühlung fühlbar macht, um so vorsichtiger gegenüber Spanien und gegenüber Marokko auftreten. Darüber kann kein Zweifel sein, daß England Tanger nebst Umgebung lieber in den Händen von Spanien als von Frankreich sehen würde, schon allein im Hinblick auf die wirtschaftlichen Fragen. Deshalb entspricht, wie gesagt, ein Hinausziehen der Verhandlungen mit fester Ablehnung ungenügender französischer Anerbietungen dem spanischen Interesse. Die Zeit läuft gegen Frankreich, welches daher wahrscheinlich seinerseits drängen wird, sobald es merkt, daß Spanien keine Eile hat.

Ew. stelle ich anheim, das Vorstehende, wo und wie es Ihnen geeignet erscheint, nach Ihrem Ermessen bei der Königin oder bei einem Minister vertraulich zu verwerten.

AN DEN BOTSCHAFTER IN PARIS FÜRSTEN VON RADOLIN
Berlin, den 25. Mai 1904

Die Mitteilungen in Ew. pp. Bericht Nr. 294 vom 19. d. Mts. decken sich mit Nachrichten von anderen Seiten. Danach scheint es, daß die Engländer zur Überlassung von Marokko inklusive Tanger an Frankreich nach längerem Zögern schließlich durch die von Delcassé vorgespiegelte Rekonstruktion des ostasiatischen Dreibunds von 1895 (Rußland, Deutschland, Frankreich) bewogen worden sind. Natürlich ist dies ein ad hoc erdachter Schwindel, und die Engländer werden bald entdecken, daß sie von Delcassé betört worden sind. Aus diesem Grunde soll jetzt, wie ich höre, die französische Diplomatie auf beschleunigten Abschluß des französisch-spanischen Abkommens drängen, in der Befürchtung, daß England, wenn es von dem Gespenst des ostasiatischen Dreibunds befreit ist, die Ansprüche Spaniens auf marokkanisches Küstenland und Tanger wenigstens indirekt unterstützen würde. Dem französischen Interesse entspricht die Beschleunigung, dem spanischen Interesse hingegen ein Hinausziehen der Verhandlungen. Die Zeit läuft für Spanien.

In diesem Sinne wollen Euere Durchlaucht sich bei geeigneter Gelegenheit Ihrem spanischen Kollegen gegenüber conversando äußern.

AN DEN BOTSCHAFTER IN ROM GRAFEN MONTS
Berlin, den 28. Mai 1904

Das Streben nach territorialer Vergrößerung ist charakteristisch für das heutige Italien. Ich begreife auch, daß die italienische Regierung diesem Zug im Volke Rechnung trägt trotz der Erkenntnis der Schwierigkeiten und Gefahren, denen sie politisch wie militärisch und finanziell auf einem solchen Wege begegnen kann. Bei der Abhängigkeit der Regierung bildet die Begehrlichkeit des italienischen Publikums für uns einen Faktor, den wir in unseren auswärtigen Beziehungen zu beachten haben. Warum aber Italien durch die Entente mit Frankreich und die Romreise des Herrn Loubet der Erfüllung seiner tripolitanischen Wünsche nähergerückt sein soll, vermag ich nicht einzusehen. Gegen Italiens Herrschaft in Tripolis hatten und haben wir nichts einzuwenden. Auf der anderen Seite schadet es nichts, daß durch die Verständigung mit Frankreich die tripolitanische Frage in Italien jetzt mehr in den Vordergrund des öffentlichen Interesses gebracht worden ist. Im Gegenteil ist daraus vielleicht eine gewisse Ablenkung vom Adriatischen Meer zu erhoffen. Ob Italien die Schwierigkeiten einer tripolitanischen Kampagne unterschätzt, ist lediglich seine Sache, ebenso wie die Ausführbarkeit der Pazifizierung und Erschließung des Innern und die Niederwerfung etwaigen türkischen Widerstandes. Sollte Italien bei dem Unternehmen in Schwierigkeiten geraten und von den Freunden in Paris und London im Stiche gelassen werden, so würde eine Abkühlung der Sympathien für die beiden Westmächte die für uns nicht unerwünschte Wirkung sein. Die Umwandlung in eine Republik würde Italiens Bündnisfähigkeit und Machtstellung nicht erhöhen. Eine „italienische Republik" würde es überhaupt nicht zu einer Existenz „à la longue" bringen. Sie würde sich bald in verschiedene (zisalpinische, ligurische, parthenopeische) Freistaaten zerteilen, die Frankreich energisch entgegenzutreten ganz außerstande wären.

Ob das jetzige Italien der großen kolonialen Aufgabe, die ihm seine Volksmeinung steckt, wirklich gewachsen ist, wird der Versuch lehren. Wir müssen jedenfalls, ich kann darin Euer Exzellenz nur beipflichten, die italienische Politik in der tripolitanischen Frage ruhig gewähren lassen. Wir sind in Tripolis völlig desinteressiert, müssen aber auch jeden Anschein vermeiden, als ob wir diesen Teil türkischer Herrschaft in Afrika den Italienern mißgönnten oder sie abhalten wollten, dorthin zu gehen. Denn es ist für uns nützlicher, wenn Italien sich an den Syrten engagiert, als wenn es seine Aufmerksamkeit und Rührigkeit auf die Adria konzentriert. Übrigens stimme ich auch darin mit Euerer Exzellenz überein, daß ein italienischer Vorstoß gegen Tripolis erst dann zu erwarten ist, wenn die Dinge auf der Balkanhalbinsel tatsächlich ins Rollen gekommen sein werden.

AN DEN BOTSCHAFTER IN MADRID VON RADOWITZ
Berlin, den 31. Mai 1904

Bitte die Königin bezw. den König folgendes zu fragen:

Hat man von Madrid aus sondiert, wie England sich zu der Frage stellt, ob Tanger mit Umgebung und Hinterland an Frankreich oder an Spanien kommen soll? In dem englisch-französischen Abkommen versprechen sich zwar die beiden Vertragschließenden gegenseitig diplomatische Unterstützung bei der Durchführung, indessen ist vorläufig noch der Zweifel berechtigt, ob England die Eventualität der Erwerbung Tangers durch Frankreich dabei schon in Betracht zog. Die französischen Preßorgane verhielten sich wenigstens bis zum Abschluß meist vorsichtig und zurückhaltend betreffs Ausdehnung französischer Ansprüche. Erst nachdem das Abkommen perfekt geworden war, wurde allgemein die Parole ausgegeben, daß die Presse für die Erwerbung von ganz Marokko, jedenfalls von Tanger zu arbeiten habe. Daß die gleiche Auffassung auch in England besteht, ist kaum zu vermuten. Wenn aber England sich von der Sache vollständig desinteressiert, wird Frankreich schon vorsichtiger auftreten, als wenn es die englische Diplomatie hinter sich hat.

Deutschland, dessen monarchische und maritime Interessen in dieser Meerengenfrage mit den spanischen identisch sind, möchte Spanien gern in irgendeiner Weise nützlich sein. Um jedoch einen Überblick zu gewinnen, müssen wir zunächst über Englands Stellung orientiert sein.

AN DEN BOTSCHAFTER IN LONDON
GRAFEN VON METTERNICH   Berlin, den 31. Mai 1904

Die vollständige Zurückhaltung des spanischen Auswärtigen Ministers bei Beantwortung der gestrigen parlamentarischen Anfrage hinsichtlich des Standes der französisch-spanischen Verhandlungen über Marokko läßt erkennen, daß eine Einigung noch nicht erzielt oder selbst nahegerückt ist. Nach Andeutungen vermuten wir, daß Tanger nebst Umgebung und Hinterland den Hauptdifferenzpunkt bildet. In der Tat handelt es sich bei diesen Verhandlungen für die Monarchie um Sein oder Nichtsein; ein ungünstiger Ausgang der diplomatischen Aktion würde aller Wahrscheinlichkeit nach die Republik in Spanien heranbringen. Daß das heutige Italien dem Beispiele der beiden lateinischen Schwestern bald folgen würde, bedarf keiner langen Darlegung. In Spanien wie in Italien würde die Republik voraussichtlich gleichbedeutend mit Zerstückelung sein, und letztere wiederum würde Frankreich im Süden von Europa ein Übergewicht geben, welches keinesfalls für Deutschland, aber auch wohl schwerlich für England wünschenswert ist. Deutschland würde daher sowohl als monarchischer Staatskörper wie auch als seefahrendes Volk die südliche Sperre der Einfahrt ins Mittelmeer lieber in spanischen als in französischen Händen sehen. Seine Majestät der Kaiser würde sich vielleicht bereitfinden lassen, dem um seine Existenz kämpfenden spanischen Königtum mit diplomatischen Mitteln beizuspringen, wenn wir die Überzeugung hätten, daß die Erwerbung von Tanger durch Frankreich nicht zu dem Programm der englischen Diplomatie gehört, sondern letztere sich von dieser Frage desinteressiert und zurückhält. Wenn dagegen auch für die Erwerbung von Tanger durch Frankreich diesem die Unterstützung der englischen Diplomatie gesichert wäre, würde eine Beteiligung Deutschlands an der diplomatischen Aktion kaum zu einem anderen Ergebnis als zu erneuter Verschärfung deutsch-englischer Beziehungen führen können, während wir im Gegenteil bestrebt sind, diese letzteren allmählich wieder normal zu gestalten, d. h. in Einklang mit den dauernden Interessen der beiden Völker zu bringen.

Euer pp. stelle ich anheim, ob Sie Bedenken haben, ungefähr im Sinne des Vorstehenden mit Lord Lansdowne persönlich und vertraulich zu sprechen. Ich würde diese Frage nicht angeregt haben, wenn mir nicht die Verschiedenheit in der Sprache der französischen Presse vor und nach Abschluß des französisch-englischen Abkommens auffällig wäre. Erst als Frankreich den Vertrag in der Tasche hatte, traten leitende Persönlichkeiten wie der Kolonialpolitiker René Millet und der Geograph Reclus mit der Forderung hervor, daß Frankreich ganz Marokko und namentlich die Einfahrt ins Mittelmeer beherrschen müsse, ein Leitmotiv, was sich dann schnell weiterverbreitet hat. Solange die Verhandlungen mit England noch schwebten, hatte sich die französische Presse, gut diszipliniert wie immer in auswärtigen Dingen, etwa abgesehen von den Veröffentlichungen des bekannten Chauvinisten Etienne, vorsichtig und zurückhaltend geäußert. Ich möchte es daher nicht ohne weiteres als selbstverständlich betrachten, daß die Abdrängung Spaniens von Tanger durch das übermächtige Frankreich auf die Unterstützung der englischen Diplomatie rechnen kann.

Für Ew. persönlich bemerke ich noch, daß eine Spannung zwischen Deutschland und Frankreich den Engländern nur erwünscht sein kann, weil dadurch die Rekonstituierung des ostasiatischen Dreibunds von 1895, welche den Engländern einige Sorgen zu machen scheint, in unabsehbare Fernen gerückt würde. Die eventuelle Verwertung auch dieses Gedankens stelle ich Ihrem Ermessen anheim.

AN DEN BOTSCHAFTER IN MADRID VON RADOWITZ

Berlin, den 2. Juni 1904

Es spricht nichts dafür, daß England ein Interesse an dem Übergang Tangers in französischen Besitz haben könnte. Im Gegenteil deuten alle neuesten Wahrnehmungen darauf hin, daß es für England erwünschter wäre, wenn durch die im französisch-englischen Vertrage offengelassene Einigung Frankreichs mit Spanien Tanger nebst breit bemessener Umgebung und dementsprechenden Hinterland an Spanien fiele.

AN DEN BOTSCHAFTER IN MADRID VON RADOWITZ

Vertraulich   Berlin, den 3. Juni 1904

Der Abbruch der französisch-spanischen Verhandlungen bezw. das Hervortreten der Neigung Frankreichs, Tanger für sich zu nehmen, würde eine merkliche Abkühlung Englands zur unmittelbaren Folge haben. Nach dem, was sonst hier bekanntgeworden ist, möchte ich annehmen, daß man auf die spanische Sondierung in London von englischer Seite in unverbindlicher Form zu verstehen geben wird, England werde Tanger am liebsten in spanischen Händen sehen. Man wird jedoch, solange der japanische Krieg dauert, ängstlich bestrebt sein, Frankreich nicht zu reizen. Eine Verschiebung der Entscheidung würde daher dem spanischen Interesse entsprechen.

Hoffentlich erfahren Ew. den Inhalt der englischen Antwort.

AN DEN BOTSCHAFTER IN LONDON
GRAFEN VON METTERNICH   Berlin, den 4. Juni 1904

Der belgische Gesandte hat beim gestrigen Empfange im Auswärtigen Amt erklärt, er habe Grund zu der Vermutung, daß die englisch-französische Vereinbarung eine geheime Klausel enthalte, wo von der Rheingrenze die Rede sei. Baron Greindl ist ein vorsichtiger alter Diplomat, und es ist unwahrscheinlich, daß er auf bloße Vermutung hin oder ohne direkten Auftrag seiner Regierung eine Äußerung von solcher Tragweite gemacht hat. Wir haben seine Mitteilung daher ernst zu nehmen.

Wenn man alle denkbaren Kombinationen erschöpfen will, kommt man zunächst zu der Frage, ob vielleicht gerade die französische Regierung jene Nachricht unter der Hand in Umlauf gesetzt hat in der Absicht, Deutschland gegen England mißtrauisch zu machen und so eine Verbesserung der deutsch-englischen Beziehungen dauernd zu verhindern. Die belgische Regierung, für welche die Rheinfrage eine Existenzfrage ist, könnte eben deswegen als geeigneter Vermittler für die Verbreitung ausgewählt worden sein.

Aber mit dieser Hypothese ist die Sache nicht erledigt, vielmehr müssen wir bis auf weiteres mit der Möglichkeit rechnen, daß die Kabinette von Paris und London wirklich über die Rheingrenze verhandelt und sich verständigt haben. Daß Frankreich, wenn es nach dessen Wünschen geht, die Rheingrenze in jeden Vertrag hineinbringen möchte, ist selbstverständlich. Andererseits sehen wir aber aus dem ganzen Charakter der englisch-französischen Abmachung, wie schwach der Widerstand war, den England den französischen Wünschen entgegengesetzt hat.

Der Russisch-Französische Zweibund hatte bzw. hat einen rein defensiven Charakter. Daß darin von der Rheingrenze die Rede sei, ist zu keiner Zeit und von keiner Seite je behauptet worden. Eine Rheingrenzklausel in der englisch-französischen Vereinbarung könnte nur allein die Bedeutung haben, französischen Eroberungsplänen englische Rückendeckung unter gewissen Bedingungen, wenn auch vielleicht keine aktive Unterstützung zu sichern. Wir würden dann also nicht mehr, wie bei dem Russisch-Französischen Zweibund, einer rein defensiven und deshalb für uns, die wir keine Eroberungspläne hegen, unbedenklichen Abmachung gegenüberstehen. Gegenüber den hierdurch eröffneten Möglichkeiten würde es, wie ich nicht erst zu sagen brauche, die Pflicht der deutschen Regierung sein, nicht erst abzuwarten, ob Sturmwolken am Horizonte sichtbar werden — die kommen manchmal sehr schnell —, sondern rechtzeitig auch ihrerseits auf Rückendeckung Bedacht zu nehmen. Dies würde gerade bei der jetzigen Weltlage nicht eben schwierig sein. Es frägt sich nur, wie ich zunächst nur für Ew. pp. persönlich bemerke, ob wir schon auf die bloße Möglichkeit hin die Orientierung unserer Politik ändern, also von ferneren Versuchen zur Verbesserung unserer englischen Beziehungen abstehen, oder ob wir vorher einen Schritt tun sollen, um Gewißheit über Vorhandensein oder Nichtvorhandensein einer Rheingrenzklausel zu erlangen. Dies wäre in der Art möglich, daß Ew. pp. an Lord Lansdowne persönlich die direkte Anfrage stellen unter vollständiger Darlegung der Beweggründe, selbstredend unter Weglassung alles dessen, was zwar für die persönliche Orientierung Ew. pp. notwendig war, Ihrer Eröffnung jedoch einen komminatorischen Charakter geben könnte. Der englische Minister wird sich darnach nicht im Zweifel darüber sein können, daß die diesseitige Anfrage veranlaßt wird durch die Abneigung, unsere Politik in einer Weise endgültig zu orientieren, welche einen Bruch mit den alten deutsch-englischen Überlieferungen bedeuten würde. Auch den Gedanken, daß und weshalb vielleicht gerade die französische Regierung jene Ausstreuung veranlaßt hat, können Ew. pp. verwerten.

Ew. pp. sind ermächtigt, diesen Schritt bei Lord Lansdowne zu tun oder auch zu unterlassen, falls Sie Bedenken sehen. Letztere bitte ich alsdann umgehend drahtlich mitzuteilen. Natürlich darf Belgien nicht als die Quelle bezeichnet werden.

KAISER WILHELM II. AN DEN REICHSKANZLER
GRAFEN VON BÜLOW   Neustrelitz, den 6. Juni 1904

Ich habe mit dem englischen Botschafter eine sehr ernste Unterredung gehabt. Derselbe kam ganz von selbst auf das unbegreifliche Verhalten der Regierung in London in betreff unserer Verhandlungen. Ihm fehle jede Erklärung dafür. Er verstehe seine eigene Regierung nicht mehr. Er habe schon ein möglichst grobes Telegramm in schärfsten Ausdrücken nach London geschickt und reise morgen persönlich hin, um die Angelegenheit zu klären. Ich habe ihm zu verstehen gegeben, daß dieses Verhalten unqualifizierbar sei, im Moment, wo wir uns anschickten, den König festlich zu empfangen. Es bestärke die Schwarzseher in der Vermutung, daß England und Frankreich gegen Deutschland ernstlich Böses im Schilde führten, was ich bisher nicht hätte glauben wollen. Ich würde mich selbstverständlich dagegen zu wehren wissen, müsse aber konstatieren, daß Deutschland auch nicht den leisesten Grund zur Bildung einer solchen Koalition gegen dasselbe gegeben habe, daher auch mit vollem Gottvertrauen und gutem Gewissen in die Zukunft sehe. Wenn England wirklich die Absicht habe, Frankreich gegen uns auszuspielen, wie Japan gegen Rußland, so würden wir uns dieser Aufgabe gewachsen zeigen; ich hoffte aber, daß diese Vermutungen, die bei uns anfingen Boden zu gewinnen, gänzlich unbegründet seien, und daß es Seiner Exzellenz gelingen werde, in London die Leute zur Raison und zu guten Manieren zu bringen. Die Angelegenheit müsse vor Besuch des Königs erledigt sein; jedenfalls werde ich die britische Diplomatie in St. Petersburg auf das schärfste beobachten und unnachsichtig gegen eventuelle Intrigen einschreiten. Wilhelm I. R.

AN DEN BOTSCHAFTER IN MADRID VON RADOWITZ

Berlin, den 11. Juni 1904

Am 2. d. Mts. sagte der spanische Botschafter in Paris nach einer langen Unterredung mit Herrn Delcassé zu einem anderen Diplomaten: Er habe noch keinen Minister gefunden, der so schwierig wie dieser in geschäftlichen Verhandlungen wäre. Es sei zum Verzweifeln, denn die Verhandlungen wegen Marokko gingen gar nicht vorwärts, und bei der Zähigkeit des Widerstandes sei es unabsehbar, wann man zum Abschlusse gelangen werde. Derselbe würde sofort erfolgen können, wenn Herr Delcassé etwas nachgiebiger wäre.

Ew. stelle ich anheim, bei geeigneter Gelegenheit auszusprechen, daß die durch die Presse verbreitete Drohung, Frankreich werde eventuell über die spanischen Ansprüche zur Tagesordnung übergehen, eitles Gerede ist. So wie die Verhältnisse liegen, wird Frankreich das nicht riskieren. Die Zeit läuft, wie gesagt, für Spanien. Auch uns würde es, wie ich vertraulich bemerke, erwünscht sein, wenn Frankreichs Bestreben, den Abschluß zu überstürzen, keinen Erfolg hätte.

AN KAISER WILHELM II.
Ganz geheim   Norderney, den 15. Juni 1904

Euerer Kaiserlichen und Königlichen Majestät habe ich alleruntertänigst gemeldet, daß Witte hier programmäßig eingetroffen ist. Auch außerhalb unserer handelspolitischen Konferenzen bin ich viel mit ihm zusammen. Er ißt meist mit uns. Ein intelligenter Mann von weitem Horizont, ist er durch dies ungenierte Zusammensein in der Ungebundenheit des Aufenthalts an der Seeküste allmählich sehr offenherzig geworden. Über die Lage auf dem Kriegsschauplatz sagte er mir, Kuropatkin hätte in einem vor seiner Abreise gehaltenen Kriegsrat gesagt, er würde mit den Japanern fertig werden, wenn man ihm hierfür anderthalb Jahre Zeit ließe, eine Armee von 400 000 Mann guter Truppen zur Verfügung stelle und er von dieser Armee 40 000 Mann an Toten und Verwundeten opfern dürfe. Unter Bezugnahme auf diese seine damalige Erklärung habe Kuropatkin jetzt ihm (Witte) geschrieben, bisher wären nur 3000 Russen außer Gefecht gesetzt, er habe also noch „marge" für 27 000. Kuropatkin ist überzeugt, daß, wenn Rußland durchhält, er die Japaner schließlich schlagen wird. Witte teilt diese Zuversicht.

Wenn Witte wenigstens gegenwärtig das Aufhören des Krieges anders als nach bedeutenden russischen Erfolgen für unmöglich hält, so betont er andererseits immer wieder, daß dieser Krieg in ganz Rußland und in allen Schichten des russischen Volks im höchsten Grade unpopulär sei. Er läßt auch keinen Zweifel darüber, daß ihm nach russischen militärischen Erfolgen ein baldiger Frieden auch ohne Gebietsvergrößerung für Rußland sehr erwünscht sein würde. Witte ging soweit, mir ganz vertraulich zu sagen: Als Patriot müsse er sich über russische Siege freuen; als Staatsmann fürchte er, daß rasche und glänzende russische Erfolge die leitenden Kreise in St. Petersburg übermütig machen würden. „On demanderait alors chez nous des choses impossibles au Japon." Rußland müsse noch einige russische militärische Echecs erleiden, um dann, wenn nach herben Prüfungen das Waffenglück sich auf seine Seite neige, unter verständigen Bedingungen Frieden zu schließen. Es komme für Rußland nur darauf an, von Japan die Garantie zu erlangen, daß es Rußland in absehbarer Zeit nicht wieder angreifen werde. Witte sagte nicht, ob dieses Ziel durch die Vernichtung der japanischen See- und Landmacht oder durch ein nach dem Kriege mit Japan abzuschließendes Bündnis erreicht werden solle. Dagegen meinte er ausdrücklich, es würde „une folie" sein, wenn Rußland auf den Besitz der Mandschurei oder gar von Korea bestehen sollte. Er meinte auch, daß es sich für Rußland empfehlen könnte, im gegebenen Augenblick von der Vermittlung des Königs Eduard Gebrauch zu machen, da dieser Hohe Herr nun einmal den Japanern nahestünde und ihr Vertrauen genösse.

Es ist begreiflich, daß Witte in dem Augenblick, wo er mit mir über einen Handelsvertrag unterhandelt, der für die wirtschaftliche Zukunft beider Länder von einschneidender Bedeutung ist, und von dessen Bestimmungen das materielle Wohl und Wehe von Millionen abhängt, sich den Anschein gibt, als wenn das Ansehen Rußlands nach außen auch durch noch größere Niederlagen im fernen Osten nicht ernstlich erschüttert werden könnte. Er macht aber kein Hehl daraus, daß die Folgen dieses Krieges für die innere russische Entwicklung die ernstesten sein könnten. Gegenwärtig mache man in Rußland eine falsche und dumme innere Politik. Gegenüber Juden und Finnländern, Katholiken und Armeniern, Studenten und Presse würde in einer Weise vorgegangen, die auf die Länge nicht durchführbar sei. Es würde reaktionärer regiert wie unter Kaiser Alexander III., beinahe so reaktionär wie unter Kaiser Nikolaus I. Das heutige Rußland sei aber nicht mehr das Rußland vor siebzig Jahren, auch abgesehen davon, daß das nikolaitische System schließlich im Krimkriege zusammengebrochen wäre. Die Unzufriedenheit in Rußland sei zur Zeit sehr groß. Von einer Revolution im westeuropäischen Sinne sei allerdings nicht die Rede, eine solche sei in Rußland noch für lange Zeit hinaus völlig ausgeschlossen. Es könne aber wieder zu Attentaten kommen wie Ende der siebziger Jahre des vorigen Jahrhunderts, wo jede Woche auf einen Minister oder Generalgouverneur und schließlich auch auf den Zaren geschossen worden wäre. Solche Attentate würden demoralisierend wirken. Es sei die Art schwacher Charaktere, von einem Extrem zum andern, also z. B. von einer ganz retrograden und absolutistischen Regierungsweise zu übertriebenen liberalen Konzessionen überzugehen. Jetzt könne der Unzufriedenheit in Rußland die Spitze abgebrochen werden, wenn gegenüber den nichtrussischen Nationalitäten und Religionsgemeinschaften mehr Duldung geübt, die gebildete Jugend weniger brutalisiert, der Presse einige Freiheit gewährt und in der inneren Verwaltung an die Stelle weitgehendster bürokratischer Bevormundung eine wenn auch bescheidene Selbstverwaltung gesetzt würde. Wenn aber unter dem terrorisierenden Einfluß von Attentaten die oberste Stelle auf den Gedanken verfallen sollte, Rußland eine Konstitution zu geben, ce serait la fin de la Russie. Rußland vertrage keine Verfassung im europäischen Sinne. Eine Verfassung mit konstitutionellen Garantien, Parlament und allgemeinen Wahlen würde zur Anarchie führen und Rußland auseinandersprengen.

Witte lobt Lamsdorff, der sein persönlicher Freund ist. Das Unglück von Lamsdorff sei, daß er eine zu sensitive Natur habe. Anders als unter vier Augen könne er seine Gedanken schwer in freiem Vortrage entwickeln. Darum drücke er sich gern um alle Minister- und Reichsratssitzungen. Lamsdorff sei aber ein zuverlässiger Charakter, wie er dies schon in seiner Jugend durch seine unbedingte Ergebenheit für den wegen seiner Deutschfreundlichkeit bei den Altrussen verhaßten Giers und auch sonst verschiedentlich bewiesen habe. Er sei auch klug, verstünde sein diplomatisches Metier und wäre trotz seiner timiden Allüren et malgré ses apparences féminines in entscheidenden Augenblicken und schwierigen Zeitläufen sehr fest. Der Zar habe ihm infolge der Intrigen von Alexejew und Besobrasow die ostasiatischen Fragen bis unmittelbar vor dem Ausbruch des ostasiatischen Krieges entzogen, und dies sei Rußland schlecht bekommen. In allen europäischen Angelegenheiten, was das Verhältnis zu den übrigen Mächten und insbesondere auch die orientalische Frage angehe, lasse Kaiser Nikolaus dem Grafen Lamsdorff vollkommen freie Hand. Lamsdorff sei namentlich seit zwei Jahren ganz für gute Beziehungen mit Deutschland und sage dies dem Zaren bei jeder Gelegenheit. Lamsdorff habe kürzlich dem Zaren ein von ihm selbst verfaßtes und gut redigiertes Promemoria vorgelegt, um mit der alten und unheilvollen Legende aufzuräumen, als ob Deutschland Rußland nach dem letzten Türkenkriege um die Früchte seiner Siege gebracht hätte. An den

Rand dieses Promemoria, in welchem Lamsdorff nachwies, daß der Berliner Frieden für Rußland günstiger gewesen sei als der Ignatiewsche Vertrag von St. Stefano mit seinem Großbulgarien, schrieb Kaiser Nikolaus: „Sehr interessant und ganz zutreffend." Lamsdorff sagte auch wiederholt dem Zaren, daß unsere Haltung gegenüber Rußland in allen europäischen und außereuropäischen Fragen eine loyale sei, und daß den Verleumdungen und Einflüsterungen der Gegner guter Beziehungen zwischen Rußland und Deutschland kein Glauben beizumessen sei. Witte glaubt, daß Lamsdorff Minister bleiben werde, solange seine Gesundheit vorhielte, die allerdings nicht die beste sei. Sein Nachfolger würde eventuell sicher Iswolsky (Kopenhagen) werden. Iswolsky sei brillanter als Lamsdorff, aber weniger sachlich.

Was mir Witte über Seine Majestät den Kaiser Nikolaus erzählte, war besonders vertraulich, mit der Bitte um ganz diskrete Behandlung. Die russischen Monarchen, führte Witte aus, hätten entweder „une ambition d'Empereur" oder „une ambition personnelle". Kaiser Alexander III. hätte die erstgenannte Art von Ehrgeiz besessen. Bei Kaiser Nikolaus überwiege das persönliche Moment. Er wolle persönlich gut abschneiden, persönlich dirigieren. Er fürchte nichts mehr, als daß es den Anschein haben könnte, als ob er sich von seinen Ministern beeinflussen ließe. Um diesem Verdacht zu entgehen, suche er sich hinter dem Rücken seiner Minister Nachrichten zu verschaffen und Ratschläge zu holen. Aus dieser Neigung wäre der Einfluß von Besobrasow, Alexejew und dem Großfürsten Alexander Michailowitsch hervorgegangen, welche die Schuld an der Ueberrumpelung durch die Japaner trügen. Kaiser Nikolaus sei ein durch und durch ehrenhafter und im besten Sinne edler Charakter. Als Privatmann von tadelloser „probité" verabscheue er Unredlichkeit und Unwahrhaftigkeit, wie sie unter den russischen Beamten leider häufig anzutreffen wären. Da er aber die Welt und die Menschen nicht kenne, durchschaue er nicht die kleinen Künste, mit denen man ihn oft täusche. Von Natur bescheiden, seien unter dem Einfluß der unumschränkten Machtfülle eines russischen Autokraten doch nach und nach in ihm eine starke Hinneigung zu absoluter Selbstherrlichkeit und der Glaube entstanden, daß seine Allmacht keine Grenze habe. Er habe sich wirklich eingebildet, wenn er den Krieg nicht wolle, werde es auch nicht zum Kriege kommen. Über das Verhältnis des Zaren zu Euerer Majestät sagte Witte mir wörtlich: „Das Verhältnis war von seiten des Zaren während Jahren kein gutes. Die Überlegenheit Ihres Kaisers drückte den Zaren und machte ihn eifersüchtig. Er wurde auch von verschiedenen Seiten gegen Ihren Kaiser gehetzt. Er war mißtrauisch gegen Ihren Kaiser und unlustig, ihn zu sehen. Das war ‚sans phrase' von seiner Thronbesteigung bis zur Begegnung in Danzig der wirkliche Seelenzustand des Kaisers Nikolaus. Seitdem ist ein großer Umschwung eingetreten, der sich mehr und mehr akzentuiert. Danzig verlief gut, Reval noch besser, Wolfsgarten vorzüglich. Seit dem Ausbruch des Krieges weiß Kaiser Nikolaus, woran er mit Ihrem Kaiser ist. Jetzt ist er voll Vertrauen zu Ihrem Kaiser und, mehr als das, er hat Ihren Kaiser wirklich gern. Bei der Natur des Zaren kommt alles darauf an, wie er persönlich empfindet." Von Ihrer Majestät der regierenden Kaiserin Alexandra Feodorowna sagte mir Witte, sie sei „une âme élevée", aber eigensinnig und borniert. Sie habe sich einem spezifisch orthodoxen Mystizismus in die Arme geworfen. Warum? Der Übertritt zu einer anderen Konfession sei ihr sehr hart geworden, gerade weil sie eine hohe und stolze Seele habe. Jahrelang hätte sie unter dem Gedanken gelitten, man könne diesen Übertritt auf äußere Gründe zurückführen. Aus solchen inneren Seelenkämpfen sei der Gedanke hervorgegangen, durch ein Sich-Versenken in die mystischen Seiten der orthodoxen Kirche die Rechtfertigung vor sich selbst und damit den inneren Seelenfrieden zu gewinnen. Auf diesem Boden wäre der Kultus des heiligen Seraphin entstanden, dessen Existenz die meisten gebildeten Russen kaum geahnt hätten, und um den sich die Hofleute nicht gekümmert hätten, bis die Kaiserin ihn in Mode gebracht habe. Der Spiritist Philippe hätte die tiefe Sehnsucht der Kaiserin nach einem männlichen Erben benutzt, um sie mit seinen Gaukeleien in seine Netze zu locken. Der Einfluß der Kaiserin auf ihren Gemahl sei sehr groß, aus dem einfachen Grunde, weil der Zar immer mit ihr zusammen und noch immer sehr in sie verliebt sei. Auf die Kaiserin hätten nur ihre hessischen Verwandten, und insbesondere ihr Bruder, der Großherzog, Einfluß. Wer des Kaisers sicher sein wolle, müsse den Großherzog in sein Spiel bringen. Dieser Punkt sei sehr wichtig, denn der Zar sei „changeant", man dürfe ihn nie aus den Augen verlieren, noch aus den Händen lassen.

Der Einfluß der Kaiserin-Mutter auf den Zaren sei lange nicht so groß als derjenige der regierenden Kaiserin, aber immerhin auch nicht gering. Im Gegensatz zur regierenden Kaiserin sei die Kaiserin Maria Feodorowna nicht nur in der Petersburger Gesellschaft, sondern im ganzen Volke sehr populär. Gegenüber Euerer Majestät sei bei der Kaiserin-Mutter eine vollständige Wandlung eingetreten. Früher deutschfeindlich, wäre die Kaiserin-Mutter jetzt eine Verehrerin und Bewunderin Euerer Majestät. Die freundschaftlichen Beziehungen Euerer Majestät zum König von Dänemark hätten dazu wesentlich beigetragen. Unter dem Einfluß seiner Mutter sei auch der Thronfolger deutschfreundlich geworden. Bei der Kaiserin-Mutter wie bei dem Thronfolger scheint Witte gut angeschrieben zu sein, schon weil er das Vertrauen Kaiser Alexander III. genoß. Über sein Verhältnis zum Zaren äußerte Witte, der Zar hätte es ihm übelgenommen, daß er der Alexejewschen Japanpolitik und den Besobrasowschen Jalu-Spekulationen scharfe Opposition gemacht hätte. Die Umgebung des Kaisers Nikolaus habe Seiner Majestät gesagt, Witte sei ein Freund der Japaner, Juden und Finnen. Mit solchen am russischen Hof oft angewandten Mitteln habe man ihn gestürzt. Er sei beim Zaren aber nie so sehr in Ungnade gewesen, wie man im Auslande angenommen habe. Der Zar hätte ihm bei seiner Enthebung vom Finanzministerium „ein Vermögen geschenkt" und ihm auch sonst große Liebenswürdigkeiten erwiesen. Seit dem Frühjahr habe er mehrere längere Unterredungen mit dem Zaren gehabt. Er wisse wohl, daß seine etwas brüske Art und seine Manier, die Dinge immer beim Namen zu nennen, dem Wesen des Zaren nicht sympathisch sei. Der Zar sei aber weit davon entfernt, ihn ganz zum alten Eisen geworfen zu haben.

Beiläufig bemerkte Witte, der Zar habe ihm erzählt, er sei erfreut, daß Euere Majestät Allerhöchstihren Flügeladjutanten Grafen Lamsdorff nach St. Petersburg geschickt hätten. Der Zar trage sich mit der Absicht, einen seiner Flügeladjutanten in gleicher Mission nach Berlin zu senden. Man müsse die Ausführung dieses Gedankens beim Zaren reifen lassen. Er sei nun einmal langsam von Entschluß. — Die Frömmigkeit der Kaiserin habe bis zu einem gewissen Grade auch den Zaren angesteckt. Allerdings, fügte Witte hinzu, sei es bequemer, den Mangel an Kriegsbereitschaft im fernen Osten und die diplomatischen wie die militärischen Mißerfolge gegenüber Japan auf die Fügung des lieben Gottes zurückzuführen als auf die eigenen Fehler.

Über den Orient bemerkte Witte, daß Rußland kein Interesse daran hätte, die dortigen Nationalitäten so stark werden zu lassen, wie dies die Westmächte wünschten. Die Türkei müsse vorläufig aufrechterhalten werden. Allerdings sei dies nur unter der Voraussetzung möglich, daß der Sultan für einige Ordnung in Mazedonien sorge, denn kein russischer Zar würde ruhig zusehen können, wenn dort atrocities stattfänden, einerlei, wer die eigentliche moralische Schuld an solchen Christenmetzeleien trüge. Witte wiederholte immer wieder, daß ein intimes Verhältnis zwischen Deutschland und Rußland, und namentlich zwischen den beiden größten Monarchen der Welt, die einzig richtige Politik für beide Länder sei. Wenn beide Teile in den jetzigen Bahnen blieben, würden wir wieder zu dem Verhältnis gelangen, wie es von dem Anfang des vorigen Jahrhunderts bis zum Ende der 70er Jahre zum Segen beider Dynastien und Völker bestanden habe. „Il faut revenir aux temps de Nicolas I et d'Alexandre II et oublier les malentendus de la fin du siècle dernier." Ich vermied es, Witte gegenüber in dieser Richtung konkrete Wünsche zu äußern oder Vorschläge hinzuwerfen, teils, weil er trotz seiner nahen Beziehungen zu Lamsdorff zu politischen Verhandlungen nicht autorisiert ist, teils und vor allem, weil der psychologische

Augenblick hierfür noch nicht gekommen ist. Beiläufig ließ Witte die Bemerkung fallen: „Unser Verhältnis zu Frankreich hat sich schon verändert und wird sich allmählich noch mehr verändern." Als er mir die durch den Angriff der Japaner auf Port Arthur in St. Petersburg hervorgerufene Aufregung schilderte, erzählte Witte, einige Großfürsten hätten damals dem Zaren vorgeschlagen, gegen Indien vorzugehen. Witte bezeichnete diesen Vorschlag als „une folie furieuse", wie er überhaupt immer betonte, daß Rußland es vermeiden müsse, England oder Amerika zu reizen. Er ist sehr friedlich, nicht nur weil die öffentliche Meinung in Rußland dies jetzt ist, auf die er mehr Gewicht legt als die Großfürsten, die Generale und Plehwe dies tun, und nicht allein weil er sein Hauptwerk, die Valuta, aufrechterhalten will, sondern auch weil er offenbar davon durchdrungen ist, daß Rußland auswärtige Abenteuer, wie weitere Gebietsvergrößerungen, vermeiden und für lange Jahre sich inneren Reformen und der wirtschaftlichen Erschließung seiner inneren Hilfsquellen widmen müsse. Als einen Hauptgrund für seinen Wunsch nach guten Beziehungen zu Deutschland bezeichnete er, daß es dann möglich sein werde, mit der Methode fortgesetzter Rüstungen zu brechen, die aus dem durch die Reibungen der 80er Jahre hervorgegangenen Mißtrauen entstanden sei.

Die Handelsvertragsverhandlungen sind sehr mühsam. Die Russen haben uns die Minimalzölle für die vier Hauptgetreidearten (Weizen, Roggen, Hafer und Gerste) sowie die Freiheit auf dem Gebiet des Veterinärwesens konzediert, gegen welche beiden Hauptforderungen sie sich bisher mit Händen und Füßen wehrten. Witte hob hierbei hervor, daß er diese großen Zugeständnisse nur „sur l'ordre formel de son

Auguste Maître" mache. Jetzt kämpfen wir um unsere anderen landwirtschaftlichen Zölle (Gänse, Schweine, Pferde, Futtergerste, Raps, Eier, Kartoffeln, Bohnen, Holz, das oberschlesische Schweinekontingent, Schmieröl etc.) und die russischen Industriezölle (Eisen, Maschinen, Chemikalien, Lederwaren, Wollwaren usw.). Über das Ergebnis der Verhandlungen darf nichts nach außen gelangen, und wird der Vertrag, wenn er zustande kommt, zunächst geheimgehalten werden, schon im Hinblick auf die anderen Länder, mit denen wir noch zu einer Einigung gelangen müssen, und die nicht wissen dürfen, was die Russen uns und wir den Russen konzediert haben. Witte ist zäh und von großer Sachkenntnis. Ich bin aber auch bestrebt, uns nicht die Butter vom Brote nehmen zu lassen, wenn ich ihm vielleicht auch schließlich eine Ermäßigung unseres Butterzolles auf 20 Mark für 100 Kilogramm beurre frais, salé ou fondu (Art. 134) gewähren werde.

Von Metternich erhielt ich einen Privatbrief, den ich in der Anlage alleruntertänigst beifüge. Der Brief ist nicht für Euere Majestät bestimmt. Ich wage es trotzdem, ihn vorzulegen, weil dieser völlig ungeschminkte und offenherzige Erguß doch manches Beachtenswerte enthält. Ich halte für richtig, was Metternich über den Einfluß der englischen Monatsschriften sagt, deren Giftpillen erst kleinere Kreise, dann weitere Bevölkerungsschichten und schließlich die ganze öffentliche Meinung einer Generation infizieren. Es ist auch meine Überzeugung, daß Soveral für die deutsch-englischen Beziehungen zwar ein sehr wichtiger Faktor geworden ist, aber noch kein unversöhnlicher Gegner und, bei seiner südländischen Eitelkeit gepackt, für uns verwertbar wäre. Darin stimmen Metternich und Eckardstein, Bernstorff und

Seckendorff überein. Ich glaube auch, daß Mensdorff, wenn er auch hier und da in der Royal Family mit den (sit venia verbo) Wölfen heult, zu sehr schwarzgelber Österreicher ist, um nicht ein besseres Verhältnis zwischen Deutschland und England zu wünschen, das im Interesse der Habsburgischen Monarchie liegt. Ich habe Berichte von Mensdorff in der Hand gehabt, von denen Mensdorff nicht wissen konnte, daß ich sie lesen würde, und die dieser Überzeugung wie der Besorgnis wegen zu gespannter deutschenglischer Beziehungen Ausdruck gaben. Ich halte es dagegen nicht für unmöglich, daß Benckendorff an der Verschlechterung deutsch-englischer Beziehungen arbeitet. Denn, wenn gute Beziehungen dem österreichischen Interesse entsprechen, so würde bei schlechten deutsch-englischen Beziehungen oder gar einem deutsch-englischen Konflikt Rußland der tertius gaudens sein. Selbst Witte konnte sich nicht enthalten, mir hier anzudeuten, je besser wir mit Rußland stünden, um so mehr Geld könnten wir auf den Bau von Schiffen verwenden. Metternich hat auch ganz recht, wenn er sagt, daß wir Benckendorff (und dessen Hatzfeldtschen Verwandten) nicht das mindeste merken lassen dürften, sondern ihn sorgsam weiter beobachten müssen, bis wir ihn avec la main dans le sac ertappen und festnageln können. Eine heikle Frage ist das Verhältnis von Eckardstein zur Botschaft. Botschaftsrat wollte er nicht bleiben, Botschafter konnte er nicht werden, nun ist er malkontent und mag hier und da schaden, da er zwar gar nicht ohne eine gewisse Bauernschlauheit, aber doch ziemlich direktionslos ist, wie er dies auch in seinen mißglückten Börsenspekulationen bewiesen hat. Ich möchte untertänigst vorschlagen, zu warten, bis Eckardstein wieder nach Berlin kommt, und mich dann zu ermächtigen, ihn in Euerer Majestät Auftrage ernstlich vor Quertreibereien zu warnen, die eines preußischen Edelmanns und Offiziers ebensowenig würdig sind, wie sie den mannigfachen Gnadenbeweisen entsprechen, die er von Euerer Majestät erhalten hat. Die Besserung unserer Beziehungen zu England muß unser fortgesetztes Streben sein, denn nur von dieser Seite könnte uns bei der gegenwärtigen Weltlage ernste Gefahr drohen. Sie erfordert viel Geduld, Vorsicht und Selbstbeherrschung gegenüber englischer Überhebung und Ungerechtigkeit. Ich freue mich über den Colinsschen Besuch. Denn grade, wo wir in England am Hofe, in der Gesellschaft und in der Presse mit so vielen okkulten Machenschaften zu tun haben, und wo immer wieder störende Zwischenfälle (Gleichen) eintreten, ist es doppelt notwendig, die breiten Schichten des englischen Volkes davon zu überzeugen, daß wir England gegenüber keinerlei feindliche oder aggressive Absichten haben. Daß in dieser Beziehung namentlich die in Hamburg Seiner Majestät dem König Eduard bereitete Aufnahme günstig gewirkt hat, ist auch heute noch meine Ansicht.

Von ganzem Herzen hoffe ich, daß Euerer Majestät Nordlandreise gut verläuft und Euerer Majestät nach so viel Arbeit, Mühen und Strapazen Erholung gewährt. Wir haben hier einen wolkenlosen Himmel, und still und ruhig wie ein Havelsee breitet sich das Meer aus. Ich wollte Witte mit der „Forelle" nach Helgoland fahren, was eine angenehme Unterbrechung der zollpolitischen Unterhandlungen gewesen wäre, die vom Morgen bis zum Abend dauern. Er hat aber trotz seiner Größe und Körperkraft — er ist seit sieben Jahren, wo ich ihn nicht sah, noch kolossaler geworden — wie die meisten seiner Landsleute nicht le pied marin und mag die terra ferma nicht verlassen.

AN DEN BOTSCHAFTER IN MADRID VON RADOWITZ
Berlin, den 16. Juni 1904

Es wäre meines Erachtens eine Gefährdung der zukünftigen spanisch-französischen Beziehungen, wenn Spanien nicht auf sofortiger Veröffentlichung der ganzen spanisch-französischen Abmachung bestände. Die französische öffentliche Meinung wird sich jetzt, wo der Eindruck der durch das englisch-französische Abkommen für Frankreich errungenen Vorteile noch frisch ist, leichter mit den an Spanien zu machenden Konzessionen abfinden als später, wenn man sich an die Vorteile gewöhnt hat und von der Ausdehnung der an Spanien zu machenden Gegenleistung unangenehm überrascht werden würde. Es wäre nicht ausgeschlossen, daß die alsdann am Ruder befindliche französische Regierung eine Revision der geheimen Territorialklausel beantragte, „um diese mehr in Einklang mit dem französischen Nationalgefühl zu bringen".

AN DEN BOTSCHAFTER IN MADRID VON RADOWITZ
Berlin, den 18. Juni 1904

Die Forderung der vollen Handels- und Verkehrsfreiheit ist von geringem Nutzen, wenn die Rechte nicht so klar definiert sind, daß eine Umgehung derselben mittels parteiischer Interpretation unmöglich wird. Die Kaufkraft des verarmten marokkanischen Volkes wird für Jahrzehnte eine beschränkte bleiben, hauptsächlicher Käufer und Besteller wird die Regierung sein. Wenn daher das schon jetzt offen ausgesprochene Verlangen der französischen Kolonialchauvinisten erfüllt wird, daß bei öffentlichen Ausschreibungen, Kontrakten, Lieferungen jeder Art nur

Franzosen berücksichtigt werden sollen, ebenso wenn Bergwerks- und Eisenbahnkonzessionen nur an Franzosen gegeben werden, dann ist die ganze Handels- und Verkehrsfreiheit kaum das Verhandeln wert. Die Abmachung mit Frankreich müßte einen Passus enthalten, welcher es den Franzosen unmöglich macht, die Monopolisierung aller wirtschaftlichen wichtigen Unternehmungen durch Franzosen als ein im spanischen Vertrage stillschweigend von Spanien anerkanntes französisches Privileg hinzustellen. Von einer genauen Präzisierung dieser Frage hängt der Hauptwert des Vertrages ab.

Gerade in dieser Frage hat Spanien die denkbar stärkste Stellung, denn bei der ersten Ahnung, um was es sich handelt, würde die ganze nichtfranzösische Geschäftswelt, namentlich die englische, einmütig auf Seite von Spanien stehen und dadurch voraussichtlich auch die Regierung beinflussen. Die vielleicht zu gewärtigende französische Drohung, deswegen die Verhandlungen abzubrechen, ist nicht ernst zu nehmen; Delcassé ist viel zu klug, um nicht zu wissen, daß ein Abbruch aus diesem Grunde wie Scheidewasser auf die französisch-englischen Beziehungen wirken würde, denn England würde daraus ersehen, daß die in allgemeinen Ausdrücken zugesagte Handels- und Verkehrsfreiheit keinen praktischen Wert hat. Diese Wertlosigkeit ist übrigens schon klar angedeutet, indem die betreffende Vertragsklausel beim Punkte Gleichberechtigung nur von Zöllen und Eisenbahntarifen spricht.

Selbstredend wird Spanien die eingangs erwähnte, genau präzisierte wirkliche Gleichberechtigung nur für sich selbst zu verlangen haben, da es nicht Spaniens Sache ist, die Kastanien für Dritte, Engländer oder andere, aus dem Feuer zu holen. Dem freien Ermessen und der Terrain- wie der Personalkenntnis Ew. überlasse ich die Erwägung, ob es für die Erreichung deutscher Ziele förderlich oder bedenklich ist, die Spanier schon jetzt durchfühlen zu lassen, daß Deutschland zu geeigneter Zeit denselben Standpunkt für sich einnehmen und vertreten wird. Natürlich wäre es, wie ich l e d i g l i c h für Ew. bemerke, für uns eine wesentliche Erleichterung, wenn Spanien vorangfinge.

AN KAISER WILHELM II.   Kiel, den 24. Juni 1904

Euerer Kaiserlichen und Königlichen Majestät beehre ich mich anbei die nunmehr aus London eingegangenen vier Schriftstücke alleruntertänigst vorzulegen, welche die zwischen uns und der englischen Regierung wegen Ägyptens zustande gekommene Verständigung enthalten. Es sind dies zwei vertrauliche Schreiben Lord Lansdownes, datiert vom 15. d. Mts. an Euerer Majestät Botschafter in London, von denen das eine die beiderseits getroffenen Festsetzungen ergibt, während das andre eine Frage der Auslegung dieser Festsetzungen betrifft, und ferner die Antworten des Grafen Metternich, welche das Einverständnis Euerer Majestät Regierung mit dem Inhalt der beiden Schreiben feststellen.

Über die Bedeutung der Vereinbarungen darf ich folgendes ehrfurchtvollst hervorheben:

Die englische Regierung hatte von uns anfänglich verlangt, daß wir gleich anderen Mächten unsre Zustimmung pure erteilen sollten zu dem von ihr mit der französischen Regierung vereinbarten Entwurf eines Khedivialdekrets. Dieses Dekret ist dazu bestimmt, der englischen Verwaltung auf dem Gebiete der ägyptischen Finanzen größere Freiheit zu gewähren und zugleich die bisherigen Befugnisse der internationalen Schuldenkommission entsprechend einzuschränken.

Jenes englische Verlangen haben wir abgelehnt und unsererseits darauf bestanden, daß uns zuvor Sicherheit gewährt werde für das Fortbestehen unserer bisherigen meistbegünstigten Stellung in Ägypten, insbesondere auch im Verhältnis zu den Franzosen.

Dem hat die englische Regierung nunmehr schließlich stattgegeben. Sie gewährleistet uns jetzt die Meistbegünstigung für den deutschen Handel in Ägypten auf die Dauer von 30 Jahren, d. i. auf dieselbe Zeit, auf welche den Franzosen durch die Deklaration vom 8. April d. Js. die Meistbegünstigung zugesichert ist.

Sie verspricht ferner, die Rechte, welche Deutschland gegenwärtig in Ägypten auf Grund von Verträgen und Übereinkommen sowie auf Grund bestehender Übung genießt, zu achten.

Sie verspricht endlich, daß die deutschen Schulen in Ägypten in ihren bisherigen Freiheiten geschützt werden sollen, und daß die in ägyptischen Diensten stehenden Deutschen keinen ungünstigeren Bedingungen unterworfen werden sollen als die Engländer in ägyptischen Diensten.

Unsere Gegenleistung hierfür bestehen darin,

daß wir dem Khedivialdekret zustimmen,

daß wir ferner versprechen, nicht für eine zeitliche Begrenzung der englischen Okkupation Ägyptens einzutreten noch sonst der englischen Aktion in jenem Lande Hindernisse zu bereiten,

daß wir endlich, nachdem England den internationalen Charakter des Suezkanals anerkannt hat, mit der Nichtausführung gewisser, eine internationale Überwachung des Kanals vorsehender Bestimmungen der Suezkanal-Akte von 1888 einverstanden sind.

Alle diese unsere Zugeständnisse sind für uns um so unbedenklicher, als Frankreich in der englisch-französischen Deklaration vom 8. April d. Js. an England genau die gleichen Zugeständnisse gemacht hat.

Außerdem sind wir noch weiter dadurch gesichert, daß wir nach der ausdrücklichen Erklärung des Grafen Metternich in seinem zweiten Schreiben an Lord Lansdowne zur Unterstützung der englischen Politik in Ägypten, insbesondere auch hinsichtlich einer etwaigen Revision der Kapitulationen, nur insoweit verpflichtet sind, als dies auch Frankreich tut.

Andrerseits haben wir nunmehr in Ägypten dieselbe gesicherte Rechtsstellung, die Frankreich dort durch die Deklaration vom 8. April d. Js. gewährt ist. Insbesondere ist einer Differenzierung des deutschen Handels in Ägypten für die nächsten dreißig Jahre ein Riegel vorgeschoben.

Das Abkommen wird zunächst nur den Regierungen von Österreich-Ungarn, Italien und Rußland vertraulich und in allgemeinen Umrissen mitgeteilt, soll aber im übrigen vorerst noch geheim bleiben.

AUFZEICHNUNG

Ganz geheim   Kiel, den 26. Juni 1904

Seine Majestät der König Eduard zog mich heute nach dem Frühstück auf der „Iduna" in ein längeres politisches Gespräch. Der Hohe Herr kam zunächst auf Ostasien zu reden. Die Russen hätten sich ihr Mißgeschick selbst zuzuschreiben. Ihre Diplomatie sei ebenso ungeschickt gewesen, wie es jetzt ihre Kriegführung zu Wasser und zu Lande wäre.

Die Japaner machten sich in jeder Richtung ausgezeichnet. Übrigens wären sie auch moralisch im Recht. Rußland hätte weder Befugnis noch Anlaß gehabt, nach Port Arthur zu gehen, in Korea nichts zu suchen und die Mandschurei den Chinesen in brutaler Weise entrissen. Der König erzählte mir hierbei, daß

Rußland, wenn es auf ihn gehört hätte, um den Krieg herumgekommen wäre. Er habe Ende November dem damals in Spala weilenden Kaiser Nikolaus die maßvollen Bedingungen übermittelt, unter welchen Japan damals zu einer Verständigung mit Rußland bereit gewesen wäre. Kaiser Nikolaus hätte die Antwort auf diese Vorschläge zu lange hinausgeschoben, woran allerdings auch der Tod der kleinen Prinzeß Elisabeth von Hessen mit schuld gewesen sei, der ihn sehr impressioniert habe. Die Japaner hätten immer wiederholt, daß, wenn Rußland nicht bald eine Antwort gebe, sie ihre kriegslustige öffentliche Meinung nicht länger zügeln könnten. Als sich der Zar endlich entschlossen habe, die japanischen Vorschläge anzunehmen, sei es zu spät gewesen: die leitenden japanischen Männer hätten sich inzwischen für den Krieg entschlossen gehabt.

König Eduard machte kein Hehl daraus, daß er ein baldiges Ende des ostasiatischen Krieges wünsche und zu diesem Zwecke bald seine Vermittlung eintreten lassen möchte. Die Japaner würden jetzt sehr kulant sein. Als ich einwarf, daß Rußland nach Niederlagen ohne schwere Erschütterung seines Prestiges kaum Frieden schließen könne, meinte der König, er sähe nicht ein, wie sich die Lage für Rußland verbessern solle. Auf russische Erfolge sei weder zu Wasser noch zu Lande zu rechnen, und das Klügste, was die Russen tun könnten, wäre, baldmöglichst und zu möglichst akzeptablen Bedingungen Frieden zu schließen.

Der König kam auch auf die „gelbe Gefahr" zu sprechen und meinte, er könne eine solche nicht anerkennen. Die Japaner seien ein intelligentes, tapferes und ritterliches Volk, ebenso zivilisiert wie die Europäer, von denen sie nur die Hautfarbe unterschiede. Es wäre bedauerlich, wenn die Besorgnis vor der nach seiner Ansicht nicht vorhandenen „yellow peril" unsere Politik in einem Japan feindlichen Sinne influenzieren würde. Ich entgegnete dem König, daß wir in dem ostasiatischen Krieg auch weiter eine neutrale und loyale Haltung beobachten würden. Wir dächten nicht daran, uns in diesen Konflikt einzumischen.

Als ich dem König meinen Dank für seinen gestrigen Toast aussprach, bemerkte der Hohe Herr, daß ihm ein friedliches und freundliches Verhältnis zu Deutschland aufrichtig am Herzen liege. Die Presse hüben und drüben hätte manches gesündigt. Mit Geduld und Takt würden beide Völker hoffentlich allmählich wieder zu einem besseren gegenseitigen Verständnis gelangen. Mit dem „kleinen ägyptischen Agreement" sei er ganz einverstanden. Im übrigen bedürfe es keiner besonderen Abmachungen zwischen Deutschland und England, da zwischen uns keine politischen Interessengegensätze obwalteten. Mit Frankreich hätte die Sache anders gelegen. Eine Verständigung über alte und schwierige Differenzpunkte wäre da eine absolute Notwendigkeit gewesen. Die Verständigung zwischen England und Frankreich richte ihre Spitze aber nicht gegen Deutschland. Er denke nicht daran, Deutschland isolieren zu wollen. Er wünsche im Gegenteil, die Reibungsflächen zwischen allen Großmächten zu verringern und Europa für möglichst lange Zeit den allgemeinen Frieden zu sichern. Der Friede sei eine Notwendigkeit für die Völker, die unter der Last ihrer Militärausgaben und der für diese aufzubringenden Steuern seufzten. Mit großer Offenheit fügte der König hinzu, es sei sein lebhafter Wunsch, auch mit Rußland zu einer ähnlichen Verständigung zu gelangen, wie sie so glücklich mit Frankreich erreicht worden wäre. Es würde ein Glück für den Weltfrieden sein, wenn England und Rußland sich über gewisse asiatische Fragen gütlich verständigen könnten. Die Aufgabe sei eine schwierige, er verzweifle aber nicht an ihrer Lösung.

Beiläufig äußerte der König, er würde es beklagen, wenn es im näheren Orient zu Unruhen käme. Er sei überall für Ruhe. Mit dem Sultan und den Türken sei freilich nicht viel anzufangen, der erstere sei unbelehrbar, und die letzteren hätten sich überlebt. Die Zukunft auf der Balkanhalbinsel gehöre den Rumänen, Griechen und Bulgaren. Herrn Iswolsky bezeichnete der König als den fähigsten russischen Diplomaten, der während seines jüngsten Aufenthalts in Kopenhagen auf seine Ausgleichswünsche gegenüber Rußland gern eingegangen sei und dieselben auch nach St. Petersburg übermittelt habe, wo sie jedoch anscheinend nicht näher in Erwägung gezogen worden wären.

Lamsdorff sei ein braver Mann, aber zu ängstlich und zu bureaukratisch. Die inneren russischen Verhältnisse beurteilt König Eduard pessimistisch, General Bobrikow verglich er mit dem Landvogt Geßler. Über Kaiser Nikolaus sprach er mit verwandtschaftlicher Liebe.

König Eduard tritt hier mit großer Liebenswürdigkeit auf. Sein Verkehr mit Seiner Majestät dem Kaiser ist ein freundlicher und ungezwungener.

AUFZEICHNUNG
Geheim   Kiel, den 29. Juni 1904

Seine Majestät der König Eduard ist wie von seinem gesamten Aufenthalt in Kiel so insbesondere von seinem Ausflug nach Hamburg in hohem Maße befriedigt. Der König sagte mir, er habe an Lord Lansdowne telegraphiert, daß er in einer englischen Stadt nicht besser hätte empfangen werden können wie in Hamburg.

Der König hatte heute zum ersten Male eine politische Aussprache mit Seiner Majestät dem Kaiser, die sich im Rahmen seiner früheren Unterredungen mit mir bewegte und gut verlief. Der König zog mich auch in den letzten Tagen wiederholt in längere politische Besprechungen, bei denen wieder einerseits eine lebhafte Parteinahme für Japan und die japanischen Ansprüche, andererseits der Wunsch nach Beendigung des ostasiatischen Krieges und Applanierung der englisch-russischen Gegensätze hervortrat. Der König meinte, die Japaner würden sich keinenfalls auf eine Verfolgung der Russen einlassen, wenn diese die eigentliche Mandschurei räumen sollten. Die Rückgabe der Mandschurei an China und die Anerkennung der japanischen Präponderanz in Korea könne Japan gerechterweise nicht bestritten werden. An die Möglichkeit einer für Rußland günstigen Wendung des Krieges glauben weder der König noch die anderen englischen Herren. Revolutionäre Bewegungen in Rußland werden von ihnen nicht für unwahrscheinlich gehalten. Lord Selborne äußerte gelegentlich zu mir, es sei doch nicht zu wünschen, daß Rußland sich in Ostasien völlig zurückziehe, da es sich dann ganz dem europäischen Orient zuwenden würde.

AUFZEICHNUNG   Berlin, den 6. Juli 1904

Ich stelle zur Erwägung, ob wir die Frage der Dardanellendurchfahrt wie der Ausfahrt des russischen baltischen Geschwaders — und eventuell auch die Tatsache des ausdrücklichen russischen Vetos in ersterer Richtung -- in die Presse bringen wollen. Eventuell am besten in ein nichtdeutsches Blatt.

AN DEN BOTSCHAFTER IN PARIS FÜRSTEN VON RADOLIN
Streng vertraulich   Norderney, den 21. Juli 1904

Wir haben durchaus nicht verkannt, daß jeder Versuch Deutschlands, auch seinerseits an die marokkanische Frage in ihrer jetzigen Phase heranzutreten, zu einer Engagierung mit weittragenden Konsequenzen führen kann und deshalb besonderer Vorsicht bedarf. Aus dieser Überzeugung heraus glaubten wir als Vorbedingung irgendwelcher Schritte das Terrain für eine etwaige Aktion durch möglichst umfassende Aufklärung sichern zu müssen. Insbesondere erschien es nahezu unerläßlich, zunächst mit England über den Ägypten behandelnden Teil der Deklaration vom 8. April d. Js. ins reine zu kommen, um nach dieser Richtung hin Reibungen auszuschließen. Dies ist, wie Euerer Durchlaucht bekannt, inzwischen gelungen. Auch sonst sind die Beziehungen zwischen uns und Großbritannien weniger gespannte geworden. Wir dürfen annehmen, daß England die in Artikel VIII der Deklaration eingegangene Verpflichtung, Frankreich in Marokko diplomatisch Hilfe zu leisten, schließlich nicht besonders ernst auffassen wird. Die britische Regierung könnte im Gegenteil eher geneigt sein, der nach Aufgabe ihrer Sonderansprüche jetzt noch mehr als zuvor tatsächlich bestehenden deutsch-englischen Interessenübereinstimmung im scherifischen Reiche in ihrer Politik, wenn auch ohne äußerliche Akzentuierung, Rechnung zu tragen.

Einen zweiten Grund für uns, bisher völlige Zurückhaltung zu beobachten, bildeten der Vorbehalt zugunsten Spaniens in Artikel VIII der Deklaration und die Verhandlungen, die daraufhin zwischen Madrid und Paris in Gang gekommen sind. Wir haben ein Interesse daran, daß Spanien in diesen Verhandlungen auf eine Minderung der präponderanten Stellung

Frankreichs in Marokko hinwirkt und durch die Detailerörterungen auch zur Aufhellung des Programms, dem Frankreich bei der wirtschaftlichen Erschließung des Landes folgen will, mit beiträgt. Das Ergebnis der Verhandlungen steht noch dahin.

Die Vormachtstellung, die Frankreich in der Deklaration vom 8. April d. Js. Marokko gegenüber eingeräumt worden ist, betrifft die deutschen Interessen in doppelter Hinsicht.

Bis zum Abschluß des französisch-englischen Übereinkommens war die politische Zukunft des scherifischen Reiches nach keiner Richtung hin festgelegt. Das Land stand allen Mächten, die auf maritimem oder kolonialem Gebiet Aspirationen haben, unbeschränkt offen. Durch die Deklaration vom 8. April d. Js. scheidet Großbritannien aus der Reihe dieser Mächte einseitig zu Frankreichs Gunsten aus und erhöht damit dessen Chancen auf den wertvollen Besitz fast bis zu einem Monopol. Daß Deutschland die Möglichkeit, in Marokko politisch Fuß zu fassen, infolge der Deklaration verschränkt, wenn nicht ganz illusorisch gemacht wird, ist an sich schon ein schwerwiegender Nachteil für uns. Die Einbuße wird aber dadurch noch empfindlicher, daß die Auseinandersetzung über Marokko ohne unsere Zuziehung stattgefunden und daß uns Frankreich dabei völlig übergangen hat, auch nachdem die Einigung mit England erzielt war. Überdies hat Frankreich für die erhaltene Bewegungsfreiheit in Marokko an England erhebliche Preise gezahlt, an die Gewährung eines Äquivalents für Deutschland aber auch nicht im entferntesten gedacht. Wollten wir das so geschaffene politische Privileg Frankreichs jetzt ohne weiteres anerkennen, so hieße das, uns ohne jede Gegenleistung selbst Schaden zufügen. Wir werden deshalb eine solche Anerkennung solange als möglich zu vermeiden haben. Nützlich für uns wäre vorläufig mithin die Aufrechterhaltung des Status quo im scherifischen Reiche sowie ferner, daß die Staaten, welche die Deklaration vom 8. April nicht mitunterzeichnet haben, aus den nur zwischen England und Frankreich getroffenen Vereinbarungen über Marokko keine Konsequenzen im Sinne und zugunsten Frankreichs ziehen. Mit anderen Worten, es liegt in unserem Interesse, daß alle Rechte in Marokko von den dort beteiligten fremden Mächten (mit Ausnahme Englands) wie bisher uneingeschränkt in Anspruch genommen werden, solange sich Frankreich nicht bereitfinden läßt, auch ihnen gegenüber die Frage vertraglich zu regeln.

Schwerer noch und dringender als die politischen Nachteile sind die Gefahren, die unseren wirtschaftlichen und Handelsinteressen in Marokko aus der Deklaration vom 8. April d. Js. drohen. Der deutsche Handel mit dem scherifischen Reiche hat sich im letzten Jahrzehnt in stetem Aufschwung bewegt und dürfte jetzt, wie auch in Paris angenommen wird, dem französischen Handel etwa gleichkommen. Am Schiffsverkehr über See wie an der Kabotage längs der marokkanischen Küste ist die deutsche Flagge erfolgreich beteiligt. Deutsche Kaufleute sind in fast allen marokkanischen Hafenplätzen tätig und bauen durch landwirtschaftliche Nebenbetriebe, die sie mit dem eigentlichen Handel verbinden, vor für größere agrarische Unternehmungen im Innern. Auch die deutsche Montanindustrie hat ihr Augenmerk auf Marokko gerichtet, um in den reichen Mineralschätzen des Landes Ersatz zu finden für ihre bisherigen, von der Konkurrenz mehr und mehr in Anspruch genommenen Bezugsquellen für Eisenerze. Bei der fortschreitenden Verminderung der Länder, in denen noch freier Absatz und unbeschränkte wirtschaftliche Betätigung möglich sind, hat Marokko deshalb für uns eine nicht zu unterschätzende Bedeutung. Gerade hierin greifen aber die Bestimmungen der Deklaration schädigend und beengend ein. Solange Frankreich seiner Zusage gemäß die politische Selbständigkeit Marokkos nicht antastet, ist für unsere dortigen Handelsbeziehungen durch die Madrider Konvention vom 3. Juli 1880 und durch den unkündbaren deutsch-marokkanischen Handelsvertrag vom 1. Juni 1890 eine sichernde Rechtsgrundlage gegeben, und zwar nach dem Prinzip der Meistbegünstigung. Wir sind dadurch hinsichtlich der Zölle und wohl auch für die Küstenschiffahrt gedeckt. Die Verträge und namentlich die Meistbegünstigungsklausel versagen aber, abgesehen von den Eisenbahntarifen, bei allen Geschäften für Rechnung der marokkanischen Staatsverwaltung und bei der Erteilung von Konzessionen. Beides sind Verwaltungsakte, über die vertraglich nichts bestimmt worden ist. Durch den Vorbehalt im letzten Absatze des Artikel IV der Deklaration bezweckt Frankreich (mit Zustimmung Englands) offenbar, diese beiden Zweige der Staatshoheit im scherifischen Reiche ganz in seine Hand zu bekommen und jede fremde Konkurrenz zugunsten der französischen Interessenten davon fernzuhalten. Bezeichnend hierfür ist die Euerer Durchlaucht mit dem Erlaß Nr. 524 vom 25. Mai d. Js. mitgeteilte Meldung aus Fes, die Franzosen hätten am Sultanshofe vor Regierungsbestellungen ohne ihre Vermittelung gewarnt. Was wir in dieser Hinsicht zu erwarten haben, zeigen auch die Erklärungen aus französischen Kolonialkreisen und die Auslassungen der diesen nahestehenden Blätter. Ein solches monopolisierendes Verfahren würde im übrigen nur der sonst schon beobachteten Praxis Frankreichs entsprechen, aus seinen Besitzungen und Interessengebieten Fremde und nichtfranzösische Unternehmungen nach Möglichkeit auszuschließen. Die wirtschaftliche Lage Marokkos, die Armut und die Genügsamkeit der breiten Volksmassen bedingen, daß die Lieferungen für die Regierung in dem fremden Einfuhrhandel einen wichtigen Platz einnehmen und einstweilen auch noch weiter einnehmen werden. Die Geschäfte für die Sultansregierung, insbesondere die Waffenbestellungen, gingen bisher zum guten Teile durch deutsche Hände. Die von Frankreich geplante Beschränkung würde den deutschen Handel von diesem aussichtsvollen Absatzgebiet abdrängen und, soweit das Konzessionswesen in Betracht kommt, die deutsche Industrie um ein von ihr gesuchtes entwicklungsfähiges Tätigkeitsfeld bringen. In diesem Sinne sind aus den beteiligten deutschen Kreisen schon jetzt Klagen und Befürchtungen mit der dringenden Bitte um Unterstützung gegen die französischen Monopolbestrebungen laut geworden. Seine Majestät der Kaiser hat, wie ich zu Euerer Durchlaucht ausschließlich persönlicher Orientierung bemerken darf, unsere künftige Stellung in Marokko dahin präzisiert, daß wir dort offene Häfen, Eisenbahnbaukonzessionen und die Einfuhr unserer industriellen Erzeugnisse beanspruchen und erhalten müßten. Die deutsche Industrie hat ein dringendes Interesse daran, daß die volle Handelsfreiheit mit Einschluß des gesamten Konzessions- und staatlichen Verdingungswesens in Marokko wie bisher erhalten bleibt. Erreicht Spanien, wie die leitenden Männer in Madrid zuversichtlich behaupten, von Frankreich Handelsfreiheit in diesem umfassenden Sinne, so würde uns dadurch in Verbindung mit dem uns zustehenden Meistbegünstigungsrecht die Durchsetzung unserer Forderungen erleichtert.

Auch unsere Beziehungen zur scherifischen Regierung selbst bedürfen in einigen Punkten nachdrücklicher Regelung. Abgesehen von einer Reihe verschleppter Reklamationen im Gesamtbetrage von 80 bis 100 000 Mark und einer nicht gerade dringenden Forderung auf disziplinarische Bestrafung eines für Volksausschreitungen gegen Deutsche verantwortlichen Gouverneurs verfolgen wir zur Zeit in Fes zwei Fälle, welche die Sultansregierung durch bösen Willen und grobe Nachlässigkeit kompliziert hat. Für die grundlose Verhaftung und Gefangenhaltung eines unter deutschem Schutze stehenden eingeborenen Agenten haben wir bisher die geforderte Genugtuung nicht erhalten. Ungesühnt ist ferner der im März d. Js. an dem Korrespondenten der „Kölnischen Zeitung" Dr. Genthe von Marokkanern begangene Raubmord. Nachdem die Behörden in Fes schon die Ermittlungen nach dem Schicksal des Dr. Genthe mit bewußter Lässigkeit betrieben hatten, suchen sie sich jetzt durch Ausflüchte und Verschleppungen der Feststellung und Ergreifung der ihnen schwerlich unbekannten Täter zu entziehen. Mit Rücksicht auf die durch das englischfranzösische Abkommen geschaffene Lage hatten wir einstweilen davon abgesehen, wegen der geschilderten Vorgänge auf die marokkanische Regierung einen schärferen Druck auszuüben. Längeres Zögern würde aber mit Rücksicht auf unser Prestige bedenklich sein. Zu Euerer Durchlaucht vertraulicher Information füge ich hinzu, daß der französische Gesandte in Tanger dem Freiherrn von Mentzingen nahegelegt hat, im Gentheschen Falle die Vermittlung der französischen Sondermission am Sultanshofe in Anspruch zu nehmen. Um kein Präjudiz zu schaffen, sind wir der Anregung ausgewichen.

Euere Durchlaucht bitte ich, sich zunächst auf Grund

Ihrer Kenntnis der dortigen Verhältnisse und Personen rein persönlich darüber äußern zu wollen, auf welchem Wege wir Ihrer Ansicht nach die von uns gewünschte Regelung unserer Position in Marokko Frankreich gegenüber am besten zur Geltung bringen könnten.

AN DAS AUSWÄRTIGE AMT   Norderney, den 5. August 1904

Einverstanden mit Weisung an Herrn von Mumm wegen vorsichtiger Sondierung seines amerikanischen Kollegen. Herr von Mumm müßte dabei namentlich darauf hinweisen, daß Amerika die unverminderte Erhaltung des territorialen Bestandes des Chinesischen Reichs immer als ein Axiom seiner Politik betrachtet habe. Graf Metternich muß sofort informiert und um seine Ansicht befragt werden.

Es fragt sich, ob wir nicht auch Freiherrn Speck von Sternburg informieren wollen mit der ausdrücklichen Maßgabe, von sich aus die Angelegenheit vorläufig nicht zur Sprache zu bringen, sondern nur sogleich zu melden, wenn er etwas von dem in Rede stehenden Projekt hört. Würde Freiherr von Sternburg in der Lage sein, die Sache in die amerikanische Presse zu bringen, ohne daß seine bezw. unsere Hand irgendwie sichtbar wird?

Wenn sich herausstellen sollte, daß an der ganzen Sache wirklich etwas Wahres ist, würden wir natürlich auf China so stark als möglich drücken, damit es nicht auf die englische Forderung eingeht. Eventuell würde auch die Frage entstehen, welche Kompensation wir beanspruchen könnten.

KAISER WILHELM II. AN DEN REICHSKANZLER
GRAFEN VON BÜLOW   Neues Palais, den 28. August 1904

Heinrich eben zurück.* Sehr impressioniert von Eindrücken. Ungemein warm aufgenommen; meine Person in jeder Hinsicht

---

* Prinz Heinrich von Preußen war der Vertreter von Kaiser Wilhelm II. bei der Taufe des russischen Thronfolgers.

für jetzt in hoher Gunst. Reise von Fr[iedrich] Leopold auf direkte Bitten S[einer] M[ajestät] aufgeschoben, da Chinesenaufstände ausgebrochen und Chunchusenbanden die Bahn so oft überfallen, daß S[eine] M[ajestät] die sichere Ankunft des Prinzen auf Kriegsschauplatz nicht garantieren kann. Seine Majestät bezeichnete die zunehmende Tätigkeit der Chinesen als verräterisch und so gefährlich, daß er damit umgehe, „China den Krieg zu erklären" (!!!) — es sind des Kaisers eigene Worte für mich —! Das kann ja für uns andere Europäer recht nett und angenehm werden! Die Großfürsten gänzlich apathisch und unlustig, gehen nicht hinaus ins Feld und amüsieren sich bloß, wie immer. Stimmung aber doch im allgem[einen] gedrückt. Kaiser zuversichtlich, hat mir bestellen lassen „Willy need not be anxious at all, he may go fast asleep at night, for I vouch for it, that everything will come perfectly right"! Prinz Heinrich selbst sehr betroffen über den unerklärlichen Optimismus des Kaisers. — Bevölkerung im Lande mir persönlich so zugetan, daß sie in Moskau bei Verkündigung der Geburt des Thronfolgers sofort in die Rufe ausbrach, der Deutsche Kaiser müsse zu Paten gebeten werden; diese Stimmung sei auch weit im Lande umher vorhanden! . . .

AN KAISER WILHELM II.   Norderney, den 28. August 1904

Euerer Majestät Telegramm soeben mit alleruntertänigstem Danke erhalten. St. Petersburger Eindrücke Seiner Königlichen Hoheit des Prinzen Heinrich hochinteressant! Vor allem hocherfreulich, daß Euere Majestät persönlich in Rußland auch in den breiten Massen so sehr an Terrain gewonnen haben. Verdienter Lohn für ritterliche und kluge Haltung. Optimismus des Zaren wegen Enderfolgs nicht ungünstig, da derselbe Fall vorzeitigen Friedensschlusses ausschließt, der ohne eklatante russische Erfolge übrigens auch Gefahr für russische Dynastie wäre. Hineinziehung von China in Krieg wäre allerdings bedenklich, da Signal zur Teilung von China werden könnte, die jetzt unseren Interessen nicht entspräche. Ich darf mir vorbehalten, auf diesen Punkt untertänigst zurückzukommen. Daß Seine Majestät der Kaiser Nikolaus das Erscheinen Seiner Königlichen Hoheit des Prinzen Friedrich Leopold auf ostasiatischem Kriegschauplatz nicht wünscht, beweist, daß dort noch immer üble Zustände herrschen. Wenn auf diese Weise ohne unser Zutun und auf ausdrückliche russische Bitten nur im japanischen Lager ein preußischer Prinz weilt, kann uns das bei den Japanern nur nützen. Tief betrübt, daß Angelegenheit Mirbach trotz Euerer Majestät jüngster Entscheidung noch immer nicht zur Ruhe kommt. Mit dem herzlichsten Wunsche, daß so viele Sorgen Euerer Majestät Befinden nicht beeinträchtigen mögen treu gehorsamst B ü l o w

AN KAISER WILHELM II.
Ganz geheim   Berlin, den 31. August 1904

Von Euerer Kaiserlichen und Königlichen Majestät Botschafter in Washington ist kürzlich folgende geheime Meldung eingegangen:

„Präsident Roosevelt sagte mir, daß, falls Japaner General Kuropatkins Armee vernichten, Port Arthur fallen und es zum Friedensschluß kommen sollte, er folgendes Arrangement anstreben würde: Korea bleibt unter japanischem Protektorat, was einer Kontrolle gleichkommen dürfte. Die Mächte garantieren die Neutralisierung der Mandschurei, welche unter Kontrolle eines von Deutschland, n i c h t England, zu ernennenden chinesischen Vizekönigs gestellt wird. Sollte Präsident wiedergewählt werden, so wünscht er in Ostasien Hand in Hand mit Deutschland zu gehen. Er möchte sich aber vorher mit Deutschland über alle dortigen Fragen erst klar verständigen und ist dann bereit, für Durchführung derselben die Initiative zu ergreifen. Er gab mir zu verstehen, daß es ihm erwünscht sein würde, daß ich, sobald der Zeitpunkt kommt,

Seiner Majestät dem Kaiser mündlich über die Einzelheiten der Politik, welche er im fernen Osten für die richtigste hält, Vortrag halte."

Ich hatte zunächst das Auswärtige Amt zu einem Gutachten über die Vorschläge des Präsidenten Roosevelt, als Gesamtpropositionen wie hinsichtlich der Einzelheiten, aufgefordert und verfehle nicht, Euerer Majestät dieses Gutachten in dem anliegenden Promemoria mit dem Hinzufügen alleruntertänigst zu unterbreiten, daß ich den Ausführungen und Vorschlägen des Auswärtigen Amts im großen und ganzen beitrete und nur noch folgendes dazu zu bemerken habe:

Bei der Beurteilung der Rooseveltschen Anregungen darf meines ehrfurchtsvollsten Dafürhaltens nicht unberücksichtigt bleiben, daß der Präsident ein großer Bewunderer Euerer Majestät ist und Hand in Hand mit Euerer Majestät die Welt regieren möchte, indem er sich gewissermaßen als amerikanisches Pendant Euerer Majestät fühlt. Deshalb möchte ich um so mehr mit dem Promemoria annehmen, daß Herrn Roosevelts Vorschlag ehrlich gemeint ist und nicht etwa uns feindliche Hintergedanken hat. Mit unserer Zustimmung zu einem japanischen Protektorat über Korea würde ich raten, Rußland gegenüber möglichst erst dann hervorzukommen, wenn dieses schon selber Miene zeigt, eine solche Ordnung anzunehmen. Darauf, ob es Amerika gelingt, eine gemeinsame Garantie der Mächte für die Neutralisierung der Mandschurei zustandezubringen, werden wir es ankommen lassen können. Natürlich wäre es für uns bequemer, wenn der chinesische Vizekönig über die Mandschurei nicht von uns, sondern von Amerika oder auch von England ernannt würde. Doch möchte ich auch darin dem Promemoria des Auswärtigen Amtes beitreten, daß wir die Ablehnung dieses Punktes getrost anderen Mächten überlassen können.

Daß und mit welchen Maßgaben wir nicht gewillt sind, uns auf neue militärische Unternehmungen in Ostasien einzulassen, würden wir meines alleruntertänigsten Dafürhaltens so spät als irgend möglich zu sagen haben und jedenfalls erst dann, wenn Herr Roosevelt sich so sehr als nur erreichbar für die open door, namentlich im Jangtsetal, engagiert hat.

Euere Majestät darf ich um allergnädigste Bestimmung ehrfurchtsvollst bitten,

ob mit den vorstehenden Maßgaben die Anregung des Präsidenten Roosevelt durch den Freiherrn Speck von Sternburg nach den Vorschlägen des Promemoria beantwortet und weiter behandelt werden darf.

AN DEN BOTSCHAFTER IN WASHINGTON FREIHERRN SPECK VON STERNBURG   Berlin, den 5. September 1904

Ich habe die erste Gelegenheit, die sich mir durch vorübergehende Anwesenheit in Berlin bot, benutzt, um Seiner Majestät dem Kaiser über die hocherfreulichen Äußerungen des Präsidenten Roosevelt persönlich Vortrag zu halten.

Seine Majestät ist ganz damit einverstanden, daß wir mit dem Präsidenten und den Vereinigten Staaten in Ostasien möglichst enge Fühlung nehmen. Seine Majestät ist auch gern bereit, seinerzeit, Ihrer Anregung entsprechend, Ihren Vortrag darüber entgegenzunehmen.

Wie Präsident Roosevelt steht unser Kaiser durchaus auf dem Boden des Prinzips der Offenen Tür und ist für möglichste Durchführung desselben Hand in Hand mit Amerika.

Seine Majestät wies schließlich noch darauf hin, daß zurzeit Port Arthur noch nicht gefallen und die russische Armee noch im Felde stünde, man also noch nicht wissen könne, wie die Dinge sich weiter entwickeln würden. Seine Majestät schien jedoch der Ansicht zuzuneigen, daß, falls die Russen definitiv unterlägen, die Mandschurei wohl am ehesten den Chinesen zufallen würde als das Stammland ihrer Dynastie, und daß alsdann Korea, vorbehaltlich der Offenen Tür, den Japanern verbleiben würde.

Ew. pp. werden bei der, sehr wünschenswerten, Fortführung Ihrer Besprechungen mit Herrn Roosevelt das Vorstehende im Auge zu behalten und besonders dahin zu streben haben, daß derselbe sich für die Offene Tür, besonders auch am Jangtse, möglichst fest engagiert . . .

AN DAS AUSWÄRTIGE AMT
Ganz geheim   Norderney, den 9. September 1904

Ich bitte mündlich und streng vertraulich mit Exzellenz von Tirpitz nach dessen wohl bald zu erwartender Rückkehr die Frage zu besprechen, ob nicht unser Marineattaché in St. Petersburg, Hintze, von sich aus und ohne Mißtrauen zu erwecken, die leitenden russischen Marinekreise in St. Petersburg darauf aufmerksam machen könnte, wie verderblich für Rußland die bisherige Taktik seiner ostasiatischen Kriegsschiffe und namentlich der in Port Arthur eingeschlossenen Kriegsschiffe ist. Wenn sich dieselben weiter in der Defensive halten, so gehen sie unfehlbar früher oder später verloren, ohne daß Rußland davon irgendwelchen Vorteil hat. Wenn aber die russischen Kriegsschiffe mit dem Risiko und selbst um den Preis ihrer eigenen Vernichtung japanische Schlachtschiffe und Kreuzer angreifen und zerstören, so gewinnt dadurch, aber auch nur dadurch, Rußland die Möglichkeit, später mit seiner Ostseeflotte etwas in Ostasien auszurichten. Für Exzellenz von Tirpitz und Euer Hochgeboren brauche ich kaum hinzuzufügen, daß es für uns nützlich wäre, wenn beim Ausgang des Russisch-Japanischen Krieges Japan gerade zur See möglichst geschwächt wäre.

AN DAS AUSWÄRTIGE AMT
  Geheim   Homburg v. d. H., den 23. September 1904

Ballin, mit welchem ich die Frage der Kohlenlieferung für Rußland heute morgen besprach, äußerte sich ähnlich wie Ihnen gegenüber Dr. Ecker: Die Kohlen wären fast ausschließlich englische (Cardiff-Kohlen), die mit Ermächtigung der englischen Regierung offen und ohne Geheimhaltung des Zweckes verfrachtet würden. Von den für den Transport gecharterten Schiffen seien mehr als ein Drittel englische und kaum die Hälfte deutsche Schiffe. Mit der Hamburg-Amerika-Linie sei an den Kohlenlieferungen auch ein großes Londoner Haus beteiligt. Vertraulich erwähnt Ballin, der im namentlichen auf den Leitartikel der „Nationalzeitung" vom 21. d. Mts. hinwies, daß nicht nur England unzählige Kohlensendungen der japanischen Marine zugeführt habe, sondern daß auch Krupp an Japan für 60 bis 70 Millionen Geschütze und Munition liefere. Japan habe seinerseits eine Menge deutscher Schiffe gekauft. Herr Ballin ist bereit, auch auf die Gefahr schwerer Regreßansprüche von der Kohlenlieferung an Rußland zurückzutreten, aber nur, wenn die deutsche Regierung dies ausdrücklich verlangt und ihn autorisiert, sich gegenüber Rußland auf ihr Veto zu berufen. Ohne die geplanten Kohlenlieferungen würde die russische Ostseeflotte nicht auslaufen können, was anderenfalls in etwa einem Monat erfolgen würde. Wenn wir das Auslaufen der russischen Ostseeflotte durch unseren Einspruch verhinderten, würde dies in Rußland zweifellos tiefe Erbitterung gegen uns hervorrufen, während Japan dadurch doch nicht gewonnen werden würde. Herr Ballin wird Sie Montag aufsuchen. Meines Erachtens kommt es vor allem darauf an, daß durch Einwirkung auf die Presse und Inouye wie durch Graf Arco der von englischer Seite geflissentlich verbreiteten Verleumdung entgegengetreten wird, als wenn die unter deutscher Beteiligung erfolgten Kohlenlieferungen an Rußland eine ausschließlich von deutscher Seite oder gar von der deutschen Regierung ausgegangene Unfreundlichkeit gegen Japan oder auch nur Verletzung unserer strikten Neutralität bedeuten.

AN DAS AUSWÄRTIGE AMT
 Geheim   Homburg v. d. H., den 25. September 1904

Seine Majestät telegraphiert mir:
„Freue mich, aus Mitteilung zu ersehen, daß Verlauf Gesprächs mit Ballin günstig war. Aus den letzten Mitteilungen ‚streng geheimer' Natur Lamsdorffs an mich geht weiter hervor, wie **fest das Vertrauen zu uns ist**. Denn es werden jetzt sogar die **sämtlichen fünf Schützendivisionen**, welche, unter Alexander III. lediglich gegen uns zum Einfall in Ostpreußen bestimmt, den Kavalleriedivisionen an unserer Grenze zugeteilt waren, zum Krieg nach Ostasien abgezogen, sogar mit ihrer neuen eben erst verausgabten Schnellfeuer-Artillerie. Das ist ein Ereignis, welches der alte Moltke — der die Formation dieser Truppenteile noch erlebte — und der alte Bismarck mit Sehnen und Hoffen sich herbeiwünschten, und ich zu erleben schon aufgegeben hatte. Nun mögen Euere Exzellenz sich mal vorstellen, was für einen Eindruck ein plötzliches Verweigern unsererseits, **englische Kohlen auf teilweise eng-**

lischen Dampfern für Rußlands Flotte zu liefern, in solchem Moment in Rußland und auf Seine Majestät gemacht hätten!? Seine Majestät degarniert unsere Westgrenze, und wir verhindern seine Flotte am Auslaufen: d. h. verhindern ihn daran, seine verlorene Seeherrschaft wiederzugewinnen zu versuchen; zugunsten Japans, dessen Seeherrschaft d a d u r c h ein für allemaal festgemacht worden wäre zum Nachteil s ä m t l i c h e r europäischer Nationen, welche da draußen noch Interessen haben. Das hätte Rußland sofort mit einem russo-englischen Bündnis und Krieg gegen uns beantwortet; denn wir hätten es und den Kaiser persönlich auf das tödlichste verletzt! Machen Sie Arco und Graf Metternich — die beide Angstmeier sind — den Rücken steif! Graf Arco soll Japaner, wenn sie mit solchen Andeutungen kommen, feste auf die Hühneraugen treten, und ihnen gehörig von oben herunter grob werden! Die Kerls sind zu frech geworden! Japan kann uns niemals irgendwelche Vorteile bieten und wird uns kommerziell stets bekämpfen — schon wegen Englands Freundschaft und aus Haß gegen die weiße Rasse —, also kann es uns Rußlands Gewogenheit oder Vertrauen nicht aufwiegen. Jetzt an Tsingtau zu gehen, ist ausgeschlossen, da sie kaum genug haben, um die Kriegsaufgaben zu bewältigen und noch ganz anderer ihrer warten werden. Zudem hat v. Tirpitz den Befehl, die Befestigung Tsingtaus schnell gründlich auszubauen."

AN DAS AUSWÄRTIGE AMT
Homburg, den 27. September 1904

Ich habe Seiner Majestät auf das dem Auswärtigen Amte in Nr. 180 mitgeteilte Telegramm nachstehendes erwidert:

„Ehrfurchtsvollsten Dank für Euerer Majestät beide letzten Telegramme. Über die (von mir natürlich als secretissimum behandelte) Lamsdorffsche Meldung, daß alle fünf russischen Schützendivisionen nach Ostasien abgehen, freue ich mich unendlich. Graf Metternich werde ich mit gleichlautender Instruktion wie Arco versehen. Hoffentlich entschließen sich die russischen Schiffe in Port Arthur und Wladiwostok, nun endlich die Offensive zu ergreifen, damit die russische Ostseeflotte, wenn sie herauskommt, einen geschwächten Feind vorfindet. Mir scheint, ein forscher russischer Admiral müßte jetzt sagen: Gern zwei Schiffe geopfert, wenn ein Japaner mit untergeht . . ."

AUFZEICHNUNG   Homburg v. d. H., den 28. September 1904

Der Besuch, den mir der italienische Ministerpräsident hier abstattete, ging zunächst aus dem Bedürfnis hervor, sich über die gegenwärtige Weltlage mit dem leitenden Staatsmann des Italien verbündeten und eng befreundeten Deutschen Reichs auszusprechen. Dazu kam der Wunsch, auch nach außen zu zeigen, daß in den Beziehungen zwischen Deutschland und Italien sich nichts geändert hat, und der Dreibund nicht nur der Form, sondern auch dem Wesen nach fortbesteht. Herr Giolitti betonte ohne unnötige Emphase, aber mit ruhiger Bestimmtheit, daß Italien nicht daran denke, sich von Frankreich aus dem Dreibund herauslocken zu lassen. Es läge im italienischen Interesse, zu Frankreich nicht in gespannten Beziehungen zu stehen, wie dies in den achtziger und auch neunziger Jahren zeitweise der Fall gewesen wäre. Auch sei der durch den Besuch Seiner Majestät des Königs Viktor Emanuel in Paris hervorgerufene Gegenbesuch von Loubet in Rom für

Italien nützlich gewesen, weil die Frage der weltlichen Herrschaft des Papstes dadurch ein für allemal aus der Welt geschafft worden wäre. Es habe nur eine einzige Macht gegeben, der zuzutrauen gewesen wäre, daß sie die weltliche Herrschaft herzustellen Neigung empfinden könne. Diese Macht sei Frankreich gewesen. Nachdem das französische Staatsoberhaupt Rom besucht habe, ohne irgendwelche Notiz vom Papst zu nehmen, sei diese Frage erledigt. Das vor allem habe Italien von Frankreich erreichen wollen. Die italienische Regierung denke nicht daran, die Allianz mit Deutschland durch ein Bündnis oder auch nur eine wirklich intime Annäherung an Frankreich zu ersetzen. Sie wisse sehr wohl, daß Italien nur an der Seite Deutschlands seine Weltstellung und seine Selbständigkeit behaupten könne. Das italienische Volk sei zu politisch, als daß nicht seine große Mehrheit in dieser Beziehung ebenso dächte wie die Regierung. Auch die vorgeschritteneren Radikalen wollten, soweit sie überhaupt zurechnungsfähig wären, sich nicht von Deutschland trennen. Seine Majestät der König Viktor Emanuel wäre von der Notwendigkeit des Zusammengehens mit Deutschland ebenfalls durchdrungen und zwar jetzt mehr als früher. Mit großer Anerkennung sprach sich Herr Giolitti über den Kaiserlichen Botschafter in Rom aus, der sich dort allgemeiner Achtung erfreue. Er hoffe im Interesse der gegenseitigen Beziehungen, daß es dem Grafen Monts lange beschieden sein möge, in Rom das Deutsche Reich zu vertreten.

Österreich-Ungarn betreffend gab Herr Giolitti anstandslos zu, daß das Kabinett Zanardelli dem Irredentismus zu sehr habe die Zügel schießen lassen. Seit dem jüngsten Kabinettswechsel in Italien sei in dieser Beziehung eine Wendung zum Bessern eingetreten.

Ich könne mich darauf verlassen, daß er, Giolitti, von irredentistischen Velleitäten frei sei und irredentistische Ausschreitungen nicht dulden werde. Er wisse wohl, daß die Beziehungen zwischen Italien und Österreich-Ungarn entweder vertrauensvolle und herzliche sein müßten, oder zu einem Konflikt führen würden, welchem die Halbinsel nicht gewachsen sei. Wünschenswert sei, daß die österreichische Regierung ihre italienischen Untertanen nicht zu unfreundlich behandle. Schon infolge ihrer geringen Zahl könnten die Italiener in Zisleithanien dem österreichischen Staatsgedanken nicht wirklich gefährlich werden. Warum sie in die Opposition gegen den österreichischen Staat und das deutsche Bevölkerungselement treiben? Das Natürliche sei doch, daß in Zisleithanien Italiener und Deutsche gegen die Slawen zusammenhielten. Wenn die Italiener an der Nordküste des Adriatischen Meeres jetzt teilweise mit Kroaten und Slowenen gegen die Deutschen gingen, so spräche das nicht für die Geschicklichkeit der österreichischen Regierung und der deutschen Parteien in Zisleithanien. Mit Bestimmtheit erklärte Herr Giolitti, daß Italien nicht daran denke, sich in Albanien zu engagieren. Mit derselben Bestimmtheit erwiderte ich ihm, daß Österreich-Ungarn ebensowenig daran denke, sich in Albanien festzusetzen. Die Behauptung des Herrn Giolitti, daß „die österreichische Militärpartei" sich mit Vergrößerungsabsichten trage oder wenigstens einer aktiven Balkanpolitik zuneige, bezeichnete ich als völlig irrig. Herr Giolitti wünscht den möglichst langen Fortbestand der Türkei, und wenn sie einmal auseinanderfällt, selbständige Balkanstaaten. Die Adria frei zu erhalten, sei für Italien wie für Österreich-Ungarn eine Lebensfrage; also müsse Albanien für beide ein Noli me tangere sein.

Das Ansehen Rußlands hat in den Augen des Herrn Giolitti durch die russischen Mißerfolge in Ostasien gelitten. Rußland imponiert ihm nicht mehr. Er ist allerdings wie die meisten Italiener viel zu liberal, um Sympathien für Rußland zu empfinden. Er wünscht das baldige Aufhören des Krieges, da in diesem Falle Rußland endgültig vom Stillen Ozean abgedrängt werden würde, wo es nur Handel und Wandel der anderen störe. Auch würde Rußland, wenn es vor großen Erfolgen Frieden schlösse, selbst in Europa und namentlich in Osteuropa so sehr an Prestige verlieren, daß es der Freiheit der Balkanvölker nicht mehr gefährlich werden könne. Herr Giolitti verstand aber, als ich ihm sagte, daß jeder Versuch der Intervention vor großen und entscheidenden russischen Erfolgen von Rußland als schwere Beleidigung empfunden werden würde und deshalb von vornherein ausgeschlossen sei.

Mit dem gegenwärtigen Papst ist Herr Giolitti zufrieden. Er freut sich über den französischen Kulturkampf, deutete hierbei jedoch an, daß er nicht dumm genug sein würde, einen solchen in Italien zu inszenieren. Die Italiener wären ein skeptisches Volk und begriffen nicht, wie man sich über religiöse Fragen echauffieren könne. Es gelang mir nur schwer, Herrn Giolitti klarzumachen, weshalb sich ein großer Teil der Deutschen über die Aufhebung des § 2 unseres Jesuitengesetzes aufgeregt habe. Als Herr Giolitti die Sache endlich begriff, meinte er, der deutsche Doktrinarismus sei unergründlich. Herr Giolitti fürchtet übrigens, daß Herr Combes durch seine Übertreibungen in Frankreich eine klerikale Reaktion hervorrufen könnte, was den Italienern natürlich höchst unangenehm sein würde. Loubet und Delcassé haben ihm gesagt, daß sie den Antiklerikalismus von Combes sehr übertrieben fänden.

Im Innern fühlt sich Herr Giolitti seiner Sache sicher. Rudini unterstütze ihn, Sonnino sei ohnmächtig, die Klerikalen machten ihm keine Schwierigkeiten. Leo XIII. und Rampolla hätten das Ziel verfolgt, die italienische Monarchie zu beseitigen, um eine italienische Föderativrepublik unter französischem Schutz und mit dem Papst an der Spitze herzustellen, wie sie schon Napoleon III. im Frieden von Villa Franca vorgeschwebt habe. Pius X. sei ein einfacher Landgeistlicher, dem politische Kombinationen fernlägen. Natürlich könne der Papst äußerlich den Prinzipien der römischen Kirche nichts vergeben; das verlange auch kein Italiener von ihm. In Wirklichkeit suche Pius X. die italienische Monarchie zu erhalten und zu stützen. Über die soziale Frage in Italien äußerte Herr Giolitti, seit zehn Jahren sei ein großer Umschwung insofern eingetreten, als die alten bürgerlichen Republikaner à la Mazzini so gut wie ganz ausgestorben wären. Dafür habe Italien jetzt Sozialisten. Herr Giolitti vertritt die Ansicht, daß die Monarchie in Italien dem wirtschaftlichen Kampfe gegenüber solange neutral bleiben müsse, als die öffentliche Ordnung nicht gestört werde. Wenn sie sich bei dem Druck, der in Italien namentlich auf der ländlichen Arbeiterbevölkerung laste, ganz mit den Arbeitgebern identifiziere, sei die Monarchie verloren. Daß die Monarchie in Italien für die Hebung der unteren Klassen einträte, verhindere nicht, daß jeder Versuch der Auflehnung rücksichtslos niedergeschlagen werden würde. Daß er das eintretendenfalls tun werde, möge ich nicht bezweifeln. Übrigens stehe die Monarchie in Italien fester, als im Ausland gewöhnlich angenommen werde. Wenn ich die Berichte nachläse, welche die in Italien akkreditierten fremden Gesandten in den sechziger Jahren über die italienischen Zustände geschrieben hätten und die seitdem zum Teil publiziert worden wären, so würde ich finden, daß diese Herren vielleicht mit alleiniger Ausnahme der ruhig beobachtenden Engländer alle den Sturz des Hauses Savoyen als nahe bevorstehend prophezeit hätten. Wie die damaligen Propheten sich geirrt hätten, so würden auch diejenigen unrecht behalten, welche heute die italienischen Zustände mit übertriebener Schwarzseherei beurteilten. Die Monarchie werde sich in Italien weiter behaupten, Italien aber nach wie vor im Bündnis mit Deutschland und in der Anlehnung an Deutschland die Richtschnur seiner Politik finden.

AN DEN GESANDTEN IN TOKIO GRAFEN VON ARCO
Homburg v. d. H., den 2. Oktober 1904

Von Ew. pp. Befürchtungen wegen ungünstigen Eindrucks der deutschen Kohlengeschäfte auf Japaner habe ich die Leitung der Hamburg-Amerika-Linie unterrichtet. Die von Herrn Ballin mir darauf erteilten Aufschlüsse haben mich indes völlig davon überzeugt, daß von seiner Gesellschaft in der ganzen Angelegenheit durchaus einwandfrei und nur im Einklang mit den allgemein anerkannten Neutralitätsgrundsätzen verfahren ist und wird.

Die Hamburg-Amerika-Linie steht in keinerlei Vertragsverhältnis zur russischen Regierung. Sie hat es nur mit einer privaten Petersburger Firma zu tun, von der sie den Auftrag übernommen hat, Kohlen von englischen oder kontinentalen Häfen nach anderen n e u t r a l e n Häfen zu befördern. Um diesen Auftrag hatte sich eine ganze Anzahl von Firmen beworben, darunter zahlreiche englische Firmen. Die zu liefernden Kohlen kommen ganz überwiegend aus England.

Von den zur Ausführung der Kohlentransporte gecharterten Dampfern ist eine große Zahl englischer Nationalität. Eine große Londoner Firma ist auf Grund eines Untervertrages mit der Hamburg-Amerika-Linie an der Ausführung des Kontrakts beteiligt.

Der englische Anteil an dem Geschäft ist somit ein sehr bedeutender, und es ist eine Verleumdung, dasselbe als ein ausschließlich deutsches hinzustellen.

Die Hamburg-Amerika-Linie hat ferner weder eine Verschiffung der Kohlen nach russischen Häfen noch Ablieferung derselben auf hoher See übernommen. Dagegen haben englische Firmen, wie auch in der „Times" vom 22. September indirekt zugestanden wird, große Lieferungen von Kohlen direkt nach allen Häfen beider Kriegführenden übernommen und führen solche Lieferungen fortgesetzt aus. Es ist auch eine feststehende Tatsache, daß die japanische Marine ganz überwiegend Cardiff-Kohlen verbraucht, welche gar nicht anders als mit englischen Schiffen nach Japan befördert sein können.

Ferner darf nicht vergessen werden, daß nach genauen englischen Feststellungen von 36 fremden Dampfern, die Japan bis Anfang Juli d. Js. gekauft hat, über dreißig englische waren. Wenn also Engländer Japan mit Kohlen und Schiffen versehen haben, so kann es Angehörigen anderer Nationen nicht verwehrt werden, gleiche Lieferungen nach Rußland zu machen.

Die in Ihrem Telegramm Nr. 310 erwähnte Behauptung der „Asahi Shimbun", daß britischen Schiffen die Kohlenlieferung an russische Schiffe für Kriegszwecke verboten sei, ist eine Lüge. In England ist die Abgabe von Kohlen an russische Schiffe für Kriegszwecke nur in britischen Häfen und Territorialgebieten untersagt. Dagegen kann die Lieferung außerhalb britischen Gebietes nach Lage der englischen Gesetzgebung gar nicht verwehrt werden.

Nach allem dem hat Japan kein Recht, sich über die deutschen Kohlengeschäfte und Schiffsverkäufe irgendwie zu beklagen. Die diesbezügliche Preßkampagne kommt lediglich von denjenigen englischen Reedern, welche bei den Lieferungen nicht beteiligt worden und daher wegen des entgangenen Gewinns gereizt sind. Ew. pp. mache ich hiernach zur Pflicht, den japanischen Klagen und Beschwerden eine feste Stirn zu zeigen und auch in der Ihnen zugängigen dortigen Presse auf eine gleich feste Haltung hinzuwirken. Wir haben durch unser gesamtes Verhalten, insbesondere den russischen Kriegsschiffen in Tsingtau gegenüber, sowie dadurch, daß wir der Baltischen Flotte die Durchfahrt durch den Nordostseekanal nicht gestatten, bewiesen, wie ernst wir es mit unserer Neutralitätspflicht nehmen. Wir glauben dadurch Anspruch auf dankbare Anerkennung Japans erworben zu haben. Japan kann aber nicht verlangen, daß wir über das Neutralitätsrecht hinaus unserer Schiffahrt und unserem Handel, die ohnehin durch den ostasiatischen Krieg genug zu leiden haben, ein völlig legales Geschäft verwehren, zumal während englische Schiffe die gleichen Geschäfte zugunsten Japans, und, wie aus vorstehendem hervorgeht, auch zugunsten Rußlands ohne Behinderung seitens der englischen Regierung ganz ungeniert machen.

Wir wahren unsere Neutralität unparteiisch nach beiden Seiten und werden uns in dieser Haltung durch grundlose Vorwürfe und Verdächtigungen nicht beirren lassen. Daß aber durch solche Japan nicht an Sympathien gewinnen kann, liegt auf der Hand.

Deutschland ist das einzige Land, von dem ein Prinz des Herrscherhauses nach japanischer Seite auf den Kriegsschauplatz entsandt worden ist. Ew. pp. wollen diesen besonderen Vertrauensbeweis in der dortigen Presse in das gehörige Licht setzen lassen und der dortigen Regierung deutlich machen, daß deshalb die Verdächtigungen unserer Neutralität unseren Allergnädigsten Herrn um so empfindlicher berühren müßten.

AN DEN GESCHÄFTSTRÄGER IN PETERSBURG
FREIHERRN VON ROMBERG   Homburg, den 4. Oktober 1904

Es wird Ew. pp. nicht entgangen sein, daß der Vertrag der Hamburg-Amerika-Linie für Versorgung des Baltischen Geschwaders mit Kohlen von der englischen Presse zum Anlaß einer Hetzkampagne gegen Deutschland wegen angeblicher Neutralitätsverletzung genommen wird. Demgegenüber können wir zwar darauf hinweisen, daß die englischen Kohlenlieferungen an Japan seit dem Beginn des Krieges nicht aufgehört haben, und daß die japanische Flotte ihre Schlachten mit Cardiff-Kohlen schlägt. Indessen halte ich mich verpflichtet, schon jetzt die Möglichkeit in Betracht zu ziehen, daß bei dieser wie bei so vielen anderen internationalen Streitfragen nicht die Logik, sondern das Machtgefühl maßgebend für die Entschließungen wird. Ich habe deshalb vor Erteilung von Instruktionen nach Tokio und London die Angelegenheit Seiner Majestät dem Kaiser zur Entscheidung unterbreitet. Allerhöchstderselbe ist entschlossen, selbst etwaigen Drohungen gegenüber in der bisherigen Richtung zu bleiben, welche überdies, wie schon bemerkt, ihre Rechtfertigung in der Haltung von England findet. Wir werden also die Hamburg-Amerika-Linie in der Ausführung ihres Vertrages nicht hindern und werden es darauf ankommen lassen, ob die englischen Brandraketen in Japan zünden.

Ich erwarte, so befremdlich das im ersten Augenblick erscheinen mag, für die Behandlung gerade dieser Frage eine beruhigende Einwirkung von Paris aus. Zwar werde ich bis auf weiteres davon absehen, mit Herrn Delcassé in eine Erörterung einzutreten, welche leicht als Drohung ausgelegt werden könnte. Indessen bezweifele ich kaum, daß dieser Staatsmann, dem man Scharfblick ebensowenig wie Vorsicht absprechen kann, auch ohne Warnung den inneren Zusammenhang und die natürliche Folge der Ereignisse erkennen wird. Er wird sich klar darüber sein, daß Japan einen akuten Konflikt mit Deutschland — neben dem russischen Kriege — nur vom Zaune brechen wird, nachdem es die Gewißheit erlangt hat, daß England denselben als casus foederis gelten läßt. Damit würde auch an Frankreich die Kriegsfrage herantreten. Ein starker Bruchteil der Franzosen würde darauf drängen, den japanisch-englisch-deutschen Krieg für Verwirklichung des Revanchegedankens zu verwerten. Aber auch die deutsche Regierung würde keinenfalls umhin können, die Konsequenzen der Tatsache zu ziehen, daß die neu erwachte englische Kriegslust auf die Entente mit Frankreich zurückzuführen, Frankreich also verantwortlich ist, wenn wir in dem ungleichen Kampfe auf der See Kolonien, Handel und Handelsflotte, vielleicht auch einen Teil der Kriegsflotte einbüßen. Unter solchen Umständen könnte die Abrechnung mit Frankreich zu Lande für uns allerdings unabweislich werden.

Ew. pp. wollen beim nächsten Empfange des Grafen Lamsdorff die englische Preßhetze, sowie deren etwaige Rückwirkung auf die Haltung der japanischen wie der englischen Regierung zur Sprache bringen und dabei — nicht als eben erhaltene Direktive, sondern als etwas logisch Selbstverständliches — den Gedanken der Mitverantwortung Frankreichs einflechten. Es wird alsdann der unbeeinflußten Erwägung des Ministers zu überlassen sein, ob er etwa in Paris warnen und dadurch Herrn Delcassé eine abwiegelnde Einwirkung nach der englischen Seite hin nahelegen will. Der russischen Politik dürfte ebensowenig wie uns mit einer Ausbreitung des Krieges gedient sein.

AN DEN BOTSCHAFTER IN WASHINGTON FREIHERRN
SPECK VON STERNBURG   Berlin, den 22. Oktober 1904

Aus Ew. Berichterstattung habe ich mit Befriedigung ersehen, daß Präsident Roosevelt sich von dem tendenziös genährten Mißtrauen gegen Deutschlands ostasiatische Politik mehr und mehr emanzipiert und sich an den Gedanken gewöhnt, daß es dem Interesse der Vereinigten Staaten entsprechen würde, in chinesischen Fragen Hand in Hand mit Deutschland zu gehen.

Ew. wollen bei Besprechung derartiger Gegenstände immer wieder hervorheben, daß Deutschland keine Erweiterung seines Landbesitzes in China erstrebt, sondern die Aufrechterhaltung des Prinzips der Offenen Tür als Hauptinteresse verfolgt. Wir haben dabei selbstredend zunächst nur denjenigen Teil des Reiches im Auge, welcher nicht zurzeit Schauplatz bezw. Gegenstand des Russisch-Japanischen Krieges ist. Hinsichtlich der vom Kriege nicht berührten Gebietsteile Chinas bleibt die deutsche Politik auch fernerhin genau dieselbe, welche in dem deutsch-englischen Abkommen vom Oktober 1900 und in dem Neutralisierungsantrage vom Februar d. Js. zum Ausdruck kam.

Nach unseren Meldungen aus China ist es nicht ausgeschlossen, daß die leitenden Grundsätze jener beiden diplomatischen Akte — Offene Tür und Integrität des Chinesischen Reiches — in naher Zukunft werden praktisch zu betätigen sein. Der Konsul in Hankau meldet nämlich, daß die Bevölkerung des Jangtsebeckens infolge der japanischen Siege stark erregt sei, und daß ein fremdenfeindlicher Ausbruch von geringerer oder größerer Bedeutung im Bereich der Möglichkeit liege. Nach meiner Ansicht würde es sich empfehlen, wenn die beim Verkehr im Jangtsebecken hauptsächlich interessierten Seemächte sich im voraus über g e m e i n s a m e Behandlung etwaiger Unruhen und gemeinsamen Schutz der Fremden verständigten. Eine solche Verständigung würde den doppelten Vorteil haben, den Chinesen als Warnung zu dienen und dem Vorgehen irgendeiner einzelnen Macht, welches Mißstimmung unter den übrigen Mächten erregen könnte, vorzubeugen. Ew. stelle ich anheim, in diesem Sinne bei geeigneter Gelegenheit sich dem Präsidenten gegenüber auszusprechen. Wir sind ebenso wie seinerzeit in der Neutralisierungsfrage bereit, selbst die Initiative zu übernehmen oder dieselbe an Amerika zu überlassen, welchem wir in Angelegenheiten des Stillen Ozeans gern das Recht des Vortritts zuerkennen.

AN DEN GESANDTEN IN TOKIO GRAFEN VON ARCO
Berlin, den 23. Oktober 1904

Zu Ew. vertraulichen Orientierung.
Der japanische Gesandte in Stockholm Akidzuki bezeichnete es in einem Gespräch Graf Leyden gegenüber als naheliegend, daß das Wiedererscheinen des Herrn Kurino in Europa und namentlich in Paris mit einer demselben erteilten besonderen Mission zusammenhängen könnte. Herr Akidzuki glaubt nach Graf Leyden anscheinend an die Möglichkeit einer friedlichen Auseinandersetzung zwischen Japan und

Rußland, ehe die Waffen bis zum äußersten entschieden. Er hält eine Mediation nicht für ausgeschlossen und glaubt, daß die japanische Regierung auf das Anerbieten einer solchen seitens einer eng befreundeten Regierung eingehen und dies dem japanischen Volke gegenüber zu vertreten den Mut haben werde.

Es wäre für die Beurteilung der Lage interessant zu wissen, ob auf japanischer Seite, vielleicht in dem Gefühl eines wirtschaftlichen oder finanziellen Notstands oder auch auf die Länge unzureichender militärischer Kräfte der Wunsch einer Friedensvermittlung erkennbar wird.

AN DEN BOTSCHAFTER IN WASHINGTON FREIHERRN SPECK VON STERNBURG   Berlin, den 26. Oktober 1904

Dem „New York Herald" zufolge soll die britische bei der amerikanischen Regierung ein gemeinsames Vorgehen gegen die russische Ostseeflotte angeregt haben. Ew. werden Näheres um so eher erfahren können, da man amerikanischerseits keinen besonderen Wert auf Geheimhaltung zu legen scheint.

Wenn wirklich Hay auf die Gefahr einer Ausdehnung des Krieges auf Europa hingewiesen hat, so hat er etwas absolut Richtiges gesagt. Den Japanern wäre diese Ausdehnung natürlich erwünscht, und sie sind offenbar bemüht, auf Grund angeblicher Neutralitätsverletzungen durch dritte Mächte einen casus foederis für England zu schaffen. Dadurch kann es dahin kommen, daß die eine oder andre Macht, welche von Hause aus am liebsten in Frieden bliebe, auf die Seite von Rußland gedrängt und alsdann von beiden gemeinsam Frankreich an seine Pflichten als Verbündeter Rußlands erinnert wird. Diese Eventualität können Ew. pp. nach eignem Ermessen dem Präsidenten oder Hay gegenüber andeuten, jedoch als natürliche Folge der

Lage und als Ergebnis eigner Erwägung, zunächst noch ohne Erwähnung des Auftrags.

AN KAISER WILHELM II.   Berlin, den 28. Oktober 1904

Euerer Kaiserlichen und Königlichen Majestät beehre ich mich das anliegende Telegramm Euerer Majestät Botschafters in Washington alleruntertänigst zu unterbreiten, wonach Präsident Roosevelt persönlichen und großen Wert darauf legt, mit Euerer Majestät einen Schiedsvertrag abzuschließen.

Euere Majestät bitte ich um Allergnädigste Bestimmung, ob ich dem Präsidenten antworten lassen darf, daß Euere Majestät gern bereit seien, seiner Anregung näherzutreten.

Ich würde dann dafür Sorge tragen, daß in den Schiedsvertrag keine Bestimmungen aufgenommen werden, die uns mehr binden als diejenigen des Deutsch-Englischen Schiedsvertrags vom Sommer d. Js.

AN KAISER WILHELM II.   Berlin, den 30. Oktober 1904

Euerer Kaiserlichen und Königlichen Majestät unterbreite ich in der Anlage ehrfurchtsvollst den Entwurf eines Briefes an Seine Majestät den Kaiser Nikolaus. Ich halte es für besser, die Antwort Ew. Majestät in dieser Frage von weltgeschichtlicher Bedeutung in die Form eines Briefes zu fassen: Einerseits, weil die Antwort, welche der Wichtigkeit der Sache entsprechend alle Seiten der Frage berühren muß, für ein Telegramm zu lang ist; andererseits, weil es, wie die Verhältnisse in Rußland liegen, nicht sicher ist, ob ein langes Chiffre-Telegramm Euerer Majestät an den Zaren nicht in unrichtige Hände kommen könnte. Ich möchte untertänigst vorschlagen, diesen Brief Euerer Majestät an Seine Majestät den

Kaiser Nikolaus durch Feldjäger zu expedieren, da die Entsendung etwa eines Flügeladjutanten Euerer Majestät vorzeitig die Aufmerksamkeit auf die Verhandlungen lenken würde. Es kommt alles darauf an, der englisch-französischen Partei am russischen Hofe gegenüber das Geheimnis jetzt noch zu wahren. Bei Absendung dieses Briefes könnten Ew. Majestät vielleicht an Seine Majestät den Kaiser Nikolaus (chiffriert) telegraphieren: „Received Your telegram. Agree with your view. I send answer by Messenger." Gott gebe seinen Segen zu diesem Werk.

Anlage I

AN KAISER NIKOLAUS II. VON RUSSLAND

My dear Nicky!

Your kind telegram has given me the pleasure to feel, that I was able in a serious moment to be of some use to you. I have at once communicated with the Chancellor, and we both have drawn up the 3 articles of the treaty you wished. Be it as you say. Let us stand together. Of course the alliance must be purely defensive and exclusively directed against the European aggressor or aggressors in the form of an mutual fire insurance company against incendiarism. It is very essential, that America should not feel threatened by our agreement. Roosevelt, as I know, owing to the innate American antipathy against all coloured races, has no special partiality for Japan, although the English do their utmost to work upon American opinion in favour of the Japanese. Besides the Americans have a clear perception of the indisputable fact, that a powerful Japanese Empire is a lasting danger for the American Philippines.

As for France, we both know that the radical or antichristian party, which for the moment appears to be the stronger one, inclines towards England, Crimean tradition, but is opposed to war, because a victorious General would mean certain destruction to this republic of miserable civilians. The nationalist or clerical party dislikes England and has sympathies for Russia, but does not dream of throwing in its lot with Russia in the present war. Between the two parties the Republic will remain neutral and Do nothing. The English count upon this neutrality and upon the consequent isolation of Russia. I positively know that as far back as last December the French Finance Minister Rouvier told the Finance Minister of another power, France would on no account join in a Russo-Japanese war, even though England sided with Japan. To make doubly sure, the English have handed Morocco over to France. The certainty, that France intends to remain neutral and even to lend her diplomatic support to England, is the motive, which gives English policy its present unwonted brutal assurance.

This unheard of state of things will change as soon as France finds herself face to face with the necessity of eventually choosing sides. As I said, the radical party, which gravitates towards England, abhors war and militarism, while the nationalist party while not objecting to war in itself, hates fighting for England and against Russia. Thus it will be in the interests of both parties to bring pressure to bear on and warn England to keep the peace. The main result will be, if you and I stand shoulder to shoulder, that France must formally and openly join us, thereby fulfilling her treaty-obligations towards Russia. That, I expect, will put an end to made up grievances about so called breaches of neutrality. — This consummation once reached, I expect to maintain peace and you will be left an undisturbed and free hand to deal with Japan.

Let me finally add that I sincerely admire your masterful political instinct, which caused you to rever the North-Sea-incident to your Hague tribunal. For this systematically distorted incident has been used by the French radicals, Clemenceau and all the rest of the tag-rag and bobtail, as a further argument against France fulfilling her treaty-obligations towards Russia.

I enclose the draft of an agreement that you desired.

Anlage II

Leurs Majestés l'Empereur d'Allemagne et l'Empereur de Toutes les Russies, afin de localiser, autant que faire se peut, la guerre Russo-Japonaise, ont arrêté les articles suivants d'un traité d'alliance défensive.

Article I

Au cas oú l'un des deux Empires serait attaqué par une puissance Européenne, son allié l'aidera de toutes ses forces de terre et de mer. Les deux alliés, le cas échéant, feront également cause commune afin de rappeler à la France les obligations, qu'elle a assumées aux termes du traité d'alliance franco-russe.

Article II

Les deux hautes parties contractantes s'engagent à ne conclure de paix séparée avec aucun adversaire commun.

Article III

L'engagement de s'entr'aider est valable également pour le cas où des actes accomplis par l'une des deux hautes parties contractantes pendant la guerre tels que la livraison de charbon à un belligérant donneraient lieu après la guerre à des réclamations d'une tierce puissance, comme prétendues violations du droit des neutres.

AN KAISER WILHELM II.   Berlin, den 31. Oktober 1904

Euere Kaiserliche und Königliche Majestät hatten soeben die Gnade, mir die letzte Meldung von Lamsdorff zu geben. Ich las sie auf der Rückfahrt. Aus Lamsdorffs Meldung geht deutlich hervor, daß Seine Majestät der Kaiser Nikolaus den Zwischenfall Hull-Vigo noch nicht als erledigt betrachtet und grade für die Beilegung dieses Zwischenfalls uns England gegenüber ausspielen möchte. Das darf keinesfalls geschehen, denn anläßlich dieses Zwischenfalls und für das Verhalten von Roschestwensky gehen die Franzosen unter keinen Umständen gegen England vor. Darüber lassen die Sprache aller französischen Blätter und die Nachrichten aus Paris keinen Zweifel. Es würde also der von Euerer Majestät beabsichtigte Zweck, nämlich Frankreich von England abzuziehen und neben uns und Rußland zu schieben, nicht nur nicht erreicht werden, sondern wahrscheinlich das Gegenteil. Meines untertänigsten Erachtens sollten Euere Majestät, um dieser Gefahr vorzubeugen, dem im übrigen nach wie vor zweckentsprechenden Brief nachstehendes Postskriptum geben, beziehungsweise nachstehenden Satz zwischen den vorletzten und den letzten Satz des Konzepts (zwischen „towards Russia" und „I enclose") einfügen: „Natürlich muß der verdammte Huller Zwischenfall erst beigelegt sein, bevor wir etwas unternehmen und an Frankreich herantreten. Meine Nachrichten lassen keinen Zweifel darüber, daß in dieser Frage Delcassé und Cambon bereits die französische Regierung im anglophilen Sinne festgelegt haben. Wir würden also, wenn wir Frankreich gerade in dieser Frage zwingen zu optieren, es auf die englische Seite drängen."

AUFZEICHNUNG
Ganz geheim   Berlin, den 2. November 1904

Herr von Mendelsohn, der vor einigen Tagen aus St. Petersburg zurückgekehrt ist, sagte mir **mit der Bitte um strengste Diskretion**, daß dort in allen Bank- und Handelskreisen lebhafte Sehnsucht nach baldigem Friedensschluß bestünde. Ein sofortiger Friedensschluß würde von der großen Mehrheit der Bevölkerung mit lebhafter Genugtuung aufgenommen werden. Nur der Hof, die Militärs, die offiziellen Persönlichkeiten wollten durchhalten. In letzterem Sinne spräche sich auch der Finanzminister Kokowzow aus.

Herr von Witte ist der Ansicht, Rußland müsse sich baldmöglichst mit Japan verständigen. Bei weiterem Fortgang des Krieges bringe Rußland zu große materielle Opfer, die sich in Jahrzehnten nicht wieder einbringen lassen würden. Je mehr Truppen es nach Ostasien schicke, um so schwächer werde seine Position in Europa. Rußland sei ein zu großes Reich, als daß es nicht nachgeben könne. Die Japaner wären jeden Augenblick bereit, Frieden zu schließen. Der japanische Gesandte in London, Baron Hayashi, hat Herrn von Witte vertraulich durch Mittelspersonen wissen lassen, daß er für eventuelle Friedensverhandlungen zu seiner Verfügung stehe. Das einzige Hindernis für ein schleuniges Zustandekommen des Friedens sieht Herr von Witte in der Erbitterung Seiner Majestät des Kaisers Nikolaus gegen die Japaner und in Höchstdessen Glauben, der Krieg könne für Rußland noch siegreich zu Ende geführt werden. Es liege aber in der Natur des Zaren, sich anfänglich gegen Notwendigkeiten zu sträuben, dann aber plötzlich umzufallen, wenn ein schwerer Schicksalsschlag erfolge. So habe der Zar auch an Plehwe festgehalten, bis dieser durch die Bomben der Nihilisten in die Luft gesprengt worden wäre; nach dieser Katastrophe habe sich der Kaiser wieder nach der liberalen Seite gewandt. So könne es auch gegenüber den Japanern gehen. Herr von Witte bezeichnete es als selbstverständlich, daß Rußland die Mandschurei inklusive Port Arthur und Dalny und den mandschurischen Teil der ostasiatischen Eisenbahn aufgeben müsse, um Frieden zu bekommen. Das russische Volk würde dies Gericht schlucken, wenn es ihm mit der richtigen Sauce vorgesetzt würde. Die Sauce sei eine liberale Reorganisation im Innern.

Herr von Witte deutete an, daß Graf Lamsdorff innerlich ebenso dächte wie er. Gewiß wären die Hohen Militärs und die Spitzen der Marine anderer Ansicht; aber diese hätten vor Beginn des Krieges und während seines Verlaufs so viel Ungeschick und Planlosigkeit an den Tag gelegt, daß auf ihr Urteil nicht viel zu geben sei. Herr von Witte deutete auch an, daß er für den Fall des Fortgangs des Krieges nicht an eine Wendung des Waffenglücks für Rußland glaube, eher sei es möglich, daß die Japaner der russischen Armee doch noch ein Sedan bereiteten, wozu es schon zweimal beinahe gekommen wäre. Herr

Witte äußerte: „Wer Rußland rät, den Krieg fortzusetzen, ist kein wahrer Freund von Rußland."

Es liegt auf der Hand, daß Herr von Witte, der Schöpfer der Valuta, des anscheinenden industriellen Aufschwungs in Rußland und der bis vor kurzem äußerlich glänzenden russischen Finanzen, vor allem die Wiederherstellung des Friedens wünscht. Er war von Anfang an gegen die Besitzergreifung von Port Arthur, gegen die Verlängerung der ostasiatischen Bahn bis dorthin, gegen die Besetzung der Mandschurei, gegen das Brüskieren von Japan. Er trat zurück, als Kaiser Nikolaus sich endgültig für diese Politik entschied und sie gegen seinen und des Grafen Lamsdorffs Rat mit Alexejew und Besobrasow durchführte. Er würde für seine Person gut dastehen, wenn er jetzt den Frieden wiederherstellte und als der Mann erschiene, der die von anderen begangenen Fehler tant bien que mal wieder gutmachte. Aus naheliegenden Gründen wünscht auch Herr von Mendelssohn im Interesse des russischen Kredits und günstiger Anleihebedingungen das Aufhören des Krieges. Daß das Friedensbedürfnis in weiten Kreisen der russischen Bevölkerung sehr groß sei, ist aber auch der Eindruck, den Professor Schiemann jüngst in ganz Rußland empfangen hat. Der neue Minister des Innern Fürst Mirsky ist ein intimer Freund des Herrn von Witte. Herr von Witte hat dessen Ernennung mit Hilfe Ihrer Majestät der Kaiserin-Mutter durchgesetzt. Herr von Mendelssohn erwähnte schließlich noch im strengsten Vertrauen, daß Rußland für das nächste Jahr eine Milliarde Mark brauche. Die eine Hälfte dieser Summe soll in Deutschland, die andere in Frankreich aufgenommen werden.

AN DEN BOTSCHAFTER IN LONDON
GRAFEN VON METTERNICH   Berlin, den 4. November 1904

Wir haben niemals, von keiner Stelle aus, weder direkt noch indirekt, die Russen vor Gefahren gewarnt, welche ihrer Flotte irgendwo und insbesondere bei ihrem Auslaufen aus der Ostsee drohten. Um Mitte August teilte der russische Botschafter im Auftrage seiner Regierung hier mit: dieselbe habe Grund zur Befürchtung, daß japanische Agenten von unseren Küsten aus Anschläge gegen die russische Ostseeflotte mittels Minen, Torpedos und dergleichen vorbereiteten. Rußland bäte, gemäß unserer Neutralität dergleichen Anschläge zu verhindern. Am 28. August erhielt ich ein Telegramm Seiner Majestät des Kaisers, wonach Allerhöchstihm durch den von der Taufe in Petersburg zurückkehrenden Prinzen Heinrich vom Zaren die gleiche Bitte übermittelt worden war.

Auf Allerhöchsten Befehl, den Seine Majestät am 17. September aus Anlaß der Erzählungen dänischer Zeitungen über japanische Spionageversuche in Dänemark wiederholte, sind unsere Marine- und Küstenbehörden angewiesen worden, auf etwaige Machenschaften der erwähnten Art zu achten und überhaupt unsere unbedingte Neutralität in gleicher Weise gegenüber Japanern wie Russen zu schützen. Verdächtige Wahrnehmungen in der bezeichneten Richtung sind indessen bis heute nicht gemacht worden. Demgemäß sind auch von seiten der Kaiserlichen Regierung keinerlei Warnungen, in welcher Form auch immer, nach Rußland erteilt worden. Ebensowenig habe ich Anhalt dafür, daß von irgendeiner privaten deutschen Seite solche Warnungen ergangen wären.

Sie sind ermächtigt, vorstehendes überall zu verwerten, wo Ihnen dies notwendig oder nützlich erscheint.

AUFZEICHNUNG

Ganz vertraulich   Berlin, den 4. November 1904

Ich habe heute den englischen Botschafter zu mir gebeten und ihm nachstehendes gesagt:

Einem Privatbrief des Grafen Metternich entnehme ich, daß in London mit großer Hartnäckigkeit das Gerücht aufträte, wir hätten die russische Flotte vor japanischen Anschlägen in der Nordsee gewarnt; wir hätten das getan, um einen Konflikt zwischen Rußland und England herbeizuführen. An dieser Behauptung sei kein wahres Wort. Mitte August hätte der russische Botschafter im Auftrage seiner Regierung hier mitgeteilt, diese habe Grund zu der Befürchtung, daß japanische Agenten in deutschen Gewässern Anschläge gegen die russischen Schiffe mit Minen, Torpedos und dergleichen vorbereiteten; wir möchten, unserer Neutralitätspflicht entsprechend, solche Anschläge verhindern. Am 28. August, bei der Taufe in Petersburg, hätte Kaiser Nikolaus seinen Schwager, den Prinzen Heinrich, ersucht, unserem Kaiser die gleiche Bitte zu übermitteln. Wir hätten, entsprechend unserer Neutralitätspflicht, unsere Marine- und Küstenbehörden angewiesen, auf etwaige Machenschaften an unseren Küsten und Häfen zu wachen. Es wäre aber in der betreffenden Richtung keinerlei Wahrnehmung gemacht worden. Warnungen von unserer Seite wären an Rußland in keiner Weise, weder direkt noch indirekt, erfolgt.

Bei diesem Anlasse kam ich auch auf die bekannte Verleumdungskampagne wegen Tibet zu sprechen und sagte Sir Frank, ich könnte mich des Eindrucks nicht erwehren, daß in England eine starke Partei auf einen Konflikt zwischen Deutschland und England hinarbeite. Sir Frank Lascelles erwiderte

mir, es sei richtig, daß die „Times" uns gegenüber eine sehr bedauerliche Haltung einnehme und sich bemühe, in England Mißtrauen gegen uns zu säen. Vertraulich fügte er hinzu, daß von den englischen Ministern Lord Lansdowne sich hierdurch noch am wenigsten beeinflussen lasse. Mr. Balfour werde hier und da durch derartige Verdächtigungen beeindruckt und glaube dann an schwarze Absichten von seiten Deutschlands. Bei manchen anderen Ministern sei dies noch mehr als bei Balfour der Fall. Die eigentliche Seele dieser Campagne sei Mr. Chirol. Chirol sei überzeugt, daß wir mit Rußland ein geheimes Abkommen abgeschlossen hätten, dessen Spitze sich gegen England richte. Näheres wolle Mr. Chirol über dieses Abkommen nicht sagen, nur daß er die betreffende Nachricht aus Paris bekommen habe. Sir Frank Lascelles gab nicht zu, daß selbst Chirol und seine Freunde von der „Times" und der „National Review" auf einen Zusammenstoß zwischen England und Deutschland hinarbeiteten. Sie fürchteten aber, daß die englische Politik und namentlich König Eduard bei etwaigen Begegnungen mit unserem Kaiser Deutschland Konzessionen mit Bezug auf englische Interessen machen könnten. Sir Frank will nach London telegraphieren und die falschen Ansichten über Warnungen Deutschlands an Rußland widerlegen.

Den russisch-englischen Zwischenfall schien Sir Frank noch nicht als erledigt zu betrachten. Er meinte, die englische öffentliche Meinung finde die Lösung des Konflikts nicht besonders glücklich und sei namentlich unzufrieden, daß nur vier russische Offiziere ausgeschifft worden wären. Andererseits sei die Balfoursche Rede in Rußland übelgenommen worden. Die Begleitung der russischen Flotte durch englische Schiffe bedeute auch eine unverkennbare Friedensgefahr.

AN DEN GESCHÄFTSTRÄGER IN PETERSBURG
FREIHERRN VON ROMBERG

Ganz geheim   Berlin, den 12. November 1904

In letzter Zeit deuteten mancherlei Zeichen darauf hin, daß Japan anfängt, kriegsmüde zu werden und eine Mediation wünscht. Heute erfahren wir vertraulich von diplomatischer Seite, daß Frankreich und England damit umgehen, diesem japanischen Wunsche zu entsprechen, und daß auch an uns demnächst die Anregung herantreten wird, uns einer Kollektivaktion in diesem Sinne anzuschließen.

Wir würden uns nur dann an einer Vermittlungsaktion beteiligen, wenn dieselbe den Wünschen Rußlands entspräche. Ich bitte unverzüglich, durch ganz vertrauliche Rücksprache mit Graf Lamsdorff festzustellen, wie Rußland zur Mediationsfrage steht.

AN KAISER WILHELM II.   Berlin, den 16. November 1904

Euerer Kaiserlichen und Königlichen Majestät überreiche ich in der Anlage den Entwurf einer Antwort an Seine Majestät den Kaiser Nikolaus. Die Antwort mußte diesmal leider lang ausfallen. Euere Majestät haben mit einem Partner zu tun, der in das politische Spiel nicht so eingeweiht ist wie Euere Majestät, und wo ein genaues Aufsetzen aller Lichter notwendig war, um der Gefahr falscher Auslegungen vorzubeugen. Wenn der Zar im Eingang statt: „Afin de localiser autant que faire se peut la guerre Russo-Japonaise" sagt: „Afin d'assurer le mainte de la paix en Europe", so wird das Bündnis wuchtiger, fester und dauert namentlich länger. Natürlich dürfen wir unser Interesse an dieser Veränderung nicht durchblicken lassen.

Nun steht Euerer Majestät die sauere Arbeit bevor, diesen langen Brief in gutes Englisch zu übersetzen. Mir ist so leid, daß Euere Majestät diese Mühe haben. Meine Rechtfertigung für diese Zumutung liegt darin, daß es sich hier um eine wirklich großartige und für die zuschauende Welt gänzlich unerwartete Weichenstellung handelt. Hätte man in Paris und London die geringste Ahnung von dem Inhalt dieses Schriftstücks, so würde man alles daransetzen, um das deutsch-russische Bündnis, durch welches die Möglichkeit eines russisch-französisch-englischen Bündnisses konterkariert wird, noch in der letzten Stunde zu vereiteln.

Anlage
Lieber . . .

Aus Deinem Briefe vom 7. November ersehe ich, daß wir einig sind in dem Wunsche, den japanischen Krieg zu lokalisieren und einen europäischen Krieg zu verhüten. In unserem gemeinsamen Interesse aber schlage ich Dir heute, von Deiner Erlaubnis Gebrauch machend, zwei Änderungen vor. Die eine modifiziert meinen Entwurf, die andere Deinen Schlußzusatz.

Wenn die beiden ersten Artikel des Vertrages bekannt werden, könnte der Ausdruck „afin de localiser la guerre Russo-Japonaise" so ausgelegt werden, daß der Vertrag nur im Falle eines Eingreifens von England als Alliierten von Japan in Wirksamkeit treten soll, also direkt und ausschließlich gegen England gerichtet ist. Tatsächlich mag das ja der Fall sein, aber toute vérité n'est pas bonne a dire. Bei der krankhaften Erregbarkeit der Engländer, von der wir uns neulich überzeugen konnten, wäre eine solche direkte Provokation vielleicht geeignet, den Ausbruch herbeizuführen, den wir gerade vermeiden wollen. Der von Dir irgendwo gebrauchte Ausdruck „Sicherung des europäischen Friedens" entspricht ebenso unserem Zweck und enthält keinerlei Provokation. Wir deuten dabei auf niemanden hin, sondern denken nur an uns selber. Niemand ist berechtigt, sich durch einen so gefaßten Vertrag getroffen zu fühlen, und dieser Umstand wird es der englischen Jingo-Gruppe erschweren, aus dem Abschluß einen Kriegsvorwand zu machen.

Durch diese veränderte Fassung wird es notwendig, für den Vertrag eine Frist zu bestimmen. Ich nehme die denkbar kürzeste Zeitgrenze an, indem ich einjährige Kündigung vorschlage, die zu einem beliebigen Zeitpunkte erfolgen kann. Wenn der Vertrag sich, wie ich es von Herzen hoffe, als ersprießlich für die uns anvertrauten Völker erweist, wird sich die Verlängerung von selbst ergeben. Falls Du es für praktischer hältst, von vornherein eine längere Dauer festzusetzen, ist mir das auch recht.

Dies ist die eine Änderung. Die andere betrifft den neu hinzugefügten Schlußsatz des Vertrages. Im Falle des Bekanntwerdens — und mit der Möglichkeit hat man doch immer zu rechnen — wird dieser Satz so aufgefaßt werden, daß ich mich dadurch aus - d r ü c k l i c h verpflichtet habe, Dir bei der Behauptung Deiner Eroberungen beizustehen, daß demnach also auch der Artikel I des Vertrages eine aggressive Bedeutung habe. In der ganzen politischen Welt wird sich die Meinung festsetzen, daß es sich um keinen Defensivvertrag, sondern um eine Erwerbsgenossenschaft handelt, welche nach aller Wahrscheinlichkeit auch noch geheime Klauseln zugunsten Deutschlands enthält. Das allseitige Mißtrauen, welches die unvermeidliche Folge hiervon wäre, würde für uns beide eine bedenkliche Erschwerung der Lage bedeuten: für mich zunächst wegen des Dreibundes, welchem gegenüber ich nur den Abschluß eines Vertrages von defensiven Charakter würde rechtfertigen können; für uns beide wegen Amerikas, welches sich England nähern würde, sobald der Gedanke Wurzel faßt, daß Rußland und Deutschland vielleicht gemeinsame Erwerbszwecke verfolgen. Diese Annäherung zu verhindern, wird jetzt und in der nächsten Zukunft eine Hauptaufgabe der deutschen wie der russischen Diplomatie sein. Bülow muß im Reichstage erklären können, daß keine geheime Klausel existiert, welche der defensiven Natur des Vertrages zuwiderläuft oder Deutschland andere Vorteile zusichert als die einer Unterstützung bei Wahrung des europäischen Friedens. Deshalb schlage ich die veränderte Fassung des Schlußsatzes vor. Es ist dabei der Gedanke zugrundegelegt, daß die russische Presse seit Monaten gegen die Gefahr eines Friedenskongresses ähnlich dem von 1878 polemisiert hat, welcher das Gleichgewicht zwischen Sieger und Besiegtem künstlich würde wiederherstellen wollen. Die von mir jetzt vorgeschlagene Fassung des letzten Satzes schließt unsere Beteiligung an einem solchen Friedens- oder Vermittlungskongresse von vornherein aus, gewährt aber andererseits der Kritik nicht die Möglichkeit, zu sagen, daß wir eine aggressive Politik treiben oder überhaupt etwas anderes bezwecken als die Förderung des Friedens.

Dies sind meine Änderungsvorschläge, mit denen Du wahrscheinlich einverstanden sein wirst, da sie eingegeben sind von dem Wunsche, Englands aktive

Beteiligung am Kriege, beziehungsweise Amerikas Anschluß an England wennmöglich zu verhindern.

Willst Du mit Frankreich auch über den geheimen Artikel, den bisherigen Artikel III verhandeln? Ich stelle das in Dein Ermessen, möchte aber glauben, daß schon die vorhergehenden drei Artikel genügen, um ein Abschwenken zu verhindern. Selbst in der von mir vorgeschlagenen allgemeineren Fassung des geheimen Artikels wird Delcassé sofort die gegen einen Friedens- oder Vermittlungskongreß gerichtete Tendenz erkennen und wird sich vielleicht ungern dazu entschließen, schon jetzt, wo anscheinend deswegen zwischen Paris, London und anderen Regierungen verhandelt wird, plötzlich abzubrechen. Überhaupt zweifle ich nicht daran, daß jede andere Gruppierung den Franzosen lieber sein würde als die Rekonstituierung eines Dreibundes nach dem Muster von 1895. Aber, wenn einmal die russisch-deutsche Abmachung Tatsache geworden ist, glaube ich an die Attraktion unserer vereinten Kraft. Ich eigne mir damit den Gedanken Deines Telegramms vom 29. Oktober an, that after the arrangement is accepted by us, France is bound to join.

Die Verhandlungen mit Frankreich überlasse ich Deiner Diplomatie, Deutschland steht dabei stillschweigend hinter Dir. Die Zivilisten Combes, Delcassé & Co. haben für sich und ihr republikanisches System einen siegreichen Krieg ebensosehr zu scheuen wie eine Niederlage. Sie werden deshalb, sobald sie fühlen, daß Frankreich nicht neutral bleiben könnte, sondern Partei ergreifen müßte, die äußersten Anstrengungen machen, um England am Kriege zu verhindern.

Schließlich bemerke ich noch, daß es vielleicht für die Ernüchterung Englands nützlich sein würde, wenn Du nach Abschluß unseres Vertrages, ohne zu drohen, einige militärische Vorbereitungen an der persischen bzw. afghanischen Grenze träfest. Die Engländer glauben, daß jetzt während des japanischen Krieges Dir für einen Angriff auf Indien die Streitkräfte fehlen; letztere würden aber für Persien doch jedenfalls ausreichen. Ein Druck auf die indische Grenze von Persien aus würde die Engländer nötigen, Truppen aus Südafrika wegzuziehen, was jetzt für sie nicht unbedenklich wäre.

Auf die Art hoffe ich, daß unser Bündnis seinen Zweck, den Frieden in Europa zu erhalten, erfüllen wird. Wenn Du einverstanden bist, wird die Unterzeichnung erfolgen können. Die Formalien wirst Du durch Lamsdorff regeln lassen. Gott gebe seinen Segen, und daß wir das Richtige getroffen haben, um die Schrecken des Krieges möglichst einzuschränken.

AN DEN GESCHÄFTSTRÄGER IN PETERSBURG
FREIHERRN VON ROMBERG   Berlin, den 18. November 1904

Die Vermittelungsfrage brauchen Ew. aus eigner Initiative nicht wieder zu berühren. Sollte Graf Lamsdorff auf das Thema zurückkommen, dann werden Ew. ihm sagen können, daß nach unseren Nachrichten neuerdings zwischen London und Tokio die Frage der Friedensbedingungen erörtert wird, und daß man sich englischerseits bemüht, Amerika in erster Reihe, in zweiter Frankreich für die Sache zu interessieren. — Ob die erste Anregung von England oder — was wohl wahrscheinlicher ist — von Japan ausging, ist bisher nicht ermittelt worden.

Für Deutschland, welches auf einem Umwege sondiert wurde, liegt zunächst keine Notwendigkeit vor, Stellung zu nehmen.

AN DEN BOTSCHAFTER IN WASHINGTON FREIHERRN
SPECK VON STERNBURG   Berlin, den 18. November 1904

Nachdem inzwischen, wie auch durch Euer Exzellenz Telegramm Nr. 121 bestätigt wird, die russische Regierung ihre Beteiligung an der Konferenz ablehnt, und nachdem verschiedene andere Mächte nur geringe Neigung für die Sache zeigen, vielmehr die Einladung nur bedingungsweise und unter Vorbehalten annehmen, ist an das Zustandekommen einer allgemeinen Konferenz für jetzt leider nicht mehr zu denken. Eine Konferenz mit nur partieller Beteiligung würde, abgesehen von dem verminderten Gewicht ihrer Beschlüsse, fast unvermeidlich eine wenn selbst nur scheinbare Spitze gegen die Nichtbeteiligten erhalten.

Unter diesen Umständen möchten wir dem Präsidenten Roosevelt und der Regierung der Vereinigten Staaten zur Erwägung stellen, ob nicht der großen zivilisatorischen Aufgabe, die unsere wärmste Sympathie hat und unserer vollsten Unterstützung sicher ist, ein größerer Erfolg winken dürfte, wenn die Konferenz verschoben würde, bis die Dinge in Ostasien sich geklärt haben.

Die Zwischenzeit könnte dann mit Vorteil benutzt werden, um eine nähere Verständigung über ein festes Konferenzprogramm vorzubereiten.

Ew pp. wollen sich im vorstehenden Sinne dort aussprechen und über Ausführung dieses Auftrages mir drahtlich Bericht erstatten.

Von einer schriftlichen Beantwortung der von dem amerikanischen Geschäftsträger hier übergebenen Einladung möchten wir aus Rücksicht auf die dortige Regierung, um derselben größere Freiheit in der elastischen Verwertung unserer Antwort zu lassen, unter den gegebenen Umständen lieber absehen.

KAISER WILHELM II. AN DEN REICHSKANZLER GRAFEN VON BÜLOW
Gr. Strelitz, den 23. November 1904

Lieber Bülow!

Anbei übersende ich Ihnen ein eben eingelaufenes Chiffre vom Zaren bei, das ich mit Cuno* und Hohenau** entziffert habe.

Der Hohe Herr fängt an, „kalte Füße" zu kriegen in bezug auf die Gallier, und ist so schlapp, daß er nicht einmal diesen Vertrag mit uns ohne ihre Erlaubnis — das heißt also auch nicht gegen dieselben — machen will. Es ist meines Erachtens unmöglich, daß Paris eher etwas davon erfährt als bis wir „Väterchens" Unterschrift haben. Denn eine Mitteilung an Delcassé vor der Unterzeichnung bedeutet ein Telegramm an Cambon und am selben Abend Abdruck in der Times und im Figaro, und damit ist die Sache vorbei; denn der darauf losbrechende Radau in London würde „Väterchen" vielleicht zu solchen Modifikationen bringen, die den Vertrag wertlos machen oder ihn ganz vom Abschluß abschrecken. Ich bin über diese Wendung sehr betrübt, aber nicht verwundert, er hat den Galliern gegenüber — wegen der Anleihen — einen zu schwachen Rücken, und mich sollte es nicht wundernehmen, wenn Ihr Freund Witte nicht mit dem schlappen Lamsdorff gemeinsam uns da in die Suppe gespuckt hätte. Der wird wohl — oder der Zar — doch heimlich wegen Paris vielleicht angefragt haben, und Witte in Angst um etwa ausbleibende Anleihen von dort, hat zu diesem funesten Vorschlag den Rat erteilt. Wenn das lange noch so weitergeht, dann kommt die ganze Geschichte noch heraus und die nette Freude ist tata!

Von Coerper*** habe ich heute neue Meldungen erhalten, von steigender schlechter Stimmung, direkt zum Überfall anreizenden Artikeln, und Konversationen selbigen Inhalts mit Damen aus Marinekreisen, die unverhohlen ihm erklärten, es müsse demnächst gegen uns der Krieg erklärt werden, da jetzt noch unsere Flotte klein genug sei, um ohne Gefahr für England „vernichtet" zu werden, da es in zwei Jahren bereits zu spät sei, und sie dann dabei zuviel Schiffe riskieren würden. Sodann meldet er weitere Vorbereitungen in Form von Bereitstellung von noch mehr Re-

---
* Graf Cuno Moltke.
** Graf Wilhelm von Hohenau.
*** Marineattaché in London.

servekreuzern im Frieden für die Nordsee, die zur „Homefleet" zu stoßen haben. Die Vorbereitungen zur Mobilmachung werden mit Hochdruck betrieben, und die Möglichkeit eines Überfalls mit erdrückender Übermacht rückt in die Nähe.

Als casus belli für uns in dieser Lage würde die Zurückziehung der Mittelmeerflotte aus dem Mittelmeer sein in englische Gewässer. Es wäre als direkte Kriegsdrohung gegen uns aufzufassen. Es ist dies auch die Ansicht des Admiralstabschefs.

Wir haben scheußliches Regenwetter hier zu Hause gehabt und sind kartenspielend zu Hause geblieben. Ihrem baldigen Antwortsentwurf für den schlappen Zaren entgegensehend, bitte ich denselben durch Gen[eraladjutant] v. Scholl zu senden, damit ihn der gleich chiffrieren kann.

Mit besten Grüßen   Ihr treu ergebener Wilhelm I. R.

P. S. Die Situation fängt an, immer mehr derjenigen vor dem Siebenjährigen Kriege zu gleichen.

AN KAISER WILHELM II.   Berlin, den 24. November 1904

Euerer Kaiserlichen und Königlichen Majestät überreiche ich in der Anlage alleruntertänigst den Entwurf der Antwort an den Zaren. In diesem kritischen Augenblick kommt es darauf an:

1. Die gehabten Pourparlers geheimzuhalten. Deshalb der indirekte Appell an die Loyalität des Zaren.

2. Keine Gereiztheit zu zeigen, um den Zaren nicht in die Arme von England zu treiben. Deshalb wollen wir auch gar nicht erwähnen, daß der Allianzgedanke von Rußland ausging.

3. England gegenüber die Augen aufzuhalten, aber keine Nervosität an den Tag zu legen.

4. Dem Zaren die Möglichkeit einer deutsch-russischen Verständigung für die Zukunft offenzuhalten, selbst wenn er jetzt abspringt.

Ich habe den Telegrammentwurf so kurz und klar als möglich gehalten. Was wir aber in diesem Entwurf sagen, erscheint mir notwendig. Gern hätte ich Euerer Majestät die Mühe der Übersetzung erspart, Euere Majestät können aber so viel besser Englisch als ich.

Anlage

Entwurf zu einem Telegramm Kaiser Wilhelms II. an Kaiser Nikolaus II. von Rußland

Besten Dank für Dein Telegramm. Daß Du Frankreich nichts sagen willst ohne meine Zustimmung (agrement), ist mir ein neuer Beweis Deiner vollständigen Loyalität (perfect loyalty). Daß Frankreich informiert wird, bevor zwischen Dir und mir ein Vertrag abgeschlossen ist, halte ich aber für absolut gefährlich (absolutely dangerous). Nach meiner Überzeugung würde eine vorzeitige Mitteilung an Frankreich das Gegenteil von dem herbeiführen, was wir wollen. Wenn Frankreich sicher weiß, daß Rußland und Deutschland vertragsmäßig verpflichtet sind, sich zu unterstützen, wird es die Engländer zum Frieden ermahnen, um nicht selbst in eine unangenehme Lage zu kommen. Wenn Frankreich aber weiß, daß ein deutsch-russischer Vertrag erst projektiert, aber noch nicht abgeschlossen ist, so könnte die französische Regierung in die Versuchung kommen, den Engländern, solange es noch Zeit ist, einen Wink zu geben. Es ist nicht ausgeschlossen, daß diese dann als prophylaktische Maßregel zusammen mit Japan mich auf der ganzen Linie in Asien und Europa angreifen. Deutschland würde dann bei der maritimen Übermacht der beiden anderen zeitweilig lahmgelegt werden (temporarily crippled). Dadurch würde das Gleichgewicht in der Welt für eine Zeit zu meinen und auch zu Deinen Ungunsten vernichtet und bei Deinem späteren Friedensschluß Japan mit seinen Freunden ganz die Oberhand haben. Mein Wunsch war und ist, dieses Gleichgewicht zu erhalten durch eine Einigung zwischen Deutschland, Rußland und Frankreich im Interesse des Friedens. Ich glaube aber, das ist nur dann möglich, wenn zuerst wir beide in irgendeiner Form ganz einig sind und unser Vertrag Tatsache ist. Vorher Frankreich zu informieren, könnte zu Katastrophen führen. Wenn Du aber findest, daß Du ohne vorherige Zustimmung Frankreichs keinen Vertrag abschließen kannst, dann ist die weniger gefährliche Alternative für uns beide, daß wir jetzt keinen Vertrag abschließen. Natürlich bewahre ich meinerseits das Geheimnis über unsere Pourparlers ebenso gewissenhaft wie Du. Wie Du nur Lamsdorff in das Geheimnis eingeweiht hast, so habe auch ich nur mit Bülow darüber gesprochen und für absolute Sekretierung gesorgt. Unsere Gesinnungen füreinander bleiben in jedem Falle die alten. Ich werde mich Dir nach wie vor nützlich zu machen suchen, soweit ich das im Rahmen meiner eigenen Sicherheit kann. Dein Neutralitätsabkommen mit Österreich hat mir Kaiser Franz Joseph mitgeteilt. Ich bin ganz damit einverstanden.

AN KAISER WILHELM II.
Ganz geheim   Berlin, den 6. Dezember 1904

Euerer Kaiserlichen und Königlichen Majestät sind die neuesten Zeitungsmeldungen aus England bekannt, wonach die englische Regierung jetzt angefangen hat, deutschen Dampfern, die im Begriff waren, in englischen Häfen für die russische Flotte Kohlen zu nehmen, das Auslaufen zu verbieten und sie zum Löschen ihrer Kohlenladung zu zwingen. Die englische Regierung stützt ihr Vorgehen auf die englische Rechtsauffassung, wonach ein Handelsschiff, welches mehr als einmal einer fremden Kriegsflotte Kohlen oder anderen Bedarf zuführt, damit als Hilfsschiff im Dienste jener Flotte anzusehen ist und mithin einen Verstoß gegen die Neutralitätspflicht Englands begeht. Wie Generaldirektor Ballin dem Auswärtigen Amt mitgeteilt hat, sind von ihm noch eine Reihe deutscher Schiffe bestimmt, der russischen Flotte mehrmals Kohlen zuzuführen. Die Fälle des englischen Einschreitens gegen unsere Handelsschiffe dürften sich also wiederholen.

Nach der alleruntertänigst beigefügten Meldung von Wolffs Bureau läßt die japanische Regierung durch ihre Blätter in Tokio damit drohen, daß sie gegen jeden Neutralitätsbruch mit bewaffneter Hand vorgehen und die Neutralität des betreffenden Staates nicht länger respektieren werde. Es macht den Eindruck, als ob wir vor einer englisch-japanischen Aktion gegen uns stünden.

Auf die Frage, welche Sicherheit uns Rußland gegen die eventuellen üblen Folgen aus den Kohlenlieferungen und den sonstigen ihm geleisteten Diensten bietet, fehlt bis jetzt eine befriedigende Antwort. Der angekündigte Brief Seiner Majestät des Kaisers Nikolaus über Euerer Majestät Bemerkungen zu dem von dem Zaren selbst angeregten Bündnisentwurf läßt noch immer auf sich warten. Die russische Regierung zeigt sich, wie Euere Majestät aus dem ehrfurchtsvollst angeschlossenen Bericht des Freiherrn von Romberg vom 1. d. Mts. ersehen wollen, uns gegenüber kühl. Dagegen wird nicht nur in der französischen Presse, sondern auch von der französischen Regierung, wie der anliegende Bericht des Fürsten Radolin vom 2. d. Mts. beweist, neuerdings mit auffälliger Beflissenheit betont, daß der Zweibund unverändert bestehen bleibe und Deutschlands Bemühungen um Rußland scheitern würden. Der Verdacht ist nicht ausgeschlossen, daß etwas von den russisch-deutschen Pourparlers von der Newa nach der Seine durchgesickert ist.

Meines alleruntertänigsten Dafürhaltens ist es bei dieser Sachlage geboten, daß wir Rußland nötigen, Farbe zu bekennen, indem wir feststellen, wie weit wir auf russische Hilfe rechnen können, wenn wir infolge der Kohlenlieferungen in einen Konflikt kommen.

Schieben wir diese Feststellung länger hinaus, so kann es kommen, daß inzwischen die deutschen Kohlenlieferungen bereits ausgeführt wären und deshalb Rußland kein Interesse mehr an unserer Unterstützung dabei hätte. Ballin liefert nämlich, wie die anliegende Aufstellung zeigt, die Kohlen nur unterwegs, nicht aber nach dem Kriegsschauplatz selbst.

Nach allem dem möchte ich mir Euerer Majestät Genehmigung zu dem im Entwurf beigefügten Erlaß nach St. Petersburg ehrfurchtsvollst erbitten.

Gleichzeitig möchte es sich empfehlen, wenn Euere Majestät an Seine Majestät den Kaiser Nikolaus einen Brief im Sinne des alleruntertänigst angeschlossenen deutschen Entwurfs richten wollten.

Die Absendung des Erlasses wie des Briefes hat zur Voraussetzung, daß, wofern wir aus St. Petersburg keine befriedigende Antwort erhalten, ich Herrn Ballin in Euerer Majestät Namen auffordern darf, den Russen keine Kohlen mehr zu liefern.

AN DEN BOTSCHAFTER IN PETERSBURG
GRAFEN VON ALVENSLEBEN
Geheim   Berlin, den 6. Dezember 1904

Die neuesten Maßnahmen der englischen Regierung, durch welche in englischen Häfen Kohlen einnehmende Dampfer am Auslaufen mit ihrer Fracht verhindert wurden, lassen keinen Zweifel darüber, daß

England die Kohlenversorgung der Baltischen Flotte durch Handelsschiffe neutraler Staaten in der Weise, wie dieselbe sich vollzieht, als einen Bruch der Neutralität ansieht und behandelt.

Lord Lansdowne hatte bereits am 15. August d. Js. dem Kaiserlichen Botschafter in London gesagt: wenn Japan infolge von Neutralitätsverletzungen zu kriegerischem Vorgehen gegen Deutschland schreiten sollte, werde England auf japanisches Ansuchen den casus foederis als gegeben ansehen.

Die japanische Regierung läßt nach einer heute eingetroffenen Meldung durch ihre Blätter ankündigen, daß sie gegen nach ihrer Auffassung vorliegende Neutralitätsverletzungen von seiten einer fremden Macht mit Gewalt vorgehen und die Neutralität der betreffenden Macht nicht länger respektieren werde.

Unter diesen Umständen sieht Deutschland sich der Möglichkeit eines Konflikts mit beiden genannten Mächten — England und Japan — gegenübergestellt. Die Kaiserliche Regierung ist unter diesen Umständen genötigt, an die russische Regierung die Frage zu richten, ob dieselbe sich verpflichtet, bei etwaigen aus der Kohlenversorgung im gegenwärtigen Kriege erwachsenden Schwierigkeiten Deutschland mit allen Mitteln beizustehen.

Ist die russische Regierung nicht in der Lage, uns eine dahingehende Zusicherung zu erteilen, so muß die Kaiserliche Regierung der Kohlenversorgung gegenüber ohne Verzug diejenigen Maßnahmen anordnen, welche die Sicherheit des Deutschen Reiches erheischt. Zu diesen Maßnahmen wird die Kaiserliche Regierung schreiten müssen, sobald das Geschwader des Admirals Roschestwensky Madagaskar erreicht hat, ohne daß bis dahin jene Zusicherung im Besitz der Kaiserlichen Regierung ist.

Euer pp. wollen das Vorstehende ohne Aufschub an Graf Lamsdorff, nach Ihrem Ermessen schriftlich oder auch mündlich, im letzteren Falle auf Wunsch unter Hinterlassung einer Aufzeichnung mitteilen.

AN DEN BOTSCHAFTER IN PETERSBURG
GRAFEN VON ALVENSLEBEN   Berlin, den 12. Dezember 1904

Für Ew. nächste Besprechung mit Graf Lamsdorff sind nachstehende Gesichtspunkte maßgebend:
Seine Majestät der Deutsche Kaiser beabsichtigt in dem Kriege, welchen Rußland gegenwärtig führt, neutral zu bleiben. Da man jedoch neuerdings gesehen hat, daß wichtige Punkte des Völkerrechts ganz verschiedene Auslegungen erfahren, und daß namentlich hinsichtlich der Neutralität widersprechende, zum Teil ganz neue Regeln geltend gemacht werden, will Seine Majestät, um nicht aus seiner für Rußland wohlwollenden neutralen Haltung nach der einen oder der anderen Seite hin herausgedrängt zu werden, mit Seiner Majestät dem Kaiser von Rußland ein Neutralitätsabkommen folgenden Inhalts abschließen:

Deutschland wird fortfahren, seine Haltung während des gegenwärtigen russischen Krieges den Regeln einer für Rußland wohlwollenden Neutralität unterzuordnen (subordonner). Für den Fall, daß dritte Mächte an dieser Haltung Deutschlands Anstoß nehmen und Neutralitätsregeln zur Geltung bringen sollten, welche mit der deutschen Auffassung im Widerspruch stehen und daß daraus für Deutschland ein Konflikt entstände, wird Seine Majestät der Kaiser aller Reußen diesen Streit Deutschlands zu dem seinigen machen und in denselben mit allen Kräften eintreten.

Was insbesondere die Kohlenlieferungen an die russische Flotte anlangt, so erstreckt sich die von Seiner Majestät dem Kaiser von Rußland übernommene Verpflichtung auch auf den Fall, daß aus diesem Anlaß (de ce chef) noch n a c h Beendigung des gegenwärtigen Krieges von dritter Seite Beschwerde gegen Deutschland erhoben werden sollte.

Möglichst genau, so wie vorstehend skizziert, denke ich mir den Inhalt des Abkommens. Dasselbe soll uns vor der Gefahr schützen, isoliert in einen Krieg mit Japan und England verwickelt zu werden wegen verschiedenartiger Auslegung von Neutralitätsvorschriften. In Ermangelung einer entsprechenden Zusicherung Rußlands würden wir unsere Haltung so einzurichten haben, daß wir dritten Mächten keinen Vorwand zur Beschwerde bezw. zum Kriege geben, wir würden dann z. B. mit den Kohlenlieferungen nicht fortfahren können.

Indessen sind die Kohlenlieferungen nicht der einzige denkbare Anlaß zum Streit. Schon im August waren wir wegen Behandlung der nach Kiautschou geflüchteten russischen Schiffe dicht vor einem Konflikt. Unser jetziges Neutralitätsabkommen kann sich daher nicht auf die Kohlen allein beschränken, sondern muß Neutralitätsstreitigkeiten im allgemeinen umfassen.

Es ergibt sich aus der Natur dieses Abkommens, daß Deutschland in demselben keinerlei bestimmte Pflichten übernimmt, weder mit Bezug auf den Krieg, noch auf den Friedensschluß. Das Abkommen behandelt nur den Fall, daß wir durch weitgehendes, von dritten Mächten angefochtenes Wohlwollen gegen Rußland in einen Konflikt verwickelt werden sollten. Je weniger wir also Rußland leisten, desto geringer wird auch für Rußland die Gefahr, unseretwegen in einen neuen Konflikt hineingezogen zu werden.

AUFZEICHNUNG Berlin, den 16. Dezember 1904

1. Unsere Absichten gegenüber England sind absolut friedliche. Wir werden England gegenüber so vorsichtig als möglich operieren. Wir werden in jeder Weise bestrebt sein, Zwischenfälle gegenüber England zu vermeiden. Unsere Flottenverstärkung geht in langsamerem Tempo vor sich als die mancher anderer Länder. Die für den nächsten Winter zu erwartende Flottenvorlage wird sich in verhältnismäßig bescheidenen Grenzen halten, ohne Flottenagitation und ruhig motiviert und vertreten werden. Ist trotzdem Gefahr vorhanden, daß wir von England in absehbarer Zeit angegriffen werden?

2. Würde die Gefahr eines englischen Angriffs gegen Deutschland durch den Abschluß irgendwelcher Abmachung zwischen Deutschland und Rußland erhöht oder verringert werden?

3. Würde im Falle einer deutsch-russischen Abmachung England geneigter sein als jetzt, Rußland anzugreifen und uns dadurch in Mitleidenschaft zu ziehen?

4. Würde England gegenüber ein Defensivbündnis zwischen Deutschland und Rußland (beide Mächte verpflichten sich gegenseitig zu voller Unterstützung, wenn eine von ihnen angegriffen werden sollte) nützlicher sein oder ein Neutralitätsabkommen (durch welches uns Rußland ausschließlich mit Bezug auf gewisse Neutralitätsfragen, wie Kohlenlieferungen, Hafenfragen usw. den Rücken deckt)?

5. Würde die eine oder die andere Form des Abkommens in England aufregender wirken? Welche Art des Abkommens würde uns mehr Sicherheit gegenüber England gewähren?

6. Wird die Gefahr eines englischen Angriffs gegen uns durch unsere wohlwollende Haltung gegenüber Rußland in Neutralitätsfragen und insbesondere in der Kohlenfrage erhöht? Können sich aus den Kohlenlieferungen ernstliche Zwischenfälle mit England entwickeln? Ist es deshalb ratsam, kein Abkommen irgendwelcher Art mit Rußland zu schließen, dagegen die Kohlenlieferungen zu stoppen?

7. Ist Gefahr vorhanden, daß England, wenn es von Allianzverhandlungen zwischen uns und Rußland hört, uns plötzlich überfällt?

AN DEN BOTSCHAFTER IN PETERSBURG
GRAFEN VON ALVENSLEBEN

Geheim　　　　　　　　　　Berlin, den 21. Dezember 1904

Ew. pp. ersuche ich ergebenst, dem Grafen Lamsdorff bei nächster sich bietender Gelegenheit mitzuteilen, daß die Regierung Seiner Majestät des Kaisers mit Befriedigung von der Erklärung Akt genommen hat, durch welche die russische Regierung sich verpflichtet, mit uns gemeinsame Sache in der Kohlenfrage zu machen. Ob diese Erklärung uns für alle Modalitäten von Komplikationen deckt, welche sich aus der Kohlenangelegenheit ergeben können, ist eine Frage, welche vielleicht überhaupt nicht, vielleicht aber auch in naher Zukunft praktisch werden wird. Jedenfalls werden wir innerhalb der Grenzen, welche die Sorge um die eigene Sicherheit uns vorschreibt, wie bisher so auch fernerhin, gern bereit sein, Rußland zu nützen. Unser guter Wille wird unter allen Verhältnissen der gleiche bleiben.

Auch wir sind davon überzeugt, daß ein vertrauensvolles Einvernehmen zwischen den beiden benachbarten und befreundeten Kaiserreichen den Interessen beider Länder entspricht und unter den gegenwärtigen Weltverhältnissen besonders wichtig ist.

*

Die von Ihnen beantragte zeitweilige Vertretung durch Tschirschky würde Aufsehen gemacht und, wie ich befürchte, Ihnen auch bei Seiner Majestät geschadet haben. Auch wird der Antrag dadurch gegenstandslos, daß zur Zeit keine schwierigen Verhandlungen in Aussicht genommen sind. Man kann, wie Sie ja gleichfalls zu fühlen scheinen, mit einigem Recht bezweifeln, ob die russische Kohlenerklärung uns wirklich gegen alle Konflikte sichert, die sich aus der weiteren Kohlenlieferung ergeben können. Wenn die Japaner wüßten, daß die Kohlenfrage, und zwar diese allein, casus foederis ist, würden sie vermutlich einen anderen Streitanlaß hervorsuchen, falls ihnen daran liegen sollte, sich an uns wegen der Kohlenlieferung zu reiben. Dieser Möglichkeit gegenüber haben wir die Wahl, entweder eine bedeutend erweiterte Ausdehnung der Kohlengarantie jetzt schon zu verlangen, oder aber die Garantiefrage zunächst, und bis etwa ein praktischer Fall zu neuer Erörterung drängt, nicht weiter zu berühren. Ihre Ansicht, daß Rußland sich nicht leicht zu einer Erweiterung der Kohlengarantie verstehen werde, hat mit dazu beigetragen, daß die Regierung Seiner Majestät des Kaisers sich für die letztere Alternative entschieden hat.

Ob Sie es für zweckentsprechend erachten wollen, dem Grafen Lamsdorff einiges von vorstehendem anzudeuten, überlasse ich Ihrem Ermessen. Für nötig halte ich es nicht, denn der Minister kann darüber kaum im Zweifel sein, daß seine Erklärung Möglichkeiten von Konflikten übrigläßt, welche zwar durch die Erbitterung über die Kohlenlieferungen herbeigeführt seien, letztere jedoch unerwähnt lassen und somit für Rußland keinen formellen casus foederis bilden würden. Es ist nicht ausgeschlossen, daß der Minister die Absicht hatte, die Verpflichtungen Rußlands uns gegenüber dadurch, daß er die Erörterung der Modalitäten abschnitt, auf ein Minimum zu beschränken. Angesichts dieser Situation läßt Deutschland nicht die mindeste üble Laune durchblicken, zeigt sich nach wie vor bereit, Rußland tunlichst gefällig zu sein, betrachtet aber als selbstverständlich, daß ihm nicht zugemutet werden kann, wegen solcher Gefälligkeiten einen Krieg auf sich zu laden, bei welchem überdies für Rußland nicht notwendig der Bündnisfall vorliegen würde.

AN KAISER WILHELM II.
Vertraulich   Berlin, den 24. Dezember 1904

Euerer Majestät Botschafter in Washington Freiherr Speck von Sternburg ist mit besonderen Aufträgen des Präsidenten Roosevelt und als dessen Sprachrohr hier eingetroffen. Den äußeren Anlaß zur Reise gaben Gesundheitsgründe.

Baron Sternburg hat die Auffassung des amerikanischen Präsidenten über die Weltlage beziehungsweise über die ostasiatische Situation in dem anliegenden Promemoria kurz zusammengefaßt. Es ergibt sich daraus, daß Präsident Roosevelt sowohl nach seiner eigenen Ansicht, als auch in Berücksichtigung der in den Vereinigten Staaten bei Republikanern wie Demokraten vorherrschenden Strömung sich keinesfalls in Gegensatz zu Japan bringen will, dessen Ausdehnung und Machtzuwachs er nicht fürchtet, dessen Freundschaft zu gewinnen er bestrebt ist. Dagegen hegt er tiefes Mißtrauen gegen Rußland, gegen dessen Vergrößerungstrieb und prohibitive Tendenzen. Der Präsident möchte dem russischen Absperrungssystem weder China noch die Mandschurei noch Korea überlassen.

Diese Skizze ergänzt Euerer Majestät Botschafter durch mündliche Mitteilungen, aus welchen hervorgeht, daß die Abneigung gegen Rußland, welche Präsident Roosevelt mit fast dem ganzen amerikanischen Volke teilt, zu tief gewurzelt ist, als daß auf eine Änderung zu rechnen wäre. Wir können uns natürlich nicht der ostasiatischen Politik Amerikas zuliebe in Gegensatz zu Rußland bringen, wir werden jedoch unsere Antwort an Roosevelt so einzurichten haben, daß eine Gefährdung der so wichtigen Beziehungen Euerer Majestät zu dem amerikanischen Präsidenten und die langsam sich anbahnenden freundlichen Beziehungen Deutschlands zu Amerika dadurch nicht gefährdet werden. Als leitende Gesichtspunkte einer Antwort schweben mir etwa die folgenden Gedanken vor:

„Deutschland befindet sich in schwierigerer Lage als Amerika. Dieses hat keinen Angriff von irgendwelcher Seite zu besorgen, während Seine Majestät der Deutsche Kaiser zurzeit leider noch nicht die gewünschte Klarheit hat über die Absichten, welche England und Frankreich gegenüber Deutschland hegen. England hat seine entente cordiale mit Frankreich durch schwere Opfer erkauft. Der Verzicht auf Marokko namentlich ist überraschend und verdächtig. Es liegt nahe, sich zu fragen, ob England sich damit etwa die Unterstützung Frankreichs gegen Deutschland oder für eine englische Erwerbspolitik in China oder zum Zwecke einer durch französische Vermittelung herbeizuführenden englisch-russisch-französisch-japanischen Gruppierung hat sichern wollen. Bei solchen Aussichten kann der Deutsche Kaiser sich nicht Rußland zum Feinde machen. Die Zwecke der deutschen Politik sind klar und einfach, nämlich rein defensiv. Deutschland erstrebt keine Gebietserweiterung. Insbesondere ist von Deutschland die Frage einer Gebietserweiterung in China im Jahre 1900 zur Zeit des Boxeraufstandes erwogen und nach reiflicher Prüfung mit Rücksicht auf die davon zu gewärtigenden Kosten und Fährlichkeiten in ablehnendem Sinne entschieden worden. Entsprechend diesem defensiven Charakter der deutschen Politik ist die Regierung Seiner Majestät des Deutschen Kaisers gern bereit, Defensivbündnisse zu beiderseitiger Wahrung des anerkannten Besitzstandes abzuschließen. Ein solches Defensivbündnis mit Amerika würde vielleicht für beide Teile ersprießlich sein, Seiner Majestät dem Kaiser ist jedoch bekannt, daß die amerikanische Konstitution sich gegen die von Bündnisverträgen zu befürchtenden entanglements ausgesprochen hat. Wie weit ein Bündnis, welches nur die Garantie des völkerrechtlich anerkannten Besitzes ins Auge faßt, den Interessen und Zielen der russischen Politik entsprechen würde, vermag nur Rußland zu beurteilen. Jedenfalls besteht zwischen Deutschland und Rußland kein Bündnis. Daß Deutschland, welches selber keine territorialen Vorteile sucht, sich durch Vertrag verpflichten sollte, für die Erwerbspolitik einer anderen Macht einzutreten, würde unnatürlich sein, außer in einem Falle, wo Deutschland sich von übermächtigen Gegnern bedroht sähe und genötigt wäre, für eine wirksame Rückendeckung einen hohen Preis zu zahlen. Seine Majestät der Deutsche Kaiser hofft immer noch, trotz der manchmal bedrohlichen Anzeichen — englisch-französische entente cordiale und gewaltige Verstärkung des englischen Kanalgeschwaders —, daß dem Deutschen Reiche jene Zwangslage erspart bleiben wird. Das Deutsche Reich erstrebt, wie gesagt, keinen Vorteil, sein Augenmerk ist nur darauf gerichtet, Schaden zu vermeiden. Wenn es der französischen Politik gelänge,

Rußland an die englisch-japanische Gruppe heranzubringen, so würden England, Japan, Frankreich und Rußland zusammen wahrscheinlich stark genug sein, um dem Erdball Gesetze vorzuschreiben, jedenfalls stark genug, um Asien und insbesondere China unter sich zu verteilen."

AN KAISER WILHELM II.   Berlin, den 26. Dezember 1904

Euerer Kaiserlichen und Königlichen Majestät danke ich alleruntertänigst für gnädige Übersendung der Antwort Seiner Majestät des Kaisers Nikolaus. Die Art und Weise, wie der Hohe Herr über Euerer Majestät letzten Brief weggleitet, bestätigt die Vermutung, daß die Russen auf ein Bündnis mit uns keinen oder noch keinen so hohen Wert legen, wie sie dies bei richtigerer Einsicht in die Weltlage und die gegenseitigen Machtverhältnisse tun sollten.

In der Anlage lege ich ehrfurchtsvollst einen interessanten geheimen Bericht von Arco vor. Japan sucht Frieden. Die in Aussicht genommene Mission Aoki erscheint, wenn wir unsere anderweitigen Nachrichten zusammenfassen, als der dritte Versuch für Herbeiführung von Friedensverhandlungen. Vor einigen Wochen hatte Vicomte Hayashi in London davon gesprochen, daß England und Japan unter sich die Frage der Friedensbedingungen erörterten, und daß England Japan geraten habe, möglichst milde Saiten aufzuziehen. Andererseits wissen wir durch Baron Sternburg, daß die Japaner dem amerikanischen Gesandten Griscom in Tokio ihren Wunsch nach Frieden zu erkennen gegeben haben. Vermutlich im Zusammenhang damit hat der Staatssekretär Hay gegenüber dem Grafen Cassini die Friedensfrage zur Sprache gebracht, jedoch von dem Botschafter die Antwort erhalten, daß der Krieg bis zum bitteren Ende durchgeführt werden müsse. Nachdem die japanischen Anregungen bei England und bei Amerika bisher zu keinem wahrnehmbaren Ergebnis geführt haben, denken die Japaner jetzt daran, die guten Beziehungen Deutschlands zu Rußland, welche sich von außen vielleicht noch intimer ansehen, als sie in Wirklichkeit sind, für den Friedensschluß zu verwerten. Eine Ablehnung der Mission Aoki würde meines ehrfurchtsvollsten Erachtens dem deutschen Interesse nicht entsprechen, weil wir dadurch unnötigerweise vor der Welt uns als Parteigänger Rußlands hinstellen würden, das sich seinerseits uns gegenüber nicht binden mag. Ungefähr ebenso nachteilig wäre es für unser Prestige, wenn unsere Ablehnung so ausgelegt würde, als scheuten wir uns überhaupt, eine Meinung zu äußern. Andererseits verpflichtet die Annahme der Mission Aoki uns zu nichts. Es ist ganz unverfänglich, wenn der langjährige Vertreter Japans in Berlin dazu ausersehen wird, Japan bei der Hochzeit Seiner Kaiserlichen und Königlichen Hoheit des Kronprinzen zu vertreten. Dieser Kausalzusammenhang ist so natürlich, daß aus der Annahme der Mission keine berechtigten politischen Folgerungen gezogen werden können. Vom Standpunkt der Hofetikette wäre vielleicht der Einwurf zu machen, daß zur Hochzeit Seiner Kaiserlichen Hoheit ein Prinz des japanischen Kaiserhauses kommen müßte. Aber diese formale Rücksicht sollte zurücktreten gegenüber dem Nutzen, den die Mission Aoki jedenfalls haben wird. Denn selbst, wenn dieselbe keine anderen Folgen hat, wird man doch einen ziemlich klaren Einblick in die japanische Politik bekommen und wahrscheinlich auch in die ostasiatische Politik anderer Mächte. Heute steht die Sache so, daß Amerika und Japan uns bei der Lösung der ostasiatischen Frage beteiligen, Rußland, Frankreich und

England dagegen uns in Unwissenheit der schwebenden Verhandlungen erhalten möchten. Es kommt darauf an, Amerika und Japan nicht vor den Kopf zu stoßen, sondern möglichst in Fühlung mit ihnen zu bleiben. Je mehr wir von dem erfahren, was vorgeht, desto mehr vermindert sich die Gefahr der Lage. Zunächst handelt es sich nur darum, daß Euere Majestät Aoki wissen lassen, Allerhöchst Sie würden bereit sein, ihn in besonderer Sendung für die Vermählungsfeierlichkeiten zu empfangen. Dafür, wie wir uns dann gegenüber den Eröffnungen Aokis stellen, ist noch reichlich Zeit zur Überlegung. Bis Aoki hier ist, ändert sich vermutlich noch die Kriegslage und dementsprechend auch manches andere. Wenn von hier nach Tokio geantwortet würde, es werde vielleicht den Umständen besser entsprechen, daß anstatt des zweifellos verdienstvollen und sympathischen Aoki ein kaiserlicher Prinz Japan bei den Vermählungsfeierlichkeiten vertrete, so würde das heißen, daß wir eine politische Aussprache vermeiden wollen. Dies würde eine schroffere Art der Abfertigung sein, als wenn wir nach Anhörung der japanischen Schmerzen ihnen freundlich erklären: „Wir bedauern, euch nicht nützen zu können; unsere eigene Lage verbietet uns die Einmischung in neue Händel, wo wir uns neue Feinde machen würden." Dies letztere würden uns die Japaner viel weniger verübeln, als wenn wir von Hause aus ablehnen, sie anzuhören. Ich glaube also, es empfiehlt sich, daß Euere Majestät mich ermächtigen, an Arco zu telegraphieren, Aoki würde Euerer Majestät als Vertreter Japans willkommen sein. Dabei ist schon jetzt zu erwägen, ob wir Aoki als Botschafter empfangen wollen. Bei dem empfindlichen Nationalgefühl der Japaner würde das ein großer Coup sein und ein ungeheurer Ärger für die Engländer.

Nach Amerika hin empfiehlt es sich nach meinem untertänigsten Dafürhalten, daß wir vorläufig mehr von der Gefahr der Gruppierung à quatre (England, Frankreich, Rußland, Japan) sprechen als von der gelben Gefahr. An die erstere Gefahr werden die Amerikaner eher glauben, denn sie liegt ihnen näher. Die letztere ist noch zu entfernt, und es ist die Eigentümlichkeit der angelsächsischen Völker, meist nur das Nächstliegende ins Auge zu fassen. Auch ist Japan als Vierter im Bunde mit drei europäischen Mächten gefährlicher, als wenn es allein mit China steht. Dieser letztere Fall ist eben derjenige, welcher Roosevelt vorschwebt, wenn er sagt, mit Japan werde unschwer fertig zu werden sein. Auch für uns ist die Quadrupel-Gefahr näher als die japanisch-chinesische. Als die Hauptsache scheint mir, daß wir Aoki hierherbekommen. Ob wir nachher wirklich mit Nutzen in die Verhandlungen eintreten, ist cura posterior. Der Vorteil für uns liegt darin, daß wir durch Amerika und Japan aus dem Schmollwinkel herausgeholt werden, in welchem uns nicht nur England, sondern auch Rußland zu halten suchen. . . .

*

. . . Am Weihnachstage hatte ich eine lange Unterredung mit Lascelles. Er hat diesmal seinen Urlaub ausgenutzt und nicht nur Seine Majestät den König Eduard, sondern auch zahlreiche englische Politiker und Publizisten über die deutsch-englischen Beziehungen gesprochen. Seine Eindrücke sind ungefähr dieselben wie diejenigen von Metternich: das englische Mißtrauen gegen Deutschland sei ebenso groß wie das deutsche gegen England. Wenn wir an die Möglichkeit eines englischen Überfalls glaubten, so seien umgekehrt viele Engländer davon überzeugt, daß wir unsere Flotte nur bauten, um, sobald wir stark genug wären, über England herzufallen. Wenn bei uns die neue Dislozierung der englischen Flotte beunruhige, so fiele es umgekehrt der englischen Admiralität auf, daß wir alle unsere Anstrengungen auf den Bau von Schlachtschiffen konzentrierten und diese in den heimischen Gewässern zusammenhielten. Wenn uns die englische Presse jetzt feindlich gesinnt sei, so habe die deutsche vor einigen Jahren England gegenüber auch keine freundlichen Saiten aufgezogen. Ich erwiderte Lascelles unter Variierung des alten lateinischen Worts: Si duo faciunt idem, non est idem. Was die deutsche Presse über auswärtige Fragen sage, habe praktisch nur eine geringe Bedeutung, denn das deutsche Volk sei politisch leider noch wenig durchgebildet und die deutsche Presse doktrinär. Bei uns komme es nur auf die offizielle Politik an, und diese sei England gegenüber namentlich während des Burenkrieges nicht nur eine korrekte und loyale, sondern eine ausgesprochen freundliche gewesen. Anders in England. Die Haltung der großen englischen Journale sei tatsächlich von eminenter Bedeutung für den Gang der englischen Politik, die englische öffentliche Meinung bestimme im letzten Ende den Gang dieser Politik. Auch sei es ein Faktum, daß die große englische Presse, eben weil sie im Gegensatz zur deutschen alte politische Traditionen habe, in entscheidenden internationalen Fragen nicht gegen die Absichten der englischen Regierung zu schreiben pflege. Wenn also die englische Presse gegen ein fremdes Land so feindlich auftrete wie jetzt gegen Deutschland, so müsse das schwere Besorgnis hervorrufen. Andererseits sei uns England zur See so sehr überlegen, daß die Möglichkeit eines deutschen Angriffs gegen England unter zurechnungsfähigen Leuten überhaupt nicht diskutabel sei; das Gegenteil sei aber wohl denkbar. Lascelles bestritt auf das entschiedenste, daß die englische Regierung, die Marine, die City und die große Mehrheit des englischen Volks den Krieg mit uns wollten. Das Mißtrauen und die Gereiztheit gegen uns wären zur Zeit in England gewiß groß; aber einen Konflikt mit uns suche England nicht, England wolle Ruhe. Seine Majestät der König Eduard hat Lascelles freundschaftliche Aufträge für Euere Majestät mitgegeben, die dieser beim Neujahrsempfang aussprechen zu können hofft. His Majesty sagte ihm auch: „I place full confidence in Count Bülow." Wie Euere Majestät wiederholt so richtig sagten, kommt England gegenüber alles darauf an, daß wir mit Geduld und Spucke über die nächsten Jahre wegkommen, keine Zwischenfälle hervorrufen, keinen sichtbaren Grund zu Argwohn geben. Unsere Lage gleicht derjenigen der Athener, als sie die langen Mauern am Pyräus aufführen mußten, ohne von den übermächtigen Spartanern an der Fertigstellung dieser Schutzwehr verhindert zu werden . . .

KAISER WILHELM II. AN DEN REICHSKANZLER
GRAFEN VON BÜLOW   28. Dezember 1904

Lieber Bülow!

Anbei der Antwortbrief des Zaren. Es ist eine klare Absage an jeden Gedanken einer Verabredung ohne Vorwissen Galliens. Ein gänzlich negatives Resultat nach zweimonatlicher ehrlicher Arbeit und Verhandlungen. Der erste Mißerfolg, den ich persönlich erlebe. Hoffentlich eröffnet er nicht eine Reihe ähnlicher Vorgänge. Amerika und Japan müssen jetzt um so mehr kultiviert werden. Die letzteren sind unzweifelhaft sehr pikiert auf England und in elegischer Stimmung, da nicht alles so geht, wie sie hoffen. Paris muß gelegentlich eins ausgewischt bekommen!

Die haben gewiß Wind von unseren Verhandlungen bekommen und sie vereitelt. Delcassé ist verflucht geschickt und sehr stark. — Mit dem Bulgaren bin ich wie ein Herz und eine Seele, er kommt zu meinem Geburtstage! Ist bereits auf die Bagdadbahn eingeschworen und will versuchen, die Franzosen dazu wieder heranzukriegen. Er ist sehr verärgert gegen Österreich, hat heimlich mit den Ungarn angebändelt, deren Abfall er als ganz sicher schildert im Moment des Todes vom jetzigen Hohen Herrn. Franz Ferd[inand] sei Tscheche pur et simple. Seine Frau werde er zur Kaiserin machen! Herrlich ist doch die Sache mit der englischen Bonne im Palais des Zaren*! H[is] Brit[ish] M[ajesty] arbeitet mit altmodischen Waffen der Rokokozeit.

Wilhelm

---

* Die englische Bonne des russischen Thronfolgers war im Arbeitszimmer des Zaren bei dessen Papieren ertappt worden.

DRITTER TEIL: 1905

AN DEN BOTSCHAFTER IN PETERSBURG
GRAFEN VON ALVENSLEBEN   Berlin, den 1. Januar 1905

Ew. Bericht Nr. 1081, welcher Ihre an die Kohlenfrage sich knüpfende Erörterung mit Graf Lamsdorff wiedergibt, hat unserem Allergnädigsten Herrn vorgelegen. Der Gedanke des russischen Ministers, daß das jetzige Spezialabkommen einer weiteren Entwicklung und Ausdehnung auf die allgemeinen Beziehungen der beiden großen Nachbarreiche fähig sei, begegnet, wie Ew. bekannt ist, sowohl bei Seiner Majestät wie auch bei mir einer aufrichtigen Reziprozität. Woher eine Lockerung der jetzt bestehenden guten Beziehungen zu besorgen sein sollte, ist mir nicht ersichtlich. Wir geben Rußland den tatsächlichen Beweis unserer guten Gesinnung und gehen darin bis an die äußersten Grenzen derjenigen Rücksichten, welche wir der Sicherheit des eigenen Volkes schuldig sind. Die russische Regierung ihrerseits hat, wie Ew. mit Recht hervorheben, die von uns beanspruchte Gewähr anstandslos geleistet.

Die Möglichkeit einer Trübung des jetzt bestehenden befriedigenden Verhältnisses wäre nur für den Fall denkbar, daß wir von Rußland Zusicherungen beanspruchten, welche nach russischer Ansicht geeignet sein könnten, die russisch-französische Intimität zu stören. Es liegt in der Natur der Dinge, daß von seiten der französischen Regierung, vielleicht auch von Seite der englischen Verwandtschaft, der Verdacht rege gemacht wird, wir wollten uns zwischen Frankreich und Rußland hineinschieben. In der französischen wie in der englischen

Presse kann man das jede Woche ein paarmal lesen. Die einzige Art, diesen Argwohn zu bekämpfen, sehe ich darin, daß wir es der russischen Regierung überlassen, spontan und ungedrängt zu erwägen, ob und wann es dem russischen Interesse entsprechen dürfte, mit Vorschlägen zu einer Annäherung an Deutschland hervorzutreten. Von deutscher Seite ist das Terrain insoweit vorbereitet worden, als Seine Majestät der Kaiser durch seine Haltung während des verflossenen Jahres jeden Zweifel an seiner für Rußland freundlichen Gesinnung unmöglich gemacht hat.

Ew. wollen also aus eigener Initiative die Frage einer deutsch-russischen Annäherung vorläufig nicht weiter anregen. Sollte Graf Lamsdorff dieses Thema mit den bisherigen allgemeinen Redewendungen behandeln, so werden Ew. akademisch und sympathisch auf die Besprechung eingehen können, unter Vermeidung positiver Anregungen; letztere werden ausschließlich dem russischen Minister zu überlassen sein. Sollte etwa Graf Lamsdorff Ihnen den Gedanken einer positiven Äußerung in concreto nahelegen, so wollen Ew. betonen, daß Sie zunächst nur in der Lage seien, rein akademisch die eigene Ansicht zu äußern, daß Sie aber gern bereit seien, jeden Gedanken, welcher dem russischen Minister dazu wichtig genug scheine, Ihrer Regierung zu übermitteln, wo derselbe einer freundlichen Erwägung sicher sei.

AN DEN GESCHÄFTSTRÄGER IN TANGER
VON KÜHLMANN
Geheim   Berlin, den 2. Januar 1905

Der in Bericht Nr. A 298 angeregte Gedanke, gegenüber der geeigneten marokkanischen Stelle anzudeuten, daß Deutschland an marokkanischen Angelegenheiten auch ein p o l i t i s c h e s Interesse nimmt, ist beachtenswert. Natürlich können wir nicht so weit gehen, den Marokkanern Unterstützung in Aussicht zu stellen. Dagegen werden Euer pp. unbedenklich die von Paris aus teils direkt, teils auf dem Umweg über Madrid lancierte Nachricht, „daß der Sultan durch das einmütige Vorgehen der europäischen Mächte eingeschüchtert scheine", hinsichtlich des einmütigen Vorgehens dementieren und dabei einfließen lassen können, daß Deutschland ebenso wie verschiedene andere Großmächte mit der Neugestaltung der marokkanischen Frage bisher noch gar nicht befaßt worden sei.

Des ferneren werden Euer pp. dort an Ort und Stelle beurteilen können, ob es Nutzen verspricht, darauf hinzuweisen, daß die nationalistische Opposition in Frankreich durch ihre Presse in heftigster Weise den Gedanken eines militärischen Vorgehens gegen Marokko bekämpft, weil Frankreich dann auf Jahre hinaus nicht mehr freie Hand haben würde, um eine sich etwa bietende Gelegenheit für Revanche an Deutschland auszunutzen . . .

AN KAISER WILHELM II.

Vertraulich   Berlin, den 15. Januar 1905

Euerer Kaiserlichen und Königlichen Majestät Geschäftsträger in Washington meldet von gestern:

„Russischer Botschafter erzählte mir soeben, daß er gestern Staatssekretär Hay die auch an andere Mächte gerichtete Erklärung über das neutralitätswidrige Verhalten Chinas abgegeben hätte. Herr Hay habe erst erwidert, ihm sei über die von Rußland angeführte Tatsache nichts bekannt, und angedeutet, ob Rußland nicht zu schwarz sehe, habe dann aber zugesagt, sofort nach Peking zu telegraphieren, um der chinesischen Regierung Vorstellungen machen zu lassen. Seine Argumente hätten Herrn Hay offenbar stutzig gemacht."

Bereits am 12. hatte das alleruntertänigst beigefügte Preßtelegramm aus St. Petersburg gemeldet, die russische Regierung habe ein Rundschreiben an die Mächte erlassen, welches sich mit den Neutralitätsverletzungen durch China beschäftige. Rußland sei dadurch in die Notwendigkeit versetzt, sich in den Angelegenheiten chinesischer Neutralität von seinen eigenen Interessen leiten zu lassen.

Gleichfalls am 12. brachte das „Journal de St. Pétersbourg" den ausführlichen Inhalt eines im „United Service Magazine" erschienenen Artikels, wo die russisch-englische Annäherung befürwortet wird, da nicht Rußland, sondern Deutschland der eigentliche Feind Großbritanniens sei.

Im Zusammenhang hiermit möchte ich erwähnen, daß der „Temps" vom 13. unter der Spitzmarke „L'Indo-Chine et le Japon" einen bemerkenswerten Artikel enthält, welcher rückhaltlos ausspricht und eingehend darlegt, daß und warum Frankreich in seinen hinter-indischen Interessen durch Japan ernstlich bedroht sei. Gegen diese Gefahr müsse Frankreich sich rüsten, namentlich zur See. Aber auch noch andere Mächte seien Japan gegenüber in derselben Lage wie Frankreich. Denn Asien sei heute in der Hauptsache aufgeteilt (asservie) durch Frankreich, England und Rußland. Die Aufteilung Chinas sei im Gange. Diesem Vorgehen gegenüber stehe Japan als siegreicher Vorkämpfer der gelben Rasse gegen die weiße. Das natürlichste würde sein, daß die bedrohten Mächte sich zusammenschlössen; für jetzt aber scheide England aus wegen seiner Beziehungen zu Japan.

Dieselbe Nummer des „Temps" bringt auch den Bericht von Doumer wieder, wo dieser als Generalgouverneur von Indochina bereits am 22. März 1897 die japanische Gefahr voraussah. Beide „Temps"-Artikel sind ebenmäßig angeschlossen. Aus dem Umstande, daß das Organ von Delcassé einen Bericht, nach welchem Doumer als Prophet erscheint, abgedruckt hat, kann man vielleicht schließen, daß Delcassé gern Doumer an der Stelle von Combes sehen würde. Aber diese innerpolitische Angelegenheit ist weniger wichtig als die Erwägungen auswärtiger Natur, welche sich an die eben skizzierten publizistischen Äußerungen knüpfen. Die russische Zirkularnote, so wie der russische Telegraph sie in der Welt verbreitet hat (hier ist dieselbe bisher amtlich nicht mitgeteilt worden), gibt zu verstehen, daß Rußland von China gekränkt ist und sich deswegen an China halten wird. Das „Journal de St. Pétersbourg" eignet sich durch die kritiklose Wiedergabe den Gedanken des „United Service Magazine" an, daß England sich an Rußland anschließen sollte, da Englands wirklicher Feind nicht Rußland, sondern Deutschland ist. Der „Temps" endlich spricht offen aus, daß Rußland, Frankreich und England, wenn sie ihren Vorteil verständen, zur Sicherung ihrer vollzogenen und erhofften Erwerbungen in Asien sich gegen Japan, den gemeinsamen Feind, zusammenschließen sollten. Zwar ist hierbei eingeschaltet, daß mit England gegenwärtig nicht zu rechnen sei. Indessen der vorsichtige Herr Delcassé würde einen solchen „Krieg-in-Sicht"-Artikel gegen Japan, welchem überdies noch der Bericht von Doumer als aktenmäßiger Beweis beigefügt ist, schwerlich zugelassen haben, wenn er die Befürchtung hegte, daß bei einer etwaigen Ausbreitung des ostasiatischen Krieges England auf die japanische Seite treten könnte. Vielmehr ist anzunehmen, daß Herr Delcassé die Aussichten auf ein französisch-englisch-russisches Erwerbskonsortium für das Asservissement von China als günstige betrachtet.

Für diese Pläne wird die gestern vom amerikanischen

Botschafter hier übermittelte Zirkularnote einigermaßen störend sein, deren Text ich nicht verfehle, Euerer Majestät hiermit zu unterbreiten. Die Note besagt in der Hauptsache: Von verschiedenen Großmächten sei der amerikanischen Regierung die Besorgnis ausgesprochen worden, daß neutrale Mächte den eventuellen Friedensschluß zwischen Rußland und Japan zum Anlaß nehmen könnten, um ihrerseits Ansprüche auf chinesische Gebietsteile zu erheben. Der Präsident möchte ungern diese Besorgnis teilen, denn solche Ansprüche würden die allgemeine Lage verwickeln und gefährden. Die Vereinigten Staaten ihrerseits blieben nach wie vor bei der Politik der chinesischen Integrität und der Offenen Tür. Schließlich wird der Botschafter beauftragt, um eine Ansichtsäußerung der betreffenden (also hier der deutschen) Regierung über jenen Punkt zu ersuchen. Dieser Schlußsatz läßt an Entschiedenheit nichts zu wünschen übrig.

Die Stellung, welche Euere Majestät zur ostasiatischen Frage eingenommen haben, ist eine vollkommen klare. Ich erbitte daher Euerer Majestät Genehmigung, um die amerikanische Anfrage dahin beantworten zu dürfen, Euerer Majestät Regierung bleibe auf dem Boden ihrer früheren Erklärungen, ihr Standpunkt sei insbesondere gekennzeichnet durch die englisch-deutsche Abmachung vom 16. Oktober 1900, welche ihrem vollen Inhalte nach allen interessierten Mächten damals sofort mitgeteilt worden sei. Euerer Majestät Regierung wünsche die Erhaltung der Offenen Tür und wünsche keine Gebietserweiterung.

AN DEN GESCHÄFTSTRÄGER IN TANGER
VON KÜHLMANN   Berlin, den 16. Januar 1905

... Wir können ruhig sagen, daß die französischen Reklamationen keine deutschen Interessen vertreten.

Wir dürfen uns aber nicht im voraus verpflichten, in allen einzelnen Punkten, und so oft der Sultan unsere Auffassung zu kennen wünscht, die mit Ratschlägen verbundene Verantwortung zu übernehmen.

Falls der Sultan den Dr. Vassel rufen läßt, muß dieser natürlich hingehen. Er kann dann bei solchen Gelegenheiten auch einfließen lassen, daß die nationalistische Partei in Frankreich einen Krieg mit Marokko fürchtet, weil dadurch die deutsche Grenze teilweise entblößt werden würde.

Antifranzösische Preßäußerungen, namentlich solche englischen und amerikanischen Ursprungs, sind jedenfalls nützlich zu verwerten, sofern nicht etwa Dr. Vassel der einzige Kanal hierfür sein sollte. Werden durch die Neugestaltung Marokkos wirtschaftliche Interessen Amerikas beeinträchtigt? Wie äußert sich darüber der amerikanische Vertreter? Bitte berichten.

AN DEN AMERIKANISCHEN BOTSCHAFTER IN BERLIN
CHARLEMAGNE TOWER   Berlin, den 18. Januar 1905

Herr Botschafter!

Euerer Exzellenz Schreiben vom 14. d. Mts., worin Sie die Auffassung Ihrer Regierung hinsichtlich gewisser durch den gegenwärtigen Krieg zwischen Rußland und Japan hervorgerufener Fragen mitzuteilen die Güte hatten, habe ich zu erhalten die Ehre gehabt. Es hat mich mit hoher Genugtuung erfüllt, daraus zu ersehen, daß der Präsident und die Regierung der Vereinigten Staaten von Amerika auch fernerhin eintreten wollen für die Aufrechterhaltung und Kräftigung der beiden Grundsätze der Integrität Chinas und der Offenen Tür im fernen Osten im Sinne der Freiheit des wirtschaftlichen Wettbewerbs für alle Nationen, und daß sie demgemäß jedem Gedanken an Erwerbung territorialer Sondervorteile im Gebiet des Chinesischen Reichs ablehnend gegenüberstehen.

Diese Auffassung harmoniert völlig mit derjenigen der Kaiserlichen Regierung. Die letztere hat sich schon früher wiederholt für die Prinzipien der Integrität Chinas und der Offenen Tür erklärt. Sie ist durchaus gewillt, auf dem Boden ihrer früheren Erklärungen zu verbleiben. Ihr Standpunkt ist besonders gekennzeichnet durch die englisch-deutsche Abmachung vom 16. Oktober 1900, welche ihrem vollen Inhalte nach allen interessierten Mächten damals sofort mitgeteilt und von denselben angenommen worden ist. In dieser Abmachung hat die Kaiserliche Regierung sich anheischig gemacht, für die Erhaltung der Offenen Tür in China auch ihrerseits einzutreten, wo immer sie einen Einfluß ausüben kann. Es bedarf darnach kaum noch der Hinzufügung, daß die Kaiserliche Regierung für sich selbst keine Gebietserweiterung in China anstrebt.

Ich benutze auch diesen Anlaß, um Euerer Exzellenz die Versicherung meiner ausgezeichnetsten Hochachtung zu erneuern.

AN DEN BOTSCHAFTER IN WASHINGTON FREIHERRN
SPECK VON STERNBURG   Berlin, den 20. Januar 1905

Ew. erhalten anbei, früherer Abrede entsprechend, das von Seiner Majestät genehmigte Promemoria vom 29. Dezember, welches eine Uneigennützigkeitserklärung der neutralen Mächte zum Gegenstande hat. Dieses Schriftstück wurde bereits in zwei Telegrammen Ew. an den Präsidenten auszugsweise verwertet und bildete den Ausgangspunkt für die nunmehr abgeschlossene Aktion des Washingtoner Kabinetts, hat daher nach Erfüllung seines Zwecks heute in der Hauptsache nur noch einen retrospektiven Wert. Die dadurch veranlaßte amerikanische Note vom 14. d. Mts. ist ebenso wie die Antwort des Präsidenten auf das Pariser Telegramm Ew. Exzellenz hier gleichfalls beigefügt.

Seitdem hat teils der amerikanische Botschafter, teils der Kaiserliche Geschäftsträger mitgeteilt, daß die Regierungen von Großbritannien, Italien und Frankreich den amerikanischen Standpunkt sich angeeignet und ihre Uneigennützigkeit versichert haben. Hiernach läßt sich sagen, daß unsere vom Präsidenten akzeptierte Anregung die neutralen Mächte in ihrer chinesischen Politik nolens volens festgelegt hat. Es ist dies nach der Neutralisierung Chinas das zweite Mal innerhalb Jahresfrist, daß eine vertrauliche Verständigung zwischen Berlin und Washington sich nützlich, nicht nur für Deutschland und Amerika, sondern für die Sicherung des Weltfriedens erweist. Diese Tatsache wird auch dem Präsidenten Roosevelt nicht entgangen sein.

Der Präsident hat, wie Ew. in England erfahren haben werden, seinen Freund Spring-Rice so dringend eingeladen, daß dieser sich zu fünftägigem Aufenthalt nach Washington begeben hat.

Die Vermutung liegt nahe, daß der Präsident durch eine Aussprache mit Spring-Rice diejenige Klarheit über die chinesische und speziell die Jangtsepolitik Englands zu erlangen hofft, welche ihm durch die vielleicht auf Instruktion beruhende Zurückhaltung des englischen Botschafters bisher versagt geblieben war. Andererseits läßt sich mit Bestimmtheit annehmen, daß Mr. Spring-Rice von London mit der Direktive abgereist ist, den Präsidenten zu beruhigen und das Mißtrauen, welches sich in der amerikanischen Note ausspricht, entweder als grundlos darzustellen oder auf andere Mächte abzulenken. Die Ablenkung auf Deutschland

wird dieses Mal nicht glücken, da die erste Warnung
— was der Präsident seinem Gaste auch wohl kaum
vorenthalten wird — von Deutschland ausging. Unsere
Warnung richtete sich nicht gegen England. Nicht ganz
ohne Humor würde es sein, wenn die englische Regierung vorher etwa ihrerseits gegen chinesische Eroberungspläne Deutschlands Mißtrauen zu erwecken
gesucht hätte.

Im Zusammenhang mit dieser Frage ist zu erwähnen, daß neuerdings, jedoch nur vor Eingang der
amerikanischen Note, in Frankreich nicht nur die Organe der nationalistischen Opposition, sondern auch die
offiziösen Blätter des Herrn Delcassé einen geradezu
herausfordernden Ton gegen Japan angeschlagen
hatten. So enthält der „Temps" vom 13. unter der
Spitzmarke „L'Indo-Chine et le Japon" einen bemerkenswerten Artikel, welcher rückhaltlos ausspricht
und eingehend darlegt, daß und warum Frankreich in
seinen hinterindischen Interessen durch Japan ernstlich bedroht sei. Gegen diese Gefahr müsse Frankreich
sich rüsten, namentlich zur See. Aber auch noch andere Mächte seien Japan gegenüber in derselben Lage
wie Frankreich, denn Asien sei heute in der Hauptsache aufgeteilt (asservie) durch Frankreich, England
und Rußland. Die Aufteilung Chinas sei im Gange.
Diesem Vorgehen gegenüber stehe Japan als siegreicher Vorkämpfer der gelben Rasse gegen die weiße.
Das natürlichste würde sein, daß die bedrohten Mächte
sich zusammenschlössen; für jetzt aber scheide England aus wegen seiner Beziehungen zu Japan.

Dieselbe Nummer des „Temps" gibt auch einen Bericht von Doumer wieder, wo dieser als Generalgouverneur von Indochina bereits am 22. März 1897 die
japanische Gefahr voraussah.

Das publizistische Hauptorgan des Herrn Delcassé

spricht offen aus, daß Rußland, Frankreich und England, wenn sie ihren Vorteil verständen, zur Sicherung ihrer in Asien vollzogenen sowie der in China noch zu erhoffenden Erwerbungen sich gegen Japan, den gemeinsamen Feind, zusammenschließen sollten. Zwar ist hierbei eingeschaltet, daß mit England gegenwärtig nicht zu rechnen sei. Indessen der vorsichtige Herr Delcassé würde einen solchen „Krieg-in-Sicht"-Artikel gegen Japan, welchem überdies noch der Bericht von Doumer als aktenmäßiger Beweis beigefügt ist, schwerlich zugelassen haben, wenn er die Befürchtung hegte, daß bei einer etwaigen Ausbreitung des ostasiatischen Krieges England auf die japanische Seite treten könnte. Vielmehr ist anzunehmen, daß Herr Delcassé die Aussichten auf ein französisch-englisch-russisches Erwerbskonsortium für das asservissement von China als günstige betrachtete. Dieselbe antijapanische Tendenz vertritt auch Marcel Prévost in dem gleichfalls beigefügten „Figaro"-Artikel vom 15. Ew. stelle ich anheim, diese bedeutsamen Programme der französischen offiziösen Presse dem Präsidenten Roosevelt zu übergeben, welcher daraus ersehen wird, daß unser Mißtrauen gegen die französische Politik kein unberechtigtes war.

Von Interesse wird es mir sein, durch Ew. zu erfahren, wie Mr. Spring-Rice sich dem Präsidenten gegenüber hinsichtlich der französischen Politik geäußert, ob er Frankreich ebenso wie England reinzuwaschen versucht, oder ob er Frankreich preisgegeben hat.

Ob Ew. die Erkundigungen des Mr. Spring-Rice über eine eventuelle Mobilisierung der amerikanischen Flotte wegen des Jangtse bei Ihren Unterhaltungen mit dem Präsidenten einzuflechten für geeignet halten, diese Frage bleibt ausschließlich Ihrer Erfahrung und Personenkenntnis überlassen. Für uns bleibt jene Sondierung des begabten englischen Diplomaten bedeutsam, indem sie zeigt, daß die englische Diplomatie den Jangtse nie aus den Augen verliert. Sie wird ihn auch fernerhin im Auge behalten, wird sich aber nach der energischen Stellungnahme Amerikas vorläufig in Geduld fassen müssen.

AN DEN GESCHÄFTSTRÄGER IN TANGER
VON KÜHLMANN   Berlin, den 30. Januar 1905

Als Dr. Vassel am 6. die in Ew. Bericht Nr. 16 erwähnte Äußerung von der „unglücklichen Idee" tat, war er wohl noch nicht in Gemäßheit meines Telegramms Nr. 1 instruiert. Indessen scheint es mir danach doch angezeigt, den deutschen Standpunkt nochmals zu präzisieren:

1. Deutsche und französische Interessen sind nicht identisch.

2. Die deutsche Regierung hat von Frankreich keine amtliche Mitteilung betreffs einer beabsichtigten Neugestaltung Marokkos erhalten, hat also bisher keinen Anlaß, von dieser Neugestaltung Notiz zu nehmen.

In diesem Sinne soll sich Dr. Vassel dem Sultan gegenüber bei der nächsten Unterredung aussprechen. Falls der Sultan fragt, ob Deutschland ihn unterstützen wird, soll Dr. Vassel antworten, Deutschland kann nicht wegen Marokkos Frankreich den Krieg erklären. Es bestehen aber andere Fragen, welche geeignet sind, das Mißtrauen zwischen Frankreich und Deutschland wach zu erhalten. Gerade die kriegerische und deutschfeindliche Partei in Frankreich ist einem marokkanischen Kriege entgegen, denn dieser würde ein großes Heer erfordern und die teilweise Entblößung der deutschen Grenze nötig machen.

Ew. stelle ich anheim,

zunächst, ob Sie dem Dr. Vassel die Bestimmung des Zeitpunkts für die Unterredung mit dem Sultan überlassen oder dafür eine Zeitgrenze bestimmen wollen;

ferner, ob Sie es für nützlich halten, sich selber gegenüber dem dortigen Vertreter des Sultans ungefähr in dem vorbezeichneten Sinne zu äußern. Letzteres wäre nur dann in Erwägung zu ziehen, wenn der betreffende Marokkaner nicht ganz zur französischen Gruppe gehört.

AN DEN PREUSSISCHEN GESANDTEN IN HAMBURG
VON TSCHIRSCHKY   Berlin, den 4. Februar 1905

Besprechen Sie baldmöglichst mit Ballin folgenden Gedanken: Im Hinblick auf die maritimen Stärkeverhältnisse Rußlands und Japans wird es hier von Fachleuten für wahrscheinlich gehalten, daß das Geschwader des Admirals Roschestwensky in Madagaskar bleibt, bis das dritte Geschwader herangekommen ist. Es trifft sich günstig für die Russen, daß Frankreich zu allen Zeiten an dem Grundsatz festgehalten hat, wonach die Kriegsschiffe der kämpfenden Mächte, falls nicht von Prisen begleitet, beliebig lange und ohne zu desarmieren in neutralen Häfen liegenbleiben können. So lag z. B. der vom späteren Admiral Knorr kommandierte „Meteor" im Hafen von Havanna, fuhr von dort hinaus zu einem siegreichen Gefecht mit dem französischen Kanonenboot „Le Bouvet" und kehrte dann ungestört wieder nach Havanna zurück, ohne daß die Franzosen bei Spanien reklamiert hätten. Die Franzosen werden daher nicht gerade heute, wo es sich um den Ami et Allié handelt, plötzlich zu dessen Nachteil von ihrer alten Tradition abgehen können, wenn sie vielleicht auch unter allerlei Vorwänden den Russen angeblich in deren eigenem Interesse zu verfrühter Abreise raten. Daß man auf russischer Seite den Selbstmord begehen sollte, Roschestwensky jetzt schon ohne das dritte Geschwader gegen die übermächtigen Japaner vorzuschicken, ist nicht anzunehmen. Wenn aber Roschestwensky das dritte Geschwader abwartet, dann findet sich auch reichliche Zeit, um vom Schwarzen Meer aus durch den Suezkanal russische Flottenmannschaften zur Bemannung der Kohlenschiffe nach Madagaskar zu senden.

Das Deutsche Reich und Herr Ballin haben beide das Interesse, daß die Kohlenlieferungen fortgesetzt werden können, ohne jedoch daß daraus eine Kriegsgefahr für Deutschland entsteht. Ich bitte daher, Herrn Ballin als Fingerzeige auf die drei Punkte aufmerksam zu machen: 1. Daß das französische Seerecht aus der alten bis in die Neuzeit hinein das Verbleiben kriegführender Schiffe in neutralen Häfen ohne Zeitgrenze und ohne Desarmierung für berechtigt erachtet hat, 2. daß das Geschwader Roschestwenskys nach dem Urteil unserer Seeleute einfach geopfert wird, wenn man es dem Feinde entgegenwirft vor Vereinigung mit dem dritten Geschwader, 3. daß, wenn die Russen in Madagaskar das dritte Geschwader abwarten wollen, russische Flottenmannschaften vom Schwarzen Meer aus lange vor dem dritten Geschwader in Madagaskar eintreffen und sich auf den Kohlenschiffen häuslich einrichten können. Ich zweifle nicht daran, daß es der überlegenen Einsicht und großen Geschicklichkeit des Herrn Ballin gelingen wird, mit diesen drei Gesichtspunkten als Unterlage die Angelegenheit einer befriedigenden Lösung entgegenzuführen.

AN DEN BOTSCHAFTER IN WASHINGTON FREIHERRN
SPECK VON STERNBURG   Berlin, den 5. Februar 1905

Die nachfolgenden Gedanken, hervorgerufen durch die Äußerungen des Präsidenten, stelle ich zu eventueller Verwertung bei geeigneter Gelegenheit anheim.

Die vom Präsidenten ins Auge gefaßte russische Machtentfaltung erscheint als problematisch; die Landarmee hat neuerdings wieder mit Nachteil gefochten. Die Aussichten der reisenden Geschwader sind noch trüber. Die schlauen Japaner werden daher — auch aus den vom Präsidenten so klar entwickelten Gründen — beim Friedensschluß schwerlich Neigung zu einem Zweibunde mit Rußland zeigen. Dem französisch-englisch-russischen Dreibunde aber, welchen der „Temps" vom 13. v. Mts. als eine Notwendigkeit der Zukunft behandelt, würde Japan sich schwer entziehen können.

Die englische Presse aller Farben verhehlt nicht ihren dringenden Wunsch einer durch Frankreich zu vermittelnden Annäherung an Rußland. Auch die erste Empörung über die Petersburger Vorgänge vom 22. Januar ist schnell unterdrückt, von einigen großen Blättern sogar direkt getadelt worden. Ebenso symptomatisch ist die sanfte Sprache der Engländer in der Hull-Kommission. England hat asiatische Zukunftspläne, darauf deutet nicht nur die Sondierung von Spring-Rice bei Ew. Exzellenz wegen des Jangtse, sondern mehr noch die vorgestrige Drohrede des ersten Admiralitäts-Lords Lee gegen Deutschland. Der Gedanke eines deutschen Angriffs gegen England ist für jeden vernünftigen Politiker, auch für einen Engländer, deshalb ein unsinniger, weil dann sofort Frankreich auf die englische Seite treten würde. Einen Krieg gegen diese zwei Mächte werden wir ausfechten, wenn er uns aufgedrungen wird, aber um ihn vom Zaune zu brechen, müssen wir verrückt sein. Eben wegen der Möglichkeit dieses englisch-französischen Angriffs müssen wir unsere Beziehungen zu Rußland schonen. Bereits vor Jahren sagte der französische Botschafter Baron Courcel an Lord Salisbury: „Frankreich hat nur einen Feind, das ist Deutschland, danach können Sie Ihre Politik einrichten." Dieser Gedanke ist heute nach erreichter französisch-englischer Entente so deutlich erkennbar, daß Mr. Lee selber nicht an einen deutschen Angriff glauben kann. Aus Renommisterei hat er aber schwerlich gesprochen, das ist keine englische Eigenschaft. Es bleibt also nur die Vermutung übrig, daß er Zweck und Ziel der beschleunigten englischen Flottenvermehrung verdecken wollte; dieselben sind wohl eher in Asien als in der Nordsee zu suchen.

Erstrebt England, ja oder nein, den Zusammenschluß mit Frankreich und Rußland? Wenn ja, so bedeutet schon dieses Bestreben eine Gefahr für die Interessen von Deutschland und Amerika; denn jene Gruppe würde so stark sein, daß ihre Teilnehmer sich über die jüngst abgegebene Uneigennützigkeitserklärung und wohl auch noch über manche andern Rücksichten würden hinwegsetzen können. Durch die von Amerika erzielte Uneigennützigkeitserklärung, welche einen schwerwiegenden politischen Erfolg bedeutet, ist jene bedenkliche Gruppierung jedenfalls verzögert, denn die Mächte können nicht unmittelbar nach einer solchen Erklärung zur Aufteilung von China schreiten. Aber aufgegeben ist der Gedanke keineswegs. Die Aussicht, zeitweilig den Erdkreis zu beherrschen, ist lockend für mehr als eine Macht. Die deutsche wie die amerikanische Diplomatie müssen daher toujours en vedette sein.

AN DEN GESANDTEN IN TOKIO GRAFEN VON ARCO
Berlin, den 11. Februar 1905

Die Ew. pp. von Aoki mitgeteilten japanischen Gründe machen nicht den Eindruck der Aufrichtigkeit.

Mag immerhin die von England in Paris besorgte Auskunft zweideutig gelautet haben, so muß sich die japanische Regierung doch aus der gerade in den letzten Wochen wieder dezidiert unfreundlich, ja heftig gegen uns gewordenen Sprache der französischen Blätter, besonders der offiziösen, darüber klar sein, wie wenig intim unser Verhältnis zu Frankreich ist, und wie weit entfernt wir schon deshalb von einem gemeinsamen Vorgehen mit Frankreich-Rußland in der ostasiatischen Frage sind.

Ew. pp. können nach Ihrem Ermessen an geeigneter Stelle fortfahren, wahrheitsgemäß zu erklären, daß wir weder mit Rußland noch mit Frankreich irgendwelches politisches Abkommen haben, und daß die Kaiserliche Regierung alle entgegenstehenden Nachrichten, woher sie auch stammen mögen, für Lüge erklärt . . .

AN DEN GESCHÄFTSTRÄGER IN TANGER
VON KÜHLMANN

Geheim   Berlin, den 11. Februar 1905

Französische Presse verlangt energisch, daß der Sultan von Einberufung der Delegierten Abstand nehme, weil von deren Tätigkeit nur Ungünstiges (für Frankreich) zu erwarten sei. Französischer Gesandter soll entsprechend instruiert sein. Besonders heftiger Artikel im „Journal des Débats" vom 9., wo außerdem Bu Amama als Verbündeter des Roghi hingestellt wird.

Damit ist also neben den im Telegramm Nr. 8 resümierten Direktiven ein neues Thema für Dr. Vassels nächste vertrauliche Unterredung mit dem Sultan gegeben. Dr. Vassel wird dem Sultan wahrheitsgemäß sagen können, daß eine Abbestellung der Delegierten allgemeine Erbitterung unter den Mauren erregen und daß daraus für Stellung und Leben des Sultans eine intensivere und nähere Gefahr sich ergeben würde als aus der Unzufriedenheit einer fremden Macht. Daß der Sultan mit den Vertretern seines Volks über Maßnahmen für Besserung der inneren Lage beraten will, wird überdies in denjenigen Ländern, welche nicht ein Interesse an dem Aufhören des marokkanischen Reichs haben, einen günstigen Eindruck machen.

Den Delegierten aber, wenn sie versammelt sind, soll der Sultan sagen: „Ihr müßt mir helfen im Lande Ordnung schaffen, sonst bekommen wir mehr Feinde, als ihr auch bei größter Tapferkeit bekämpfen könnt. Durch die fortdauernde Unruhe, durch die zahlreichen Morde, durch die Hemmung des Verkehrs hat Marokko auch solche Reiche und Herrscher gegen sich aufgebracht, die uns sonst freundlich gesinnt waren. Und diesen Zeitpunkt möchten unsere Feinde benutzen. Wollt ihr als Muselmänner unter einem rechtgläubigen Sultan weiterleben? Dann müssen wir im Lande Ruhe und Sicherheit schaffen. Wie ist das zu bewerkstelligen? Ich verlange eure Ansicht zu hören über das, was geschehen muß, und darüber, wie es geschehen kann."

Falls die Franzosen, um Zusammentritt und Beratung der Delegierten zu hindern, mit Einmarsch von der Landseite oder mit Besetzung der Zollämter in den Seehäfen drohen, soll der Sultan persönlich freundlich bleiben, aber darauf hinweisen, daß dann beim besten

Willen der Beginn des Heiligen Krieges nicht zu vermeiden sein werde. Die Ulemas und das ganze Volk würden denselben verlangen und, falls der Sultan sich weigere, würde ein anderes Mitglied seiner Familie zum Sultan ausgerufen werden.

Die Franzosen werden dann nach menschlicher Berechnung sanftere Saiten aufziehen, denn die unkriegerische Regierung, wo sogar der Kriegsminister ein Börsenmakler ist, scheut den Krieg, weil sie fürchtet, nach einem unglücklichen wie auch nach einem glücklichen Kriege — im letzteren Falle durch den siegreichen Feldherrn — verjagt zu werden. Das französische Volk will auch keinen Krieg, weil dieser viel Geld und Blut kosten und außerdem die deutsche Grenze von Truppen entblößen müßte.

Die Stellung des Sultans dem fremden Unterhändler gegenüber wird unendlich viel mächtiger, wenn er die Delegierten seines Volks in seiner Hauptstadt versammelt hat.

Hat der Sultan einen energischen Großwesir? Das läßt sich von hier aus nicht beurteilen. Ein solcher ist nötig, um die Delegierten richtig zu leiten. Derselbe muß tatkräftig und dabei auch überzeugt sein von der Notwendigkeit gewisser Reformen, die Handel und Wandel und die Reglung der Staatseinnahmen — was nicht notwendig E r h ö h u n g der Steuern zu bedeuten braucht — sichern.

Vorstehendes Material wird dem Dr. Vassel natürlich nur für vertrauliche Besprechung mit dem Sultan zur Verfügung gestellt mit der Ermächtigung, das wegzulassen oder umzuformen, was ungünstig wirken könnte.

Anknüpfend an die vom Sultan neulich verlangte Diskretion kann Dr. Vassel jetzt das gleiche Versprechen vom Sultan verlangen. Der Außenwelt, auch den amtlichen Stellen gegenüber, wird Dr. Vassel wohl am besten tun, seinen Standpunkt nur im allgemeinen soweit zu kennzeichnen, daß er unbefangen und akademisch das Thema bespricht: „Würde nicht bei der Stimmung im Lande der Verzicht auf die Einberufung der Delegierten eine Gefahr für den Sultan bedeuten?" Wenn die Franzosen, wie anzunehmen ist, dies vollständig bestreiten, braucht er — ihnen gegenüber — nicht weiter zu insistieren.

Selbst wenn der Sultan seinem Auswärtigen Minister und seinem Günstling noch weitere vertrauliche Äußerungen des Dr. Vassel mitteilen sollte, ist es meines Erachtens vorzuziehen, daß Dr. Vassel diesen beiden gegenüber das heikle Thema nicht noch breittritt, sondern sich zurückhaltend zeigt. Dabei teile ich Euer pp. Ansicht, daß vermieden werden muß, den Minister gegen den Günstling zurückzusetzen.

Zwar ist Zukünftiges niemals ganz sicher, aber es ist recht unwahrscheinlich, daß, wenn der Sultan, umgeben von den Vertretern von ungefähr zehn Millionen Marokkanern, seine Souveränität und die Unabhängigkeit Marokkos verteidigt, Frankreich leichten Herzens und mit dem schweigenden Deutschland im Rücken einen marokkanischen Krieg beginnen wird. Jedenfalls wird sich der Sultan darüber klar sein, daß der erste Schritt auf der schiefen Ebene der Nachgiebigkeit für alle Zeit entscheidend ist. —

Für Behandlung der Genthe-Angelegenheit billige ich das von Euer pp. vorgeschlagene weniger schroffe Verfahren.

Je geräuschloser unsere ganze diplomatische Tätigkeit bleibt, je weniger dieselbe von der Presse zum Gegenstand von Kritik oder selbst von Lob gemacht wird, um so besser ...

Ich verlasse mich darauf, daß der politische Verkehr zwischen Ihnen und Dr. Vassel seines ernsten Charakters wegen zunächst nur durch sichere Boten und in Ziffern bewerkstelligt wird.

AN KAISER WILHELM II.   Berlin, den 14. Februar 1905

Euerer Kaiserlichen und Königlichen Majestät beeile ich mich alleruntertänigst zu melden, daß ich bei der Rückkehr von meinem constitutional walk das Telegramm des Zaren an Euere Majestät vorfand, welches Scholl wohlversiegelt auf meinem Schreibtisch deponiert hatte. Aus diesem Telegramm wie aus einer soeben eingelaufenen Meldung von Tschirschky geht hervor, daß die Hamburg-Amerika-Linie die Verantwortung beziehungsweise das Odium in der heiklen Kohlensache auf uns schieben möchte. Davon darf keine Rede sein. Euerer Majestät persönliche Beziehungen zu Seiner Majestät dem Kaiser Nikolaus sind viel zu wertvoll, und der gegenwärtige Moment, wo Delcassé und Lansdowne eifrig an der Herstellung einer russisch-französisch-englischen Gruppierung arbeiten, ist zu kritisch, als daß Euere Majestät oder Euerer Majestät Reichskanzler nicht aus dieser Angelegenheit vollständig herausbleiben müßten. Ich füge einen heute erhaltenen Bericht von Alvensleben bei, aus welchem hervorgeht, daß der Drang nach Frieden in St. Petersburg immer stärker hervortritt. Den Russen darf nicht die Möglichkeit geboten werden, zu sagen, Rußland habe Frieden schließen müssen, weil Euerer Majestät oder Euerer Majestät Regierung die Hamburg-Amerika-Linie verhindert hätten, die russische Flotte weiter mit Kohlen zu versorgen. Die Verantwortung für Weiterfahren oder Nichtweiterfahren der Kohlenschiffe muß allein die Hamburg-Amerika-Linie übernehmen. Einen in diesem Sinne gehaltenen Entwurf für ein Telegramm Euerer Majestät an den Zaren füge ich in der Anlage ehrfurchtsvollst bei. Ballin lasse ich sogleich durch Tschirschky sagen, daß er sich den Russen gegenüber weder auf Euere Majestät noch auf mich berufen, noch überhaupt politische Motive geltend machen darf, sondern lediglich das tun soll, was ihm vom Geschäftsstandpunkt der Hamburg-Amerika-Linie richtig erscheint.

AN KAISER WILHELM II. Berlin, den 15. Februar 1905

Euerer Kaiserlichen und Königlichen Majestät Allerhöchste Bemerkung, wie einfach es für die Russen wäre, mit den Ballinschen Kohlenschiffen weiterzufahren, wenn sie dieselben nur kaufen und bemannen wollten, läßt mich glauben, daß der Zar von der fraglichen Offerte der Hamburg-Amerika-Linie überhaupt noch nichts weiß. Meines untertänigsten Erachtens würde es sehr nützlich sein, wenn Euere Majestät dem Zaren im Sinne der Anlage noch heute telegraphieren wollten. Das Telegramm ist so gefaßt, als ob Euere Majestät sich in Hamburg hätten erkundigen lassen und dem Zaren nunmehr das Resultat der Erkundigungen mitteilten. Es würde mich gar nicht wundern, wenn die russische Marine durch ihre Behandlung der Kohlenfrage — à nos frais — den Frieden herbeiführen möchte. Skrydlow hat neulich öffentlich gesagt: „Frieden, sofort!" Solchen Umtrieben und Absichten würde das anliegende Telegramm einen Riegel vorschieben, das dabei sachlich und harmlos gehalten ist.

In diesem Augenblicke wird mir das in der Anlage ehrfurchtsvollst beigeschlossene Telegramm von Tschirschky vorgelegt. Ich werde Ballin sagen lassen, er möge, wenn irgend tunlich, gegenüber den Russen jetzt nochmals auf die Verkaufsfrage zurückkommen und sogar insistieren.

AN DEN BOTSCHAFTER IN PETERSBURG
GRAFEN VON ALVENSLEBEN Berlin, den 15. Februar 1905

Seit mehreren Jahren wird der Zustand chronischer Gärung, in welchem sich leider die österreichisch-ungarische Gesamtmonarchie befindet, ausgebeutet, um zwischen Rußland und Deutschland Mißtrauen zu säen. Namentlich in Blättern mit revolutionärer Tendenz kehrt die Behauptung wieder, daß heute zwar kein Interessenwiderspruch zwischen Deutschland und Rußland bemerkbar sei, derselbe aber entstehen würde, wenn die innere österreichische Krisis fortdauere und einen Vorwand für fremde Einmischung biete. Dann werde Rußland für die Slawen, Deutschland für die Deutschen eintreten und ein Konflikt zwischen beiden Reichen entstehen. Solche Ausstreuungen verfolgen den offenkundigen Zweck, die Herrscher, Regierungen und Völker der drei Kaiserreiche aufzureizen und zu trennen. Diesen Verdächtigungen den Boden zu entziehen, dürfte sowohl im russischen wie im deutschen Interesse wünschenswert sein. Ew. pp. können deshalb dem Grafen Lamsdorff beim nächsten Empfange sagen, daß ich, sobald er den Zeitpunkt für gekommen hält, bereit sein werde, bei Seiner Majestät dem Kaiser den Abschluß eines russisch-deutschen Abkommens zu befürworten, durch welches die beiden Kontrahenten erklären, unter keinen Umständen, und gleichviel welche Wendung die inneren Verwickelungen Österreich-Ungarns nähmen, aus denselben für sich territoriale Vorteile irgendwelcher Art ziehen zu wollen.

Ich rege diesen Gedanken an, weil ich einerseits die

loyale Weltanschauung meines Allergnädigsten Herrn kenne, andererseits aber die Überzeugung habe, daß auch die Regierung Seiner Majestät des Kaisers Nikolaus den Gedanken einer eventuellen Angliederung österreichischer Gebiete und die damit verbundene Aufnahme neuer subversiver Elemente mit Entschiedenheit zurückweist. Nach meiner Ansicht würde ein deutschrussischer Uneigennützigkeitsvertrag nicht nur die einzige Ursache etwaigen künftigen Mißtrauens zwischen Rußland und Deutschland beseitigen, sondern auch die jetzt allseitig anerkannte Solidarität der monarchischen Interessen gegenüber der zersetzenden Tätigkeit der internationalen revolutionären Propaganda praktisch betätigen.

Ew. pp. werden bald erkennen, ob bei dem Minister Neigung für ein solches Abkommen vorhanden ist oder nicht.

AN DEN GESCHÄFTSTRÄGER IN TANGER
VON KÜHLMANN   Berlin, den 16. Februar 1905

Zunächst bleibt abzuwarten, wie oder ob überhaupt der Sultan auf die Ratschläge des diesseitigen Telegramms 8 reagiert, insbesondere, ob die Delegierten zusammenberufen und wie sie befragt werden. Der „Figaro" vom 15. hat ein am 14. von Tanger abgesandtes Telegramm seines Korrespondenten in Fes, wo behauptet wird, die Delegierten seien einberufen, nicht um befragt zu werden, sondern um die Eröffnung entgegenzunehmen, daß die marokkanische Regierung eine Mitwirkung Frankreichs angenommen habe. Danach werde jeder nach Hause zurückkehren und dies fait accompli verkünden. Nach Ansicht des Korrespondenten ist die marokkanische Regierung zur Nachgiebigkeit entschlossen, nachdem sie aus der Antwort der englischen Regierung ersehen hat, daß auf keine fremde Unterstützung zu rechnen ist.

So denken sich also die Franzosen den Verlauf. Der Sultan aber wird, wenn die Delegierten einmal versammelt sind, ohne Mühe erreichen können, daß dieselben dasjenige ablehnen bezw. annehmen, was ihm paßt. Er kann sich dann hinter der „Volksstimmung" verschanzen, um französische Forderungen als „unmöglich" zurückzuweisen. Je nachdem der Sultan sich fest oder nachgiebig zeigt, wird die deutsche Politik sich darauf zu richten haben, ihm tunlichst den Rücken zu stärken oder aber lediglich deutsche wirtschaftliche Interessen wahrzunehmen. Bis wir über die Haltung des Sultans klarer sehen, möchten wir amtliche Äußerungen nach Frankreich hin vermeiden.

AN KAISER WILHELM II.

Ganz vertraulich   Berlin, den 18. Februar 1905

Euerer Kaiserlichen und Königlichen Majestät unterbreite ich ehrfurchtsvollst ein Telegramm des Grafen Arco von gestern. Die Korrespondenz, auf welche er Bezug nimmt, war veranlaßt worden durch die Meldung des Gesandten, daß in der japanischen Presse neuerdings wieder die Nachricht ausgestreut werde, trotz aller Ableugnungen bestehe ein russisch-französisch-deutsches Bündnis. Mein ebenmäßig angeschlossenes Telegramm Nr. 20 richtete sich gegen diese Tendenzlüge.

Das neueste Telegramm des Grafen Arco meldet nun amtliche japanische Vertrauenskundgebungen zugunsten der deutschen Politik. Vicomte Aoki erblickt in dieser Wendung zum Bessern einen Erfolg seiner Tätigkeit. Ohne das Verdienst dieses wirklich deutschfreundlichen Herrn unterschätzen zu wollen, glaube ich doch, daß bei der japanischen Umstimmung zwei andere Momente mitgewirkt haben. Zunächst hat die amerikanische Regierung, seit sie selbst die Überzeugung von der Uneigennützigkeit der deutschen Politik gewann, sich in dem Sinne nachdrücklich auch in Tokio ausgesprochen. Außerdem aber ist die Tätigkeit der offiziösen französischen Presse eine solche, daß die Japaner wohl einen Schreck bekommen können. Auf diese Erscheinung hatte ich bereits im vorigen Monat mir gestattet, die Allerhöchste Aufmerksamkeit Euerer Majestät zu lenken. Als Beleg dafür, daß diese antijapanische Kampagne weitergeht, gestatte ich mir einen Artikel des „Figaro" vom 14. d. Mts., „Le Partage nécessaire", alleruntertänigst zu unterbreiten. Damit ist die Aufteilung Chinas gemeint. Mit derselben sollte man, nach der Ansicht des „Figaro", sofort vorgehen, während Japan noch immobilisiert ist. Rußland soll den Norden bis Peking, England den Jangtse, Frankreich die Südprovinzen Jünnan und Kwangsü bekommen. Auch Deutschland und Italien sollen territoriale Vorteile erhalten, während Amerika mit Handelsvorteilen abgefunden wird.

Dieser Teilungsplan, wenn er wirklich bestanden hat, ist durch die von Amerika erlangten Uneigennützigkeitserklärungen in die Ferne gerückt worden, ganz aufgegeben mag er wohl nicht sein. Daß die Japaner dadurch in gewissem Grade eingeschüchtert sind, läßt sich begreifen. Die kategorische Erklärung des Gesandten Euerer Majestät, daß die deutsche Regierung das ihr angedichtete Vertragsverhältnis zu Frankreich und Rußland als Lüge bezeichne, ist daher gerade jetzt auf guten Boden gefallen. Für den Augenblick darf meines untertänigsten Erachtens nicht mehr geschehen. Die Japaner haben eine hinterhaltige Politik und wären wohl imstande, ein weiteres deutsches

Entgegenkommen in der Art auszubeuten, daß sie uns in eine gegnerische Stellung nicht nur zu Frankreich — was weniger schaden würde —, sondern auch zu Rußland zu schieben suchen. Von diesem Gedanken ausgehend, habe ich auch nach Tokio hin betont, daß wir nicht von neuem Schritte zur Heibeiführung einer Mission Aoki tun könnten, sondern zunächst die amtliche Aktion der japanischen Regierung abwarten müßten.

Wenn die Japaner eine Annäherung an Deutschland ihrem Interesse entsprechend erachten, werden sie von selber kommen, nachdem sie jetzt von den wohlwollenden politischen Intentionen Euerer Majestät wiederholte Beweise erhalten haben.

AN DEN BOTSCHAFTER IN WASHINGTON FREIHERRN SPECK VON STERNBURG   Berlin, den 21. Februar 1905

Es ist auffallend, daß auch in Tokio dem Kaiserlichen Gesandten angedeutet wurde, eine Überraschung stehe bevor. Nach Lage der Verhältnisse kann damit kaum etwas anderes gemeint sein als Friedensschluß mit Anschluß Japans an den franko-russischen Zweibund. Schon im Dezember sagte Graf Lamsdorff an Graf Alvensleben: „Les Français connaissent nos conditions", d. h. also, Frankreich hat Rußlands Mandat, um den Frieden vorzubereiten.

Heute wissen wir, daß zwar noch nicht der Zar, wohl aber Graf Lamsdorff dem Frieden zuneigt. Andrerseits würde es dem ungewöhnlich schlauen Charakter Delcassés entsprechen, daß er durch seine gradezu brutale Preßkampagne gegen Japan dieses einschüchtern und für Vorschläge empfänglich machen möchte. Er sagt damit den Japanern: „Wenn ihr Feinde Europas und namentlich Frankreichs bleibt, habt ihr wenig zu hoffen, viel zu fürchten."

Wir glauben mit dem Präsidenten, daß England bei der jetzigen Phase der diplomatischen Aktion noch unbeteiligt ist. Indessen wird der Präsident darin wohl auch mit uns übereinstimmen, daß mit Rücksicht auf die englische Wählerschaft keine englische Regierung, ob konservativ oder liberal, würde wagen können, sich ablehnend zu verhalten, falls ihr von Frankreich, Rußland und Japan gemeinsam der Jangtse als Interessensphäre angeboten würde um den Preis des laisser faire im übrigen Ostasien. Es wäre auch zu viel verlangt, von England zu erwarten, daß es der französischen Diplomatie, während diese die Quadrupelallianz vorbereitet, nachspüren und entgegenarbeiten solle. Herr Delcassé hat, das nehmen wir nach langjähriger Beobachtung seiner Eigenart als sicher an, mit dem bullying von Japan erst angefangen, nachdem er die Gewißheit erlangt hatte, daß England sich keinesfalls gegen Frankreich auf die japanische Seite stellen würde. Diese Annahme wird bestätigt durch die Wahrnehmung, daß neuerdings in der japanischen Presse wiederholte Klagen über englische Lauheit Ausdruck finden.

Die von japanischer Seite verheißene Überraschung wird also wohl darin bestehen, daß die Welt der vollendeten Tatsache einer Fusion der beiden Zweibünde zu einem Vierbunde gegenübergestellt wird. Letzterer wäre dann stark genug, um in denjenigen Punkten, über welche die vier einig sind, also zum Beispiel hinsichtlich Ostasiens, die Weltpolitik beherrschen zu können. Für Amerika wie für Deutschland würde diese Gruppierung unerwünscht sein; wir beiden müssen ihre Verwirklichung hindern, wenn wir können. Für diesen Zweck würde es sich empfehlen, wenn der Präsident gleich jetzt, wo vermutlich noch keine Einigkeit hinsichtlich der Friedens- und Bündnisbedingungen erzielt ist, in Tokio erklärt: „Amerika, welches sich stets als

Freund Japans erwiesen, und welches schwerwiegende Interessen in Ostasien hat, würde es als einen unfreundlichen Akt ansehen, wenn Japan hinter dem Rücken Amerikas und ohne dieses zu Rate zu ziehen, eine politische Neugestaltung Ostasiens anstreben wollte. Deshalb ersuche ich um Auskunft, ob Besprechungen über den Frieden, sei es direkt, sei es mit einer dritten, vermittelnden Macht, gegenwärtig im Gange sind, und auf welcher Grundlage."

Bisher scheint der Präsident die japanische Regierung noch nicht direkt vor diese Frage gestellt, sondern lediglich zur Mäßigung in den Friedensbedingungen ermahnt zu haben. Dadurch arbeitet er aber, wie die Dinge liegen, derjenigen Diplomatie, welche die Vermittlung vorbereitet, also vermutlich der französischen, unter Umständen in die Hände.

Ew. wollen das Vorstehende als vertrauliche Erwiderung auf die vertraulichen Mitteilungen des Präsidenten mit diesem besprechen. Deutschland ist zwar bei den ostasiatischen Dingen auch nicht annähernd in dem Maße wie Amerika beteiligt, hat aber doch immerhin auch an der Erhaltung der Offenen Tür ein erhebliches und legitimes Interesse. Die deutsche Regierung wird daher nicht Anstand nehmen, ihre Übereinstimmung mit dem Standpunkte Amerikas von neuem erkennbar zu machen, sobald dies der Präsident für opportun hält. Indessen ist es uns fraglich, ob der geeignete Zeitpunkt hierfür schon gekommen ist, denn es ist nicht ausgeschlossen, daß die Japaner geneigter sein werden, eine Anfrage im Sinne der oben vorgeschlagenen Erkundigung offen zu beantworten, wenn Amerika allein anfragt, die Antwort folglich den Charakter einer Vertrauensäußerung für Amerika trägt.

AN DEN BOTSCHAFTER IN ROM GRAFEN MONTS
Berlin, den 21. Februar 1905

Graf Lanza ist gestern abend nach Rom abgereist. In Ergänzung eines unterwegs befindlichen Erlasses bemerke ich hinsichtlich seiner Reise folgendes:

Seine Majestät der Kaiser hatte kürzlich dem Botschafter gegenüber die Bemerkung fallen lassen, in Pariser Finanzkreisen bestehe die Überzeugung, daß die Regierungen von Frankreich und Italien während des Besuchs des Präsidenten Loubet in Rom einen Neutralitätsvertrag abgeschlossen hätten. Auch ich habe dem Botschafter bestätigt, daß eine derartige Nachricht wirklich hier eingegangen sei. Graf Lanza hat im Auswärtigen Amte sich dahin geäußert, er sei sich wohl bewußt, daß er eigentlich für eine Mitteilung dieser Art, falls sie für seine Regierung bestimmt gewesen wäre, nach den allgemein geltenden formalen Regeln auf den deutschen Vertreter in Rom hätte verweisen müssen. Hieran habe ihn jedoch die Seiner Majestät dem Deutschen Kaiser schuldige Ehrerbietung verhindert.

Die Mitteilung an den Botschafter ist nach reiflicher Erwägung erfolgt. Sie bezweckt, die italienische Regierung darauf zu stoßen, daß diese ihre Hinneigung zu Frankreich wenigstens äußerlich in Schranken halten und auf die Pflege der deutsch-italienischen Beziehungen mehr Sorgfalt verwenden muß, als bisher seit dem Thronwechsel. Falls die Angelegenheit Euer pp. gegenüber von italienischer Seite angeregt werden sollte, stelle ich anheim, auch von sich aus einige ganz leise Andeutungen in diesem Sinne zu machen. Namentlich wollen Euer pp. jedoch, falls das nötig erscheinen sollte, d. h. falls die italienische Regierung etwa Neigung hätte, dem Grafen Lanza die Übermittelung der kaiserlichen Worte als Formfehler anzurechnen, mit Entschiedenheit für die Belassung des Botschafters auf dem hiesigen Posten eintreten. Seine eventuelle Abberufung könnte keine andere als eine für die deutschfreundliche Gesinnung der italienischen Regierung ungünstige Auslegung finden.

AN DEN BOTSCHAFTER IN WASHINGTON FREIHERRN SPECK VON STERNBURG Berlin, den 25. Februar 1905

Aus Euerer pp. telegraphischen Mitteilungen ersehe ich mit Befriedigung, daß der Präsident jetzt von der Aufrichtigkeit der deutschen Politik überzeugt ist. Wir sind in der Lage, dieses Vertrauen zu rechtfertigen. Der Präsident braucht niemals den Verdacht zu haben, daß wir sein Vertrauen für uneingestandene Erwerbszwecke zu mißbrauchen versuchen. Wenn jemals in der Zukunft die deutsche Politik bei einem diplomatischen Zusammengehen mit Amerika Sondervorteile verfolgen sollte, die nicht offen ersichtlich sind, werden wir von Anfang an den Präsidenten darüber vertraulich orientieren. In der Gegenwart haben wir nirgends derartige Sonderzwecke, weder in China, noch in Marokko. Nirgends erstreben wir Territorialerwerb, sondern sind lediglich bemüht, eine Verschlechterung der gegenwärtigen Lage zu vermeiden. Für China ist der gegnerischen Aktion durch die von Amerika durchgedrückte Uneigennützigkeitserklärung vorläufig die Unterlage entzogen, hinsichtlich Marokkos aber steht die Gesamtheit der seefahrenden und handeltreibenden Mächte, falls sie ruhig zusehen, der Gefahr einer Verschlechterung gegenüber, sowohl in kommerzieller wie in politischer Beziehung.

Spanien und Frankreich können fast als politische Einheit nach außen hin behandelt werden. Spanien ist nicht nur geographisch, sondern auch finanziell und kulturell ein Anhängsel von Frankreich, hat auch die gleichen prohibitiv-protektionistischen Instinkte. Wenn Spanien und Frankreich sich in Marokko teilen, so ist der marokkanische Markt für die übrige Welt verloren, und wenn Spanien etwa Tanger besetzt, während das Hinterland in französischen Besitz kommt, so heißt das einfach, daß im psychologischen Moment Frankreich und Spanien gemeinsam die große Durchfahrt nach dem nahen und dem fernen Orient beherrschen werden.

Wir haben die französische Politik in Marokko seit dem Abschluß des englisch-französischen Abkommens schweigend und aufmerksam verfolgt, ebenso wie die Haltung Englands in der marokkanischen Frage. Ein großer Teil der englischen öffentlichen Meinung macht kein Hehl aus der Unzufriedenheit über den bevorstehenden Verlust des marokkanischen Marktes. Als charakteristisches Symptom betrachte ich, daß der „Punch", welcher ein anerkannt richtiges Gefühl für die Stimmung der englischen Geschäftswelt hat, in dieser Woche die Aufopferung Marokkos durch die englische Regierung in einer kurzen Bemerkung mit geradezu blutigem Hohn behandelt.

Es ist mit Bestimmtheit anzunehmen, daß die englische Regierung aus Rücksicht auf die englischen Handelsinteressen es nicht ungern sehen wird, wenn ohne ihr Zutun der bisherige Zustand der kommerziellen Gleichberechtigung gegenüber den französischen Annexionsbestrebungen gewahrt bleibt, immer vorausgesetzt, daß weder Deutschland noch Amerika die Absicht haben, marokkanisches Gebiet zu erwerben.

Frankreich, welches sich isoliert fühlt, geht deshalb — darüber lassen unsere neuesten Meldungen aus

Tanger und Fes keinen Zweifel — sehr behutsam vor. Es würde leicht und gefahrlos sein, dem französischen Vorgehen Einhalt zu tun, wenn Deutschland und Amerika, jeder für sich, dem Sultan von Marokko auf diplomatischem Wege mitteilen lassen, daß die Zusammenberufung der Notabeln ein richtiger Schritt sei, um seine Regierung zu befestigen und geordnete Zustände im Lande herbeizuführen, an welchen Deutschland und Amerika ebenso wie andere handeltreibende Völker ein Interesse hätten.

Euerer pp. stelle ich anheim, vorstehendes in der Ihnen geeignet scheinenden Weise mit dem Präsidenten zu besprechen. Sie können dabei hinzufügen, daß, falls der Sultan, auf seine Notabeln gestützt, die unter dem Namen „Reform" von ihm verlangte Unterwerfung ablehnen sollte, Frankreich selbst dann, wenn Amerika sich nicht diplomatisch beteiligt, schwerlich einen marokkanischen Krieg riskieren wird mit dem schweigenden Deutschland im Rücken. Eine diplomatische Aktion Amerikas würde die Wirkung haben, daß der Sultan mutiger und Frankreich noch ängstlicher wird.

Welche Rolle Deutschland in den Erwägungen der Marokkaner wie der Franzosen spielt, ergibt sich aus der Meldung unseres Konsuls in Fes, wonach die französische Gesandtschaft den Marokkanern zu verstehen gegeben hat, diese möchten sich nicht auf Deutschland verlassen. Die bisherige Zurückhaltung Deutschlands habe nur den Zweck, sich von Frankreich mit einem Stück Marokko abfinden zu lassen. Deutschland hat in Wirklichkeit keine derartige Absicht, würde vielmehr wünschen, den bisherigen Zustand zu erhalten.

Wenn jetzt die Regierungen von Washington und Berlin in Marokko gleichzeitig ein Interesse für Offene

Tür und für eine von Frankreich unabhängige Besserung der Zustände zeigen, so wird damit die marokkanische Frage rasch und friedlich erledigt. Da diese Art der Erledigung zugunsten der open door auch den englischen Interessen entspricht, so wird England nichts dagegen tun, vorausgesetzt, daß weder Deutschland noch Amerika Neigung zeigen, sich selber in der Nähe der Straße von Gibraltar festzusetzen. Der Ausgang dieser diplomatischen Aktion wird, wie ich hoffe, dazu beitragen, das gegenseitige Vertrauen der Leiter und der Völker von Deutschland und Amerika weiter zu befestigen.

Dem Urteil Ew. überlasse ich schließlich noch zu entscheiden, ob es nützlich wirken oder aber den Präsidenten unnötig mißtrauisch machen würde, wenn Sie ihm andeuten, daß es der englischen Regierung, die nun einmal Frankreich freie Hand in Marokko gegeben hat, vielleicht lieber sein würde, wegen einer Aktion im antifranzösischen Sinne gar nicht vorher befragt zu werden.

AN DEN BOTSCHAFTER IN KONSTANTINOPEL
FREIHERRN VON MARSCHALL   Berlin, den 3. März 1905

Nachdem Herr Sinowiew mit Ew. pp., wie aus Telegramm 46 hervorgeht, nach langer Pause zum ersten Male wieder vertraulich über die Grundzüge der mazedonischen Frage gesprochen hat, stelle ich anheim, ihm etwa folgendes — gleichfalls vertraulich — als Ansicht Ihrer Regierung mitzuteilen.

Seit Jahr und Tag sind wir an der russischen Orientpolitik irre geworden. Wir haben im Dezember 1902 das Programm Sinowiew und ebenso auch nachher das weitergehende Mürzsteger Programm unterstützt als Mittel zur Vorbeugung eines Balkanbrandes. Die Balkanfrage entsteht aus dem fortschreitenden türkischen Zersetzungsprozeß. Dieser ist nicht aufzuhalten, aber eine Beschleunigung desselben bedeutet eine allgemeine Kriegsgefahr. Eine schnelle Lösung der Balkanfrage kann nur eine gewaltsame Lösung sein, denn über eine gewisse Grenze hinaus wird der Sultan nicht ohne Widerstand nachgeben, weil er dann unter Umständen mehr von seinem eigenen Volk als von fremden Mächten zu fürchten hat.

Wir hatten das Programm Sinowiew und das Mürzsteger Programm aus allgemeiner Friedensliebe unterstützt. Die Haltung Rußlands seit dem Ausbruch des ostasiatischen Krieges können wir uns nicht erklären. Rußlands Interessen bezüglich der Meerengen sind verschieden von denen aller übrigen Mittelmeermächte. Für Rußland bedeutet der Hellespont die Haustür — für die anderen — Rumänien und Bulgarien nicht ausgenommen — ist er eine wichtige Durchfahrt. Aus diesem Gegensatze scheint sich zu ergeben, daß Rußland sich bestrebt, die Orientfrage in möglichst langsamer Bewegung zu halten bis zu einem Zeitpunkt, wo es derselben wieder seine ganze Aufmerksamkeit zuwenden kann. Statt dessen sehen wir Rußland dauernd bemüht, die Dinge in schnelleren Fluß zu bringen und Forderungen zu unterstützen, welche, wie gesagt, ohne Anwendung äußerer Gewalt nicht durchzusetzen sein werden. Daß Frankreich und England den jetzigen Augenblick als günstig für eine Finalisierung der Orientfrage erachten, ist begreiflich. Aber die Haltung Rußlands dabei ist uns ein Rätsel, denn für Rußland ist der gegenwärtige Zeitpunkt der denkbar ungünstigste. Selbst beim größten Pessimismus wird doch nicht abzustreiten sein, daß die Existenz der Türkei noch jahrelang gefristet werden kann. Dieser Aufschub aber scheint mir für niemanden so wichtig, wie gerade für Rußland. Die neuen englischen Vorschläge, welche offensichtlich bezwecken, Mazedonien auf das gleiche Geleise wie Kreta zu schieben, werden nur gemacht werden, wenn die englische Regierung Grund zu der Hoffnung hat, daß auch Rußland und Österreich dieselben unterstützen. Wenn die englische Regierung fürchtet, mit Frankreich und Italien allein zu bleiben, wird sie — das lassen bereits die neuesten Parlamentserklärungen englischer Minister erkennen — nicht herauskommen.

Der deutschen Regierung ist von verschiedenen Seiten und besonders lebhaft von der panslawistischen Presse vorgeworfen worden, daß sie aus interessierter Freundschaft für den Sultan sich der türkischen Reformbewegung entgegenstellt. Dies ist ein Verkennen unserer Lage. Wir haben keinen Grund anzunehmen, daß nicht auch ein eventueller Nachfolger des Sultans es für nützlich halten würde, auf Deutschland Rücksicht zu nehmen. Aber wir halten, wie gesagt, eine überstürzte Balkanbewegung für eine europäische Kriegsgefahr, und einer solchen möchten wir aus dem Wege gehen. Wir werden deshalb an weiteren Vorschlägen zur Mediatisierung des Sultans — denn darauf laufen dieselben doch wohl hinaus — uns nicht beteiligen. Falls auch Rußland, um Zeit zu gewinnen, jetzt haltmachen sollte, ist mit Rücksicht auf die guten Beziehungen des Wiener Kabinetts zu den beiden anderen Kaisermächten anzunehmen, daß auch die österreichisch-ungarische Diplomatie von einer Annäherung an das Programm der Westmächte absehen wird. Den Standpunkt Deutschlands fasse ich nochmals kurz dahin zusammen, daß wir einer beschleunigten Lösung der Orientfrage, wie sie jetzt offenbar von mehreren Seiten angestrebt wird, entgegen sind,

1. weil sie eine unbestreitbare Kriegsgefahr mit sich bringt, wo man überdies bei dem Durcheinander der Interessenkonflikte nicht im voraus sagen kann, wie die Gruppierungen sich bilden würden,

2. weil eine Lösung der Orientfrage während der Dauer oder gleich nach Beendigung eines erschöpfenden russischen Krieges Rußland notwendig in Nachteil setzen müßte gegenüber anderen Mächten, zu denen unsere Beziehungen weniger freundnachbarliche und vertrauensvolle sind als zu Rußland.

Es scheint mir nützlich, wenn Ew. pp. dieses Thema gerade jetzt mit Ihrem russischen Kollegen eingehend besprechen.

AN DEN BOTSCHAFTER IN WASHINGTON FREIHERRN
SPECK VON STERNBURG   Berlin, den 4. März 1905

Aus Ew. hochinteressantem Bericht Nr. 41 vom 10. v. Mts. wird in geradezu betrübender Weise ersichtlich, daß man auf englischer Seite auch vor den unwahrscheinlichsten Lügen nicht zurückschreckt in dem Bestreben, Regierung und Volk der Vereinigten Staaten gegen Deutschland mißtrauisch zu machen. Ein deutscher Angriff auf England würde bei der heutigen politischen Gruppierung für uns einen Krieg gegen England u n d Frankreich bedeuten. Kein deutscher Staatsmann würde bei gesundem Verstande sein Vaterland f r e i w i l l i g in einen solchen Krieg treiben. Noch unsinniger aber ist die andere Verdächtigung, daß Deutschland, welches in Europa von unsicheren Freunden und sicheren Feinden umgeben ist, einen transozeanischen Krieg gegen Amerika planen soll. Die Wahrnehmung, daß eine solche Ausstreuung nicht gleich von Hause aus der

Lächerlichkeit verfällt, hat für den beobachtenden Politiker etwas Entmutigendes.

Demgegenüber ist es ein beruhigendes Moment, daß ein Mann mit der persönlichen Autorität des Präsidenten Roosevelt die Lage richtig beurteilt und klar erkannt zu haben scheint, wie sehr Deutschland und Amerika sich in der Zukunft werden nützen können, wenn sie, sei es in China, sei es anderswo, z. B. in Marokko, für das Prinzip der Offenen Tür und der Gleichberechtigung der Mächte eintreten. Über das Schwergewicht einer politischen Kooperation Deutschlands und Amerikas kann wohl niemand im Zweifel sein, und daraus erklärt es sich auch, daß man zu allen erdenklichen Mitteln greift, um diese Kooperation zu verhindern.

Es beweist den weiten und vorurteilsfreien Blick des Präsidenten Roosevelt, daß denselben schon jetzt die Frage beschäftigt, welches Gesicht Japan nach einem großen kriegerischen Erfolge der Welt zeigen wird. Wenn die sowohl in Petersburg wie in Japan lebendige Idee einer russisch-japanischen Allianz sich verwirklicht, dann wird naturgemäß jeder der beiden neuen Verbündeten bestrebt sein, auch seinen bisherigen Verbündeten, also Frankreich bzw. England, mit in den Bund hineinzubringen. Die Bedeutung dieser Gruppierung für den Erdball überhaupt, insbesondere aber für das Schicksal Chinas, bedarf keiner weiteren Erörterung. In diesem Gedankengange ist es beachtenswert, daß beide kriegführende Teile gegenwärtig bestrebt sind, Beschwerden gegen China zu sammeln, indem jeder von beiden mit Recht oder mit Unrecht, der chinesischen Regierung vorwirft, Neutralitätsverletzungen geduldet zu haben. Es fallen dabei auch gelegentlich kritische Bemerkungen über die Neutralisation Chinas im allgemeinen, welche vielleicht in gewisser Hinsicht als störend empfunden wird. Ist nach Ew. Ansicht Herr

Spring-Rice darüber orientiert, daß sowohl die Neutralitätserklärung wie die Uneigennützigkeitserklärung von Deutschland angeregt wurde? Natürlich wird da von jeder Sondierung abzusehen sein.

AN KAISER WILHELM II.

Geheim Berlin, den 5. März 1905

Euerer Majestät verfehle ich nicht, anbei den Brief der beiden italienischen Minister an den Grafen Lanza mit der beigefügten französischen Übersetzung ehrfurchtsvollst zu unterbreiten. Die italienische Regierung beweist durch diese Aufklärung, in welcher neben einem gewissen Grade von Offenheit zugleich die Reue über das Gebaren ihrer Vorgängerin deutlich erkennbar ist, wie sehr ihr daran liegt, es mit Deutschland nicht zu verderben. Italien fühlt sich isoliert dem nordöstlichen Nachbar nicht gewachsen; es weiß aber andererseits auch, daß französische Hilfe nicht umsonst zu haben ist, vide Savoyen und Nizza. Deshalb möchte man in Rom die deutsche Anlehnung nicht verlieren. Daß wir Italien eingeschüchtert haben, war nützlich, schon um dessen Stimmung zu sondieren, und auch als Warnung. Aber keinenfalls liegt es im deutschen Interesse, die Italiener jetzt, wo sie reuig und mit der Versicherung, „es nicht wieder zu tun", ankommen, ganz zurückzustoßen oder durch Verletzung der bei ihnen ganz besonders stark entwickelten nationalen Eitelkeit auf die feindliche Seite zu treiben. Für Friedenszeiten und für alle internationalen Kombinationen liegt es in unserem Interesse, die Fassade des Dreibundes möglichst intakt zu erhalten, schon deshalb, weil den Italienern, solange sie noch im Dreibund sind, auf feindlicher Seite mit Mißtrauen begegnet werden wird. Für den Fall von Komplikationen brauchen wir uns über aktive italienische Kooperation freilich keine Illusionen zu machen. Immerhin aber ist es ein nicht zu unterschätzender Gewinn, wenn Italien dann neutral bleibt, anstatt mit Frankreich zu gehen.

AN KAISER WILHELM II.   Berlin, den 10. März 1905

Euerer Kaiserlichen und Königlichen Majestät überreiche ich in der Anlage ehrfurchtsvollst den Brief Seiner Majestät des Königs von Italien sowie einen Entwurf für die Beantwortung dieses Briefes. Ich habe mir den Entwurf genau überlegt. Wo Euere Majestät Italien jetzt besuchen wollen, muß die Antwort auf den Brief Seiner Majestät des Königs Viktor Emanuel natürlich freundlich ausfallen. Dazu kommt, daß der neue Ministerpräsident, früher Unterstaatssekretär von Crispi, bisher ein entschiedener Vertreter guter Beziehungen zu Deutschland war und es sich empfiehlt, ihm die Wege zu ebnen. Die Hauptsache ist, daß Euere Majestät Seiner Majestät dem Könige von Italien einige Liebenswürdigkeiten über Ihre Majestät die Königin Helene sagen. Wie sehr Höchstdieselbe wünscht, die persönliche Bekanntschaft Ihrer Majestät, unserer erhabenen Kaiserin, zu machen, geht aus dem anliegenden Bericht hervor. Hier ist die Stelle, wo König Viktor Emanuel wie weiland König Philipp in Schillers „Don Carlos" sterblich ist. Die allgemeine Weltlage ist doch so gespannt, daß wir bestrebt sein müssen, möglichst wenig Stiche zu vergeben. Wir dürfen Italien nicht ganz in das französische Lager treiben, denn es macht einen verwünschten Unterschied, ob Italien eventuell seine Armee mit Frankreich marschieren läßt oder mindestens neutral bleibt.

AN DEN GESCHÄFTSTRÄGER IN TANGER
VON KÜHLMANN   Berlin, den 10. März 1905

... Außerdem können Euer pp. ebenso wie auch Dr. Vassel sich dahin aussprechen, daß die Erhaltung der gegenwärtigen Beziehungen Marokkos zum Auslande — Gleichberechtigung — den Interessen des Deutschen Reichs am meisten entspricht. Die Frage, ob Marokko als Kompensationsobjekt unter den Mächten zu denken sei, würde erst dann aktuell werden, wenn das Marokkanische Reich in seinem jetzigen Bestande sich als gänzlich rat- und hilflos erwiese.

Falls von geeigneter Seite die Frage angeregt wird, ob die Aufmerksamkeit fremder Mächte auf die Bedrohung der Selbständigkeit des Marokkanischen Reiches zu lenken sein würde, wird von Ihrer bezw. des Dr. Vassel Seite ungefähr zu erwidern sein, daß Deutschland und die Vereinigten Staaten von Amerika der Erhaltung des jetzigen Zustandes günstig gestimmt seien, daß hinsichtlich der übrigen Mächte man nichts Bestimmtes sagen könne. In England habe die Regierung sich zugunsten Frankreichs in gewissem Grade gebunden, wenn auch in der englischen Handelswelt eine Strömung für Erhaltung der Selbständigkeit Marokkos und für Gleichberechtigung der Mächte vorhanden sei.

AN DEN BOTSCHAFTER IN PETERSBURG
GRAFEN VON ALVENSLEBEN
Geheim   Berlin, den 10. März 1905

Es gereicht mir zu aufrichtiger Freude, daß Graf Lamsdorff und ich uns begegnen in dem gemeinsamen Wunsche, die monarchische Solidarität zu pflegen und der Möglichkeit von Mißtrauen und Zwisten vorzubeugen.

Mit Form einer Deklaration bin ich ganz einverstanden, die Sie wohl am besten mit Graf Lamsdorff besprechen und vereinbaren.

Lediglich zu Ew. pp. vertraulicher Orientierung füge ich hinzu, daß ich im Interesse eines günstigen Endergebnisses nützlich finden würde, wenn Graf Lamsdorff die Deklaration in dem ihm genehmen Sinne formulierte. Unbedingte Geheimhaltung selbstverständlich.

KAISER WILHELM II. AN DEN REICHSKANZLER
GRAFEN VON BÜLOW   Bremerhaven, den 11. März 1905

Eben erhaltene Nachricht aus „Wolff", die Friedensverhandlungen durch Gallo-Englische Gruppe betreffend im Auftrage des Zaren zeigt, daß Rothschild nicht gewillt ist, längeren Krieg zu bezahlen. Diese Verhandlungen dürften der Hauptgrund für plötzliche Aufgabe König Edwards VII. Reise sein! Er will jetzt Gallo-British-Russ[ische] Allianz machen, nachdem er Tibet und Afghanistan in der Tasche hat. Aoki könnte von uns beauftragt werden, zu sagen, daß wir nichts gegen Port Arthur in Jap[anischem] Besitz hätten.

Unerhört ist bei diesen Vorgängen, daß wir, die wir dem Zaren treu zur Seite standen, mit R a t auch jetzt wieder gänzlich außen vor geblieben sind. Die Niederlage bei Mukden scheint einer Vernichtung der Russ[ischen] Armee sehr nahezukommen. Soll dem Kaiser von Japan gegenüber irgendeine Demarche des Glückwunsches gemacht werden? Meine Abreise nach Lissabon wird mir auch recht zweifelhaft. Wetter hier scheußlich. Kodama, Generalstabschef der Jap[anischen] Armeen, großer Freund Waldersees, würde auch mal Pour le mérite erhalten können.   W i l h e l m I. R.

AN KAISER WILHELM II.   Berlin, den 11. März 1905

Die Nachricht des „Daily Graphic", welche „Wolff" Euerer Majestät übermittelt hat, wird bereits dementiert. Ein Glückwunsch an den Kaiser von Japan wegen dem Siege von Mukden oder eine einseitige Dekorierung japanischer Generale während der Dauer des Krieges würde nicht nur Seine Majestät den Kaiser Nikolaus, sondern auch das russische Volk tief verletzen.

Engere Fühlung mit Japan zu erlangen, ist wünschenswert, kann aber bei dem japanischen Charakter und mancherlei Vorgängen nur allmählich erreicht werden. Überstürzung von unserer Seite würde die Japaner mißtrauisch machen. Auch wenn wir Japan zu gewinnen suchen, empfiehlt es sich, die Beziehungen zu Rußland, welches mit Frankreich zusammen in Europa noch immer eine starke Gruppe bildet, auch weiter sorgsam zu pflegen.

AN DEN BOTSCHAFTER IN WASHINGTON FREIHERRN SPECK VON STERNBURG Berlin, den 11. März 1905

Danken Sie dem Präsidenten für das Vertrauen, welches er uns durch die offene Darlegung seines politischen Standpunktes von neuem bewiesen hat. Dieser Standpunkt wird hier verstanden und gewürdigt. Wenn, wie der Präsident das beabsichtigt, der deutsche und der amerikanische Vertreter in Marokko für die Behandlung wirtschaftlicher Fragen Fühlung miteinander haben und sich gelegentlich bei der marokkanischen Regierung unterstützen, so ist dies auch schon eine Tatsache von Bedeutung. Nicht nur werden dadurch die wirtschaftlichen Interessen deutscher und amerikanischer Bürger in erhöhtem Maße gefördert und sichergestellt, sondern die Wahrnehmung, daß Deutschland und Amerika Fühlung miteinander haben, ist selbst dann, wenn das Einverständnis sich ausschließlich auf Behandlung wirtschaftlicher Fragen bezieht, doch immerhin geeignet, dritte Mächte in ihren Ansprüchen Marokko gegenüber vorsichtiger zu machen. Das amerikanische wie das deutsche Volk werden dieses Zusammenarbeiten sympathisch begrüßen, sobald sie inne werden, daß dasselbe ausschließlich Zwecken des Friedens und der Billigkeit dient.

AN DEN GESANDTEN IN TOKIO GRAFEN VON ARCO
Berlin, den 14. März 1905

Zu Euer pp. vertraulichen Orientierung und eventuellen vertraulichen Verwertung der dortigen Regierung gegenüber.

Beim Botschafter-Diner am 13. d. Mts. wurde Seine Majestät vom britischen Botschafter gefragt, ob wir gegen Überlassung von Port Arthur an Japan Schwierigkeiten erheben würden. Seine Majestät erwiderte, daß die Reserve unserer ostasiatischen Politik wie die Korrektheit unserer Beziehungen zu Japan eine derartige Stellungnahme unsererseits ausschlössen. Ob der in seinem bekannten Bilde vor 10 Jahren zum Ausdruck gebrachte Gedanke der europäischen Solidarität gegenüber mancherlei denkbaren Gefahren ein richtiger sei, würden unsere Enkel und Urenkel zu entscheiden haben. Er, der Kaiser, sei Realpolitiker und habe mit der Gegenwart zu rechnen. Japan habe während der letzten 10 Jahre bewiesen, daß es verdient, als gleichberechtigtes Mitglied in die Reihe der zivilisierten Großmächte einzutreten. Dem trage die Allerhöchste Politik Rechnung, die wie überall, so besonders in Ostasien, eine friedliche und objektive sei. Seine Majestät bezeichneten das Verhalten der Japaner in Mukden als klug und billigten die Berücksichtigung, welche die Japaner den chinesischen Wünschen und Gefühlen zuteil werden ließen. Betreffs des Gedankens einer Konferenz sagten Seine Majestät dem englischen Botschafter, daß man den Japanern nicht zumuten könnte, sich am grünen Tisch um die Früchte ihrer kriegerischen Anstrengungen bringen zu lassen.

Auf die bei derselben Gelegenheit von dem russischen Botschafter hingeworfene Andeutung, daß der beste Ausweg aus den gegenwärtigen Wirren ein Kongreß sein würde, gingen Seine Majestät nicht ein.

Euer p. p. werden bei Verwertung des Vorstehenden den japanischen Staatsmännern gegenüber leicht Gelegenheit finden, den Gedanken einfließen zu lassen, daß Rußland nur solange Krieg führen könne, als ihm weiter Geld vorgestreckt würde. Die weitere Schlußfolgerung hieraus zu ziehen, daß also die wahre Ursache der Fortdauer des russischen Widerstandes bei den Franzosen zu suchen ist, werden Euer p. p. wohl am besten den Japanern selber überlassen, indem Sie dabei nötigenfalls durch den Hinweis nachhelfen, daß die ostasiatische Politik Frankreichs nun einmal von grundsätzlicher Feindschaft gegen das aufsteigende Japan beherrscht wird.

AN KAISER WILHELM II.   Berlin, den 20. März 1905

Euerer Kaiserlichen und Königlichen Majestät verfehle ich nicht, ehrfurchtsvoll den anliegenden Artikel zu unterbreiten, den die „Norddeutsche Allgemeine Zeitung" auf meine Veranlassung heute über das Anlaufen von Tanger durch Euere Majestät gebracht hat.*

---

* Der Artikel hatte folgenden Wortlaut:

„Der ‚Kölnischen Zeitung' wird unter dem 19. d. Mts. aus Tanger gemeldet: Ein sehr bestimmt auftauchendes Gerücht will wissen, daß Seine Majestät Kaiser Wilhelm am 31. März Tanger anlaufen werde.

Euerer Majestät Besuch in Tanger wird Herrn Delcassé in Verlegenheit setzen, seine Pläne durchkreuzen und unseren wirtschaftlichen Interessen in Marokko förderlich sein.

AN KAISER WILHELM II. Berlin, den 20. März 1905

Euere Kaiserliche und Königliche Majestät wollen aus meinem inzwischen eingegangenen Immediatbericht zu ersehen geruhen, daß ich unter Zugrundelegung der von Euerer Majestät im vorigen Jahre Seiner Majestät dem König Alfons gegebenen Erklärung die Ausstreuungen der englischen Presse bereits in der „Norddeutschen Allgemeinen Zeitung" rektifiziert habe. Durch den Hinweis, daß Euere Majestät keine territorialen Vorteile in Marokko erstreben, sondern daselbst nur die wirtschaftliche Gleichberechti-

---

Der ‚Standard' berichtet aus Tanger von gestern: ‚Amtlich wird bekanntgemacht, daß Seine Majestät Kaiser Wilhelm am 31. d. Mts. vormittags Tanger anlaufen und durch einen vom Sultan beauftragten marokkanischen Würdenträger begrüßt werden wird.'
Der ‚Times' wird aus Tanger von gestern telegraphiert: ‚Der Mißerfolg der französischen Mission nach Fes wird täglich offenbarer, während die Annäherung zwischen dem Machsen, der marokkanischen Regierung und Deutschland täglich deutlicher hervortritt. Beabsichtigter- oder unbeabsichtigterweise hat der französische Gesandte dem Sultan zu verstehen gegeben, er vertrete nicht nur Frankreich, sondern in praxi ganz Europa. Der Sultan ersuchte sofort den deutschen Vertreter um Aufklärung. Die Sache kam vor die deutsche Reichsregierung, und diese erklärte, Deutschland sei nicht nur nicht beteiligt an irgendwelchen Abkommen betreffend Marokko, sondern habe offiziell auch nicht Kenntnis von dem Vorhandensein solcher Abmachungen; auch betrachte man als selbstverständlich, daß die Integrität Marokkos gewahrt bleibe. Hierbei ist Deutschland sicher in seinem Recht,

gung Deutschlands mit anderen Völkern beanspruchen, ist der sensationellen Preßmache der Boden entzogen. Unter diesen Umständen möchte ich alleruntertänigst empfehlen, daß an den bisherigen Reisedispositionen Euerer Majestät in betreff von Tanger nichts geändert werde. Meine Bedenken gegen eine Änderung gründen sich auf die Erfahrung, welche wir im Laufe der Jahre hinsichtlich der hinterhältigen Gewohnheiten des Herrn Delcassé zu sammeln Gelegenheit hatten. Wenn jetzt telegraphiert wird, Euere Majestät würden vielleicht gar nicht, jedenfalls aber nur inkognito und als Tourist nach Tanger kommen, auch verbäten Allerhöchstdieselben sich Audienzen und Empfänge, so wird Delcassé verbreiten, es lägen Gründe zu der Annahme vor, daß die französische Regierung in Berlin Vorstellungen erhoben habe, welche auch, wie die Beschränkung des kaiserlichen Reiseprogramms zeige, von Erfolg begleitet gewesen seien.

und der Erfolg ist, daß der deutsche Einfluß heute in Marokko der vorherrschende ist. Kaiser Wilhelms bevorstehender Besuch erregt in den Kreisen der Eingeborenen große Befriedigung. Der Kaiser wird nicht nur mit offiziellen Ehrenbezeugungen empfangen werden, sondern auch mit Freude von der Bevölkerung Marokkos.'

Wir können bei dieser Gelegenheit daran erinnern, daß Seine Majestät der Kaiser bereits vor Jahresfrist in Vigo während der Zusammenkunft mit dem Könige von Spanien rückhaltslos erklärt hat, daß Deutschland in Marokko keine territorialen Vorteile irgendwelcher Art erstrebe, sondern dort nur für die Fortdauer der wirtschaftlichen Gleichberechtigung einzutreten habe. Bis heute haben wir keinen Anlaß zu vermuten, daß der Sultan von Marokko Verpflichtungen einzugehen beabsichtigt, welche seine Unabhängigkeit beschränken und ihn künftighin verhindern würden, allen handeltreibenden Völkern auf seinem Gebiete die gleiche Behandlung zuteil werden zu lassen. Übrigens bringt die Lage von Marokko es mit sich, daß bei dieser Frage die Interessen des Weltverkehrs in Betracht zu ziehen sind."

Ich wage zu glauben, daß ich mit Euerer Majestät einig bin in der Auffassung, daß kein Grund für uns vorliegt, Herrn Delcassé diesen Triumph zu bereiten, den er mit gewohnter Virtuosität moussieren lassen würde.

KAISER WILHELM II. AN DEN REICHSKANZLER
GRAFEN VON BÜLOW   Undatiert [pr. 21. März 1905]

Ersehe aus Wolff und Wedekind, daß deutsche Kolonie und Marokkaner Vorbereitungen machen, um meinen Besuch auszuschlachten, und Briten ihn gegen Gallier ausspielen. Es ist sofort nach Tanger zu telegraphieren, daß es h ö c h s t zweifelhaft ist, ob ich lande, und daß ich inkog[nito] als Tourist nur reise; also keine Audienzen, keine Empfänge.
W i l h e l m I. R.

AUFZEICHNUNG   Berlin, den 21. März 1905

Seine Majestät ist mit unserer Behandlung der Marokkoangelegenheit einverstanden. Hinsichtlich der Modalitäten Allerhöchstseines Aufenthalts in Tanger erwartet Seine Majestät Vorschläge, die ihm nach Lissabon telegraphiert werden sollen. — Es handelt sich in erster Linie darum, ob Seine Majestät ohne Gefährdung seiner Sicherheit an Land gehen kann. Wenn ja, will Seine Majestät unter Führung von Kühlmann die Schönheiten und Sehenswürdigkeiten von Tanger besichtigen und sodann bei Kühlmann das Frühstück einnehmen. Ferner ist festzustellen, wen Seine Majestät als Gesandten des Sultans von Marokko an Bord empfangen soll. — Alles dies muß genau erwogen und festgestellt werden, damit Seine Majestät bei seiner Ankunft in Lissabon ein genaues Programm für Tanger vorfindet, unter Darlegung dessen, was dort zu geschehen hat, der dortigen Situation, der zu führenden Sprache usw. usw.

AN DEN BOTSCHAFTER IN WASHINGTON FREIHERRN
SPECK VON STERNBURG   Berlin, den 22. März 1905

Seine Majestät der Kaiser wird, wie ich hoffe, nichts darüber sagen, daß Ew. beim russischen Botschafter einen diplomatischen Schritt getan haben, welcher den Allerhöchsten Anschauungen nicht entspricht. Ich muß Ew. jedoch beauftragen, sowohl dem Grafen Cassini nachträglich wie auch dem Präsidenten ausdrücklich zu sagen, daß Seine Majestät der Kaiser in den letzten Wochen wiederholt ausgesprochen hat, wie er es mit seinem Gewissen nicht vereinigen kann, jetzt zum Frieden zu raten, sondern daß er diese Entscheidung dem Zaren und dessen berufenen Beratern überlasse. Der Kaiser, welcher neben den amtlichen auch manche Privatnachrichten erhalten hat, erachtet es danach für wahrscheinlich, daß ein Friedensschluß, welcher nach einer ununterbrochenen Reihe von Niederlagen den gänzlichen Verlust des russischen militärischen Prestiges mit sich bringen würde, den Untergang des gutherzigen und sympathischen Zaren zur Folge haben muß, vielleicht auch den Sturz der Monarchie und den Übergang zu einer Volksherrschaft, welche in Rußland, wo etwa ein Fünftel der Bevölkerung lesen kann, ein andres Gesicht zeigen würde als in Amerika. Außerdem findet hier in hohen militärischen Kreisen die Ansicht Vertreter, daß, nachdem Japan Sachalin und Wladiwostok genommen und die letzte russische Flotte vernichtet haben wird, es doch schließlich irgendwo wird haltmachen müssen. Angenommen, daß Rußland ein Jahr braucht, um eine neue Landarmee aufzustellen, so wird Japan während dieser Zeit nichts unternehmen können; ihm wird aber die Erhaltung seiner Armee im überseeischen Auslande teurer zu stehen kommen als den Russen im Inlande, wo sie nicht nur mit Silber, sondern namentlich auch mit Papier bezahlen können. Es scheint, daß diese Theorie von der Versumpfung des Krieges bei den hohen russischen Militärs vielen Anhang hat. Dem entgegen stehen die subversiven Elemente, welche offen aussprechen, daß grade ein ungünstiger Friede den besten Ausgangspunkt für eine revolutionäre Bewegung bilden würde. Diese Elemente werden ihr möglichstes tun, um die Aufstellung einer neuen, schlagfertigen Feldarmee zu verhindern, und wir werden dieselben demnächst bemüht sehen, bei der Aushebung von Pferden und Mannschaften Revolten anzustiften. Ob die Revolutionspartei oder ob die Regierung des Zaren ihren Willen durchsetzt, läßt sich schwer vorhersagen. Seine Majestät der Kaiser will aber unter so zweifelhaften Verhältnissen keinesfalls die Verantwortung eines Ratschlages zum Frieden auf sich nehmen. Ihm widerstrebt der Gedanke, unter den jetzigen überaus ungünstigen Verhältnissen zu einem Frieden zu raten, welcher dann den Anlaß zur Ermordung des Zaren geben würde.

Ich fasse die Lage, wie sie von militärischer Seite Seiner Majestät dem Kaiser dargestellt worden ist, dahin zusammen: die revolutionäre Partei wird versuchen, die Aufstellung einer neuen russischen Armee durch Aufstände zu verhindern. Die größere oder geringere Wirkung dieser Aufstände ist das unbekannte x in der Zukunftsberechnung. Aber abgesehen davon läuft die Zeit für Rußland. Die militärische Lage würde nach Jahresfrist auch ohne russische Siege und lediglich infolge der Versumpfung für Rußland günstiger sein als heute. Deshalb möchte Seine Majestät in diesem Augenblick die Verantwortung für eine Einmischung nicht auf sich nehmen. Persönlich spreche ich Ew. meine aufrichtige Anerkennung für die seit Ihrer Rückkehr erreichte Konsolidierung unserer Beziehungen zu Amerika aus. Ihren Ratschlägen bezüglich Behandlung der Presse werde ich tunlichst Geltung verschaffen.

AN DEN BOTSCHAFTER IN PARIS
FÜRSTEN VON RADOLIN   Berlin, den 22. März 1905

... Es war mir von Wert, in Ew. Telegramm die Inhaltlosigkeit der bisherigen amtlichen französischen Bemerkungen über Marokko nochmals hervorgehoben zu sehen. Ew. wollen gegenüber etwaiger amtlicher französischer Anregung betonen, daß weder Herr Delcassé Ihnen gegenüber noch der hiesige französische Botschafter jemals sich in einer Weise geäußert hat, welche darauf hätte schließen lassen können, daß die französische Regierung die marokkanische Frage, bei welcher doch wegen der Lage Marokkos alle seefahrenden Länder interessiert seien, zum Gegenstand einer ernsten Besprechung zu machen wünsche. Falls wider Erwarten Herr Delcassé vielleicht geltend machen sollte, daß er mit durchreisenden deutschen Diplomaten marokkanische Dinge ausführlich erörtert habe, wird es Ew. pp. leicht sein, den Minister zu überzeugen, daß es sich hierbei doch nur um Privatunterhaltungen hat handeln können, welche sogar geneigt sein würden, die Umgehung der ressortmäßig kompetenten Stellen noch mehr zu markieren. Im übrigen wollen Ew. eventuell dem Minister, immer mit der rücksichtsvollsten Höflichkeit, sagen, daß Sie ohne Instruktion sind, da vermutlich die deutsche Regierung schon seit einiger Zeit nicht mehr erwartete, daß die marokkanische Frage von französischer Seite noch angeregt werden würde. Es werde sich daher empfehlen, den französischen Botschafter in Berlin mit den etwaigen Erörterungen zu beauftragen.

Auf Befragen dritter Personen, Diplomaten oder anderer, werden Ew. am besten tun, im Sinne des vorgestrigen und des heutigen Artikels der „Norddeutschen" zu antworten: Deutschland verfolge in Marokko keine territorialen Interessen, große oder kleine. Aber allerdings würde es für Deutschland eine große wirtschaftliche Schädigung bedeuten, wenn Marokko ebenso wie Tunis allmählich für alle nichtfranzösischen Handels-, Verkehrs- und industriellen Unternehmungen gesperrt werde.

AN DEN BOTSCHAFTER IN LONDON
GRAFEN VON METTERNICH   Berlin, den 22. März 1905

Wolff bringt aus dem „Daily Chronicle" ein angebliches Interview mit „einem hervorragenden Mitgliede" der deutschen Botschaft, welches u. a. gesagt haben soll: „Der Augenblick ist günstig für Herbeiführung eines besseren Einvernehmens zwischen Deutschland und Frankreich. Wir haben dies schon lange gewünscht, wurden aber durch das französischrussische Bündnis verhindert, solange dieses ein Faktor war, mit dem man rechnen mußte. Heute liegen die Dinge anders. Das Englisch-Französische Abkommen wird für Frankreich keinen Ersatz gegenüber den militärischen Mißerfolgen Rußlands bieten. Deutschlands Beziehungen zu Frankreich waren seit dem Kriege niemals besser als gegenwärtig usw. usw."

Ich nehme an, daß es sich hier um ein von feindlicher Seite gelegtes Kuckucksei handelt, und ersuche Ew. für kategorische Richtigstellung, namentlich nach Deutschland hin, zu sorgen. Der „Daily Chronicle" selbst wird wohl kaum dahin gebracht werden können, zu erklären, daß ein Irrtum mit untergelaufen ist, und daß jene Mitteilungen weder von einem Mitgliede der Botschaft noch überhaupt von einem aktiven deutschen Diplomaten herrühren. Zu Ew. Orientierung und zu eventueller Verwertung bemerke ich ferner, daß Deutschlands Stellung zur marokkanischen Frage vollständig klar ist. Seine Majestät der Kaiser hat bereits voriges Jahr in Vigo dem Könige von Spanien erklärt, daß Deutschland marokkanisches Gebiet, groß oder klein, nicht erstrebt, sondern es lediglich als seine Aufgabe betrachtet, seine dortige wirtschaftliche Lage gegen Verschlechterung zu wahren. Was Frankreich in Marokko erstrebt, wissen wir nicht, da die deutsche Regierung keine Aussprache gesucht, die französische Regierung aber eine solche vermieden hat. Wir haben uns abwartend verhalten bis zu dem Augenblick, wo die marokkanische Regierung durch den deutschen Vertreter in Fes anfragen ließ, ob es richtig sei, daß Frankreich, wie der französische Gesandte der marokkanischen Regierung erklärt habe, als Mandatar aller Mächte vorgehe. Diesen Irrtum hat die deutsche Regierung amtlich in Fes aufklären lassen und beobachtet jetzt die weitere Entwicklung. Niemand kann darüber im Zweifel sein, daß Marokko, wenn es zu Frankreich in dieselbe Stellung wie Tunis gebracht würde, künftighin ebenso wie Tunis für den nichtfranzösischen Handelsverkehr verschlossen wäre. Etwas Ähnliches bringt auch die „Norddeutsche" heute abend.

AN DEN BOTSCHAFTER IN WASHINGTON FREIHERRN SPECK VON STERNBURG

Geheim   Berlin, den 23. März 1905

Bitte dem Präsidenten streng vertraulich mitteilen, daß unser Botschafter in Petersburg auf Umwegen erfahren hat, dort werde der Plan erwogen, zur Regelung der ostasiatischen Schwierigkeiten einen Kongreß in Paris zusammentreten zu lassen. Von einer andern Seite erfahren wir authentisch, daß innerhalb der letzten Tage ein russischer Botschafter zu einer maßgebenden Persönlichkeit gesagt hat, ein Kongreß sei vonnöten, wo Rußland mit Unterstützung seiner Freunde seine Lage in Ordnung bringen könne.

Hierdurch würde also die Frage in den Vordergrund gerückt, welche wir seit Weihnachten mit dem Präsidenten Roosevelt offen und eingehend erörtert haben: die Frage eines Friedensschlusses unter Beteiligung aller Neutralen. Die erste Frage für uns ist die, ob wider Erwarten Präsident Roosevelt Anteil hat an dem Projekte eines in Paris abzuhaltenden Kongresses. Ich möchte dies nicht annehmen nach den eingehenden Äußerungen, welche der Präsident Ew. gegenüber getan hat. Er steht auf dem deutschen Standpunkte in der Beurteilung der Gefahren, die sich für die Interessen von Deutschland und Amerika aus einer Massengruppierung der übrigen Mächte ergeben könnten. Der russisch-französischen Gruppe würde sich zunächst Italien jedenfalls anschließen. Eine englische Regierung, gleichviel welche, würde, wie schon früher gesagt, aus Furcht vor den englischen Wählern nicht wagen, eine Kombination abzulehnen, bei welcher der Jangtse für England abfiele. Japan endlich würde selbstredend sich jeder Kombination anschließen, welche ihm genügenden Gebietserwerb verspräche und stark genug wäre, um ihr Versprechen zu verwirklichen. Diese Gruppe von fünfen aber würde mächtig genug sein, um sich über jedes Kongreßprogramm und über jedes Uneigennützigkeitsprotokoll hinwegsetzen zu können. Ich wiederhole nur früher Gesagtes, wenn ich konstatiere, daß ein Friedensschluß durch Kongreß die für Deutschland und Amerika bedenklichste Form des Friedensschlusses ist.

Ich stelle anheim, ob Ew. glauben, im engsten Vertrauen dem Präsidenten eine Andeutung darüber machen zu können, daß es ein bedenkliches Symptom ist, wenn die Minister des Zaren, obwohl sie wissen, daß unser Allergnädigster Herr dem Zaren bis an die äußerste

Grenze der Neutralität sein Wohlwollen bewiesen und dabei keinerlei besondere Wünsche für sich oder für Deutschland hat, gleichwohl uns gegenüber vollständig zurückhaltend blieben und, soviel wir wenigstens wissen, nur allein mit Frankreich verhandeln. Diese Zurückhaltung hat nur einen Sinn, wenn man annimmt, daß bei den Friedensbedingungen, so wie sie vermutlich von Paris aus vorgeschlagen werden, nicht die beiden Kriegführenden allein, sondern auch noch Dritte und Vierte interessiert sind. Die Minister des Zaren — welcher selber diesen Machenschaften wahrscheinlich fernsteht — können sich doch sagen, daß unser Allergnädigster Herr gern seine diplomatische Unterstützung leihen würde, wenn es sich lediglich darum handelte, in der Mandschurei oder in Korea Kompensationsobjekte für die beiden Kriegführenden zu finden und auf die Zustimmung des Hofes von Peking hinzuwirken. Aber offenbar wird auf russisch-französischer Seite die deutsche Mitwirkung nicht gewünscht.

Präsident Roosevelt seinerseits hat mit dem französischen Botschafter verhandelt. Hat er darnach den Eindruck empfangen, daß das Pariser Kabinett den Wunsch hegt, den Präsidenten in die innersten Geheimnisse der Verhandlungen einzuweihen? Ich möchte eher glauben, daß man in Paris den Plan verfolgt, Deutschland und Amerika vor eine vollendete Tatsache zu stellen, und hierfür, nämlich für geheime Rücksprachen und Gruppierungen, ist ein Kongreß gerade der geeignete Boden. Mir ist aus meiner Jugendzeit noch erinnerlich, welche Überraschung es für den Berliner Kongreß war, als eines Tages ganz unerwartet das Abkommen bekannt wurde, durch welches die Türkei Zypern an England abtrat. Selbst Fürst Bismarck hatte nichts davon geahnt. Ein Pariser Kongreß über die ostasiatische Frage würde, wie die Dinge heute liegen, für die Welt und speziell für

Deutschland und Amerika wohl noch größere Überraschungen bringen.

Wenn ich versuche, mich in die Lage des Ministers Delcassé hineinzudenken, so glaube ich, daß ich den Russen sagen würde: „Ihr steht vor einer dreifachen Wahl, entweder ihr laßt den Krieg versumpfen, laßt die Japaner mit Gewehr bei Fuß in Sibirien stehen und wartet, bis sie mürbe und bankerott werden. Oder ihr schließt heute mit Japan einen Frieden, dessen Bedingungen Japan vorschreibt, bei welchem ihr euer militärisches Prestige einbüßt; als Folge davon könnt ihr euch auf Revolution und Kaisermord gefaßt machen. Oder drittens, ihr schließt euch einem Konsortium von Großmächten an, welches sich zum Zwecke einer partiellen Aufteilung von China bildet; hierbei würde auch für Rußland immer noch ein anständiger Gewinnanteil herauskommen."

Diese Sprache würde ich führen, wenn ich anstatt der deutschen die französische auswärtige Politik zu leiten hätte. Warum sollte Herr Delcassé nicht ähnliche Gedanken haben? Wenn ich mich aber frage, was unter diesen Umständen im deutschen wie im amerikanischen Interesse das richtige ist, komme ich zu dem Ergebnis, daß es sich empfehlen würde, wenn Präsident Roosevelt das Mißtrauen, welches die Japaner seit dem Frieden von Schimonoseki gegen alle Gruppierungen von Mächten haben, möglichst lebendig erhielte, damit die Kongreßidee, wenn sie sich hervorwagt, an der Ablehnung von Japan scheitert.

Die Stellung Deutschlands ist dahin zusammenzufassen: Seine Majestät der Kaiser würde aus menschlichem Mitgefühl mit dem Schicksal des Zaren bedauern, wenn dieser einen Frieden schlösse, der so nachteilig wäre, daß der Zar dadurch in seiner Existenz gefährdet würde.

Daß es aber zu einem solchen Frieden kommen wird, möchte ich persönlich bezweifeln. Ich glaube vielmehr, daß mit allen Kräften dahin gearbeitet wird, die Dinge so zu schieben, daß eine ausreichende Entschädigung für Sieger und Besiegte und auch für einige Vermittler aus dem chinesischen Riesenkörper herausgeschnitten wird, ungefähr dem Programm entsprechend, welches Ew. in dem „Figaro" vom 14. Februar „Le partage nécessaire" gelesen haben. Zur Verwirklichung dieses Programms würde nicht so geeignet sein wie ein Kongreß.

AN DEN BOTSCHAFTER IN LONDON
GRAFEN VON METTERNICH Berlin, den 23. März 1905

Bitte eingehend und fortlaufend über Stellungnahme englischer Blätter zu der deutsch-französischen Preßerörterung wegen Marokko zu berichten. Es dürfte für die englische Presse nicht leicht sein, Argumente für Polemik gegen Deutschland in einer Frage zu finden, wo Deutschland tatsächlich auch für die von der englischen Regierung im französischen Abkommen preisgegebenen englisch-marokkanischen wirtschaftlichen Interessen eintritt. Das englisch-französische Abkommen kann allerdings als die Grundlage einer formalen englisch-französischen Solidarität hinsichtlich Marokkos behandelt werden, wie das zum Beispiel der „Daily Graphic" zu tun scheint. Aber dieser gegenüber steht die materielle Interessensolidarität, welche dadurch begründet wird, daß Deutschland für die Gleichberechtigung aller Nationen im Verkehre mit Marokko eintritt. Ew. überlasse ich, ob es möglich ist, diesem Gedanken in der englischen Presse Eingang zu verschaffen.

AN DEN GESCHÄFTSTRÄGER IN TANGER
VON KÜHLMANN   Berlin, den 24. März 1905

Seit zwei Tagen ist eine internationale Preßaktion in Gang gesetzt worden, welche nach dem Leitmotiv arbeitet, die Äußerungen der „Norddeutschen Allgemeinen Zeitung" entbehrten jeder antifranzösischen Spitze; der Deutsche Kaiser und die deutsche Regierung beabsichtigen nichts zu tun, was Frankreich kränken könnte. Am deutlichsten wird der dieser Kampagne zugrunde liegende Plan erkennbar in dem „Daily Chronicle", welcher ein angebliches Interview mit einem Mitgliede der deutschen Botschaft in London und in der nächsten Nummer ein Interview mit dem französischen Botschafter Cambon veröffentlicht. Der deutsche Diplomat soll gesagt haben, bisher habe das franko-russische Bündnis eine Annäherung Deutschlands an Frankreich verhindert, jetzt aber sei Rußland geschlagen, und England könne Frankreich kein Äquivalent bieten für die Vorteile, welche letzterem eine Verständigung mit Deutschland sichern würde. Herr Cambon hätte daraufhin davon Akt genommen, daß Deutschland sich Frankreich zu nähern suche, aber als Vorbedingung hierfür bezeichnet, daß Deutschland zunächst seinen guten Willen tatsächlich beweise. Frankreich könne eine Versöhnung erst in Betracht ziehen, nachdem beispielsweise die Frage von Metz geregelt sein werde.

Derartige Ausstreuungen verfolgen den Zweck, den Sultan von Marokko durch den Hinweis zu entmutigen, daß Deutschland die marokkanische Frage als Anlaß benutze, um sich mit Frankreich zu versöhnen, und daß Frankreich die Bedingungen der Versöhnung bestimme.

Ew. ersuche ich, durch Dr. Vassel oder sonst auf geeignetem Wege und in ganz ruhiger Form für die

Richtigstellung dieser haltlosen Ausstreuungen zu sorgen und zum Beispiel auf den Unsinn hinzuweisen, der darin liegt, daß man einen deutschen Diplomaten in England dem Vertreter eines englischen Blattes sagen läßt, Frankreich solle sich von England ab- und Deutschland zuwenden. In den beiden Programmartikeln der „Norddeutschen" sind die zwei Punkte klargestellt, an deren Klarstellung uns liegen muß, daß nämlich Deutschland keine territorialen Sondervorteile sucht, sondern sein Augenmerk nur auf die Erhaltung der Offenen Tür richtet. Im übrigen aber haben wir kein Interesse daran, unseren Gegnern schon jetzt zu erzählen, was wir tun oder wie weit wir gehen werden, und insbesondere werden wir keine Initiative zu einer Aussprache nehmen.

AUFZEICHNUNG   Berlin, den 24. März 1905

Wenn die Diplomaten nach Tanger und Marokko fragen, so bitte ich, ihnen gar nichts zu antworten und dazu ein ernstes und impassibles Gesicht zu machen. Unsere Haltung in dieser Beziehung gleiche vorläufig derjenigen der Sphinx, die, von neugierigen Touristen umlagert, auch nichts verrät.

AN KAISER WILHELM II.   Berlin, den 26. März 1905

Euerer Majestät Besuch in Tanger betreffend.
Der Sultan von Marokko, hocherfreut über Euerer Majestät Besuch von Tanger, entsendet seinen Großonkel Mulai Abd-el Malek, Träger eines scherifischen Handschreibens und begleitet von drei hohen Würdenträgern.

Das von Euerer Majestät Geschäftsträger entworfene Programm für Tanger ist darauf basiert, daß

Euere Majestät etwa fünf Stunden in Tanger verweilen werden.

Hauptpunkte:

Empfang von Mulai Abd-el Malek an Bord. (Salut für den Großonkel Seiner Scherifischen Majestät.)

Am Landungsplatz stehen aufmarschiert die marokkanischen Behörden, das diplomatische Korps und die deutsche Kolonie.

Ritt durch die Stadt bis zur Kasba — der alten Sultansburg — und von da zum Marktplatz, wo Euere Majestät von einem Prunkzelte aus Reiterspiele besichtigen.

Einzug in die Gesandtschaft. Dort werden eventuell zu einer garden party die Damen des diplomatischen Korps und Personen von Bedeutung versammelt sein.

Hinsichtlich dieser Punkte erbitte ich Allerhöchste Entscheidung behufs rechtzeitiger Instruierung des Geschäftsträgers.

Dieser wird wegen nebensächlicher Einzelheiten Euerer Majestät noch mündlich Vortrag halten und Allerhöchste Befehle entgegennehmen.

Alleruntertänigst B ü l o w.

AN KAISER WILHELM II.

Ganz geheim   Berlin, den 26. März 1905

Sobald Ew. Majestät Besuch in Tanger bekannt geworden war, ließ ich durch die „Norddeutsche" in Erinnerung bringen, daß Ew. Majestät bereits voriges Jahr in Vigo erklärt hätten, wir erstrebten in Marokko keine territorialen Vorteile, sondern richteten unser Augenmerk lediglich darauf, daß dort der freie Handelsverkehr gewahrt bleibe. Als Folge dieser Erklärung Ew. Majestät ist es anzusehen, daß die englische Kolonie in Tanger beschlossen hat, Ew. Majestät eine Triumphpforte zu errichten. In diesem Vorgange zeigt sich die Sicherheit der von uns eingenommenen Stellung. Indem wir als Vertreter der wirtschaftlichen Gleichberechtigung aller Nationen dastehen, werden wir auch ipso facto zum Beschützer der englischen Verkehrswelt in Marokko, deren Interessen von der englischen Regierung durch das Abkommen mit Frankreich preisgegeben wurden. Der englische Kaufmann ist zu sharp, um nicht zu wissen, was es für ihn wie für alle Nichtfranzosen bedeuten würde, wenn Marokko allmählich in dieselbe Protektoratsform hineingedrückt werden sollte wie Tunis.

Die französische Presse, welche den Besuch Ew. Majestät in Tanger anfangs mit einiger Besorgnis besprochen und denselben als eine Erschwerung der französisch-marokkanischen Verhandlungen betrachtet hatte, ist seitdem wieder frecher geworden. Ein Mitglied der französischen Botschaft in London hat sich sogar vom „Daily Chronicle" interviewen lassen und dabei erklärt, Frankreich werde eine Annäherung Deutschlands zwar nicht ohne weiteres zurückweisen, Deutschland müsse jedoch vorher seinen guten Willen betätigen und z. B. Metz herausgeben. Ich glaube, daß Äußerungen wie diese bestimmt sind, über Tanger nach Fes an den Sultan zu gelangen, um diesem die Überzeugung beizubringen, daß Frankreich die stärkere von den beiden Mächten sei und die Bedingungen bezeichne, nach welchen die Beziehungen der beiden Mächte sich regelten.

Im deutschen Interesse liegt es natürlich nicht, wenn der Sultan gerade jetzt im Anfang der französischen Verhandlungen entmutigt wird und sich unter das französische Protektorat stellt. Um dem entgegenzuwirken, empfiehlt es sich meines ehrfurchtsvollsten Erachtens, daß Ew. Majestät den Abgesandten des Sultans mit Auszeichnung und ausgesprochenermaßen als Abgesandten eines Souveräns empfangen, den Sultan grüßen lassen und die Hoffnung aussprechen, er möge bald des Aufstandes von Bu Amama Herr werden, da alle seefahrenden und handeltreibenden Völker an der Wiederherstellung der Ruhe in Marokko ein Interesse hätten. Wenn etwa der Abgesandte auf Ew. Majestät Frage, „wo denn der Rebell Bu Amama die Mittel zu seinem langen Widerstand herbekomme," antworten sollte: „wahrscheinlich aus Frankreich," so würde für Ew. Majestät die Antwort gegeben sein: „Solch eine Niedertracht den Franzosen zuzutrauen, falle schwer."

Der Sultan und seine Berater haben den choc noch nicht verwunden, daß England, welches so lange als der Beschützer von Marokko betrachtet wurde, dieses preisgegeben hat. Um diese Stimmung noch zu verschärfen, verbreitet jetzt die französische Vertretung in Fes das Gerücht, auch die deutsche Freundlichkeit gegen den Sultan habe nur den Zweck, von Frankreich die Bewilligung eines Anteils an der marokkanischen Beute zu erlangen, dann werde Deutschland sich sofort beruhigen. Im deutschen Interesse liegt es nicht, durch Entmutigung des Sultans die allmähliche Angliederung Marokkos an Frankreich zu fördern. Abgesehen davon, daß die systematische Ausschließung des nichtfranzösischen Kaufmanns und Unternehmers aus Marokko nach dem Vorgange von Tunis eine erhebliche wirtschaftliche Einbuße für Deutschland bedeuten würde, ist es auch eine Verkennung unserer Machtstellung, wenn Herr Delcassé es nicht der Mühe für wert gehalten hat, wegen seiner marokkanischen Pläne mit Deutschland in Verhandlung zu treten. Herr Delcassé hat uns bei dieser Gelegenheit vollkommen ignoriert. Es scheint deshalb angezeigt, daß Ew. Majestät, ohne ein unfreundliches Wort über Frankreich zu sagen, Frankreich in Marokko Ihrerseits ignorieren, das französische Vorgehen gegen Marokko gänzlich unerwähnt lassen und auch den französischen Geschäftsträger mit keiner Ansprache, sondern nur mit einem stillschweigenden Gruße beehren.

Daß irgendein Diplomat Ew. Majestät auf die französische Marokkopolitik anreden sollte, ist nicht zu erwarten. Eventuell würden Euerer Majestät die Antwort zur Verfügung haben, die französische Marokkopolitik sei Ew. Majestät gänzlich unbekannt. Anders liegt aber die Sache, wenn der Abgesandte des Sultans auf Befehl seines Herrn sich ein Herz faßt und Ew. Majestät Rat erbittet. Von der Antwort Ew. Majestät wird es dann abhängen, ob der Sultan die Unabhängigkeit Marokkos überhaupt noch verteidigt oder sich ohne weiteres Frankreich unterwirft. Die Frage, ob Ew. Majestät Marokkos wegen einen Krieg mit Frankreich riskieren, kann überhaupt nicht in Betracht kommen. Aber andererseits ist es auch mehr als fraglich, ob die jetzige französische Zivilregierung, für welche ein siegreicher französischer General fast noch gefährlicher als der äußere Feind sein würde, einen Krieg mit Marokko wird wagen wollen, solange nur die geringste Möglichkeit besteht, daß Deutschland sich früher oder später einmischt. Wir müssen daher jetzt unsere Endziele unklar lassen. Wir können mit dem Sultan von Marokko nicht füglich ein Bündnis schließen. Wir geben aber andererseits, wenn wir dem Sultan die moralische Anlehnung an Deutschland gänzlich entziehen und ihm alle Hoffnung abschneiden, erhebliche deutsche Interessen preis. Deshalb würde ich mir die Antwort Ew. Majestät an den Abgesandten des Sultans inhaltlich etwa folgendermaßen vorstellen: „Es ist bekannt, daß ich kein marokkanisches Gebiet begehre, daß ich aber Wert darauf lege, gleichberechtigt mit anderen Nationen zu bleiben im Handel und Verkehr mit Marokko. Auch andere handeltreibenden Völker haben das gleiche Interesse. Weil diese meine Ansicht bekannt ist, hat die englische Kolonie mich heute festlich begrüßt. Die Interessen des Sultans sind daher identisch mit den Interessen fast aller seefahrenden und handeltreibenden Völker, wenn er sich die Unabhängigkeit und damit die Freiheit wahrt, ihnen allen in seinem Reiche die gleichen Rechte zu gewähren. Die Hauptstärke eines jeden Herrschers besteht darin, daß er im entscheidenden Augenblick sein Volk hinter sich hat. Dann wird ihn niemand von außen her leichtfertig angreifen. Der Sultan soll deshalb sich vergewissern, daß die Vertrauenspersonen, welche er jetzt zur Beratung nach Fes berufen hat, eines Sinnes mit ihm sind, und soll dann danach seine Politik einrichten."

Da bekanntlich die jetzt in Fes versammelten maurischen Delegierten dem Entgegenkommen des Sultans gegenüber Frankreich durchaus feindlich gesinnt sind, so würde hiermit schon dem Sultan ein bestimmter Ratschlag erteilt sein. Wenn der Delegierte frägt, ob Ew. Majestät den Sultan in einem Kriege gegen Frankreich unterstützen würden, möchte ich alleruntertänigst anheimstellen zu antworten: „Falls ich heute fest verspräche, Euch zu unterstützen, würdet Ihr morgen die Franzosen angreifen. Ich möchte aber, wenn möglich, den Frieden erhalten, obwohl ich ein sehr starkes Heer habe. Deshalb muß ich mir meine Entschließung vorbehalten für den Fall, daß es wirklich zum Kriege zwischen Marokko und Frankreich kommt. Daran glaube ich aber nicht. Frankreich wird versuchen, wieweit es mit Drohungen kommt. Aber Frankreich weiß, daß seine Lage eine gefährliche ist, wenn es Marokko angreift, ohne sich der Neutralität Deutschlands versichert zu haben."

Nächst der Unterredung mit dem Abgesandten des Sultans ist am wichtigsten die Antwort Ew. Majestät auf eine etwaige kurze englische Ansprache bei der englischen Triumphpforte. Dort würde die Betonung des gemeinsamen Interesses an der Gleichberechtigung aller Nationen besonders gut angebracht sein. Durch das Hervorheben dieses Grundsatzes gerade an der Stelle versetzen Ew. Majestät die englische Regierung in die quasi Unmöglichkeit, bei etwaigen späteren deutsch-französischen Erörterungen wegen Marokko sich auf die französische Seite zu stellen.

Schließlich möchte ich auch den Fall erwähnen, daß Ew. Majestät in die Lage kommen, auf eine Anfrage von nichtmarokkanischer Seite sich darüber zu äußern, welcher Haltung man sich von Deutschland im Falle eines französisch-marokkanischen Krieges zu versehen haben würde. Darauf würde ungefähr zu erwidern sein: „Deutschland hat keine Verbindlichkeiten, welche es hindern würden, sich in dem Falle lediglich von seinen eigenen Interessen leiten zu lassen." Diese Antwort klingt für den Gegner beunruhigend, verpflichtet uns aber zu nichts.

Endlich möchte ich mir noch ein paar Personalien hinzuzufügen gestatten. Der spanische Gesandte Cologan gehört zu den Diplomaten, welche in Peking belagert wurden. Bei den darauffolgenden diplomatischen Verhandlungen machte er als Doyen des diplomatischen Korps seinen Einfluß zugunsten der deutschen Anträge wirksam. Er ist deutschfreundlich und hat unter der Hand in Tanger wie in Fes für den Status quo und gegen die französischen Pläne gewirkt. Um offen gegen

Frankreich Politik zu machen, ist Spanien freilich zu
schwach und namentlich finanziell zu abhängig von
Paris. Der russische Gesandte, Herr von Bacheracht,
war lange Jahre als Botschaftssekretär in Berlin.

Für den amerikanischen Gesandten Gummeré
würde es gewiß von besonderem Interesse sein, nach
Hause melden zu können, daß Ew. Majestät den Präsidenten grüßen lassen, und daß Allerhöchstdieselben
eine Parallele gezogen haben zwischen Erhaltung der
Offenen Tür in China und in Marokko.

Etwaige sonstige Einzelinformationen wird niemand besser geben können als Euer Majestät Geschäftsträger, Herr von Kühlmann, welcher während
des Interims vorzüglich abgeschnitten hat.

Ew. Majestät Besuch in Tanger steht augenblicklich im Mittelpunkt des Weltinteresses. In Lissabon
wird versucht werden, Ew. Majestät über unsere Endabsichten in Marokko auszuholen. Je mehr Ew. Majestät bis zur Ankunft in Tanger die Sphinx spielen, und je
weniger bis dahin unsere Stellungnahme erkennbar wird,
um so mächtiger wird der Besuch in Tanger wirken.

AN DEN BOTSCHAFTER IN WASHINGTON FREIHERRN
SPECK VON STERNBURG   Berlin, den 27. März 1905

Bevor der Präsident Washington für längere Zeit verläßt, stelle ich anheim, demselben folgendes zu
sagen: Seit mehr als Jahresfrist, nämlich seit der Neutralisierung Chinas, haben unsere beiden Regierungen
in wichtigen Fragen zusammen gearbeitet und können
auf das Ergebnis mit Befriedigung blicken. Es ist ein
beruhigender Gedanke, daß in diesen bewegten Zeiten
zwei so mächtige Reiche über die jedesmaligen aufsteigenden Schwierigkeiten und Gefahren sich offen und
ehrlich beraten. Der Wunsch des Präsidenten, daß England als Dritter dieser Gruppe beitrete, scheint leider

der Verwirklichung nicht nahe zu sein. Das Verhalten der Engländer bei der neuesten japanischen Anleihe ist in der Hinsicht symptomatisch.

Die deutsche Politik erstrebt weder Gebietszuwachs noch andere Sondervorteile. Alle gegenteiligen Ausstreuungen sind erlogen und erfunden. Die feindselige Stimmung, welche England uns zeigt, kann nicht vernünftigerweise durch die Besorgnis vor einem deutschen Einfall in England erklärt werden, auch nicht durch die wirtschaftliche Rivalität. Der Zustand des friedlichen Wettbewerbes ist mindestens ebenso stark entwickelt zwischen England und Amerika, auch zwischen Amerika und Deutschland, ohne daß daraus irgendwie Kriegsfragen entständen. Deshalb ist es begreiflich, wenn in Deutschland aufmerksam die Frage geprüft wird, ob die Politik des Britischen Reiches ebenso wunschlos ist wie die deutsche, und ob man nicht vielmehr in England das Bewußtsein hat, Ziele zu verfolgen, deren Erreichung gleichbedeutend mit einer schweren Schädigung deutscher Interessen sein würde. Nur der Jangtse könnte ein solches Ziel sein, denn ob die Engländer sich in Arabien oder im Persischen Meerbusen, in Kueit oder anderswo festsetzen, ist uns gleichgültig. Es wird Seiner Majestät dem Kaiser und Seiner Regierung zu aufrichtiger Befriedigung gereichen, wenn die Zeit lehrt, daß die heutige Deutschfeindlichkeit in England wirklich nichts anderes war als ein Produkt alter Empfindlichkeiten und törichter Besorgnisse. Da Deutschland, abgesehen vom Dreibunde, keine politischen Verbindlichkeiten hat, so würde bei uns keinerlei Hindernis bestehen gegen die einstige Verwirklichung der dem Präsidenten Roosevelt sympathischen Gruppierung von Deutschland, Amerika und England. Den defensiven Charakter dieser Gruppierung setzen wir als selbstverständlich voraus.

AN KAISER WILHELM II. Berlin, den 27. März 1905

. . . Hier steht noch alles unter dem Eindruck der mächtigen Rede Ew. Majestät in Bremen. Nach meinem Gefühl haben Ew. Majestät selten wuchtiger und tiefer gesprochen. Mit wirklicher Bewunderung habe ich diese Rede gelesen.

Die Rede war eine gute Ouvertüre für den Besuch in Tanger, auf welchen jetzt die Augen des Inlandes und Auslandes gerichtet sind. Durch diesen Besuch ist Delcassé zum erstenmal seit lange in eine verlegene Situation versetzt worden. Verläuft der Besuch in Tanger nach Wunsch, so steht Delcassé mit seiner deutschfeindlichen Politik als blamierter Europäer da. Ich habe mir erlaubt, die hauptsächlichen politischen Gesichtspunkte, die für den Besuch in Tanger in Frage kommen, in einem geheimen Telegramm, das heute abgeht, Ew. Majestät zu unterbreiten.

AN DEN BOTSCHAFTER IN PETERSBURG
GRAFEN VON ALVENSLEBEN Berlin, den 27. März 1905

„St. Petersburger Herold" reproduziert Artikel der „Nowoje Wremja", der unsere Politik in Marokko in giftiger Weise angreift.

Durch unverzügliche und ernste Beschwerde wollen Ew. verhindern, daß diese Tonart weiter angeschlagen wird, die ohne Nutzen für Frankreich die deutschrussischen Beziehungen gefährdet. Euer pp. wollen den Grafen Lamsdorff aufsuchen und ihm keinen Zweifel darüber lassen, wie erstaunt ich sein würde, Rußland in der marokkanischen Frage auf der uns feindlichen Seite zu finden. Rußland habe in Marokko so gut wie gar keine Handelsinteressen, könne also in dieser Streitfrage zwischen uns und Frankreich neutral bleiben und sei durch nichts genötigt, gegen uns zu optieren. Der unmotivierte Vorstoß des bedeutendsten russischen Blattes wirke in Berlin als peinliche Überraschung. Ich sei verpflichtet, solche feindseligen Ausfälle zur Kenntnis Seiner Majestät des Kaisers zu bringen. Über den Eindruck, den unser Allergnädigster Herr von dieser groben Unfreundlichkeit empfangen müsse, die ihn nach so vielen seit dem Beginn des japanischen Krieges gegebenen Beweisen werktätiger Freundschaft und Sympathie für Rußland unvermutet treffe, werde Graf Lamsdorff nicht im unklaren sein können. Über das Ergebnis Ihrer Vorstellungen bitte ich zu berichten.

AN DEN GESCHÄFTSTRÄGER IN TANGER
VON KÜHLMANN   Berlin, den 27. März 1905

Haben Ew. mit Mr. Harris den kürzlich von Ihnen berichteten Gedanken der marokkanischen Regierung besprochen, wegen der französischen Forderungen die Ansicht der in Marokko vertretenen Mächte einzuholen? Wie glaubt Harris, daß die englische Regierung sich zu dem Gedanken einer von Marokko erbetenen Gesandtenkonferenz in Tanger stellen würde? Würde England, selbst gegenüber einem vorwiegend wirtschaftlichen Programm, die Teilnahme ablehnen mit der Motivierung, daß nach dem französischen Abkommen die englische Regierung nicht mehr in der Lage sei, irgendwelche englischen Interessen in Marokko Frankreich gegenüber geltend zu machen, auch nicht Interessen rein wirtschaftlicher Natur? Wenn England ablehnt, so wird damit der Konferenzgedanke hinfällig. Nimmt England an, so wäre diese Konferenz allerdings die einfachste Art, den Status quo mit einigen Verbesserungen zu erhalten. Deutschland und voraussichtlich Amerika würden sich für den Status quo und die Integrität aussprechen, und dadurch würde es auch der englischen Regierung ermöglicht, die durch den Marokkovertrag preisgegebenen wirtschaftlichen englischen Interessen ohne englische Initiative noch zu retten. Die Entscheidungen anderer Mächte würden danach von geringer Bedeutung bezw. durch die Haltung von Deutschland, Amerika und England beeinflußt sein.

Daß Frankreich auf einen solchen Konferenzgedanken eingehen sollte, ist in hohem Grade unwahrscheinlich, selbst für den Fall, daß der Sultan erklärte, ohne Befragung der Konferenz gar nichts konzedieren zu wollen. In Anbetracht des zu gewärtigenden französischen Widerstandes würde zu erwägen sein, ob es praktischer für den Sultan wäre, sich an die Gesandten der in Tanger vertretenen Mächte mit der direkten Frage zu wenden, ob die betreffenden Regierungen ihm raten, sich unter französischen Schutz zu stellen. Diese Anfrage müßte gleichzeitig der Öffentlichkeit übergeben werden. Würde das englische Volk apathisch bleiben? Würde die englische Regierung durch das französische Abkommen sich verpflichtet halten, dem Sultan zur Verständigung mit Frankreich um jeden Preis zu raten, oder würde sie ihre Reserven machen? Da Harris eben aus England zurückkommt, wäre seine Ansicht beachtenswert. Ew. sind ermächtigt, eventuell das Thema als lediglich eigene Idee leichthin und akademisch mit ihm zu besprechen, davon ausgehend, daß ein derartiger Schritt bei den Mächten schon seit einiger Zeit in Fes erwogen werde, und daß der Sultan doch erst um Hilfe rufen müsse, bevor man ihm helfen könne.

KAISER WILHELM II. AN DEN REICHSKANZLER
GRAFEN VON BÜLOW   Lissabon, den 28. März 1905

Da Kreta sich feierlich als zu Griechenland gehörig erklärt hat, wird zu erwägen sein, ob ich unter diesen Umständen den König in Korfu besuchen kann? In Tanger ist bereits der Teufel los, gestern ein Engländer fast ermordet, ich halte die Sache dort für recht sehr zweifelhaft und da Tattenbach als alter Kenner Zweifel ebenfalls hegt, so habe ich befohlen, daß er mit geht und ers[t]mal die Dinge sich besieht, ehe ich an Land gehe. Hier fürchterliche Anstrengungen bei namenloser Hitze in überfüllten und überheizten Sälen. Alles sehr liebenswürdig. Aber im Paradeanzug stecken von 1½ Nachm[ittags] bis 2½ Uhr den nächsten Morgen — also 13 Stunden en suite — ist zu viel. Ich bin total erschossen. Der Einzug dauerte 3½ Stunde im feierlichsten Schritt mit obligatem, zuweilen viertelstündigem Halten! in alten Rokokoglaskarossen. Haltung und Benehmen des Publikums ganz tadellos und diszipliniert. Heute wieder viel los, und keine Zeit zu Haus. Sommerliche Hitze.   W i l h e l m I. R.

AN DEN GESANDTEN IN LISSABON
GRAFEN VON TATTENBACH   Berlin, den 29. März 1905

Der nach Fes gesandte französische Unterhändler hatte dort erklärt, die französische Regierung verhandele „als Mandatar Europas". Seit die Unwahrheit dieser Behauptung aufgedeckt ist, wehren sich der Sultan und die von ihm berufenen Notabeln gegen die französischen Forderungen. Die Scherifische Regierung scheint begriffen zu haben, daß Frankreich trotz seiner Drohungen schwerlich eine große Armee in Afrika wird festlegen wollen, solange man nicht weiß, welche Haltung in dem Falle Deutschland einnehmen würde. Diese Verlegenheit möchten die zahlreichen Feinde von Delcassé ausnutzen, um diesen zu stürzen. In nicht wenigen französischen Preßartikeln wird darauf hingewiesen, daß Delcassé durch seine rücksichtslose Behandlung des mächtigen Deutschen Reiches die gegenwärtige schwierige Lage verschuldet habe. Am deutlichsten drückt sich der frühere Marineminister de Lanessan im „Siècle" aus, indem er sagt: „Deutschland verteidigt seine Interessen in Marokko. Das ist das Recht Deutschlands." Lanessan empfiehlt dann dringend, die französische Regierung möge sehr nachdrücklich die bereits abgegebenen Erklärungen wiederholen, daß Frankreich entschlossen sei, die Unabhängigkeit Marokkos und die Freiheit des ausländischen Handels im marokkanischen Gebiete vollauf zu respektieren.

Diese und viele andere ähnliche Äußerungen nichtoffiziöser Preßorgane lassen erkennen, daß, wenn der Sultan fest bleibt, die französischen Forderungen in der Hauptsache ablehnt und Frankreich sich also vor die Alternative einer diplomatischen Niederlage oder eines marokkanischen Krieges gestellt sieht, das diplomatische Prestige des Herrn Delcassé von seinen eigenen Landsleuten arg zerpflückt werden wird.

Es wäre daher kein Wunder, wenn der Minister und sein Anhang jetzt bemüht wären, durch Einschüchterungsversuche einen Besuch Seiner Majestät in Tanger zu hintertreiben.

AN DEN GESANDTEN IN LISSABON
GRAFEN VON TATTENBACH   Berlin, den 29. März 1905

Der Kaiserliche Geschäftsträger in Tanger telegraphierte vorgestern:

„Timeskorrespondent Harris wurde von Araber, welcher als Hotelführer dient, mit einem Messer auf der Straße angefallen, jedoch nur ganz leicht geritzt. Der Araber flüchtete sich zu dem Scherifen von Wasan, welcher französischer Protegierter ist. Öffentliche Meinung ist geneigt, in dem Überfall eine französische

Machination zu sehen, um womöglich den Besuch Seiner Majestät in Tanger zu hintertreiben. Kühlmann."

Ich habe daraufhin nochmals an den Geschäftsträger eindringlich die Frage wegen der Sicherheit der Allerhöchsten Person gestellt. Den Hauptinhalt der daraufhin erfolgten beruhigenden Antworten drahte ich in separato. Soweit es sich aus der Ferne beurteilen läßt, möchte ich annehmen, daß, da alle erforderlichen Maßnahmen auch seitens deutscher und spanischer Polizei getroffen sind, unser Allergnädigster Herr sich bei der Landung in Tanger kaum mehr exponiert als bei seinem täglichen Spaziergang im Tiergarten. Daß Ew. mitgehen, ist mir eine besondere Beruhigung. Ich bitte um Drahtbericht über das, was Ew. von französischen Machenschaften bemerkt haben werden, namentlich auch über den Eindruck, welchen der Minister des Auswärtigen ben Sliman Ihnen gemacht hat. Er soll an Frankreich verkauft sein, hat jedenfalls, fast allein, sich bemüht, den französischen Standpunkt gegen die marokkanischen Notabeln zu vertreten. Dies hat jedoch nach den diesseitigen Nachrichten aus Fes, welche freilich nur bis zum 18. reichen, die Notabeln nicht verhindert, die französischen Anträge fast sämtlich abzulehnen. Es erscheint demnach, daß die diplomatischen Aussichten zurzeit ungünstig für Herrn Delcassé stehen. Hierzu kommt, daß die französische Regierung auf tatkräftige englische Unterstützung unseren Nachrichten zufolge nicht wird rechnen können. England hat alle durch den Vertrag vom 8. April v. Js. ihm zugesicherten Vorteile eingeheimst und überläßt es jetzt den Franzosen, sich allein mit Marokko abzufinden. Ich betrachte es als unvorsichtige Renommage, daß kürzlich offiziöse Blätter des Herrn Delcassé, z. B. „Débats", offen erklärt haben,

Marokko müsse zu Frankreich in dasselbe Verhältnis wie Tunis gebracht werden. Die Ausdehnung des in Tunis von Frankreich betriebenen Prohibitivsystems auf Marokko kann die englische Regierung nicht unterstützen.

Die Sicherheit der Stellung Deutschlands besteht darin, daß wir keine Sondervorteile verlangen, sondern uns nur um die Erhaltung des Status quo, d. h. der Gleichberechtigung aller Nationen, bemühen. Auf die Art halten wir die Zukunft offen.

AN DEN GESANDTEN IN LISSABON
GRAFEN VON TATTENBACH
Geheim   Berlin, den 29. März 1905

Selbst entziffern.

Die Sicherheit der Allerhöchsten Person geht allem andern voran. Ich würde es aber allerdings als ein Unglück für Seine Majestät und für das Deutsche Reich ansehen, wenn die Lage in Tanger wirklich so wäre, daß die Landung unterbleiben müßte. Die feindliche Presse würde natürlich verbreiten, daß Seine Majestät einer vermeintlichen Gefahr — die man hinterher als imaginär darstellen würde — habe ausweichen wollen. Sie werden darin mit mir einig sein, daß diese Ansicht, wenn sie Boden gewönne, die Scheu beseitigen müßte, welche die Welt heute vor der unerschrockenen Tatkraft Seiner Majestät hat. Diese Scheu war bisher ein Hauptfaktor für die friedliche Erhaltung der Machtstellung Deutschlands. Wenn das Prestige der Allerhöchsten Person litte, würde das Benehmen des Auslandes uns gegenüber ein anderes werden, und wir würden uns bald, bei der ersten besten Gelegenheit, vor die Alternative zwischen Zuschlagen und Zurückweichen gestellt sehen.

DER GESANDTE IN LISSABON GRAF VON TATTENBACH
AN DAS AUSWÄRTIGE AMT
Geheim Lissabon, den 29. März 1905

Seine Majestät hat mich zur Reise nach Tanger befohlen. In der Umgebung Seiner Majestät ist eine starke Strömung dagegen, daß Seine Majestät in Tanger an Land gehe. Meines Erachtens sind die von dieser Seite ausgesprochenen Erwägungen und Befürchtungen nicht zutreffend. Der kurze Besuch wird sehr gut verlaufen und wird die von Euerer Exzellenz in dem telegraphischen Bericht an Seine Majestät vorausgesagten guten politischen Wirkungen sicher nicht verfehlen. Unter allen Umständen darf meines Erachtens der beabsichtigte Besuch jetzt, nachdem so viel darüber gesprochen und geschrieben worden ist, nicht aufgegeben werden. Diese meine Ansicht wird auch mit Entschiedenheit von dem Grafen zu Eulenburg vertreten.

AN DEN GESANDTEN IN LISSABON
GRAFEN VON TATTENBACH Berlin, den 29. März 1905

Selbst entziffern.
Ihr Telegramm Nr. 36, welches sich mit meinem Telegramm gekreuzt hat, entspricht den Erwartungen, die sich für mich an Ihre Mitwirkung knüpften. Ich sehe, daß wir eines Sinnes sind, und rechne auch ferner auf Ihre Unterstützung. Daß Graf Eulenburg wie immer die Ansicht vertritt, welche der Würde Seiner Majestät und dem Interesse des Landes entspricht, ist mir eine weitere Beruhigung. Nur nicht zurückweichen.

AN PRINZ HEINRICH VON PREUSSEN
Berlin, den 30. März 1905

Gestern hatte ich dem Admiral Freiherrn von Seckendorff nach Kiel telegraphiert, ob er es möglich machen könne, vielleicht heute oder morgen zur Besprechung einer wichtigen Angelegenheit herzukommen. Erst durch das Telegraphenbüro erfuhr ich, daß der Admiral Seine Majestät auf der „Hamburg" begleitet. Ich hatte beabsichtigt, ihm behufs Berichterstattung an Euere Königliche Hoheit mündliche und schriftliche Aufklärungen über die politische und Kriegslage Rußlands zu geben. Ich bitte um die Erlaubnis, das, was ich dem Admiral ausführlich hatte mitteilen wollen, in möglichster Kürze brieflich zusammenzufassen.

Die Nachrichten aus Petersburg sind ernst, die Unruhen dauern fort. Die Hauptgefahr wurzelt in einem allgemeinen Gefühl von Unsicherheit. Graf Osten-Sacken faßte dies gestern beinahe weinend in die Worte zusammen: „Un peu d'énergie pourrait nous sauver, mais on ne la voit paraître nulle part."

Für geradezu unheilvoll halte ich, daß ein unverkennbarer Gegensatz besteht zwischen Ihren Majestäten der Kaiserin-Mutter und der regierenden Kaiserin. Die erstere scheint in den politischen Netzen von Witte zu sein, welchem heute alle Parteien mißtrauen, und dem insbesondere Rachegefühle gegen Seine Majestät den Kaiser Nikolaus nachgesagt werden. Witte wünscht einen schleunigen Frieden um jeden Preis. Denselben Wunsch haben alle Liberalen und Umstürzler, die in Rußland manchmal schwer zu unterscheiden sind. Osten-Sacken dagegen sagte mir unter vier Augen, ein Friedensschluß in diesem Augenblick würde zwar momentan von der Presse in Rußland und von den Börsenkreisen der ganzen Welt mit Befriedigung begrüßt, aber bald nachher von dem ganzen russischen Volke als eine furchtbare Demütigung empfunden und für diese der Zar persönlich und direkt verantwortlich gemacht werden. „Ça pourrait être la fin." Wenn der Zar aber durchhalte, würde sich die Lage für ihn bessern und für Japan verschlechtern.

Ich würde der Ansicht eines diplomatischen Zivilisten über eine Lage, deren Hauptmomente doch militärischer Natur sind, kein großes Gewicht beilegen, wenn nicht unser Generalstab die militärische Lage ähnlich beurteilte. Dieser hält für ausgeschlossen, daß Rußland, wie das in fast jedem anderen Lande der Fall sein würde, durch weitere japanische Siege zu Lande oder zu Wasser gezwungen werden könnte, Frieden zu machen. Japan könnte Sachalin und Wladiwostok erobern, aber irgendwo in den sibirischen Steppen werde es haltmachen müssen und werde dann genötigt sein, mit Gewehr bei Fuß und unter kolossalen Geldopfern zu warten, bis die russische Armee nach längeren Monaten wieder schlagfertig sei. General Kuropatkin habe zwei große Fehler gemacht: bei Liaujang sei er ohne ersichtliche Notwendigkeit zurückgegangen und bei Mukden habe er die Wirkung der freigewordenen Belagerungsarmee von Port Arthur nicht in Berechnung gezogen. In beiden Fällen habe Kuropatkin aber dann beim Rückzuge eine außerordentliche Tatkraft entwickelt. Der russische Soldat im ganzen habe auch im Unglück eine ganz ungewöhnliche Widerstandskraft und Zähigkeit gezeigt. Die Hauptgefahr der nächsten Zukunft sieht der Generalstab darin, daß der neue Oberkommandierende, General Linewitsch, entweder auf Befehl aus Petersburg oder von Tatendurst getrieben, zu neuem Angriff vorgehe, bevor die Armee genügend verstärkt und reorganisiert sei. Der Generalstab sieht unter den Umständen das entscheidende Moment in der Ausdauer.

In der Vermutung, daß die Zeit für Rußland läuft, werde ich bestärkt, wenn ich sehe, mit welcher Hast gegenwärtig sowohl die Freunde Japans wie auch die inneren und äußeren Feinde des Zarentums zum Frieden drängen. Bezeichnend in dieser Hinsicht war mir, daß jüngst ein Mann in sehr hoher politischer Stellung einem deutschen Botschafter auf die Bemerkung, daß ein unter den jetzigen Verhältnissen geschlossener ungünstiger Friede dem Zaren das Leben kosten könne, erwiderte: „Diese Gefahr ist das geringere von zwei Übeln." Ein deutscher Royalist kann sich natürlich nicht auf diesen Standpunkt stellen. Der Tod des Kaisers Nikolaus in diesem Augenblick, dazu die Regentschaft des vom Minister Witte protegierten aber ganz unerfahrenen Großfürsten Michael über ein unmündiges Kind könnten leicht das Ende des Zarentums und den Übergang zur Republik bedeuten. Mit dem Zarentum haben wir uns seit 180 Jahren fast immer gut gestanden und haben dasselbe bei fast allen unseren großen nationalen Krisen entweder als Freund oder doch als wohlwollenden Nachbar gehabt. Das Zarentum hat in Wirklichkeit fast nichts Russisches im Blut. Anders aber würden die Dinge sich voraussichtlich unter der russischen Republik gestalten. Die natürliche Hinneigung des Slawen zum Franzosen würde dann auch in der Politik weit mehr zum Ausdruck kommen als heute.

Kaiser Nikolaus II. ist für mich ein Gegenstand ehrerbietiger und aufrichtiger Sympathie. Aber ich erkläre offen, daß diese Sympathie allein mich nicht veranlaßt haben würde, Euerer Königlichen Hoheit mit dieser langen Darlegung lästig zu fallen. Nur die Aussicht, daß durch das gewaltsame Ende des Zaren und den Untergang des Zarentums für unser Vaterland schwere Gefahren entstehen würden, bringt mich dazu, Euerer Königlichen Hoheit die Frage ehrfurchtsvoll zu unterbreiten, ob Höchstdieselben, falls Sie die Folge der Ereignisse ebenso sehen wie ich, Ihrem Kaiserlichen Herrn Schwager einen Warnungsbrief schreiben können. Die Warnung würde sich, um vollständig zu sein, auf drei Hauptpunkte erstrecken: 1. Daß die Reformen, welche der Zar gutgeheißen und befohlen hat, namentlich hinsichtlich der erweiterten Befugnisse des Reichsrats, nicht verschleppt, sondern bald durchgeführt werden; 2. daß die inneren Unruhen, welche größtenteils tendenziöse Mache und manchmal sogar vom Auslande bezahlt sind, tatkräftig unterdrückt und diejenigen Beamten, welche im psychologischen Moment nicht die nötige Energie zeigen, beseitigt werden; 3. daß Rußland seine geographische Lage mit den ungeheuren Entfernungen militärisch ausnutzt, um den Gegner durch einfaches Abwarten mürbe zu machen, anstatt unter den jetzigen ungünstigen Umständen einen Frieden zu schließen, dessen demütigende Bedingungen zum Ausgangspunkt einer allgemeinen Agitation gegen den Zaren und das Zarentum gemacht werden würden.

Die Verantwortung, welche für mich in dieser Anregung liegt, würde ich nicht auf mich genommen haben, wenn ich nicht in den letzten Tagen festgestellt hätte, daß meine Ansicht, wonach die Zeit für Rußland läuft, durch das Votum des preußischen Generalstabes gestützt wird, welcher gleichfalls die Ausdauer als das Entscheidende ansieht und vor übereiltem Vorgehen warnt. Nur meint der Generalstab übereiltes Vorgehen im Kriege, während ich als Politiker vor übereiltem Frieden warne, aber darin stimmen wir, der Generalstab und ich, überein, daß wir beide die Ausdauer als das entscheidende Moment ansehen.

Das, was für mich in der Hauptsache eine Frage politischer Erwägung ist, bewegt, wie ich weiß, das Herz Euerer Königlichen Hoheit. Das Verschwinden Seiner Majestät des Kaisers Nikolaus II. würde für Euere Königliche Hoheit den Verlust eines teuren Freundes und Verwandten bedeuten. Dieselbe Katastrophe bedeutet aber außerdem für uns eine drohende Zukunft für das deutsche Vaterland. In diesem Bewußtsein habe ich mich entschlossen, Euerer Königlichen Hoheit die Lage Rußlands, soweit ich sie zu erkennen vermag, in Kürze darzulegen, weil ich niemanden außer Euerer Königlichen Hoheit sehe, der den Zaren in diesem furchtbar schweren Augenblick beraten und warnen könnte.

Der Überbringer dieser Zeilen, ein Beamter des geheimen Chiffrierbüros, ist angewiesen, sich zur Disposition Euerer Königlichen Hoheit zu halten für den Fall, daß Euere Königliche Hoheit geneigt sind, einen solchen Brief an Seine Majestät den Kaiser Nikolaus zu schreiben, der dann von hier aus durch Feldjäger nach St. Petersburg geschickt werden würde.

AN DEN GESCHÄFTSTRÄGER IN TANGER
VON KÜHLMANN   Berlin, den 30. März 1905

Selbst entziffern.
In kaiserlicher Umgebung seit dem durch Presse aufgebauschten Harris-Attentat starke Strömung gegen Landung in Tanger. Graf Tattenbach und Exzellenz Graf Eulenburg sind aber mit Entschiedenheit für Landung, falls nicht wirkliche Gefahren oder Hindernisse vorliegen. Von Gegnern der Landung wird der Mangel geeigneter Beförderungsweise als Hindernis geltend gemacht; zu Fuße gehen unmöglich, Esel ebenfalls, angeblich auch Wagen, Sänfte weibliches Transportmittel, vor „ungeprüftem, unruhigem Berberhengst, der nicht vorher durch Stallmeister probiert oder abgeritten ist", wird wegen schwachen linken Armes Seiner Majestät gewarnt. Könnte etwa — dies frage ich — als Zeichen besonderer Ehrerbietung das Pferd von zwei möglichst vornehmen Mauren geführt werden, oder könnte das Zelt am Ufer näher aufgeschlagen werden, oder könnte Seine Majestät einen Teil des Weges zu Fuß — um Stadt besser zu sehen —,

einen Teil in Sänfte oder Wagen zurücklegen? Möglichste Abkürzung der Wege, z. B. Ausschaltung des Besuchs der Kasba, wäre unter solchen Umständen geboten.

Bitte Verhältnissen entsprechend zunächst nach eigenem Ermessen zu handeln und dann alles mit Graf Tattenbach besprechen, der wohl als erster an Land kommen wird. Ein garantiert ruhiges Pferd, welches bei erstem Morgengrauen einige Stunden von zuverlässigem Reitknecht ruhig bewegt würde, wäre wohl das Beste und könnte alle Schwierigkeiten, sowie auch Einschränkungen des Programms beseitigen. Vielleicht haben Euer pp. von sich aus bereits vorgesorgt.

Gegner der Landung kommen auch auf Sicherheitsfrage zurück. Euer pp. werden dem Grafen Tattenbach, der gewiß nicht abgeneigt sein wird, sich überzeugen zu lassen, darlegen müssen, daß, selbst abgesehen von der Anwesenheit deutscher Detektivs, größtmögliche Sicherheit gewährleistet ist.

DER RAT IM KAISERLICHEN GEFOLGE GESANDTER
VON SCHOEN AN DAS AUSWÄRTIGE AMT
Ganz geheim   Gibraltar, den 31. März 1905

Für Reichskanzler persönlich.

Seine Majestät vor Tanger bis zum letzten Augenblick schwankend und geneigt, Besuch unter Vorwand der Landungsschwierigkeit zu vermeiden. Mit Hilfe meines Freundes Scholl, der an Land geschickt war und ganz ermutigende Nachrichten brachte, gelang es, das Zögern plötzlich zu überwinden und Ausführung der historischen Tat auszulösen, die mit Bravour durchgeführt wurde.

Überaus überlastet, bitte meine Kürze zu entschuldigen.

AN DEN BOTSCHAFTER IN WASHINGTON FREIHERRN
SPECK VON STERNBURG   Berlin, den 3. April 1905

In Ew. interessanten Telegrammen 65, 67 und 68 war mir am interessantesten die Sondierung des englischen Botschafters wegen Aufteilung Chinas. Der Präsident muß hierdurch und durch die unsinnigen Verdächtigungsversuche der englischen Diplomatie gegen Deutschland doch allmählich zu der Überzeugung gebracht werden, daß England ein ganz verdecktes Spiel spielt. Von der direkten Sondierung wegen der Aufteilung werden Ew. wahrscheinlich nichts erwähnen dürfen, aber es genügt, wenn der Präsident dieselbe in Erinnerung hat, und wenn Ew. dann die übrigen Verdachtsmomente bei geeigneter Gelegenheit ruhig und ohne jede Erregung erwähnen. Ew. werden an Ort und Stelle ermessen können, ob es für das deutsche Interesse nützlich ist, wenn Sie in diesem Sinne auch noch mit anderen Personen, außer dem Präsidenten, reden. Den Präsidenten bitte ich baldmöglichst und unter Erwähnung des Auftrags eingehend auf den Zusammenhang hinzuweisen, welcher für die englische wie für die französische Politik zwischen der chinesischen und der marokkanischen Frage besteht. In Marokko tritt Deutschland für die Offene Tür ein, d. h. also für das Interesse aller handeltreibenden Völker gegen das Sonderinteresse Frankreichs. Die offiziöse französische Presse, z. B. „Journal des Débats", hat neuerdings rückhaltlos erklärt, daß Frankreich beabsichtige, Marokko in dasselbe Verhältnis wie Tunis zu bringen. Dies würde gleichbedeutend sein mit der wirtschaftlichen Verdrängung des nichtfranzösischen Auslandes. Trotzdem tritt der größere Teil der englischen Presse und zwar namentlich diejenige, welche Fühlung mit der Regierung hat, in der marokkanischen Frage gegen Deutschland und für Frankreich, d. h. also gegen die Offene Tür, ein.

Diese anscheinend unnatürliche Haltung, welche allerdings innerhalb Englands eine starke Gegenströmung findet, kann sich nur dadurch erklären, daß Frankreich im geheimen seine Unterstützung zugesagt hat, um den Engländern in China eine Entschädigung für die politische und wirtschaftliche Preisgabe von Marokko zu verschaffen. Frankreich würde um den Preis von Marokko den Engländern bei der Erlangung des Jangtse beistehen, während England den Franzosen helfen würde, sich in Marokko festzusetzen, wenn damit Frankreichs Unterstützung für den Jangtse zu erlangen wäre.

Auf diese Art, aber auch nur so, ist es zu erklären, daß die englische Regierung bisher in der marokkanischen Frage eine Haltung eingenommen hat, welche den englischen, nicht nur wirtschaftlichen, sondern auch politischen (man denke an Tanger!) Interessen direkt entgegen und ohne Vorgang in der englischen Geschichte ist. Nur für den schwer zu erlangenden Jangtse könnte man auf englischer Seite ein solches Opfer bringen, für die Gebiete und Häfen, welche England etwa in Arabien oder Persien zu erwerben wünscht, brauchte es keine derartige Kompensationen zu geben, denn dort hat es, wie die Dinge liegen, keine französische Unterstützung nötig. Deutschland erstrebt jene Gebiete nicht, und Rußland war bereits in den japanischen Krieg tief verwickelt, als am 8. April 1904 die englisch-französische Marokkokonvention perfekt wurde. Diesen inneren Zusammenhang hatten wir, wie Ew. wissen, schon längst geahnt, der Verdacht wird aber zur Gewißheit durch die Mitteilungen in Ew. Telegramme 65 und 68.

Die marokkanische Frage tritt jetzt in eine neue Phase. Der Sultan von Marokko steht im Begriff zu erklären, daß er die französischen Forderungen zunächst den Gesandten der bei ihm vertretenen Mächte vorlegen werde zur Prüfung, ob die verlangten Änderungen im marokkanischen und im allgemeinen Interesse seien. Derartige Konferenzen über marokkanische Fragen haben früher wiederholt stattgefunden, zuletzt im Jahre 1880 in Madrid. Auch Amerika war dabei beteiligt, Präsident Roosevelt kann also den amerikanischen Vertreter in Tanger zur Beteiligung beauftragen, ohne dadurch aus dem Rahmen der bisherigen amerikanischen Politik herauszutreten.

Es ist anzunehmen, daß Frankreich, wenn es überhaupt auf eine Konferenz sich einläßt, dabei von der Hoffnung geleitet wird, seinen eigenen Vorteil dadurch zu erreichen, daß es anderen beteiligten Staaten Kompensationen auf Kosten Dritter und Vierter verspricht. Deutschland sucht keinen Gewinn, verteidigt aber seine Interessen, indem es für die Gleichberechtigung aller Nationen eintritt. Wir haben überdies auch noch unsere nationale Würde zu wahren, indem wir zeigen, daß über unsere Interessen nicht ohne unsere Mitwirkung und Zustimmung verfügt werden kann. Der Präsident weiß, daß wir seit mehr als einem Menschenalter Frankreich gegenüber uns im Zustande bewaffneter Defensive befinden. Sobald man in Frankreich die Wahrnehmung macht, daß wir uns ruhig auf die Füße treten lassen, wird man uns auch anderswo rücksichtslos begegnen, und ein Antrag auf Revision des Frankfurter Friedens ist dann nicht mehr allzu fern. Deshalb heißt es für uns: principiis obsta. Ich bemerke hierbei, daß während des Jahres, welches seit Abschluß des englisch-französischen Marokkovertrages verflossen ist, die französische Regierung niemals hat die Absicht erkennen lassen, in einen Gedankenaustausch wegen Marokko einzutreten. Im Gegenteil hat der Minister Delcassé, als der deutsche Botschafter eines Tages den Marokkovertrag erwähnte, diesem einfach erwidert: „Sie finden alles im Gelbbuch."

Ein Mann wie Präsident Roosevelt wird ohne weiteres verstehen, daß die Würde und das, was mit ihr zusammenhängt, für uns noch wichtiger ist als die Interessenfrage. Beides, Würde und Interesse, hängt aber untrennbar zusammen. Nur dadurch, daß wir erhebliche Interessen hatten, welche unbeachtet blieben, konnte unsere Würde verletzt werden. Wir werden jetzt beides gleichzeitig verteidigen. Amerika wird dadurch, daß es ruhig und akademisch für die Gleichberechtigung und deren zukünftige Sicherung sich ausspricht, uns ohne eigene Opfer oder Gefahr eine moralische Anlehnung gewähren und zur friedlichen Erledigung des Konfliktes wesentlich beitragen. Wir glauben nicht, nach dem, was uns über die Stimmung in englischen maßgebenden Kreisen bekannt geworden ist, daß England den Franzosen außer der vertragsmäßig zugesicherten platonischen „diplomatischen Unterstützung" noch eine tatkräftige Hilfe leisten wird. Der Preis, um den England diese Hilfe vielleicht geleistet hätte, nämlich der Jangtse, ist jetzt für England nur erreichbar, wenn es einen offenen Bruch mit Amerika riskieren will, und das wird es nicht wollen, weil es sich doch wohl bewußt ist, daß jener Vierer- oder Fünferbund, welcher die Aufteilung Chinas zum Zweck hätte, wegen dieser oder einer anderen Beute unter sich in Streit kommen könnte, und daß dann die Stellung Englands gegenüber einem schwergekränkten Amerika und einem schwergekränkten Deutschland nicht beneidenswert sein würde. Deshalb wird England vielleicht jetzt noch einen energischen Anlauf nehmen, um Amerika für den Gedanken einer Aufteilung Chinas zu gewinnen. Bleibt Amerika fest, so wird England das Jangtseprojekt für die Gegenwart fallenlassen. Damit fällt dann aber auch die Voraussetzung weg, unter welcher England vielleicht geneigt gewesen wäre, den Franzosen à charge de revanche zu der marokkanischen Kompensation zu verhelfen. Wenn also Amerika in seiner ostasiatischen Politik festbleibt, wird Frankreich isoliert bleiben, und es wird alsdann nicht schwer sein, mit oder selbst ohne Konferenz auf friedlichem Wege in Marokko einen vielleicht etwas verbesserten Status quo, namentlich aber, worauf es besonders ankommt, die Gleichheit der Rechte aller Ausländer zu erhalten.

Es wird Ew. nicht entgehen, wie wichtig es für das deutsche Interesse ist, daß Präsident Roosevelt noch vor seiner Abreise über die innersten Motive unserer Marokkopolitik vollständig orientiert wird. Es wird bei diesem Anlaß schwer zu vermeiden sein, daß Ew. wegen des inneren Zusammenhangs der Marokko- und Chinafrage auf unsere Verdachtsgründe gegen die englische Politik näher eingehen und den Präsidenten nochmals darauf hinweisen, daß die Engländer bei dem von ihnen angeblich gefürchteten deutschen Angriff ohne weiteres auf die Unterstützung aller Land- und Seestreitkräfte, über welche Frankreich zu verfügen hat, würden rechnen können. Das weiß jeder Politiker in England wie in Frankreich, und deshalb ist die Furcht vor dem deutschen Angriff eine geheuchelte, vorgeschützt, um andere Zwecke zu verdecken. Ich hoffe sicher, daß es Ew. ebenso wie bisher an der Hand der Tatsachen gelingen wird, den Präsidenten von der Klarheit und Durchsichtigkeit der deutschen Politik zu überzeugen.

AN DEN BOTSCHAFTER IN WASHINGTON FREIHERRN
SPECK VON STERNBURG   Berlin, den 3. April 1905

Danken Sie dem Präsidenten im Namen Seiner Majestät für das Vertrauen und die Sympathie, welche er Deutschland entgegenbringt. Wir erwidern seine Offenheit mit gleichem. Wir sehen bei den Friedensverhandlungen zwei Schwierigkeiten: Einerseits wird Rußland die Kriegsentschädigung als Kaudinisches Joch betrachten, andererseits perhorresziert Japan, das wissen wir aus der japanischen Presse, einen Frieden, der in Wirklichkeit nur die Bedeutung eines Waffenstillstandes hätte, und während dessen die beiden Gegner lediglich auf neue Rüstungen bedacht sein würden. Immerhin ist mit der Kongreßidee ein Gedanke aus der Welt geschafft, der für uns beide, Deutschland und Amerika, nichts Gutes versprach. Es ist dies nach der Neutralitäts- und der Uneigennützigkeitserklärung der dritte Erfolg des deutsch-amerikanischen Zusammengehens.

Gegenüber England bewahren wir ein berechtigtes Mißtrauen, solange dasselbe fortfährt, sich gegen jedes diplomatische Zusammengehen mit Deutschland und Amerika in konkreten Einzelfällen grundsätzlich ablehnend zu verhalten unter Vorschützung unlogischer Verdachtsgründe. Gerade durch ein gelegentliches Zusammengehen Englands mit Amerika und Deutschland würde die phantastische Gefahr eines deutschen Angriffs gegen England gänzlich vom Horizonte verschwinden, weil Amerika dann gewissermaßen Bürge für Deutschlands Zuverlässigkeit wäre. Für Deutschland würde alsdann ein Angriff auf England zugleich eine Verfeindung mit Amerika neben der gleichzeitigen Verfeindung mit England und Frankreich bedeuten. Solange England sich dieser einfachen Logik verschließt, sind wir berechtigt anzunehmen, daß es im stillen immer noch sein Augenmerk auf jene andere Kombination des „partage nécessaire" richtet. Amerika o h n e Deutschland würde in jener Kombination wahrscheinlich willkommen sein, weil man hoffen würde, es zu majorisieren.

Ew. bitte ich, im Sinne dieses Telegramms den Präsidenten möglichst bald und möglichst vollständig zu orientieren.

AN DEN GESCHÄFTSTRÄGER IN TANGER
VON KÜHLMANN   Berlin, den 3. April 1905

1. Die Regierung Seiner Majestät des Kaisers findet den Konferenzplan durchaus praktisch. Tanger würde der geeignete Ort dafür sein, schon deshalb, weil heute alle irgendwie beteiligten Mächte dort vertreten sind, was zur Zeit der letzten, in Madrid abgehaltenen Konferenz 1880 noch nicht der Fall war. Wir werden einen entsprechenden marokkanischen Antrag unterstützen.

2. Präsident Roosevelt hat von neuem erklärt, er werde dafür sorgen, daß dortiger amerikanischer Gesandter instruiert werde, mit Ew. engere Fühlung zu nehmen.

3. In der bisherigen, zunächst nur diplomatischen Berichterstattung über den Kaiserbesuch in Tanger ist nicht erwähnt, in welchem Sinne der spanische Gesandte sich gegenüber Seiner Majestät geäußert hat. Falls Ew. darüber etwas bekannt ist, bitte Haupttendenz kurz drahten.

AN DEN BOTSCHAFTER IN ROM
GRAFEN MONTS   Berlin, den 3. April 1905

Die italienische Regierung hat hier kürzlich durch Graf Lanza den Wunsch aussprechen lassen, zugezogen zu werden, sobald wir mit der französischen Regierung in Verhandlungen wegen Marokko einträten. Bitte dort mitzuteilen, daß ein Gedankenaustausch mit Frankreich über marokkanische Angelegenheiten hier nicht beabsichtigt wird, einmal, weil in den 12 Monaten, welche seit dem Abschluß der französisch-englischen Marokkokonvention verflossen sind, die französische Regierung keine derartige Absicht hat erkennen lassen; hauptsächlich aber, weil Marokko ein unabhängiges Reich ist, an welchem seiner Bedeutung und Lage nach außer uns und Frankreich noch viele andere interessiert sind. Dies beweist auch der Umstand, daß sämtliche Mächte in Tanger Vertreter haben. Wegen Wahrung unserer eigenen Interessen in Marokko halten wir es daher zunächst noch für genügend, mit dem Sultan von Marokko zu verhandeln. Falls eine neue diplomatische Phase eintreten und die marokkanische Frage in weiterem Kreise beraten werden sollte, werden wir selbstredend die verbündete italienische Regierung orientieren. Unsere Interessen in Marokko sind diejenigen aller handeltreibenden Völker und sind erheblich genug, um es mit unserer Würde unvereinbar zu machen, daß über die Existenzbedingungen von Marokko ohne unsere Zustimmung, ja selbst nur Beteiligung, verfügt wird. Über Interessen kann man transigieren, über Würde nicht. In der gleichen Lage und Gesinnung wie wir befinden sich vielleicht auch noch andere. Jedenfalls wollen Ew. keinen Zweifel darüber lassen, daß wir bei etwaigen diplomatischen Erörterungen auf das Einverständnis Italiens für unsere gemeinnützige Politik mit Bestimmtheit rechnen. Die Haltung Italiens in dieser Frage, wo Würde und Interesse auf denselben Weg weisen, wird für die Stellungnahme Deutschlands zu den italienischen Fragen der Zukunft von entscheidender Bedeutung sein.

AN DEN BOTSCHAFTER IN PARIS
FÜRSTEN VON RADOLIN   Berlin, den 3. April 1905

Falls Herr Delcassé jetzt Neigung zeigt, über Marokko zu reden, wollen Ew. bemerken, daß Sie ohne Instruktionen sind. Etwaige Eröffnungen des Ministers bitte ich einfach ad referendum zu nehmen, ohne Diskussion. Bei der Gelegenheit können Ew. nach eigenem Ermessen eventuell die Tatsache feststellen, daß eine Erörterung über marokkanische Dinge, insbesondere über Neugestaltung Marokkos, zwischen Ihnen und dem Minister überhaupt noch nie stattgefunden hat. Da dieser Umstand jedoch von keiner wesentlichen Bedeutung und überdies schon wesentlich klargestellt ist, so mag es kaum der Mühe wert sein, daß Sie deswegen eine schärfere Tonart in Ihren persönlichen Verkehr mit Herrn Delcassé bringen.

AN KAISER WILHELM II.
Geheim   Berlin, den 4. April 1905

Euerer Kaiserlichen und Königlichen Majestät darf ich über die Weiterentwicklung der augenblicklichen politischen Lage seit meinem letzten darauf bezüglichen alleruntertänigsten Telegramm vom 27. v. Mts. nachstehendes in tiefster Ehrfurcht melden:

Die marokkanische Frage ist durch Euerer Majestät Besuch in Tanger in den Vordergrund des Interesses gerückt. Euerer Majestät imponierendes Auftreten, die hochbedeutsamen Ansprachen, namentlich diejenigen an den französischen Geschäftsträger und an die deutsche Kolonie, haben als Kundgebung für die Unabhängigkeit Marokkos einen nachhaltigen Eindruck auf die Stimmung in und außerhalb Europas gemacht. Hierbei möchte ich gleich erwähnen, daß der amerikanische Gesandte, welcher soeben direkt vom Präsidenten Roosevelt angewiesen worden war, in enger Fühlung mit Euerer Majestät Vertreter zu bleiben, bei Mitteilung der auf die open door bezüglichen Aussprüche Euerer Majestät ausrief: „That is just exactly what we also want". Ein Teil der englischen Presse gefällt sich vorläufig noch darin, den wilden Mann zu machen. Indessen „mag sich der Most auch noch so wild gebärden, es gibt zuletzt doch noch 'nen Wein". Auch dieser Teil der Engländer wird vernünftig werden, wenn er gewahr wird, daß Deutschland wirklich keine Sondervorteile sucht, und daß trotz aller Deutschfeindlichkeit und aller französischen Machenschaften der englische Instinkt für die open door sich nicht ganz unterdrücken läßt (vide zum Beispiel die hierauf bezüglichen Artikel der „Morning Post" und „Manchester Guardian"). Am meisten wird es wirken, wenn die Engländer sehen, daß auch die amerikanische Diplomatie auf seiten der open door Deutschlands steht. Die Scheu vor Roosevelt ist sichtlich in England im Zunehmen; ob auch die Liebe zu ihm, weiß ich nicht. Herr Delcassé, arg bedrängt, ist im französischen Senate um die scharfen Ecken der Marokkofrage herumgegangen. In der Deputiertenkammer hat er die für gestern bestellte marokkanische Interpellation abgewinkt. In seiner Presse versucht er es mit Drohung, indem er auf die französisch-englisch-spanisch-italienische Gruppe hinweist — ein Nebelbild. Um die Nebel zu zerstreuen, wird es genügen, in der deutschen Presse noch deutlicher als bisher die rechtliche Unanfechtbarkeit unserer Politik darzulegen. Ich lasse zur Stärkung der Opposition gegen Delcassé folgende Punkte besonders hervorheben:

1. Ablehnung territorialer Ansprüche.

2. Verlangen wirtschaftlicher Gleichberechtigung aller Staaten, worunter nicht nur Handelsfreiheit, auch nicht bloß formelle Meistbegünstigung, sondern open door im weitesten Sinne verstanden wird.

3. Die Trumpfkarte in unserer Hand ist aber der Hinweis, daß sämtliche europäische Mächte mitsamt den Vereinigten Staaten von Amerika wiederholt in Konferenzen über marokkanische Angelegenheiten be-

raten und Verträge abgeschlossen haben. Die letzten Konferenzen dieser Art fanden in den achtziger Jahren in Madrid statt. Damit ist unumstößlich bewiesen, daß Marokko, wie das auch ein Blick auf den Globus genugsam erklärt, ein Gegenstand von Interesse für alle Mächte ist. Angenommen daher, daß morgen die französische Regierung sich großmütig erböte, uns in einem Sonderabkommen über Marokko wirtschaftliche Konzessionen zu gewähren, würden wir von Rechts wegen nur dasselbe antworten können, was im Jahre 1897 bei den Verhandlungen über den russisch-österreichischen Balkanvertrag das Wiener Kabinett dem St. Petersburger Kabinett hinsichtlich des Hellespont erwiderte: „Zu einer Sonderabmachung über die Meerengen ohne Zuziehung sämtlicher Vertragsmächte halten wir uns nicht berechtigt." Aus Tanger telegraphiert bereits Euerer Majestät Geschäftsträger, daß der Sultan mit dem Plan umgehe, sich wegen Begutachtung der französischen Forderungen demnächst an die Vertragsmächte zu wenden. Falls eine Konferenz zustande kommt, sind wir der diplomatischen Unterstützung Amerikas zugunsten der open door schon jetzt sicher. England wird sich dort wie überall scheuen, mit Nachdruck gegen Amerika anzugehen. Österreich wird sich wegen Marokko nicht mit uns brouillieren wollen, und das gleiche glaube ich von Italien, besonders von einem dreibundfreundlichen Kabinett Fortis. Ich halte daher für ausgeschlossen, daß eine Konferenz das Ergebnis haben könnte, die Einschiebung Marokkos in die ausschließliche Macht- und Interessensphäre Frankreichs anzubahnen.

Falls der Konferenzgedanke des Sultans daran scheitert, daß Frankreich ablehnt teilzunehmen, setzt dieses sich dadurch den anderen Vertragsmächten gegenüber ins Unrecht. Recht und Unrecht sind aber im Völkerverkehr da von Bedeutung, wo der Rechtsverletzer nicht so mächtig ist, daß er sich über alles hinwegsetzen kann. In dieser Lage ist aber Frankreich heute nicht; denn es wird bei der weiteren Verfolgung seiner Pläne voraussichtlich isoliert bleiben. Rußland ist mit sich selbst beschäftigt, und für England ist es angesichts des Eintretens des Präsidenten Roosevelt, sowie auch eines erheblichen Teils der englischen öffentlichen Meinung für die Politik der open door sehr schwierig, Frankreich größere Gefälligkeiten zu leisten. Unter diesen Umständen können Euere Majestät in Ihrer mächtigen und auch rechtlich unangreifbaren Stellung die Erledigung der marokkanischen Frage mit Ruhe abwarten ...

AN DEN BOTSCHAFTER IN PARIS
FÜRSTEN VON RADOLIN   Berlin, den 5. April 1905

Falls Euer pp. wegen etwaiger mit Frankreich einzuleitender Verhandlungen über Marokko gefragt oder sondiert werden sollten, wollen Sie antworten, daß innere Zustände Marokkos wiederholt Gegenstand von Konferenzen gewesen sind, an welchen eine Gruppe von Mächten und Staaten teilnahmen. Deutschland würde sich daher nicht für befugt halten, über marokkanische Angelegenheit anders als mit Marokko und den Vertragsmächten zu verhandeln.

AN DEN GESCHÄFTSTRÄGER IN TANGER
VON KÜHLMANN   Berlin, den 6. April 1905

Die Stellung Deutschlands in der marokkanischen Frage ist folgende:
Der Umstand, daß Frankreich mit uns die Kon-

vention vom 8. April v. Js. nicht erörtert hat, konnte unsere Würde unberücksichtigt lassen, nicht aber unsern Rechtsstandpunkt ändern, welcher für uns und für alle Vertragsmächte der gleiche ist oder sein sollte, daß nämlich der Status von Marokko nicht durch Sonderabkommen einzelner Mächte, sondern nur unter Zuziehung aller Vertragsstaaten geändert werden kann. Wir sind anfangs behutsam vorgegangen, um uns keiner Isolierung auszusetzen. Heute aber stehen wir in vertrauensvollen Beziehungen zu Amerika und wissen, daß dieses für die „Offene Tür" diplomatisch eintreten wird. Durch diese Stellungnahme Amerikas wird England zur Zurückhaltung genötigt. Der italienische Ministerpräsident Fortis hat sich dem deutschen Botschafter gegenüber in einer Weise geäußert, welche sich in den Satz zusammenfassen läßt, daß Italien an e i n e m Tunis genug habe. Daß Österreich mehr zu Frankreich als zu uns neigen sollte, ist nicht anzunehmen, und die kleineren Staaten werden naturgemäß für die Offene Tür sein, sobald sie sich dort in guter Gesellschaft sehen. Rußland war bei der letzten Konferenz nicht beteiligt. Falls es jetzt, wo es seit kurzem in Tanger vertreten ist, Beteiligung wünschen sollte, werden wir keine Einwendung erheben. Ich glaube auch nicht, daß Rußland sich für die Durchführung eines e n g l i s c h - französischen Abkommens sehr erwärmen wird. Es ist also ausgeschlossen, daß eine Konferenz das Ergebnis haben sollte, mit Stimmenmehrheit Marokko an Frankreich auszuliefern. Wenn andererseits Frankreich die Konferenz zurückweist, setzt es sich ins Unrecht. Im Völkerverkehr ist aber Recht und Unrecht überall da von Bedeutung, wo der Rechtsverletzer nicht so stark ist, daß er sich über alles hinwegsetzen kann. In der Lage wird aber Frankreich dieses Mal schwerlich sein.

Dem Sultan haben wir also jetzt zu sagen, daß niemand ihm helfen wird, wenn er nicht den Willen zeigt, sich selber zu helfen. Er soll sich deshalb an sämtliche Vertragsmächte wenden mit dem Antrage, die französischen Reform- pp. Vorschläge auf einer Konferenz zu begutachten. Die Konferenz muß in Tanger stattfinden, nicht wieder in Madrid. Einmal, weil jetzt die diplomatische Vertretung in Tanger vollständiger ist als vor zwanzig Jahren, sodann, weil Spanien infolge des französischen Abkommens eine Sonderstellung einnimmt.

Dr. Vassel wird also zu instruieren sein, in dem Sinne energisch mit dem Sultan zu reden; und zwar soll der Sultan sich beeilen, bevor Spanien zu einer Konferenz nach Madrid einladet. Auch werden Ew. hoffentlich noch Gelegenheit haben, auf Abd-el Malek und Kaid Maclean entsprechend einzuwirken, welche den Zeitungen zufolge Sonnabend nach Fes abreisen. Ich würde es für sehr nützlich halten, wenn auch Graf Tattenbach, der sich zu meiner Genugtuung noch in Tanger befindet, seinen Einfluß in angegebener Weise auf alle maßgebenden Kreise ausüben wollte. Seine Erfahrung und seine Kenntnis der marokkanischen Verhältnisse werden eine willkommene Unterstützung Ihrer Bemühungen sein und unseren Argumenten noch mehr Gewicht verleihen. Ich bitte Sie, den Grafen Tattenbach unter Mitteilung dieses Erlasses hiervon sofort zu verständigen.

AN DEN GESANDTEN IN LISSABON
GRAFEN VON TATTENBACH   Berlin, den 9. April 1905

... Wir müssen dabei bleiben, zu betonen, daß wir es auf keine Sondervorteile und daher auch auf keine Sonderabmachung mit gleichviel welcher Macht abgesehen haben. Deshalb auch keine ausschließlich deutsche Marokkoanleihe, vielmehr italienische und, wenn irgend möglich, amerikanische Beteiligung erwünscht. Letztere könnte unter Umständen ein Trost für die von Ew. angedeutete Enttäuschung Ihres amerikanischen Kollegen sein. Letzteren in guter Laune zu erhalten, ist wichtig. Es kommt für uns darauf an, die völkerrechtliche Notwendigkeit einer Konferenz recht klarzustellen. Gegenüber dem Argument der Delcassé-Presse, daß es sich bei den früheren Marokkokonferenzen nicht um politische Änderungen, sondern lediglich um Fragen von privatrechtlichem Interesse gehandelt habe, ist die Erwiderung sehr einfach, daß gerade die Gesamtheit der nichtfranzösischen Privatinteressen von dem Augenblick an bedroht ist, wo die große Pariser Presse sich nicht scheut, die Assimilierung von Marokko mit Tunis als das Endziel der diplomatischen Aktion Frankreichs zu bezeichnen.

Hinsichtlich der letzten beiden Absätze Ihres Telegramms bemerke ich, daß mindestens ein paar Wochen, vielleicht sogar, falls die Gesundheitsfrage in Betracht kommt, noch längere Zeit wird vergehen müssen, bevor Dr. Rosen seinen Posten antreten kann. Halten Sie für besser, solange zu warten, oder würden Sie für besser halten, daß Sie selber jetzt in Spezialmission nach Fes gesandt würden? Formale Motivierung, dem Sultan für die Entsendung von Abd-el Malek den Dank Seiner Majestät auszusprechen, in Wirklichkeit, um dem Gedanken Eingang zu verschaffen, daß der Sultan den Franzosen erklärt, er könne ohne Befragung der Vertragsmächte den Franzosen keine Konzessionen machen, da er nicht in der Lage sei, zu beurteilen, ob nicht etwa durch derartige an Frankreich gewährte Sondervorteile die übrigen Vertragsmächte jetzt oder später in ihren berechtigten Interessen beeinträchtigt werden könnten.

Ich habe volles Vertrauen zur Objektivität Ihrer Begutachtung und werde, dieser entsprechend, eventuell bei Seiner Majestät das Geeignete beantragen.

AN DEN BOTSCHAFTER IN PETERSBURG
GRAFEN VON ALVENSLEBEN   Berlin, den 10. April 1905

Den Auftrag, mit dem Grafen Lamsdorff die Fassung einer deutsch-russischen Uneigennützigkeitserklärung hinsichtlich der Gebiete von Österreich-Ungarn zu vereinbaren, haben Ew. nicht ausführen können, weil der russische Minister die Mitwirkung ablehnte. Da die ganze Abmachung sich in einem Satz von nicht mehr als drei Zeilen zusammenfassen läßt, so kann weder Zeitmangel noch Arbeitsscheu den Grafen Lamsdorff zu seiner Ablehnung veranlaßt haben. Für letztere ist nur der eine Grund ersichtlich, daß Graf Lamsdorff nicht umhin gekonnt hätte, ein gemeinsames Produkt beim Zaren zu befürworten, während er einem ausschließlich deutschen Entwurf gegenüber in der Hinsicht freie Hand hat. Ich glaube den Versicherungen des Grafen, daß der Gedanke einer solchen Uneigennützigkeitserklärung ihm persönlich sympathisch ist. Ich habe keinen Verdacht, daß seine Politik auf Angliederung polnischer oder tschechischer Gebiete hinzielt. Hingegen mag er wohl an die Angriffe denken, welche ihm das Abkommen bei dessen immerhin möglichem Bekanntwerden von seiten der slawischen Aktionspartei unfehlbar zuziehen müßte. Die Stellung des Grafen Lamsdorff ist keine so starke, daß es ihm gleichgültig sein kann, neuen Anlaß für Anfeindungen zu schaffen. In gleich schwacher Stellung würde ich als Auswärtiger Minister des Zaren diesem beim Vortrage eines deutschen Uneigennützigkeitsentwurfs vielleicht den Gedanken nahelegen, ob eine solche Vereinbarung nicht, falls sie zur Kenntnis des jetzigen oder künftigen Kaisers von Österreich, Königs von Ungarn käme, denselben verstimmen könnte. Die Ablehnung des Zaren mit dieser formell unverdächtigen Motivierung wäre dann wohl sicher. Dadurch wäre eine Verfeindung mit den Panslawisten vermieden, ohne Anhalt für den Verdacht zu bieten, daß Rußland sich die Möglichkeit für eine spätere Ausbreitung auf Kosten der österreichisch-ungarischen Monarchie offenhalten wolle.

Es erscheint mir als eine Rücksichtnahme auf den Grafen Lamsdorff, wenn Ew. pp. ihm gegenüber dieses Thema nicht wieder anregen. Sollte er wider Erwarten auf die Sache zurückkommen, so wollen Sie ungefähr erwidern, ich sei dankbar für seine courtoise Aufnahme meines Vorschlages, erkennte jedoch in seiner Ablehnung einer gemeinsamen Redaktion, die doch so einfach sei, einen Mangel an sachlichem Interesse, welcher mir die weitere Verfolgung des Gedankens als aussichtslos erscheinen lasse und mich deshalb veranlaßt habe, von der Abfassung eines Entwurfs meinerseits abzusehen. Von meinen Betrachtungen über die Motive, welche den Grafen bei seiner Ablehnung mutmaßlich geleitet haben, wollen Ew. natürlich kein Wort erwähnen.

AN DEN BOTSCHAFTER IN ROM
GRAFEN MONTS   Berlin, den 11. April 1905

Es werden krampfhafte Versuche gemacht, um namentlich durch die englische Presse dem Verdachte Geltung zu verschaffen, daß Deutschland bei seiner marokkanischen Politik es auf Sondervorteile für sich und auf Beeinträchtigung der Rechte Dritter abgesehen habe. Meinem Telegramm Nr. 62, durch welches Ew. bereits in der Hauptsache orientiert sind, will ich heute noch kurz das Folgende behufs geeigneter Verwertung hinzufügen.

Wenn wir in Marokko Sondervorteile erstrebten, hätten wir uns im vorigen Sommer als Dritter bei den langwierigen spanisch-französischen Verhandlungen beteiligt. Ich habe Grund zu der Annahme, daß wir der damaligen spanischen Regierung nicht unwillkommen gewesen wären. Wir sahen jedoch keinen Anlaß hervorzutreten, da das englisch-französische Abkommen in einem seiner bekanntgewordenen Artikel die Erhaltung des marokkanischen Status quo stipulierte und wir deshalb berechtigt waren, anzunehmen, daß, falls Veränderungen des Status später beabsichtigt werden sollten, man Deutschland schon in seiner Eigenschaft als Vertragsmacht bei den Beratungen beteiligen werde.

Wir wurden jedoch gewahr, daß unsere Beurteilung der Lage eine irrige gewesen, und daß es Zeit sei, an den Schutz der deutschen Interessen zu denken, als die marokkanische Regierung hier anfragen ließ, ob es richtig sei, daß der französische Gesandte in Fes, wie er angebe, Mandatar der europäischen Mächte sei; als ferner erkannt wurde, daß das sogenannte französische Reformprogramm — welches in seiner Vollständigkeit bis heute noch gar nicht vorliegt — in direktem Gegensatz zur Erhaltung des Status quo stehe; als endlich hervorragende, sogar inspirierte Organe der französischen großen Presse offen auf Tunis als Vorbild für Marokko hinwiesen.

Eine neue Konferenz der Vertragsmächte ist das gegebene Mittel zur friedlichen Lösung der jetzigen Verwicklung. Der Einwand der französischen Presse, daß es sich bei den früheren Konferenzen nicht um politische Änderung gehandelt habe, sondern um privatrechtliche Interessen, ist rabulistisch und nicht stichhaltig; denn da jetzt mit der Möglichkeit eines französischen Protektorats, d. h. mit einer gänzlichen Verdrängung nichtfranzösischer, wirtschaftlicher Unternehmungen nach dem Vorgange von Tunis zu rechnen ist, so sind die fremden Privatinteressen in ihrer Gesamtheit bedroht, und eine Konferenz wäre mehr als je am Platze. Es ist das ein Ausweg, welcher keine berechtigte Empfindlichkeit verletzt, da es sich nur um die Anwendung eines bereits mehrfach erprobten Auskunftsmittels handelt.

Die Regierung Seiner Majestät des Kaisers hat bereits in Erfahrung gebracht, daß sie mit dieser Auffassung der Lage keineswegs allein steht. Sie hofft nach den neulich von Ew. übermittelten Äußerungen des Herrn Fortis, daß ihr Standpunkt auch von der italienischen Regierung geteilt wird. Angenommen, daß in der Konferenz die in der englisch-französischen Abmachung bereits vorgesehene Erhaltung des Status quo nochmals betont würde, so wäre damit den Interessen von Italien jedenfalls besser gedient als mit der jetzt von französischer Seite versuchten finanziellen Monopolisierung und allgemeinen Tunisifikation von Marokko.

Es liegt nahe, zu vermuten, daß die französische Diplomatie in Rom die Ansicht zu verbreiten sucht, daß Deutschland die Marokkofrage zum Vorwand nehme, um seine Mittelmeerstellung im allgemeinen zu verstärken. Mit Bezug darauf wollen Ew. dem Ministerpräsidenten sagen, daß wir neben unserer Würde als Großmacht unsere wirtschaftlichen Interessen in Marokko zu wahren beabsichtigen, und daß wir uns auch freuen werden, wenn unser dortiger Handel sich auf natürlichem Wege weiterentwickelt.

Einen Sondervorteil erstreben wir weder in Marokko noch sonstwo im Mittelmeer. Wenn zum Beispiel die Frage aktuell werden sollte, der marokkanischen Regierung durch eine Anleihe aufzuhelfen, werden wir in erster Linie die italienische Regierung fragen, ob Italien sich beteiligen will, obwohl die Summen, welche in Betracht kommen, so unbedeutend sind, daß die deutsche Finanz auch wohl allein den Anforderungen leicht würde genügen können.

Daß wir auch anderweitig, z. B. in der Balkanfrage, auf Italien, so wie es sich unter Verbündeten gehört, Rücksicht zu nehmen bereit sind, ergibt sich aus unserer Haltung gegenüber dem zur Zeit in Konstantinopel noch schwebenden Finanzprojekt. Bei Erwägung desselben haben wir die Frage unberücksichtigt gelassen, ob man geneigt sein würde, Deutschland anderweitige Entschädigungen zu gewähren als Kompensation für die zugunsten der Ottomanbank in Anspruch genommene Ausnahmestellung. Wir haben uns an der Tatsache genügen lassen, daß Italien sich durch jenes Projekt zurückgesetzt fühlte, und haben deshalb trotz formeller, dringender und wiederholter Bitten der Interessenten die Befürwortung des Projektes abgelehnt.

In betreff eines anderen Punktes, welcher im Vordergrunde der auswärtigen italienischen Interessen steht — ich meine Tripolis —, sind Ew. in der Lage, Herrn Fortis gleichfalls volle Aufklärung zu geben. Wir waren seinerzeit nicht in der Lage, dem überraschenden Ansuchen des Herrn Prinetti zu entsprechen, daß wir dem Sultan raten möchten, Tripolis gutwillig und unverzüglich an Italien abzutreten. Aber der Zersetzungsprozeß des Ottomanischen Reiches nimmt ein immer schleunigeres Tempo an, und wenn der psychologische Augenblick gekommen sein wird, werden wir bereit sein, die italienischen Ansprüche gegen alle anderen zu unterstützen.

Diese Erörterung wird Ew. auch die Gelegenheit geben, bei Herrn Fortis zu ermitteln, ob der italienische Botschafter in Paris von seiner Regierung angewiesen ist, auf unseren Botschafter in der marokkanischen Frage einzuwirken. Graf Tornielli tut das mit Nachdruck. Bei dem offiziellen Diner des Senatspräsidenten am 8. fragte er den Fürsten Radolin über den Tisch hinüber, ob derselbe noch nicht Herrn Delcassé auf die marokkanische Frage angeredet habe. Auf die kühle Verneinung des Fürsten rief Graf Tornielli: „Mais c'est une situation impossible, vous ne pouvez pas continuer comme cela."

Ich nehme von Hause aus an, daß diese boutade nicht instruktionsgemäß war, denn einem erfahrenen Politiker wie Herrn Fortis wird es nicht entgehen, daß alles, was nur entfernt einem Druck oder einem Hinweis auf mögliche Gefahren ähnlich sieht, die Schwierigkeiten der Lage in bedenklichem Grade steigert. Deutschland hat in den letzten 34 Jahren keinem großen oder kleinen Staat gegenüber eine aggressive Politik verfolgt. Gerade wegen unserer Friedensliebe aber müssen wir, es koste was es wolle, den Anschein vermeiden, als könnten wir jemals einer Drohung weichen. Der Verdacht, daß Drohungen bei uns wirksam sind, würde Folgen haben, welche uns bald nötigen würden, um unseren Status quo, d. h. um Sein oder Nichtsein, zu kämpfen.

AN KAISER WILHELM II.   Berlin, den 11. April 1905

Graf von Tattenbach drahtete vor drei Tagen, noch bevor Euere Majestät ihm die Leitung der marokkanischen Gesandtschaft übertragen hatten, daß nach seinen Erkundungen der französische Gesandte in Fes auf dem besten Wege sei, dem Widerstand des Sultans gegen das Programm von Delcassé ein Ende zu machen. Der Gesandte überrede oder besteche, je nachdem, die Berater des Sultans, welcher dann in sich schwerlich die nötige Widerstandskraft finden werde. Der deutsche Konsulatsverweser Dr. Vassel sei zwar ein ganz ordentlicher Geschäftsmann, aber schon seiner geringen Stellung wegen dem Franzosen nicht entfernt gewachsen. Es sei deshalb nötig, daß sich sofort eine diplomatische Vertretung an den Hof nach Fes begebe.

Ohne mich der Richtigkeit dieser Ansicht zu verschließen, mußte ich mir doch sagen, daß zu dieser wichtigen und schwierigen Mission nicht nur größtmögliche Lokalkenntnis, sondern auch das mit einem Höherrangieren verbundene Prestige gehöre. Der sehr tüchtige Gesandte Dr. Rosen würde, selbst wenn er heute in Tanger zur Stelle wäre, sich erst orientieren müssen. Graf von Tattenbach selber ist daher die einzige Persönlichkeit, welche jene beiden Erfordernisse in sich vereinigt. Ich habe deshalb an Graf von Tattenbach telegraphiert, ob er sich geneigt bezw. imstande fühle, der anstrengenden Aufgabe sich zu unterziehen; in dem Falle würde ich ihn Euerer Majestät für die Sendung vorschlagen. Der Graf drahtet soeben, daß er gern bereit sei, und treibt nochmals zur Eile.

Euere Majestät bitte ich daher ehrfurchtsvollst, allergnädigst zu genehmigen, daß Graf von Tattenbach sich unverzüglich nach Fes begibt, um dem Sultan Euerer Majestät Dank für die Aufnahme in Tanger und für die Begrüßung durch einen nahen Verwandten auszusprechen. Eine solche Dankmission ist dem Gebrauch entsprechend und daher auch diplomatisch einwandfrei. Seine wirkliche Aufgabe wird Graf von Tattenbach darin zu sehen haben, daß er den Sultan in dessen jetziger Auffasung bestärkt, daß nämlich die Annahme der französischen Forderungen oder sogenannten Reformvorschläge von der Befragung respektive Zustimmung der Mehrheit derjenigen Staaten abhängig zu machen sei, welche an den früheren Konferenzen über marokkanische Angelegenheiten teilgenommen haben. Es sind dies, mit Ausnahme von Rußland, welches keinen nennenswerten Seehandel hat, sämtliche europäische Großmächte, Vereinigte Staaten von Amerika, Spanien, Portugal, Belgien, Holland, Schweden und Norwegen.

Euere Majestät darf ich um huldreiche drahtliche Genehmigung der Mission Graf Tattenbachs bitten.

AN DEN BOTSCHAFTER IN LONDON
GRAFEN VON METTERNICH   Berlin, den 11. April 1905

Obwohl ich aus Ew. Berichterstattung entnehme, daß die öffentliche Meinung in England einer sachlichen Würdigung marokkanischer Angelegenheiten und insbesondere unserer Marokkopolitik wenig zugänglich ist, möchte ich doch nicht unterlassen, Sie über die Hauptgesichtspunkte dieser letzteren zu orientieren.

In dem englisch-französischen Abkommen ist die Erhaltung des Status quo ausdrücklich vorgesehen. Wir waren daher berechtigt anzunehmen, daß, falls im Laufe der Zeit Neuerungen eingeführt werden sollten, welche geeignet wären, die Interessen der Fremden zu berühren, Deutschland zu denjenigen Staaten gehören würde, mit welchen man deswegen in Verhandlung treten werde. Hiervon ausgehend, traten wir aus der Beobachterrolle nicht heraus bis zu dem Augenblick, wo die marokkanische Regierung unsern Vertreter in Tanger fragen ließ, ob wirklich der französische Gesandte, wie er das vor dem Machsen erklärt habe, Mandatar der europäischen Mächte sei. Ungefähr gleichzeitig damit erfuhren wir, daß das von dem Gesandten zur Annahme vorgelegte Programm Forderungen enthalte, welche mit dem Status quo unvereinbar sind. Um jeden Zweifel an den Endabsichten Frankreichs zu beseitigen, machten einige inspirierte Organe der großen Pariser Presse Stimmung für den Gedanken, daß Marokko zu Frankreich in das gleiche Verhältnis wie Tunis zu bringen sei.

Wir stehen auf dem Standpunkte, daß diesem französischen Vorhaben die völkerrechtliche Grundlage fehlt, und daß dadurch die Interessen aller derjenigen Staaten beeinträchtigt werden, welche bei den früheren marokkanischen Konferenzen mitberaten haben und jetzt nicht von Frankreich gefragt worden sind. Der Einwand offiziöser französischer Blätter, daß es sich bei den früheren Konferenzen nicht um eine politische Änderung, sondern lediglich um die Regelung privatrechtlicher Interessenfragen gehandelt habe, ist rabulistisch und nicht stichhaltig. Denn eine Änderung wie die Tunisifikation von Marokko, welche darauf hinausläuft, das nichtfranzösische Element nach dem Vorgange von Tunis gänzlich aus dem marokkanischen Geschäftsleben zu verdrängen, berührt selbstverständlich die fremden Privatinteressen in ihrer Gesamtheit. Eine Befragung der Vertragsstaaten ist daher nicht zu vermeiden, sofern Frankreich nicht den Rechtsboden verlassen und lediglich die Machtfrage stellen will.

Was England und auch Spanien angeht, so bestreiten wir keiner der beiden Regierungen das Recht, über die Marokkointeressen ihrer Untertanen für Gegenwart und Zukunft nach Gutdünken zu verfügen. Wir glauben aber nicht, daß eine der beiden den Anspruch erhebt, gleichzeitig über die Interessen der Angehörigen der übrigen Vertragsstaaten, z. B. über die deutschen, zu disponieren. Diese unsere Annahme wird gestützt durch den Artikel des englisch-französischen Vertrags, wo die Erhaltung des Status quo ausdrücklich vorgesehen ist. Wenn Frankreich dem entgegen jetzt eine politische Richtung einschlägt, welche auf den Umsturz des bestehenden Zustands hinausläuft, so tut Frankreich das auf seine eigene Gefahr, und England ist dafür nicht verantwortlich.

Es werden jetzt in der englischen Presse große Anstrengungen gemacht, um, wie das übrigens schon seit Jahren gebräuchlich ist, der deutschen Marokkopolitik allerlei düstere Pläne unterzuschieben. Auf unsere Lage paßt der Spruch: „Cet animal est très méchant, quand on l'attaque il se défend." Wir treten für unsere Interessen ein, über welche anscheinend ohne unsere vertragsgemäße Zustimmung verfügt werden soll. Die Bedeutung der Interessen ist dabei Nebensache. Derjenige, welchem Geld aus der Tasche genommen werden soll, wird sich immer nach Möglichkeit wehren, gleichviel ob es sich um 5 Mark oder um 5000 Mark handelt. Daß wir wirtschaftliche Interessen in Marokko haben, bedarf keines Beweises. Wenn wir dieselben stillschweigend preisgeben, so ermuntern wir damit die zuschauende Welt zu ähnlichen Rücksichtslosigkeiten gegen uns bei anderen, vielleicht größeren Fragen. Ew. werden also da, wo Sie eine Besprechung der Marokkopolitik für angezeigt halten, sagen können, daß Deutschland in Marokko für die Interessen seiner Reichsangehörigen eintritt, welche dort, abgesehen von Frankreich, identisch sind mit den Interessen der Angehörigen aller übrigen Vertragsstaaten und mit der Erhaltung der Offenen Tür; ferner, daß Deutschland nicht die Absicht hat, bei diesem Anlaß durch Sonderverhandlungen sich Sondervorteile, welcher Art es auch sei, in Marokko oder anderswo zu verschaffen.

Wir haben Anlaß anzunehmen, daß wir mit unserer Beurteilung marokkanischer Dinge nicht alleinstehen.

AN DEN BOTSCHAFTER IN ROM
GRAFEN MONTS   Berlin, den 12. April 1905

Zufolge Zeitungstelegrammen aus Paris taucht dort der Gedanke auf, daß Präsident Loubet die Eröffnung des landwirtschaftlichen Instituts zum Anlaß einer Romreise nehmen und sich dabei von Delcassé, dem Kolonialchauvinisten Etienne, sowie dem Kriegs- und dem Marineminister begleiten lassen werde. Falls richtig, würde diese Nachricht ein weiteres Anzeichen dafür sein, daß die französische Regierung mit allen Mitteln daran arbeitet, Italien dem Dreibunde abspenstig zu machen.

Es war eine Dilettantenpolitik, deren Folgen sich jetzt fühlbar machen, wenn Herr Delcassé glaubte, die Tatsache ignorieren zu können, daß wegen Marokko die Gesamtheit der europäischen seefahrenden Staaten, von Amerika nicht zu reden, schon in wiederholten Konferenzen beraten hat. Herr Delcassé versucht es jetzt mit der Einschüchterung, indem er von einer englisch-französisch-spanisch-italienischen Gruppe in seinen Zeitungen schreiben läßt. Die englische Regierung hatte, als sie mit Frankreich die marokkanische Abmachung schloß, die Absicht und das Recht, über die marokkanischen Interessen englischer Untertanen zu verfügen. Daß die englische Regierung dabei auch über die Rechte und Freiheiten der Angehörigen der übrigen Vertragsstaaten hat verfügen wollen, betrachten wir als ausgeschlossen. Es ist dies einer, aber nur einer der Gründe, weshalb wir annehmen, daß England in den Fragen der Offenen Tür und der Heranziehung der übrigen Vertragsstaaten nicht aus der friedlichen Rolle heraustreten wird.

Was Italien anlangt, so bleibe ich überzeugt, daß Herr Fortis sich zu keiner Politik hergeben wird, welche geeignet wäre, den Dreibund tatsächlich zu sprengen. Er wird aber vielleicht in die Notwendigkeit kommen, den Franzosenfreunden gegenüber starke Argumente zu gebrauchen. Unter diesen Umständen dürfte am wirksamsten der Hinweis sein, welche Rückwirkung es auf die Fragen der italienischen Zukunftspolitik haben würde, wenn infolge des Übertritts von Italien auf die französische Seite nichts vom Dreibunde übrigbliebe als das Deutsch-Österreichische Bündnis.

Gerüchtweise verlautet auch, Italien werde auf Ansuchen von Frankreich zwischen diesem und Deutschland vermitteln. Da es sich nicht um Deutschland allein, sondern um die Gesamtheit der von Frankreich bisher ignorierten marokkanischen Vertragsstaaten handelt, so wird die geeignete Gelegenheit für die Entfaltung der diplomatischen Tätigkeit Italiens sich nicht bei der Einwirkung auf eine einzelne Vertragsmacht, sondern bei einer Konferenz ergeben.

Ich nehme an, daß die Franzosen in Ermangelung besserer Argumente an dem Scheingrunde werden festhalten wollen, es habe sich bei den bisherigen Marokkokonferenzen lediglich um die Regelung privatrechtlicher Interessenfragen gehandelt, nicht um eine politische Umgestaltung. Darauf ist einfach zu erwidern, daß die Tunisifikation Marokkos, mit deren Möglichkeit wir jetzt zu rechnen haben, die Gesamtheit der nichtfranzösischen Privatinteressen in Frage stellt.

Herr Joel* scheint als vorsichtiger Finanzmann sich in der Presse nicht mit deutschen Sympathien bloßstellen zu wollen. Er wird aber vielleicht als Kanal für vertrauliche Insinuationen an geeigneter Stelle zu benutzen sein, namentlich für solche finanzieller Natur. Nur der Dreibund hat Italien die Möglichkeit gegeben, seine Armee auf das jetzige Minimum, herabzumindern. Sobald die Börse merkt, daß Italien aus dem Dreibunde hinaus ist und als Teilnehmer einer französischen Aktionspolitik eintritt, wird von einer Konversion der Rente nicht mehr die Rede sein können; denn jedermann wird sich sagen, daß nun das Armeebudget in die Höhe schnellen muß.

AN DEN BOTSCHAFTER IN WASHINGTON FREIHERRN SPECK VON STERNBURG

Vertraulich   Berlin, den 14. April 1905

Ew. Telegramm Nr. 74 berührt zwei Punkte, deren Aufklärung für die dauernde Sicherung unserer Beziehungen zu Amerika unvermeidlich ist, deren Erörterung Sie aber vielleicht für streng vertrauliche mündliche Besprechung nach Rückkehr des Präsidenten aufsparen.

Punkt 1 betrifft den Jangtse. Wir, Ew. Exzellenz und ich, sind darüber einig, daß England von einem Vorgehen in China Abstand nehmen wird, solange Amerika dem entgegen ist. Aber auch darüber sind wir einig, daß England chinesische Aktionspläne wirklich bis in die neueste Zeit gehabt hat. Meine in dieser Hinsicht schon vorher gefaßte Ansicht ist durch die Eindrücke, welche Ew. auf der hiesigen englischen Botschaft bekamen, sowie durch die bedeutsame Mitteilung in dem vorletzten Absatze Ihres Telegramms Nr. 65 noch wesentlich befestigt worden. Wenn letztere Mitteilung richtig ist, wie ich es annehme, muß sie durch Herrn

---

* Direktor der Banca commerciale in Mailand.

Hay zur Kenntnis des Präsidenten gekommen sein und diesen über die geheimen Ziele der englischen Politik endgültig aufgeklärt haben. Ich glaube daher, daß es Ew. gelingen wird, den Präsidenten zu der Überzeugung zu bringen, daß Englands unglückliche Liebe für den Jangtse und die aller Wahrscheinlichkeit nach von den Engländern inzwischen erlangte Überzeugung, daß Deutschland durch den Neutralitäts- und durch den Unabhängigkeitsvorschlag sowie durch seine Aktion gegen den Friedenskongreß jene englische Liebe durchkreuzt hat, der hauptsächliche, ja vielleicht der einzige wahre Grund für die Erbitterung ist, welche England uns bei jeder Gelegenheit durchfühlen läßt. Die übrigen von England vorgebrachten Gründe sind durchsichtige Vorwände und freie Erfindungen.

Zu dieser Kategorie gehört:

Punkt 2: Der angebliche Plan der deutschen Regierung, nach dem Tode des Kaisers Franz Joseph sich Teile von Österreich anzugliedern. Die Verwirklichung dieses Gedankens würde keinen Machtzuwachs, sondern eine Schwächung und eine ungeheure Gefahr für den Bestand des Deutschen Reiches bedeuten, namentlich vom protestantischen Standpunkte aus. . . .

England und Frankreich kennen beide die deutschen Verhältnisse und die deutsche Geschichte der Neuzeit genügend, um sich auch ihrerseits zu sagen, daß die Wiederhineinziehung Österreichs in die Staatengruppe des Deutschen Reichs keine Stärkung, sondern eine Schwächung dieses letzteren bedeuten und dem Auslande die Möglichkeit bieten würde, so wie in früheren Jahrhunderten, Unfrieden unter uns zu säen. Die französischen und die englischen Diplomaten mögen aber wohl glauben, daß dem Präsidenten Roosevelt diese Verhältnisse fernliegen, und daß sie es deshalb wagen können, ihre Feindseligkeit gegen Deutschland durch einen derartigen Scheingrund zu motivieren. Es gilt dies besonders für die englische Diplomatie. Die französische Feindschaft findet ihre Erklärung in dem Revanchegedanken, wenn auch dieser dieselbe keineswegs allein motiviert, denn Frankreich hat, ebenso wie England, chinesische Velleitäten, bei deren Verwirklichung Deutschland und Amerika ihm im Wege sind. Für England ist es noch schwieriger als für Frankreich, ernsthafte Beschwerden gegen Deutschland vorzubringen. Das angebliche deutsche Landungsprojekt, die zweite normännische Eroberung, findet zu wenig Glauben. So muß denn unsere angebliche Spekulation auf den Zerfall von Österreich als Argument herhalten. Der wahre Beweggrund ist sowohl für England wie für Frankreich die Wahrnehmung, daß für sie beide ein öfteres zwangloses Zusammenwirken von Deutschland und Amerika in diplomatischen Einzelfragen sehr unbequem ist. Es wird Ew. nicht schwer werden unter Hinweis auf die Vorkommnisse der letzten 14 Monate den Präsidenten Roosevelt von der Richtigkeit dieser Ansicht zu überzeugen. Ob Sie mit der Anregung des Themas bis nach der Rückkehr des Präsidenten warten oder einzelnes schon vorher bei geeigneter Gelegenheit verwenden wollen, darf ich Ihrem Urteil vertrauensvoll überlassen.

AN DEN INTERIMISTISCHEN LEITER DER GESANDTSCHAFT IN TANGER GESANDTEN GRAFEN VON TATTENBACH

Berlin, den 18. April 1905

Französischer Botschafter, welcher sich vorher besonders angemeldet hatte, las heute dem Stellvertretenden Staatssekretär ein Aide-mémoire vor folgenden Inhalts: Es scheine zwischen Deutschland und Frankreich ein Mißverständnis hinsichtlich der Marokkofrage zu bestehen. Wenn dies der Fall sein sollte, dann möge Deutschland doch an Herrn Delcassé herantreten mit den betreffenden Anfragen. Darüber hinaus enthielt das Aide-mémoire lediglich bekannte Äußerungen des Herrn Delcassé in der französischen Kammer. Das Aide-mémoire zurückzulassen war Herr Bihourd nicht befugt. Herr von Mühlberg erwiderte, ein Mißverständnis läge unsererseits gar nicht vor; wir befänden uns in der marokkanischen Frage nicht allein, sondern wären nur einer von den Unterzeichnern der Madrider Konvention. Die Reformen, an deren Einführung man jetzt in Marokko denke, könnten derartige sein, daß durch sie die Gesamtheit der Interessen der nichtfranzösischen Mitzeichner in Frage gestellt werden würde. Um das in den letzten Monaten allenthalben zutagegetretene Gefühl des Mißtrauens und der Unsicherheit zu beseitigen, schiene uns das einfachste und natürlichste Mittel die Herbeiführung eines Gedankenaustausches sämtlicher Mitunterzeichner.

Es ist nunmehr hohe Zeit, daß der Sultan sich endlich entschließt, seinen Konferenzantrag zu stellen. Wir treten für denselben ein und können schon jetzt auf die Zustimmung fast aller Mitzeichner rechnen. Lassen Sie dem Sultan ohne Umschweife sagen, wenn er sich gar nicht rühre, müßten wir annehmen, daß seine Berater die französischen Pläne begünstigten, und daß es ihm selber mit dem Widerstande nicht Ernst sei.

AN DEN INTERIMISTISCHEN LEITER DER GESANDTSCHAFT
IN TANGER GESANDTEN GRAFEN VON TATTENBACH

Berlin, den 24. April 1905

Sehr einverstanden mit der Eventualinstruktion an Dr. Vassel. Ew. pp. Ermessen stelle ich anheim, ob dieselbe vielleicht noch zu ergänzen ist im Hinblick auf die Gefahren der Zwischenzeit bis zu Ihrer Ankunft in Fes. Die Franzosen werden mit den äußersten Mitteln arbeiten, um bis dahin dem Sultan allerlei zu entreißen, was geeignet sein könnte, in den Augen der Welt unsere diplomatische Aufgabe ad absurdum zu führen. Deshalb wird Dr. Vassel sich eventuell dazu aufraffen müssen, dem Sultan in Ihrem Auftrage klarzumachen, daß weitere Konzessionen ohne Einholung des kaiserlichen Rats im direkten Widerspruch mit den spontanen Erklärungen des Sultans stehen und diesen Seiner Majestät gegenüber als willenlos und unzuverlässig erscheinen lassen würden. Seine Majestät werde sich dann fragen, ob mit dem Sultan überhaupt noch zu rechnen, und ob es nicht besser sei, den Bitten der Franzosen nachzugeben. Die Franzosen möchten nämlich erreichen, daß der Kaiser seine Wünsche wegen Marokko ihnen zu erkennen gibt, dafür aber den Sultan seinem Schicksal, d. h. an Frankreich überläßt. Falls der Sultan ein solches Ende vermeiden wolle, solle er den Franzosen bis zu Ihrer Ankunft jede weitere Konzession, groß oder klein, verweigern.

Ob oder wie Sie den vorstehenden Gedanken verwenden wollen, bleibt, wie gesagt, Ew. pp. überlassen. Insbesondere muß aber Dr. Vassel zur Überzeugung gebracht werden, daß die deutsche Politik keine Schaukelpolitik ist.

AN DEN BOTSCHAFTER IN PETERSBURG
GRAFEN VON ALVENSLEBEN   Berlin, den 27. April 1905

Zu Ew. pp. vertraulichen Information und Orientierung.

Eine Aufzeichnung Seiner Majestät des Kaisers und Königs aus Taormina vom 15. d. Mts. enthält folgenden Passus: „Eine interessante Äußerung hat mir in Lissabon Soveral getan, die ich noch nicht berichtet habe, die Entente cordiale zwischen England und Frankreich betreffend. Da Rußland sich so blamiert habe, so sei es ganz natürlich, daß Frankreich diesen gänzlich unbrauchbaren Bundesgenossen fahren ließe und sich nunmehr einem stärkeren und leistungsfähigeren zuwendete."

Bei etwaiger Verwertung dieser sehr charakteristischen und vielsagenden Bemerkung bitte ich keinesfalls den Marquis Soveral persönlich bloßzustellen.

AN DEN BOTSCHAFTER IN PARIS
FÜRSTEN VON RADOLIN   Berlin, den 28. April 1905

Danken Sie dem Ministerpräsidenten in meinem Namen für seine im Telegramm 127 erwähnten entgegenkommenden Äußerungen. Ich glaube daraus entnehmen zu können, daß er sich Rechenschaft von der Lage gibt, in welche Deutschland versetzt sein würde, wenn von seiten Dritter über deutsche Interessen verfügt worden wäre, ohne uns zu befragen. Eine Großmacht, welche ein derartiges Ignorieren ihrer Existenz ruhig hinnähme, würde sich durch einen solchen Präzedenzfall Unannehmlichkeiten, um nicht zu sagen Gefahren für die Zukunft vorbereiten. Der materielle Wert der bedrohten Interessen kommt neben Erwägungen anderer Art erst in zweiter Linie in Betracht. Aus den Eröffnungen des Ministerpräsidenten Euer pp. gegenüber glaube ich entnehmen zu können, daß ihm der Gedanke an eine einseitige und gewaltsame Lösung der Interessenfrage ebenso fernliegt wie der Regierung Seiner Majestät des Kaisers. Diese ist sich bewußt, daß ihre Interessen in dieser Frage identisch sind mit denen einer Anzahl anderer

Staaten. Wir hoffen, daß die gegenwärtige Spannung sich unter Beteiligung aller Interessenten in befriedigender Weise erledigen lassen wird, und sind gern bereit, zu unserem Teile dabei mitzuwirken, sobald wir über die gegenwärtig in Fes geschaffene Lage genügend orientiert sein werden. Diese authentische Orientierung ist für uns umso unentbehrlicher, da die Informationen, welche wir bisher von verschiedenen Seiten bekommen haben, zum Teil sich direkt widersprechen. Wir müssen daher, um uns eine Ansicht von der Lage zu bilden, die Ankunft des Grafen Tattenbach in Fes abwarten. Derselbe wird angewiesen werden, seine Reise möglichst zu beschleunigen . . .

AN DEN INTERIMISTISCHEN LEITER DER GESANDTSCHAFT
IN TANGER GESANDTEN GRAFEN VON TATTENBACH

Berlin, den 30. April 1905

Selbst entziffern.

Der im letzten Teil von Ew. Telegramm 84 angedeutete Gedanke leitete in der Vergangenheit die deutsche Marokkopolitik und wird dieselbe unter Umständen in der Zukunft wieder leiten können, falls es Ew. gelingt, die Zukunft freizuhalten. In der Gegenwart muß sich die deutsche Politik danach regeln, daß Seine Majestät der Kaiser voriges Frühjahr in Vigo dem König von Spanien erklärt hat, er habe genug an seinem afrikanischen Besitz und wünsche in Marokko kein Gebiet, sondern nur Handelsfreiheit zu erhalten. Eine solche Erklärung bindet zwar natürlich nicht für immer, indessen waren in dem Jahr, welches seit dieser kaiserlichen Erklärung verflossen ist, die Rückwirkungen der südwestafrikanischen Vorgänge geeignet, sowohl bei Seiner Majestät wie bei einem großen Teil des deutschen Volkes die

Abneigung gegen koloniale Erwerbungen mit kriegerischer Bevölkerung zu steigern. Selbst wenn daher auf französischer Seite die Geneigtheit bemerkbar würde, uns ein Stück Marokko zur Eroberung freizulassen, würden wir h e u t e vielleicht nicht in der Lage sein, aus diesem Entgegenkommen Vorteil zu ziehen. Wir stehen also in Wirklichkeit vor der Alternative, den Franzosen Marokko jetzt ohne nennenswerte Kompensation für Deutschland zu überlassen, oder zunächst auf die Verlängerung der Lebensdauer des Scherifischen Reiches hinzuwirken in Erwartung eines für uns günstigen Umschwungs der Verhältnisse. Hierin, also in der Freihaltung der Zukunft für die Wahrnehmung deutscher Interessen, erblicke ich die wichtige Aufgabe Euerer Exzellenz. Ich präzisiere dieselbe dahin, daß Sie den Sultan veranlassen, zu erklären, er könne die französischen Forderungen nur dann in Erwägung ziehen, wenn dieselben von einer Konferenz sämtlicher Vertragsmächte beraten würden. Die Verweisung an die Konferenz betrachte ich als die für den Sultan leichteste und für uns günstigste Form der Ablehnung. Daß der Sultan die französischen Forderungen überhaupt ablehnt, ist natürlich die Hauptsache.

AN DEN BOTSCHAFTER IN PARIS
FÜRSTEN VON RADOLIN   Berlin, den 1. Mai 1905

Ew. spreche ich zunächst meine rückhaltlose Anerkennung aus für Ihre bisherige Behandlung der marokkanischen Angelegenheit, insbesondere für die Art, wie Sie die Versuche pariert haben, welche Herr Delcassé gemacht hat, um den gelegentlichen, mündlichen und bruchstückweisen Mitteilungen, welche er durch Sie oder durch Herrn Bihourd hierhergelangen ließ, den Charakter eines diplomatischen Akts zu geben. Daß ein diplomatisches Aktenstück von solcher Tragweite wie das Marokkoabkommen, welches überdies, wie sich schon heute zeigt, sehr verschiedenartiger Auslegung fähig ist, nicht auf Grund mündlicher und fragmentarischer Wiedergabe beurteilt werden kann, bedarf keines Beweises. Für Eröffnungen von solcher Wichtigkeit ist die schriftliche Form die durch den diplomatischen Gebrauch konsekrierte. Die formelle und materielle Insuffizienz der im Laufe des vorigen Jahres von Herrn Delcassé durch Ew. Durchlaucht und durch Herrn Bihourd hierher übermittelten Andeutungen und Fingerzeige ist eine Tatsache, über welche keiner der beiden Teile sich nachträglich hinwegsetzen kann. Ob bei diesen Andeutungen ein Wink mehr oder weniger gegeben wurde, ist ein irrelevanter Umstand, welcher keine Remedur schafft für den foncièrement unvollständigen Charakter des Ganzen. Wir haben deshalb, als der französische Botschafter am 25. v. Mts. fragte, ob wir eine Aufzeichnung über den vollständigen Inhalt der früheren marokkanischen Besprechungen des Herrn Delcassé mit Ew. zu haben wünschten, auf die Kenntnis dieses Schriftstückes verzichtet. Dem völkerrechtlichen Brauche hätte es, wie gesagt, entsprochen, wenn Frankreich den sämtlichen Mitinteressenten, welche als solche durch die Unterzeichnung der Madrider Konferenzakte genügend gekennzeichnet sind, das französisch-englische Marokkoabkommen in den üblichen Formen nach dessen Abschluß mitgeteilt hätte. Herr Delcassé hat zwar behauptet, daß diese Mitteilung durch die Veröffentlichung des Abkommens im französischen „Journal officiel" überflüssig geworden sei. Indessen wird es dem Herrn Minister nicht entgehen, daß diese beiden Arten der Bekanntgabe einen grundverschiedenen Charakter haben. Die direkte Mitteilung ist nicht ein bloßer Akt der Courtoisie, sondern die französische Regierung hätte sich dadurch implizite den Adressaten gegenüber bereiterklärt, über deren Interessen, falls sie dieselben berührt glaubten, in Diskussion einzutreten. Die Veröffentlichung im französischen Amtsblatt hingegen stellt die unbefragten Mitinteressenten einfach vor die vollendete Tatsache.

Es beweist die konzilianten Anschauungen der deutschen Regierung, wenn sie im Hinblick auf den Artikel des Abkommens, welcher die Erhaltung des Status quo stipuliert, sich zunächst an der Vermutung genügen ließ, daß in absehbarer Zeit Veränderungen, welche schädlich auf die fremden Interessen wirken könnten, nicht beabsichtigt seien. Indessen wurde nach dem Auftreten des französischen Gesandten in Fes und nach verschiedenen anderen Anzeichen diese Vermutung unhaltbar, vielmehr zeichnet sich jetzt mit zunehmender Deutlichkeit eine Lage, welche die Gesamtheit der nichtfranzösischen Interessen in Marokko bedroht. Unter diesen Umständen sieht die deutsche Regierung sich genötigt, darauf hinzuweisen, daß deutsche Interessen in Marokko berührt werden können, daß diese Interessen auf vertragsmäßiger Grundlage beruhen, und daß daher über dieselben ohne Mitwirkung Deutschlands nicht verfügt werden kann. Eine Großmacht, welche bei dieser Sachlage ein Ignorieren ihrer Existenz ruhig hinnähme, würde sich durch einen solchen, zur Wiederholung einladenden Präzedenzfall Unannehmlichkeiten, um nicht zu sagen Gefahren für die Zukunft bereiten. Der materielle Wert der bedrohten Interessen kommt neben Erwägungen anderer Art erst in zweiter Linie in Betracht.

Ich will gern annehmen, daß Herrn Delcassé der Gedanke an eine einseitige und gewaltsame Lösung der Interessenfrage heute ebenso fern liegt wie der Regierung Seiner Majestät des Kaisers, welche letztere sich überdies bewußt ist, daß ihre Interessen in dieser Frage identisch sind mit denen einer Anzahl anderer Staaten. Wir hoffen, daß die jetzige Spannung sich in befriedigender Weise erledigen lassen wird, und sind gern bereit, zu unserem Teile dabei mitzuwirken, sobald wir über die gegenwärtig in Fes geschaffene Lage genügend orientiert sein werden. Diese authentische Orientierung ist für uns umso unentbehrlicher, da die Informationen, welche wir bisher von verschiedenen Seiten bekommen haben, sich zum Teil direkt widersprechen. Wir müssen daher, um uns eine Ansicht von der Lage zu bilden, die Ankunft des Grafen Tattenbach in Fes abwarten. Derselbe wird angewiesen werden, seine Reise möglichst zu beschleunigen.

Alles Vorstehende können Ew. nach Ihrem Ermessen in der nächsten Unterredung mit Herrn Delcassé oder auch sonst an geeigneter Stelle verwerten, wobei jedoch in allen Fällen eine unzweideutige französische Initiative abzuwarten sein wird. Für Ew. persönlich bemerke ich noch, daß einer der markantesten unter den aufzuklärenden Widersprüchen das angebliche Mandat betrifft. Herr Delcassé hat bestritten, daß ein solcher Auftrag von ihm erteilt oder vom Gesandten ausgeführt worden sei. Die gegenteilige Angabe, daß Herr St. René-Taillandier sich ausdrücklich und öffentlich als den Mandatar der europäischen Mächte bezeichnet habe, erscheint jedoch in einer Weise begründet, welche es untunlich macht, über diesen für die Aktionsmittel des Herrn Delcassé bezeichnenden Inzidenzpunkt ohne weitere

Nachprüfung zur Tagesordnung überzugehen. Wir warten.da also, um uns eine Meinung zu bilden, die Meldung des Grafen Tattenbach ab. Herrn Delcassé gegenüber wollen Ew. eine Äußerung über die Mandatsfrage vermeiden, weil deren Spitze sich, wie die Dinge liegen, gegen den Minister persönlich richtet. Herrn Rouvier gegenüber können Ew. nach Ihrem Ermessen handeln und Ihre Entscheidung davon abhängig machen, wie der Ministerpräsident sich zur Frage überhaupt und zu Herrn Delcassé insbesondere stellt. Falls Sie davon reden, werden Sie dem Ministerpräsidenten wahrheitsgemäß sagen können, daß die Rolle, welche man Deutschland in der Mandatsfrage scheinbar hat spielen lassen wollen, der wesentliche Grund war, welche uns veranlaßte, aus der passiven Zuschauerstellung herauszutreten.

AN DEN BOTSCHAFTER IN PARIS
FÜRSTEN VON RADOLIN   Berlin, den 4. Mai 1905

Ew. beehre ich mich, in der Anlage ein auf die marokkanische Frage bezügliches Telegramm des Kaiserlichen Botschafters in Rom zu übersenden. Herr Delcassé hat sich an den früheren Schatzminister, Herrn Luzzati, gewandt, um durch diesen den Grafen Monts wissen zu lassen, daß er, Delcassé, bereit sein würde, mit der Kaiserlichen Regierung in Separatverhandlungen wegen Marokko einzutreten, und daß Herr Barrère ermächtigt sei, sofort zu verhandeln.

Ich habe auch hier wiederum geantwortet, daß die Erledigung der Marokkofrage vor Jahresfrist leichter gewesen sein würde als heute, wo wir inzwischen durch das beschleunigte Tempo der französischen Aktion in Marokko gezwungen worden seien, Stellung zu nehmen. Nachdem wir vor ein paar Wochen sämtlichen Vertragsstaaten erklärt hätten, daß wir auf dem Boden der vertragsmäßigen Kollektivität ständen, könnten wir heute nicht ein Sonderabkommen mit Frankreich schließen gleich auf das erste französische Anerbieten hin, und ohne daß sich sonst etwas in den Verhältnissen seit unserer Kollektivitätserklärung geändert hätte. Hierzu komme, daß wir, um über marokkanische Dinge zu verhandeln, zunächst die gegenwärtig in Fes geschaffene Lage kennen müßten, über welche uns von verschiedenen Seiten widersprechende Mitteilungen zugegangen seien. Wir warteten darüber zunächst Orientierung durch Graf Tattenbach ab. Aus diesen beiden Gründen müßten wir es uns versagen, jetzt in marokkanische Sonderverhandlungen, gleichviel welcher Art, einzutreten.

Ew. werden in der Lage sein, festzustellen, ob dieser komplizierte Verhandlungsversuch den Absichten des Ministerpräsidenten Rouvier entspricht, oder ob wir es mit einem Akt persönlicher Politik des Herrn Delcassé zu tun hatten. Ich bin geneigt, letzteres anzunehmen, weil Herrn Rouvier direkte Informationskanäle verschiedener Art zur Verfügung stehen und er auch wohl inzwischen mit seinem klaren, geschäftsmännischen Blick zu der Überzeugung gelangt sein wird, daß auf unserer Seite kein feindlicher Wille, wohl aber die Unmöglichkeit vorliegt, von heute auf morgen einen vollständigen Frontwechsel vorzunehmen. Wir haben lange genug geduldig gewartet, bis wir Stellung nahmen; nachdem wir aber Stellung genommen haben, müssen wir gegen uns und gegen andere gewisse Rücksichten beobachten, wenn wir nicht den Kredit verlieren wollen, welchen eine Regierung ebenso nötig braucht wie eine Privatfirma. Ich möchte glauben, daß Herr Rouvier für die gegebene Lage ein klares Verständnis hat.

Um die ganz unnötigerweise zwischen Frankreich und uns wegen der Marokkofrage herbeigeführte Divergenz schließlich zu beseitigen, sehe ich nur ein Mittel, Verlangsamung des Tempos der überstürzten Marokkoaktion, zeitweiliger Stillstand, so zwar, daß die Zukunft reserviert bleibt. Ein Mittel, um den schon an sich schnellen Zerfall des Scherifischen Reiches zu hindern, wird schwerlich zu finden sein. Die Dinge werden also ihren Gang gehen, und in der Zwischenzeit wird kein Dritter sich zwischen Marokko und die algerische Grenze einschieben. Durch das Warten werden die Aussichten Frankreichs also nicht verändert. Höchstens erleidet die persönliche Eilpolitik des Herrn Delcassé einen Echec. Diese Eilpolitik war für uns immer ein Rätsel, es fehlt die Erklärung dafür, durch was oder durch wen Herr Delcassé die Marokkofrage unter gleichzeitiger absichtlicher Brüskierung Deutschlands beschleunigte zu einem Zeitpunkt, welcher gerade im Hinblick auf die französischen Illusionen, d. h. auf die bei einem deutsch-französischen Konflikt von Frankreich erhoffte russische Unterstützung der denkbar ungünstigste ist. Wir deutschen Politiker sehen ja die Dinge anders an, wir glauben nicht daran, daß Rußland mit Frankreich zusammen gegen uns vorgehen wird, und zwar aus drei Gründen: Erstens würde Frankreich, wenn die Dinge so wie bisher von Herrn Delcassé weitergeführt werden, in Marokko der angreifende Teil sein, Deutschland befände sich also bei der Verteidigung seiner marokkanischen Interessen in der Defensive, der casus foederis läge also nicht vor. Zweitens haben die intimen Beziehungen der beiden Kaiserfamilien doch Bedeutung genug, um zu verhindern, daß Rußland ohne Notwendigkeit, d. h. ohne Bündnisfall, uns angreift. Drittens müßte Rußland bei einem deutschen Kriege seine Balkaninteressen vollständig außer acht lassen, und es ist mit Sicherheit zu erwarten, daß am Balkan und an den Meerengen während des russisch-deutschen Krieges vollendete Tatsachen geschaffen werden würden, welche zu hindern Rußland ein intérêt majeur hat. Aus diesen Gründen glauben wir, wie gesagt, nicht, daß Frankreich in einem marokkanischen Kriege die Unterstützung Rußlands erlangen würde. Wenn aber französische Staatsmänner hierüber anders denken, so ist die Eile des Herrn Delcassé noch weniger verständlich. Wir haben dafür nur die eine Erklärung, daß der französische Minister von englischer Seite ermuntert und angetrieben wurde. Denn für die englischen Interessen wäre eine Marokkokrisis im jetzigen Moment das günstigste, was passieren könnte. Zwischen England und Frankreich bestehen der entente cordiale zum Trotz unausgetragene Gegensätze hinsichtlich Abessiniens und des Persischen Meerbusens (Maskat). Ein deutsch-französischer Konflikt, schon eine scharfe Spannung ohne Krieg, würde den Engländern, da auch Rußland alle Hände voll zu tun hat, vollständig freie Hand lassen, um sich in den genannten Gebieten festzusetzen. Es ist notorisch, daß der fortschreitende Aufstand in Jemen nur von englischer Unterstützung lebt; die Frage, in wessen Interessensphäre Abessinien künftig fallen soll, bildet zur Zeit zwischen England und Frankreich Gegenstand lebhafter Erörterungen; aus der Region von Maskat endlich, welche früher unter französischem Einfluß stand, haben die Engländer zwar Frankreich schon tatsächlich verdrängt, zögern aber aus naheliegenden Gründen, sich formell dort festzusetzen, während Frankreich frei und unbeschäftigt ist. Ein deutsch-französischer Konflikt gerade im gegenwärtigen Augenblick, wo Rußland ermattet ist, würde also den Engländern unabsehbare Vorteile schaffen mit möglichst geringen Opfern. Es ist daher begreiflich, wenn die englische Diplomatie nichts unversucht läßt, um Herrn Delcassé aufzustacheln.

Falls Herr Rouvier, wie ich nach dessen Äußerungen mit Bestimmtheit annehme, sich die Frage vorlegt, durch welche Mittel — ich rede nur von anständigen Mitteln, die einer Großmacht würdig sind — es sich verhindern läßt, daß Deutschland und Frankreich die englischen Kastanien aus dem Feuer holen, so wird er voraussichtlich auch nichts anderes finden als wir, nämlich Zeitgewinn und die Zukunft reservieren. Vielleicht wird er auch bei genauer Prüfung finden, daß die von den Engländern in allen Tonarten perhorreszierte Konferenz in Wirklichkeit das einwandfreieste Mittel ist, um dieses Ziel zu erreichen. Der Konferenzgedanke wurde von uns in den Vordergrund geschoben, weil wir darin ein praktisches Mittel erblickten, um eine friedliche Lösung herbeizuführen, ohne irgendeine Macht zu schädigen oder zu kränken. Der Vorteil der Konferenz liegt darin, daß sie keine positiven Resultate haben kann. Sie wird weder marokkanisches Gebiet verteilen, noch den fortschreitenden Zerfall Marokkos hindern können. Sie erfüllt ihre Aufgabe, indem sie die Gefahr eines akuten Konflikts beseitigt und gleichzeitig die Zukunft reserviert.

Soweit es mir möglich ist, mich in die Lage eines französischen Staatsmannes hineinzudenken, komme ich zu dem Schluß, daß unter den gegebenen Verhältnissen die Konferenz den französischen sowohl wie den deutschen Interessen entspricht. Falls Herr Rouvier zu der gleichen Ansicht gelangen sollte, würde es nur darauf ankommen, daß er als verantwortlicher Leiter der französischen Politik diese seine Entscheidung rechtzeitig zum Ausdruck bringt, um die Spontaneität derselben vor der Welt zu konstatieren. Deutschland hat zwar den Konferenzgedanken als richtig bezeichnet, hat jedoch keine Konferenz beantragt. Nichts hindert also Frankreich, in dieser Richtung die Initiative zu nehmen. Ich mache diesen Vorschlag, weil ich keinen besseren sehe, und weil ich glaube, daß derselbe sich beim Versuch als nützlich bewähren wird und dadurch vielleicht der Ausgangspunkt für eine allmähliche Verbesserung der deutschfranzösischen Beziehungen werden kann. Ich schmeichle mir nicht, daß Herr Rouvier oder ich das Verschwinden des Revanchegedankens erleben werden, wohl aber glaube ich, daß Einzelfragen fortdauernd entstehen werden, wo Deutschland und Frankreich zusammengehen können zu beiderseitigem Vorteil und ohne daß einer von beiden sich etwas vergibt. Die letzte Anregung in dieser Richtung hat der deutsche Botschafter Graf Münster am 18. oder 19. Juni 1898 beim Minister Hanotaux gemacht. Unsere damalige Anregung ist jedoch bis auf den heutigen Tag unbeantwortet geblieben. Wir haben daraus ebenso wie aus der Behandlung der Marokkofrage den Schluß ziehen müssen, daß seit 1898 die französische auswärtige Leitung dem Grundsatze untergeordnet ist, Deutschlands Existenz zu ignorieren.

Da die Äußerungen des Herrn Rouvier, seit dieser neuerdings der auswärtigen Politik seine Aufmerksamkeit zugewandt hat, geeignet sind, Vertrauen einzuflößen, so stelle ich Ew. anheim, nach Ihrem Ermessen alles Vorstehende mit ihm eingehend zu erörtern, bezw. dasselbe ganz oder teilweise in Übersetzung ihm vorzulesen. Herrn Delcassé gegenüber haben wir keinen Anlaß, aus eigener Initiative das römische Umgehungsmanöver zur Sprache zu bringen. Sollte Herr Delcassé dies selber tun, werden Ew. sich darauf beschränken können, ihm zu sagen, daß Sie die Anregung des Herrn Luzzati kennen ebenso wie die diesseitige ablehnende Antwort. Eine andere sei nicht möglich gewesen unmittelbar, nachdem wir uns auf den Boden der vertragsmäßigen Kollektivität gestellt hätten.

AN DAS AUSWÄRTIGE AMT   Karlsruhe, den 6. Mai 1905

Freiherr von Eckardstein kann mit dem, was er hier gehört hat, keinen Unfug treiben. Außer mir hat er nur Herrn von Eisendecher gesehen; was ihm dieser sagte, weiß ich nicht. Es hat aber keine Bedeutung. Ich habe ihm etwa gesagt:

Unsere Stellung gegenüber Frankreich ist so stark, daß es uns gleichgültig sein kann, wer in Frankreich Minister des Äußern ist. Vom egoistischen deutschen Standpunkt aus wäre uns Delcassé der bequemste, weil er ungeschickt ist. Vor 14 Tagen frug ich einen Bekannten von Delcassé, ob dieser die Nerven haben würde, es auf einen Krieg mit Deutschland ankommen zu lassen. Die Antwort lautete negativ. Ein Minister, der eine benachbarte Macht reizt, hänselt und schlecht behandelt, ohne den Ernstfall zu wollen, ist nicht geschickt. Also um die inneren französischen Vorgänge kümmern wir uns gar nicht. In der Marokkofrage ist unsere Stellung durch die bestehenden Verträge, unsere Würde und unsere bisherigen Erklärungen gegeben. Für Seine Majestät liegt zu weiteren Reden keine Veranlassung vor. Die englische Hetzerei mache uns keinen Eindruck. Die Partie würde im Ernstfall zwischen Deutschland und Frankreich gespielt werden. Rußland würde, auch wenn es könnte, sich nicht wegen Marokko mit uns brouillieren. Wir sind in der Lage, alles Weitere mit Ruhe abzuwarten.

Damit kann Freiherr von Eckardstein schwerlich Mißbrauch treiben.

AN DEN BOTSCHAFTER IN PARIS
FÜRSTEN VON RADOLIN   Berlin, den 9. Mai 1905

Raten Sie dem Ministerpräsidenten, von dessen ehrlichen Absichten ich mehr und mehr überzeugt werde, davon ab, daß er j e t z t irgend jemanden in Sondermission herschickt oder sonstigen auf Sonderverhandlungen abzielenden Schritt tut. Wir könnten aus den bekannten Gründen, wie die Dinge heute liegen, nicht darauf eingehen und möchten im Interesse künftiger Beziehungen zu Frankreich und zu Rouvier einer unvermeidlichen fin de non recevoir vorbeugen.

AN DEN BOTSCHAFTER IN WASHINGTON FREIHERRN
SPECK VON STERNBURG   Berlin, den 10. Mai 1905

... Wir bleiben nach wie vor bestrebt, durch eine Konferenz der Vertragsmächte — für welche Tanger sich wohl am besten eignen würde — die unbeschränkte Erhaltung der Offenen Tür zu erreichen. In Frankreich gibt es gegenwärtig schon einzelne Zeitungsstimmen, welche die Konferenz als die beste Lösung bezeichnen, während in England die große Presse, welche Fühlung mit der Regierung hat, in ihrer Gesamtheit den Konferenzgedanken heftig bekämpft. Von einer Seite, welche mit Paris nähere Fühlung hat als wir, erfuhren wir bereits, daß Frankreichs Haltung in der Marokkofrage, und zwar namentlich diejenige des Herrn Delcassé, wesentlich von der Haltung des englischen Kabinetts abhängen werde. Letzteres wird aber seinen Widerstand gegen die Konferenz nur einzig und allein auf Zureden des Präsidenten

Roosevelt aufgeben. Am wirksamsten würde es wohl sein, wenn der Präsident den Engländern zu verstehen gäbe, daß ihre Bekämpfung des Konferenzgedankens den Verdacht rechtfertigen würde, als hätten sie in dem Abkommen mit Frankreich nicht bloß über englische Rechte, sondern auch über diejenigen der anderen Vertragsstaaten verfügen wollen.

Deutschlands Politik ist eine einfache und klare. Wir halten ohne Rücksicht auf dargebotene Sondervorteile an der vertragsmäßigen Gemeinsamkeit fest. Erst wenn wir sehen sollten, daß wir für diese, d. h. für den Gedanken der Offenen Tür und der Konferenz, auf keine diplomatische Unterstützung der mitinteressierten Vertragsmächte zu rechnen haben, würden wir genötigt sein, an uns allein zu denken. Alsdann — aber nicht früher — würden wir zu optieren haben zwischen der Möglichkeit eines Konflikts mit Frankreich und der Prüfung der Bedingungen, die Frankreich etwa vorschlagen könnte, um einen Konflikt zu vermeiden.

Alles Vorstehende ist nur für den Präsidenten Roosevelt persönlich bestimmt. Ihm können Sie, wenn Sie wollen, das ganze Telegramm vorlesen. Er wird daraus ersehen, daß wir, sowie wir es ihm von Anfang an zusagten, ohne Hintergedanken mit ihm verhandeln.

Bei dieser Besprechung werden Ew. auch vielleicht erfahren, wie der Präsident sich das Rätsel erklärt, daß der König von England und die englische Regierung aufs äußerste bemüht sind, Herrn Delcassé zu halten. Delcassé ist keineswegs der einzige französische Staatsmann, welcher gute Beziehungen zu England kultivieren möchte. Unter den französischen Politikern, welche in der ersten Reihe stehen, gibt es kaum einen, der nicht das gleiche will. Aber Delcassé steht fast allein mit seiner russischen Politik, welche ohne Rücksicht auf völkerrechtliche Normen der russischen Flotte in den Häfen von Indochina ein sicheres Obdach sowie die Mittel für die Vorbereitung des Angriffs gewährt und dadurch vielleicht eine den Russen günstige Entscheidung des Krieges herbeiführen wird. Gleichwohl ist gerade Delcassé der Schützling von Japans englischem Verbündeten. Wie erklärt sich das? Bereits wiederholt hatte ich Gelegenheit, darauf hinzuweisen, daß in der offiziösen Presse des Herrn Delcassé das französisch-englisch-russische Bündnis zum Zweck der Aufteilung Chinas offen besprochen wurde, und daß dabei auch Japans mehr oder weniger freiwilliges Hinzutreten als Vierter in Aussicht genommen war. Man irrt wohl kaum, wenn man die Popularität von Delcassé in den englischen Regierungskreisen darauf zurückführt, daß er als der Träger des Gedankens der französisch-englisch-russischen bzw. der Quadrupelallianz betrachtet wird. Dieser Gedanke wird neuerdings wieder besonders lebhaft in großen englischen Blättern erörtert und empfohlen. Der innerste Grund dieser Erscheinung liegt wohl darin, daß die jetzt am Ruder befindliche konservative Regierung ihrer schwindenden Popularität durch einen Erfolg auf dem Gebiete der auswärtigen Politik aufhelfen möchte, und daß sie hofft, Herr Delcassé werde ihr den eher als ein anderer besorgen. Nur so erklärt sich die bisherige Schüchternheit der japanischen Vorstellungen bei Frankreich, die Lauheit der englischen Unterstützung und die Dickfelligkeit der Franzosen. Die Engländer verfolgen ein Ziel, welches ihnen wichtiger ist als das japanische Bündnis, nämlich den Dreibund mit Frankreich und Rußland, und Herr Delcassé weiß, daß er den Engländern hierbei als Vermittler unentbehrlich erscheint.

Diesen und jeden anderen Plan wird die englische Regierung fallen lassen, wenn ihr rechtzeitig offenbar wird, daß sie sich dadurch in einen Gegensatz zur amerikanischen Politik bringt. Denn ein solcher Gegensatz mit Amerika würde die Engländer aller Parteien erschrecken und den schleunigen Sturz des Torykabinetts herbeiführen. Dieses Ereignis wäre übrigens für Deutschland kein Unglück, denn unsere Nachrichten aus England lassen eine Besserung der englisch-deutschen Beziehungen vor dem Regierungswechsel kaum erhoffen. Die jetzige konservative Regierung ist und bleibt hypnotisiert durch den Gedanken, „zusammen mit Frankreich bei dem ostasiatischen Friedensschluß die Stimme Europas zur Geltung zu bringen". Für die Pläne, welche sich daran knüpfen, wird Deutschland offenbar als störendes Element betrachtet, und darum werden wir unter immer neuen Vorwänden angefeindet. Für eben diese Pläne hat wohl auch das Kabinett Balfour die englischen Interessen in Marokko geopfert.

AN DEN BOTSCHAFTER IN WASHINGTON FREIHERRN
SPECK VON STERNBURG Wiesbaden, den 16. Mai 1905

Nach der Vereinigung der beiden russischen Geschwader haben wir die Möglichkeit eines russischen Seesiegs und dessen Folgen in Betracht zu ziehen. Durch diesen Sieg würde das ungefähre Gleichgewicht der Kräfte zwischen Rußland und Japan, welches der Präsident für die Zukunft erhalten zu sehen wünscht, wieder nähergerückt. Ein entscheidender russischer Landsieg ist nach Ansicht unserer Militärs nicht zu erwarten, indessen würde ein Seesieg durch Erschwerung der Versorgung des japanischen Heeres auch auf die Landoperationen zurückwirken. Dies und die Gefahr der Beschießung von Küstenplätzen würde die Japaner zur Herabsetzung ihrer Friedensbedingungen veranlassen, würde also den Frieden näherbringen. Die für Rußland am wenigsten annehmbaren unter den Friedensbedingungen sind die Abtretung russischen Gebiets — Sachalin, Wladiwostok — und die Kriegsentschädigung. Gerade auf letztere, welche den Bau einer mächtigen Flotte ermöglichen soll, würde Japan am schwersten verzichten. Aber wahrscheinlich wird der Präsident die Ansicht teilen, daß eine erstklassige japanische Flotte auch ihre Bedenken hat, weil man heute nicht voraussehen kann, mit wem Japan in der Zukunft gehen wird. Die Japaner verfolgen — wie auch einzelne europäische Mächte — eine zielbewußte Erwerbspolitik und werden deshalb allemal mit dem Meistbietenden gehen. Wer wird das sein? Wahrscheinlich — falls er zustande kommt — der neue ostasiatische Dreibund England, Frankreich, Rußland. Diese alsdann mächtigste Gruppe des Erdballs würde, gleich einem mächtigen Trust, ihren Mitkontrahenten — z. B. Japan — auf Kosten Dritter die denkbar größten Vorteile bieten können.

Die Verwirklichung des großen Viererbundes wird nicht geheim, sondern ganz offen vor den Augen der Welt betrieben. Seit Monaten machen sich die Anzeichen mit zunehmender Deutlichkeit bemerkbar. Als im Monat Januar die offiziöse Presse von Delcassé den Gedanken aussprach, daß Frankreich, England und Rußland die Unterwerfung von Asien, insbesondere von China vollenden und dem Vertreter der gelben Rasse, Japan, ihre Bedingungen aufnötigen sollten, fühlte man, daß Delcassé der Zustimmung, d. h. der Neutralität Englands — trotz des englisch-japanischen Vertrages —, schon sicher war. Seitdem ist die russische Flotte vier Monate lang in französischen Häfen beherbergt und nach Möglichkeit für den Kampf vorbereitet worden. Auch das war ohne englische Konnivenz undenkbar. Lediglich durch dieses Einverständnis zwischen England und Frankreich wurde den Russen die Möglichkeit gegeben, den Japanern wider alles Erwarten die Früchte ihrer Siege noch einmal streitig zu machen. Die Sprache der englischen Presse, welche während dieser kritischen Zeit sich viel weniger mit Japan als mit den Beziehungen Englands zu Frankreich und Rußland beschäftigt, läßt keinen Zweifel darüber bestehen, daß dem Kabinett Balfour die geplante neue Gruppierung viel wichtiger ist als das bisherige Bündnis mit Japan allein. Die Haltung der japanischen Regierung läßt auch erkennen, daß sie die Situation begriffen hat und sich in das Unvermeidliche fügt. Sie remonstriert deshalb nur mit Vorsicht gegen die französische Völkerrechtsverletzung, obwohl deren Folgen für Japan unberechenbar sind. Das Kabinett von Tokio, welches bisher gewohnt war, in Fragen des angewandten Völkerrechts mit äußerster Energie vorzugehen, weiß, daß es gegen Frankreich auf den englischen Verbündeten nicht zählen kann.

Wir dürfen wohl der Übereinstimmung mit dem Präsidenten Roosevelt sicher sein, wenn wir es als Axiom betrachten, daß für Amerika wie für Deutschland die Entstehung eines Trusts von Staaten um einen französisch-russisch-englischen Mittelpunkt herum ein Ereignis von unabsehbaren Folgen sein würde. Um die Verwirklichung zu verhindern, gibt es nur ein Mittel, nämlich den zukünftigen Geschäftsgenossen möglichst keine Gelegenheit zu erfolgreicher Betätigung ihrer Gemeinsamkeit zu geben. Dies gilt sowohl für die marokkanische wie für die ostasiatische Frage. Die erstere ist, mit letzterer verglichen, verschwindend klein, insbesondere sind Deutschlands marokkanische Interessen minimal im Vergleich mit denen, welche für uns bei dem russisch-japanischen Friedensschluß auf dem Spiele stehen. Aber das Prestige des Erfolges gehört zu den Imponderabilien der Politik, und es ist deshalb für die Zukunft keineswegs gleichgültig, ob Frankreich — vorsichtig unterstützt von England und Rußland — oder ob die Seite Deutschlands, Amerikas und der übrigen Vertragsstaaten in der marokkanischen Frage den schließlichen Erfolg erringt.

In der ostasiatischen Frage wird derjenige zeitweilig den Erfolg für sich haben, welcher den Frieden vermittelt. Dieses Ziel sucht Delcassé mit äußerster Anstrengung zu erreichen, er stößt sich jedoch, wie wir durch nicht-diplomatische Kanäle erfahren haben, an dem persönlichen Widerstande des Zaren, welcher keine Gebietsabtretung und keine Kriegsentschädigung zugestehen will. Wenn der Friede wirklich durch Frankreich und England vermittelt werden sollte, könnten wir den Viererbund als nahegerückt ansehen. Deshalb wäre es, auch vom deutschen Standpunkt aus, dringend wünschenswert, daß der Präsident die japanische Regierung veranlaßte, jede Veränderung ihrer Friedensbedingungen nicht zuerst an England (welches dieselben nach Paris weitergibt), sondern an ihn· mitzuteilen. Er wird dann erwägen können, ob die Weitergabe an Rußland Aussicht auf Erfolg bietet, sei es, daß die Japaner ihre Bedingungen heruntergesetzt, sei es, daß die Russen infolge weiterer Niederlagen den Mut verloren haben. Im einen wie im anderen Falle ist es für Deutschland von weittragender Wichtigkeit, daß nicht die franko-englische Gruppe, sondern daß Präsident Roosevelt das Prestige des Erfolges erlangt. Von sich aus u n t e r s t ü t z e n wird Seine Majestät der Kaiser das Friedenswerk freilich nur dann können, wenn die Friedensbedingungen nicht gleichbedeutend erscheinen mit dem Untergange des ihm befreundeten Zaren.

Ew. können alles Vorstehende mit dem Präsidenten besprechen.

AN DEN BOTSCHAFTER IN WASHINGTON FREIHERRN
SPECK VON STERNBURG   Berlin, den 20. Mai 1905

Es wird gewiß noch oft passieren, daß Versuche gemacht werden, den Präsidenten gegen uns mißtrauisch zu machen. Er soll nur jedesmal, gleichviel um was es sich handelt, sich an Ew. um Aufklärung wenden, wir werden allemal bereit sein, Auskunft zu geben.

Daß und weshalb Englands ablehnende, ja feindliche Haltung uns gegenüber hier nicht überrascht hat, werden Euer pp. dem Präsidenten aus meinem Telegramm Nr. 66 vom 27. März nachweisen können. Auf englischer Seite handelt es sich nicht um bloße Empfindlichkeiten oder unsinnige Besorgnisse, sondern um positive Ziele, deren Erreichung durch das zwischen Deutschland und Amerika bestehende Einverständnis verhindert wird. Durch die den Mächten abgerungene Uneigennützigkeitserklärung hinsichtlich Chinas ist ein großer Plan gestört worden, dessen Verwirklichung die in Rußland gegen England gegenwärtig bestehende Gereiztheit in Wohlgefallen hätte verwandeln können. Daher kommt wohl der englische Zorn. Jedenfalls ist die Weltlage geeignet, die deutsche wie die amerikanische Diplomatie zu äußerster Aufmerksamkeit anzuregen.

AN DEN INTERIMISTISCHEN LEITER DER GESANDTSCHAFT
IN TANGER GESANDTEN GRAFEN VON TATTENBACH
Berlin, den 22. Mai 1905

Ich lasse den Ministerpräsidenten Rouvier durch einen nichtamtlichen Vertrauensmann darüber orientieren, daß der französische Gesandte sich wirklich als Vertreter der europäischen Mächte bezeichnet hat, und daß derselbe im Auftrage Delcassés jetzt versucht, dem Sultan den Verkehr mit den anderen Vertragsmächten zu verbieten.˙ Dieser Bestellung wird unsererseits hinzugefügt: Ich sei überzeugt, daß der Ministerpräsident diese Art des Vorgehens mißbillige, und ich würde deshalb das meinige tun, um zu verhindern, daß die mitgeteilten Vorgänge jetzt in die Öffentlichkeit kämen, wo sie, soweit Deutschland in Betracht komme, ungünstig wirken würden. Denn das deutsche Volk glaube zwar an gütliche Erledigung der Marokkofrage, stehe aber bis in die sozialdemokratischen Schichten hinein hinter der Regierung für Wahrung des vertragsmäßigen Standpunktes. Für die Orientierung des Ministerpräsidenten sei von mir der nichtamtliche Kanal gewählt worden, einmal, weil wir nicht in der Lage seien, gegenwärtig in Sonderverhandlungen mit Frankreich einzutreten, sodann aber auch, weil bei nichtamtlicher Behandlung jener Vorgänge ich nicht genötigt sei, gegen dieselben sofort zu reagieren.

Die französische offiziöse Presse betont jetzt die guten Beziehungen Ew. zum französischen Gesandten. Sie verfolgt wohl damit immer wieder den Zweck, der Welt und namentlich dem Sultan von Marokko den Glauben an geheime deutsch-französische Verhandlungen beizubringen.

Für Ew. kommt es jetzt darauf an, sich ein schriftliches Exemplar der französischen Reformanträge oder etwaiger sonstiger französischer Forderungen zu verschaffen, zweitens den Sultan zur Stellung des Konferenzantrages bei den Vertragsstaaten zu veranlassen. Endlich bitte ich auch seinerzeit zu drahten, ob eine Rückwirkung obiger Bestellung an Rouvier im Auftreten des französischen Gesandten bemerkbar wird.

AN DEN BOTSCHAFTER IN PARIS
FÜRSTEN VON RADOLIN   Berlin, den 22. Mai 1905

Die ersten Meldungen des Grafen Tattenbach aus Fes sind nicht geeignet, die Ansicht von dem stürmischen und gewalttätigen Charakter der bisherigen Marokkopolitik des Herrn Delcassé zu ändern.

Zunächst wird die Angabe, daß Herr St.-René-Taillandier sich in Fes als Mandatar der europäischen Mächte bezeichnet habe, von allen Seiten und insbesondere auch vom Sultan persönlich mit Entschiedenheit bestätigt. Dieser Vorgang bildete bekanntlich seinerzeit den Ausgangspunkt der diplomatischen Aktion Deutschlands.

Ferner meldet Graf Tattenbach unter dem 17. d. Mts. wörtlich: „Unmittelbar nach meiner Ankunft in Fes hat der französische Gesandte im Auftrage Delcassés erklärt, die französische Regierung würde es als eine Beeinträchtigung ihrer Interessen ansehen, wenn die französischen Reformvorschläge den Signatarmächten zur Kenntnisnahme und Äußerung unterbreitet würden. Keiner Regierung stehe das Recht zu, in marokkanischen Angelegenheiten zu intervenieren."

Da ich nach Herrn Rouviers bisherigen Äußerungen mich zu der Annahme berechtigt halte, daß der Ministerpräsident diese Art des Vorgehens mißbilligt und von jeher gemißbilligt hat, werde ich, soweit es an mir liegt, zu verhindern suchen, daß diese Mitteilungen des Grafen Tattenbach in die Öffentlichkeit dringen, wo sie jetzt schädlich wirken würden. Denn das deutsche Publikum, welches auch heute noch an eine Regelung à l'amiable der Marokkofrage glaubt, steht vollständig, sogar bis in die sozialdemokratischen Schichten hinein, hinter der Regierung für Wahrung des vertragsmäßigen Standpunktes. Die authentische

Nachricht, daß der Vertreter Frankreichs ohne weiteres Beschlag auf Marokko legen und dem Sultan den Verkehr mit den übrigen Vertragsstaaten verbieten will, würde einen ebenso plötzlichen wie ungünstigen Stimmungswechsel herbeiführen.

Es ist wünschenswert, daß Herr Rouvier tunlichst bald über das Vorstehende orientiert werde. Die Mitteilung wird aber vielleicht besser durch einen Vertrauensmann als durch Ew. direkt zu erledigen sein, einerseits, weil wir gegenwärtig nicht in der Lage sind, in Sonderverhandlungen mit Frankreich eintreten zu können, hauptsächlich aber, weil wir bei nichtamtlicher Behandlung der erwähnten Vorgänge nicht genötigt sind, sofort die der Situation entsprechenden Anträge zu stellen.

AN DEN BOTSCHAFTER IN WASHINGTON FREIHERRN SPECK VON STERNBURG

Ganz vertraulich   Berlin, den 25. Mai 1905

Der Kaiserliche Geschäftsträger in London ist der Ansicht, daß das Kabinett Balfour es gern sehen würde, wenn Deutschland mit Frankreich direkt verhandelte und sich von Frankreich mit einer Interessensphäre in Marokko oder mit einer sonstigen Kompensation abfinden ließe. Dagegen würde das konservative Kabinett ungern eine Konferenz beschicken, weil diese gleichbedeutend wäre mit einer Ignorierung des bisher als großen diplomatischen Erfolg hingestellten englisch-französischen Marokkoabkommens seitens der übrigen Vertragsmächte. Der Geschäftsträger gibt jedoch der bestimmten Überzeugung Ausdruck, daß die englische Regierung den Konferenzgedanken annehmen wird, falls Amerika unzweideutig für denselben eintritt.

Die Ansicht des Geschäftsträgers gewinnt an Bedeutung durch die Tatsache, daß der englische Gesandte Lowther dem Grafen Tattenbach kurz vor dessen Abreise nach Fes eingehend dargelegt hat, daß die Marokkofrage ganz einfach zu erledigen sein würde, wenn Deutschland sich von Frankreich eine Interessensphäre in Marokko zuweisen ließe. Auch von französischer kompetenter Seite ist uns — vielleicht unter Einwirkung Englands — eine nicht mißzuverstehende Andeutung in diesem Sinne gemacht worden.

Unser Standpunkt dem allen gegenüber bleibt so, wie er war. Wir vertreten den Status quo, die Offene Tür und die Gleichberechtigung aller Fremden auf dem Boden der vertragsmäßigen Gemeinsamkeit. Erst wenn die Gemeinsamkeit sich als Illusion erweist und wir allein gelassen werden, sind wir genötigt, ausschließlich deutsche Politik zu machen. Daß die erstere Alternative uns die erwünschtere sein würde, hat Seine Majestät der Kaiser bereits vor Jahr und Tag dem Könige von Spanien gegenüber konstatiert, indem er erklärte, daß er marokkanischen oder überhaupt vermehrten afrikanischen Landbesitz nicht erstrebe.

Ich teile die Auffassung, daß die Entscheidung der Konferenzfrage wesentlich vom Präsidenten Roosevelt abhängt. Ew. pp. kann ich vertrauensvoll überlassen, zu erwägen, ob Sie dieselbe schon jetzt wieder beim Präsidenten anregen oder dafür einen besonderen neuen Anlaß, etwa den Konferenzantrag des Sultans, abwarten wollen.

AN DEN BOTSCHAFTER IN WASHINGTON FREIHERRN SPECK VON STERNBURG Berlin, den 30. Mai 1905

Das Urlaubsgesuch werde ich selbstredend bei Seiner Majestät befürworten. Es ist jedoch von weittragender Bedeutung nicht nur für Deutschland, sondern auch meines Erachtens für Amerika, daß die marokkanische Konferenzangelegenheit in die Wege geleitet ist, bevor Sie und der Präsident sich für längere Zeit trennen. Denn die Marokkofrage steht nicht isoliert, sondern kann der Ausgangspunkt einer Neugruppierung der Mächte werden. Auch in der russischen Presse wird neuerdings der Gedanke einer Verständigung von Frankreich und Deutschland bezüglich Marokkos sympathisch besprochen, weil diese eine Annäherung Deutschlands an den Zweibund zur natürlichen Folge haben würde. Einen dies Thema behandelnden Petersburger Botschaftsbericht habe ich gestern Ew. zugesandt. Schon gleich nach Abschluß des Englisch-Japanischen Bündnisses ließ die russische Regierung im Februar 1902 durch Graf Alvensleben und Graf Osten-Sacken hier anfragen, ob Deutschland geneigt sein würde, sich als Dritter bei einem demnächst zwischen Rußland und Frankreich abzuschließenden ostasiatischen Abkommen zu beteiligen. Seine Majestät hat damals auf meinen Rat ablehnend geantwortet, und wahrscheinlich infolge der Enthaltung Deutschlands ist das kurz danach im März 1902 in Petersburg und Paris vereinbarte ostasiatische Protokoll ziemlich farblos ausgefallen. Heute wird nun nach den vorliegenden Anzeichen der Gedanke einer Annäherung Deutschlands an den Zweibund anläßlich der marokkanischen Verhandlungen von neuem an uns herangebracht werden unter gänzlich veränderten Verhältnissen. Wenn nämlich die Konferenz auf Betreiben Englands durch Frankreich abgelehnt wird, dann stehen wir, wie bereits gesagt, vor der Alternative zwischen einem französischen Krieg, bei welchem England zunächst den kampfbereiten Zuschauer spielen würde, oder vor einer Verständigung über Marokko mit Frankreich, zu welcher Verständigung die französische Regierung schon wiederholt ihre Bereitwilligkeit erklärt hat, und welche dann als Folgeerscheinung zur Bildung einer großen europäischen Gruppe führen könnte. Seine Majestät der Kaiser und ich, sein verantwortlicher Berater, wünschen beide, womöglich nicht vor diese Wahl gestellt zu werden; dieselbe würde uns aber ipso facto durch die Zurückweisung des Konferenzgedankens aufgedrängt. Da die französische Regierung wenig Lust zum Kriege zu haben scheint, und da vermutlich von Petersburg her im Sinne des Entgegenkommens auf sie eingewirkt wird, so ist es nicht unwahrscheinlich, daß sie bei Sonderverhandlungen Bedingungen vorschlägt, welche uns ein Sonderabkommen ermöglichen. Wir glauben indessen, daß es im Interesse sowohl Deutschlands wie Amerikas liegt, wenn wir unsere bisherige, nach allen Seiten hin unabhängige Stellung auch fernerhin bewahren. Ob dies geschieht oder nicht, das hat Präsident Roosevelt in der Hand, denn von ihm hängt es ab, die Verwirklichung des Konferenzgedankens zu sichern. Er braucht nur den Vertragsmächten und dem Sultan von Marokko gegenüber sich unzweideutig für die Konferenz auszusprechen. Die Engländer werden zwar zunächst versuchen, den Präsidenten für die englische Ansicht zu gewinnen; er wird aber, wenn er will, das letzte Wort behalten. In Paris würde es sich nach unseren Wahrnehmungen eventuell empfehlen, nicht nur Herrn Delcassé, welcher verärgert und in seiner Eitelkeit verletzt ist, sondern auch den Ministerpräsidenten Rouvier direkt durch den amerikanischen Botschafter über den Standpunkt des Präsidenten Roosevelt zu orientieren.

Lassen Sie dem Präsidenten keinen Zweifel darüber, daß die Bildung einer mächtigen europäischen Staatengruppe mit Hereinziehung Deutschlands, welche jetzt offenbar an verschiedenen Stellen erwogen wird, für uns immer n u r als „pis aller" und erst dann in Betracht kommen würde, wenn unser selbstloses Programm der vertragsmäßigen Gemeinsamkeit mit Status quo, Offener Tür und Gleichberechtigung aller Vertragsstaaten infolge des Widerstandes von England und der Gleichgültigkeit von Amerika Schiffbruch gelitten hätte.

AN DEN BOTSCHAFTER IN PARIS
FÜRSTEN VON RADOLIN   Berlin, den 30. Mai 1905

Am 27. v. Mts. meldeten Ew., Herr Rouvier lasse deutlich erkennen, daß er das Gebaren des Herrn Delcassé in der Marokkofrage mißbillige und geneigt sei, denselben möglichst bald auszuschiffen. Kurz darauf ließ der Ministerpräsident dieser seiner Absicht durch eine Vertrauensperson hier Ausdruck geben. Infolgedessen wurden Ew. beauftragt, Herrn Rouvier wissen zu lassen, daß die Kaiserliche Regierung zwar nicht zu Herrn Delcassé, wohl aber zu Herrn Rouviers Ehrlichkeit Zutrauen habe, und daß es daher angezeigt scheine, in Erwartung einer Änderung in der Leitung der auswärtigen französischen Politik zunächst einen Stillstand sowohl in der diplomatischen wie auch in der Preßtätigkeit eintreten zu lassen. Dementsprechend habe ich mein möglichstes getan, um zu verhindern, daß die deutsche Presse, wenigstens der Teil derselben, welcher mit der Regierung Fühlung hat, Herrn Delcassé fernerhin angriff. Die überwiegende Mehrzahl der großen deutschen Blätter ist meinem Wunsche gefolgt und hat sogar stellenweise hervorgehoben, daß Herr Delcassé sich Deutschland gegenüber entgegenkommend zeige. Dadurch ist auf meine Veranlassung dem deutschen Volke eine Vorstellung beigebracht worden, welche im direkten Widerspruch mit der Wirklichkeit steht. Denn Herr Delcassé ist ganz der alte geblieben, er handelt anders, als er spricht. Während er Herrn Rouvier versichert, Deutschland gegenüber künftig konziliant zu sein, gibt er bis in die neueste Zeit hinein dem französischen Vertreter in Fes Instruktionen, die, wie Ew. aus dem Erlaß 834 ersehen haben werden, an Schroffheit nicht übertroffen werden können.

Bei Seiner Majestät dem Kaiser und bei mir als dessen verantwortlichem Berater wird durch diese neuesten Wahrnehmungen die Überzeugung befestigt, welche sich während der siebenjährigen Amtsdauer des Herrn Delcassé allmählich gebildet hatte, daß, solange Herr Delcassé Minister bleibt, nicht mit der Möglichkeit einer Verbesserung, wohl aber mit einer Möglichkeit der Verschlechterung der deutsch-französischen Beziehungen gerechnet werden muß. Herr Delcassé fing seine Amtsführung damit an, daß er meine amtliche Anregung wegen eines deutsch-französischen Zusammengehens in einem Einzelfalle einfach unbeantwortet ließ. Seitdem hat er, wie ich höre, zu seiner Entschuldigung geltend gemacht, ich hätte damals am 18. Juni 1898 auch die gegenseitige Anerkennung des Besitzstandes implizite verlangt — eine Behauptung, welche in direktem Widerspruch mit dem Inhalt meines damaligen Telegramms steht. Seitdem hat Herr Delcassé, wie Ew. bekannt ist, jede sich bietende Gelegenheit benutzt, um seiner feindseligen Gesinnung gegen Deutschland dadurch Genüge zu tun, daß er bei Fragen, welche Gegenstand diplomatischer Erörterung zwischen Berlin und Paris gewesen waren, den wahren Sachverhalt unterdrückte oder entstellte in der Absicht, unsere Politik zu verdächtigen und uns

Feinde zu machen. Auch die Marokkopolitik des Herrn Delcassé, namentlich ihr überstürztes Tempo, läßt sich nicht aus irgendeinem sachlichen französischen Interesse erklären, sondern nur daraus, daß Herr Delcassé als das Werkzeug einer auswärtigen Inspiration gehandelt hat, welche ein Interesse daran hatte, gerade jetzt eine akute Spannung zwischen Frankreich und Deutschland herbeizuführen. Nach den neuesten aus Marokko hierher gelangten Nachrichten setzt Herr Delcassé seine Aktions- und Einschüchterungspolitik unbeirrt fort trotz der gegenteiligen Versprechungen, die er wahrscheinlich in Paris gemacht hat.

Die Tatsache, daß Herr Delcassé nach wie vor die französische Politik in einem deutschfeindlichen und friedensfeindlichen Sinne leitet, wird der Welt nicht lange verborgen bleiben können, und es wird dann in der öffentlichen Meinung Deutschlands ein Rückschlag fühlbar werden, für dessen Folgen ich die Verantwortung ablehnen muß. Ich halte es deshalb für nötig, den Ministerpräsidenten Rouvier nochmals auf die ernsten Bedenken hinweisen zu lassen, welche das Verbleiben des Herrn Delcassé für die deutsch-französischen Beziehungen mit sich bringt. Der Botschaftsrat von Miquel, welcher Paris demnächst verläßt, wird unser Mißtrauen gegen Herrn Delcassé mit einer Offenheit zum Ausdruck bringen können, welche für Ew. aus Etiketterücksichten schwierig sein würde. Ich glaube deshalb im Sinne und Interesse der persönlichen Stellung Ew. zu handeln, wenn ich Sie ermächtige, mit Herrn von Miquel zu vereinbaren, was derselbe als von mir kommend in Paris sagen und welche Personen er eventuell in unsere Ansicht über Herrn Delcassé einweihen soll. Ich möchte annehmen, daß es sich empfiehlt, Preßpolitiker zunächst noch nicht in die Sache hineinzuziehen, weil eine Besprechung in der Presse vielleicht günstig für Herrn Delcassé wirken könnte.

AN DEN BOTSCHAFTER IN ROM
GRAFEN MONTS   Berlin, den 31. Mai 1905

Graf Tattenbach meldet aus Fes vom 25., um den Sultan zu entmutigen, werde französischerseits ausgestreut, daß Deutschland, dessen Interessen in Marokko nur gering seien, den Sultan in der Patsche sitzen lassen werde angesichts des einigen Vorgehens der „Mittelmeermächte", welche eine Einmischung Deutschlands in Fragen des Mittelländischen Meeres niemals dulden würden.

Ew. wollen das Vorstehende Herrn Tittoni und nach Ihrem Ermessen auch Herrn Fortis zur Kenntnis bringen und dabei etwa folgendes hinzufügen:

Deutschland wird, gleichviel welche Wendung die marokkanischen Dinge nehmen, jedenfalls die Konsequenzen der Ratschläge ziehen, welche Seine Majestät der Kaiser dem Sultan erteilen läßt. Die Möglichkeit, daß der Sultan allein in der Patsche sitzenbleibe, kommt also praktisch nicht in Betracht. Was bedeutet es aber, daß die französische Diplomatie in Fes von „der Einigkeit der Mittelmeermächte im gemeinsamen Widerstande gegen Deutschland" spricht? Wir nehmen zwar an, daß Italiens Name hierbei mißbraucht wird, aber die italienische Regierung wird nicht umhin können, eine Richtigstellung herbeizuführen, wenn sie verhindern will, daß die von Frankreich seit Jahr und Tag in Umlauf gesetzte Legende von dem tatsächlichen Aufhören des Dreibundes eine neue Bekräftigung erfährt. Ew. wollen daher den italienischen Ministern gegenüber meiner festen Hoffnung Ausdruck geben, daß die italienische Diplomatie, daß mindestens der italienische Vertreter in Tanger angewiesen werde, sich unzweideutig im Sinne der vertragsmäßigen Gleichberechtigung zu äußern. Aus Ew. Berichterstattung glaube ich entnehmen zu können, daß unter den italienischen Ministern namentlich Herr Fortis auf diesem Standpunkt steht. Es genügt aber natürlich nicht, wenn italienische Staatsmänner ihre Überzeugung nur unter vier Augen dem deutschen Vertreter gegenüber aussprechen. Daß die passive Assistenz Italiens auf französischer Seite einer reductio ad absurdum des Dreibundes gleichkommen würde, werden Ew. den italienischen Ministern kaum anzudeuten brauchen, da dieser Gedanke sich von selbst aufdrängt und überdies am Schlusse meines Telegramms 62 schon berührt worden war.

AN DEN BOTSCHAFTER IN PARIS
FÜRSTEN VON RADOLIN   Berlin, den 1. Juni 1905

Graf Tattenbach meldet, daß von französischer Seite der Sultan von Marokko für den Fall der Ablehnung des französischen Programms fortgesetzt mit einer Aktion an der algerischen Grenze bedroht wird. Gleichwohl hat der Sultan dem französischen Vertreter am 28. Mai eröffnen lassen, die Annahme der französischen Reformvorschläge könne erst in Betracht kommen, nachdem dieselben durch die Vertragsmächte geprüft und gebilligt sein würden. Damit ist die Konferenzfrage in den Vordergrund gerückt.

Der vom Sultan jetzt eingenommene Standpunkt ist derselbe, welchen Deutschland von Anfang an allen Interessenten gegenüber als den völkerrechtlich korrekten bezeichnet hat. Wir würden daher nicht sagen können, daß uns die Sache nichts angeht, sondern würden die Konsequenzen ziehen müssen, wenn Frankreich nach der völkerrechtlich unantastbaren Stellungnahme des Sultans die bisher von Herrn Delcassé befolgte politique d'intimidation et de violence fortsetzte, welche nicht nur die Interessen, sondern auch die Würde der mit uns in gleicher Lage befindlichen Vertragsstaaten berührt. Ich hoffe aufrichtig, daß dieser Fall nicht eintreten, sondern daß schließlich unter den Interessenten ein accord de vues zu erreichen sein wird unter Zugrundelegung des in meinem Erlaß 740 skizzierten Programms, welches sich in die Worte zusammenfassen läßt: Réserver l'avenir.

Im Interesse des Friedens ist es wichtig, daß das Vorstehende ohne Verzug zur Kenntnis des Ministerpräsidenten gebracht werde, damit dieser nicht ohne volle Sachkenntnis die jetzt an ihn herantretende Entscheidung trifft. Aus besonderer Rücksicht wollen Ew. sich jedoch hierbei einer nichtamtlichen Vertrauensperson bedienen, damit Herr Rouvier zunächst noch in der Lage ist, wahrheitsgemäß erklären zu können, daß ihm die deutsche Regierung weder durch Ew. noch durch Herrn Bihourd hat Vorstellungen machen lassen.

AN DEN BOTSCHAFTER IN WASHINGTON FREIHERRN SPECK VON STERNBURG
Ganz geheim   Berlin, den 3. Juni 1905

Seine Majestät der Kaiser hält bei jetziger Lage im Interesse seines Freundes des Zaren den Friedensschluß für das geringere Übel und würde bereit sein, darauf abzielende Bemühungen des Präsidenten Roosevelt im stillen beim Zaren zu unterstützen. Für beide kriegführende Teile würde die amerikanisch-deutsche Vermittelung die denkbar billigste sein, weil uneigennützig.

AN DEN CHEF DES GENERALSTABS DER ARMEE
GENERAL DER KAVALLERIE GRAFEN VON SCHLIEFFEN
Geheim   Berlin, den 4. Juni 1905

Euere pp. beehre ich mich ganz vertraulich und nur für meine Orientierung um eine sehr gefällige Auskunft darüber zu bitten, welchen Grad von militärischer Leistungsfähigkeit Rußland binnen Jahr und Tag nach dem Friedensschluß auf einem europäischen (z. B. balkanischen oder karpathischen) Kriegsschauplatz würde betätigen können.

AN DEN GESCHÄFTSTRÄGER IN PARIS
 VON FLOTOW   Berlin, den 5. Juni 1905

Nach einer telegraphischen Meldung der Kaiserlichen Gesandtschaft in Tanger hat die marokkanische Regierung die Signatarmächte der Madrider Konvention zu einer Konferenz in Tanger eingeladen, um dort über die von Seiner Scherifischen Majestät beschlossenen, den jeweiligen Verhältnissen in Marokko entsprechenden Reformen sowie über die Beschaffung der hierfür erforderlichen Mittel zu beraten.

Die Kaiserliche Regierung glaubt entsprechend den von ihr früher abgegebenen Erklärungen in einer solchen Konferenz das beste Mittel zur Einführung derartiger Reformen zu erblicken. Denn da diese Reformen voraussichtlich nur unter Anlehnung an die Signatarmächte erfolgen können, so ist die Möglichkeit ihrer Durchführung beschränkt durch die Bestimmungen der Madrider Konvention, insbesondere durch den Artikel 17, wonach jeder Signatarmacht in Marokko das Recht auf Behandlung als meistbegünstigte Nation zusteht und somit keiner Macht eine bevorzugte Behandlung eingeräumt werden darf. Das geplante Reformwerk würde daher nur mit Zustimmung aller Signatarmächte zustandekommen können. Aus diesen Erwägungen hat die Kaiserliche Regierung die Einladung Marokkos angenommen.

Sollte die Konferenz an der Weigerung einzelner Signatarmächte scheitern, so würde die Folge sein, daß der bisherige Vertragszustand unverändert aufrechterhalten bliebe. Hieran würde auch nichts geändert werden, wenn einige Signatarmächte erklären sollten, daß sie mit den für Marokko in Aussicht genommenen Maßregeln einverstanden seien, oder daß sie daran kein Interesse nähmen. Denn es würde nach den obigen Ausführungen der Widerspruch einer einzigen Signatarmacht genügen, um der Einräumung irgendwelcher Sonderrechte, die mit dem Meistbegünstigungsrechte der anderen Mächte unvereinbar sind, den Rechtsboden zu entziehen.

Abgesehen von dem vorstehend entwickelten Rechtsstandpunkte glaubt übrigens die Kaiserliche Regierung die Konferenz auch deshalb für nützlich erachten zu sollen, weil ganz unabhängig von der Rechtsfrage die bestehenden politischen und handelspolitischen Interessen der Signatarmächte durch die Gewährung von Sonderrechten an einzelne Mächte beeinträchtigt werden könnten und die Konferenz ein geeignetes Mittel zur Herbeiführung eines Ausgleichs bieten würde.

Ew. pp. bitte ich, vorstehendes sofort durch Vorlesen zur Kenntnis der dortigen Regierung zu bringen und auf Wunsch Abschrift zu übergeben.

Bei Besprechung der Sache wollen Ew. sodann mündlich, aber auftraggemäß die nachstehenden Gesichtspunkte hervorheben und nachdrücklich verwerten:

Gegenüber der französischen Aktion in Marokko läßt sich die vertragsmäßige Rechtslage folgendermaßen zusammenfassen:

Die Madrider Konvention stellt sich nicht dar als ein Vertrag Marokkos einerseits und der übrigen Signatarmächte andererseits, sondern als ein Vertrag sämtlicher Signatarmächte untereinander, dergestalt, daß jede Macht allen anderen Mächten gegenüber verpflichtet ist, die Bestimmungen des Vertrags als für sie maßgebend anzusehen. Frankreich hat daher, sofern es Sonderrechte in Marokko erwerben will, die mit den Vertragsbestimmungen im Widerspruche stehen, nicht nur die Zustimmung Marokkos, sondern auch die aller übrigen Signatarmächte einzuholen.

Die von Frankreich erstrebten Sonderrechte würden zweifellos eine Verletzung der Madrider Konvention zur Folge haben. Wenn auch die Anträge, welche Frankreich an Marokko gerichtet hat, im einzelnen noch nicht bekannt sind, so steht doch so viel fest, daß Frankreich Marokko veranlassen will, ihm ein vertragsmäßiges Recht auf Leitung der inneren Verwaltung und der äußeren Vertretung des Landes sowie seines gesamten Heerwesens zu übertragen und ihm dadurch eine bevorzugte Behandlung vor allen übrigen Signatarmächten einzuräumen.

Auf diese Weise würde Frankreich, ebenso wie in Tunis, den gesamten Verwaltungsapparat des Landes und damit jede Verwaltungsentscheidung der marokkanischen Regierung in die Hand bekommen und so Marokko politisch wie handelspolitisch unter seine Herrschaft bringen. Eine solche Stellung einer einzelnen Signatarmacht ist aber mit Artikel 17 der Madrider Konvention schlechterdings unvereinbar.

Ein Gewährenlassen der französischen Aktion gegen Marokko hieße also nichts anderes, als die den

Signatarmächten durch die Madrider Konvention verbürgten Rechte preisgeben, während ein Widerspruch gegen diese Aktion sich lediglich als eine Verteidigung des bestehenden Rechtszustandes darstellt.

AN DEN GESCHÄFTSTRÄGER IN PARIS
VON FLOTOW   Berlin, den 6. Juni 1905

Die Kaiserliche Regierung hat über ihre loyale Absicht, mit Frankreich bessere Beziehungen anzubahnen, schon durch die in meinem Erlaß Nr. 740 Herrn Rouvier übermittelten Bestellungen keinen Zweifel gelassen. An Versuchen der deutschen Regierung, mit Frankreich in einzelnen Fragen für identische Interessen gemeinsam einzutreten, fehlt es in der Vergangenheit nicht. Herr Delcassé hat während der sieben Jahre, wo er Minister war, den auf deutscher wie auf französischer Seite vorhandenen Instinkt der Nützlichkeit gelegentlichen Zusammenarbeitens zurückzuhalten und irrezuleiten verstanden. Die deutsch-französischen Beziehungen sind heute unvergleichbar schlechtere und unsicherere als an dem Tage, wo Herr Delcassé die Geschäfte übernahm. Herr Rouvier kann sich darauf verlassen, daß nach der Entfernung des Herrn Delcassé wir mit demselben guten Willen wie früher an die Aufgabe herangehen werden, den Schaden, welchen letzterer in den Beziehungen der beiden großen Nachbarvölker angerichtet hat, auszugleichen. Dies kann aber nicht von heute auf morgen, sondern nur allmählich geschehen. Die Remedur wird uns dadurch erleichtert, daß wir nicht nötig haben, den Charakter unserer Politik, welcher nie aufgehört hat, in der Frage der Würde wie in der Frage der Interessen ein rein defensiver zu sein, irgendwie zu ändern. Die Besserung wird anfangen in dem Augenblick, wo die französische Marokkopolitik nicht mehr den Charakter der Überstürzung hat, welchen Herr Delcassé ihr aufprägte. Wir haben Verständnis für gewisse politische Regungen Frankreichs, welche das natürliche Ergebnis der Nachbarschaft Frankreichs mit dem zerfallenden Marokkanischen Reiche sind. Aus dem Grunde bieten wir die Hand dazu, die Zukunft freizuhalten. Vor Jahr und Tag waren wir frei, uns bei den Verhandlungen mit Frankreich auf eine andere Basis zu stellen, die gleich zu etwas Definitivem hätte führen können. Seitdem hat Herr Delcassé uns genötigt, eine andere Grundlage zu suchen. Wir können nicht den Sultan in dem Augenblick im Stich lassen, wo er unserm Rate folgend die Einladung zur Konferenz hat abgehen lassen. Eine Zwischenpause ist für jetzt nötig, damit man Zeit gewinnt für Beruhigung und eventuell für neue Kombinationen. Um die Zwischenpause auszufüllen und den unvermeidlichen Stillstand in einer für keinen der beiden Teile verletzenden Weise zu motivieren, sehe ich kein besseres Mittel als die Konferenz.

AUFZEICHNUNG　　　　　　Berlin, den 6. Juni 1905

Ich habe gestern abend dem Kronprinzen von Schweden gesagt, wir hätten gar nichts gegen ein Abkommen, wie es ihm vorschwebe, nur dürfe natürlich nach Eliminierung von Rußland als Objekt des Abkommens ein solches Abkommen nicht allein mit England und Frankreich abgeschlossen werden, da es sich sonst direkt gegen uns richten würde. Schweden müsse ein gleiches Abkommen auch mit uns schließen. An die Engländer möge Schweden etwa antworten: „Wir sind bereit, ein solches Abkommen mit England und Frankreich abzuschließen, wünschen aber Deutschland mit hineinzuziehen, teils um auch dieses zu vinkulieren, teils um uns Deutschland nicht zu verfeinden." Der Kronprinz war mit diesem Vorschlag ganz einverstanden und meinte, er wünsche sich gar nichts Besseres als ein solches Abkommen auch mit Deutschland, er wünsche die engste Fühlung mit Deutschland.

Seine Majestät der Kaiser ist mit dieser Behandlung der Angelegenheit durchaus einverstanden. Seine Majestät äußerte dabei, wenn Norwegen sich von Schweden getrennt haben werde, könnten wir ja mit Norwegen einen ähnlichen Vertrag schließen. Wir hätten gar keine Veranlassung, die Norweger mißtrauisch zu machen oder gar schlecht zu behandeln, wo Deutschland jetzt in Norwegen viele Sympathien besitze.

AN DEN INTERIMISTISCHEN LEITER DER GESANDTSCHAFT
IN TANGER GESANDTEN GRAFEN VON TATTENBACH
Berlin, den 7. Juni 1905

Mit dem Sturz von Delcassé und dessen Ersetzung durch Rouvier dürfte die akute Phase der Marokkofrage abgeschlossen sein, gleichviel ob die Konferenz zustandekommt oder nicht. Die englische Presse, welche ihr möglichstes getan hat, um einen französisch-deutschen Konflikt herbeizuführen, befürwortet jetzt die „Interessensphäre". Euer pp. Aufgabe wird es sein, dem Sultan die Überzeugung beizubringen, daß er in seinem eigenen Interesse richtig gehandelt hat, als er das französische Programm ablehnte und zunächst die Konferenz beantragte. Er hat dadurch zur Beseitigung von Delcassé und zur Zurückleitung der französischen Politik in ruhigere Bahnen seinen Teil beigetragen. Deutschland seinerseits wird, gleichviel ob wir schlecht oder besser mit

Frankreich stehen, dessen eingedenk bleiben, daß der Sultan hierin unserem Rate gefolgt ist. Selbst wenn die Konferenz nicht zustandekommt, genügt es nach Artikel 17 der Madrider Vertragsakte, wenn eine einzelne Vertragsmacht einer den Vertragsbestimmungen zuwiderlaufenden Änderung des bestehenden Zustandes widerspricht.

AN DEN BOTSCHAFTER IN PETERSBURG
GRAFEN VON ALVENSLEBEN   Berlin, den 9. Juni 1905

Die in Ew. pp. Telegramm enthaltene Nachricht, daß der amerikanische Botschafter vom Zaren Aufträge wegen des Friedens erhalten hat, war mir sehr erfreulich. Ew. pp. habe ich seit dem Beginn des ostasiatischen Krieges, dessen Ausbruch wir seinerzeit so lebhaft beklagt haben, wiederholt unseren Standpunkt dahin präzisiert, wie für uns in erster Linie der Wunsch steht, daß durch diese Ereignisse das russische Kaiserhaus nicht erschüttert und die russische Weltstellung nicht für längere Zeit verringert werden möge. Von diesem für uns maßgebenden Gesichtspunkt ausgehend, haben wir dem Präsidenten Roosevelt nahegelegt, er möge seine uneigennützige Vermittlung eintreten lassen, um einen für Rußland akzeptablen Frieden herbeizuführen. Gleichzeitig hat unser Allergnädigster Herr Seine Majestät dem Kaiser Nikolaus in einem eigenhändigen Briefe dargelegt, daß ihm nichts ferner sei, als in Höchstdessen Entschlüsse einzugreifen, oder ihm seinen Rat aufzudrängen. Aber als persönlicher Freund des Kaisers Nikolaus, durchdrungen von der Heiligkeit der Traditionen, die das deutsche und das russische Kaiserhaus verbinden, und überzeugt von der Nützlichkeit eines monarchischen und kräftigen Rußlands an unserer Ostgrenze, bitte er Kaiser Nikolaus, sich zu überlegen, ob für ihn nicht der Augenblick gekommen sei, von seinen diplomatischen und militärischen Ratgebern eine bestimmte Äußerung darüber einzuholen, welche Aussichten die Fortsetzung des Krieges noch biete. Die russische Armee und die russische Flotte hätten soldatische Bravour, Ausdauer und treue Ergebenheit in voller Weise an den Tag gelegt, aber der Mehrheit des russischen Volkes erscheine die Fortsetzung des Krieges nach allem, was im Auslande verlaute, in hohem Grade zu widerstreben; viel russisches Blut sei schon geflossen, die weitere Fortsetzung des Krieges könne zu einer wirklichen Schwächung Rußlands führen. Wenn Seine Majestät der Kaiser Nikolaus die Möglichkeit der Anbahnung des Friedens ins Auge fassen wolle, so empföhle unser Allergnädigster Herr als Vermittler den Präsidenten Roosevelt. Gleichzeitig hat Seine Majestät den Präsidenten Roosevelt persönlich und direkt ermuntert, seine Dienste in St. Petersburg anzubieten. Die daraufhin sofort erfolgte ausführliche Instruktion des Präsidenten an Herrn von Lengerke-Meyer war in würdigem Tone gehalten, ohne jede Aufdringlichkeit. Aus Ew. pp. Telegramm habe ich mit Genugtuung ersehen, daß der Schritt des Präsidenten kein fruchtloser war. Bei Besprechung des Vorstehenden mit Graf Lamsdorff können Ew. pp. diesem sagen, daß wir auf den amerikanischen Vermittlungsversuch die besten Hoffnungen setzen. Die Stimme Amerikas hat in Japan weit größeres Gewicht als die irgendeiner europäischen Macht.

AN DEN BOTSCHAFTER IN MADRID
VON RADOWITZ   Berlin, den 10. Juni 1905

Die Äußerung des Herrn de Villa-Urrutia, durch welche dieser Minister die spanische Politik mit der unfriedlichen und deutschfeindlichen marokkanischen Aktion des Herrn Delcassé identifiziert, wird von allen Seiten gleichinhaltlich gemeldet. Ich muß dieselbe daher für richtig halten, jedenfalls gilt sie in der politischen Welt — nicht nur in Paris allein — für richtig wiedergegeben. Inzwischen ist Herr Delcassé zum Rücktritt gezwungen worden durch ein Zusammenwirken der französischen Regierung und der französischen Presse, welche in der Ansicht übereinstimmten, daß nicht eine Verschlechterung der französisch-deutschen Beziehungen, sondern eher das Gegenteil im Interesse Frankreichs liege. Die Eventualität einer französisch-spanischen Aktion gegen Deutschland ist damit in Wegfall gekommen, es bleibt jedoch von derselben der Unterschied zurück, daß Frankreich den Minister, welcher die deutschfeindliche Aktion zu seinem Programm gemacht hatte, allein gelassen und beseitigt hat, während sein spanischer Gesinnungsgenosse die spanische auswärtige Politik weiter leitet. Die Wahl der Minister ist stets und ausnahmelos eine innere Angelegenheit des betreffenden Landes. Es liegt uns fern, den Gedanken einer Beseitigung des Herrn de Villa-Urrutia anzuregen, ebenso wie wir auch nie daran gedacht haben, den Rücktritt des Herrn Delcassé zu fordern. Ein derartiges vom Auslande gestelltes Verlangen würde in den meisten Fällen ein sicheres Mittel sein, um den dem Auslande mißliebigen Minister in seiner Stellung zu befestigen. Aber wir sind in Anbetracht der bisher zwischen Deutschland und Spanien wie zwischen den beiden Höfen aufrechterhaltenen guten Beziehungen dem Madrider Kabinett die offene Erklärung schuldig, daß wir unter diesen Umständen uns von der Verpflichtung befreit erachten, bei einer etwaigen künftigen Regelung der Marokkofrage oder anderer ähnlicher Fragen auf Spaniens Interessen Rücksicht zu nehmen. Auch würde, da bei dieser

Sachlage nennenswerte diplomatische Erörterungen zwischen Deutschland und Spanien in absehbarer Zeit nicht zu erwarten sind, einer Beurlaubung der beiderseitigen Botschafter auf längere bzw. unbestimmte Zeit kaum etwas im Wege stehen.

Daß endlich unser Allergnädigster Herr die Frage des Königsbesuchs mit dem etwaigen Eintreten Spaniens in die antideutsche diplomatische Aktion in Zusammenhang gebracht hat, ist Ew. bereits bekannt.

Ew. ersuche ich, das Vorstehende mit dem Ministerpräsidenten zu besprechen, ruhig und ohne jede Gereiztheit in einer Weise, welche dem Herrn Villaverde die Überzeugung aufdrängt, daß es sich nicht um Stimmungen und Drohungen, sondern um unvermeidliche politische Konsequenzen handelt.

AN DEN BOTSCHAFTER IN PARIS
FÜRSTEN VON RADOLIN   Berlin, den 10. Juni 1905

Der „Berliner Lokalanzeiger" bringt heute folgenden telegraphischen Bericht seines Pariser u-Korrespondenten:

„Über den Inhalt der vom deutschen Geschäftsträger von Flotow Herrn Rouvier überreichten, auf den Konferenzvorschlag Bezug habenden Note ist offiziell nichts verlautbart, doch glaubt man in Rouviers Umgebung, daß nach Radolins bevorstehender Rückkehr die Besprechungen eifrig geführt werden. Nach der in Pariser Kreisen vorherrschenden Ansicht wäre Frankreich außerstande, eine Konferenz ohne streng begrenztes Programm zu beschicken. Es würde sich also darum handeln, vorher gewisse Punkte auszuschalten, welche Zugeständnisse betreffen, die angeblich schon vor Tattenbachs Erscheinen für Frankreich erlangt waren, so besonders die Stellung der Polizei und der Grenztruppen unter französisches

Kommando. Frankreich hätte, wie es heißt, gegen die analoge Ausschaltung gewisser deutsche Interessen berührender Programmpunkte, soweit von Tattenbach in Fes erlangte Zugeständnisse in Betracht kommen, nichts einzuwenden. Demzufolge wäre der wesentliche Zweck der Konferenz, dokumentarisch die Politik der Offenen Tür festzulegen, ein Prinzip, das gegenwärtig hier keiner Opposition mehr begegnet. Für die gleiche Auffassung auch die Zustimmung Englands zu erlangen, wird, falls zwischen Paris und Berlin die erhoffte Verständigung erzielt wird, Aufgabe des Botschafters Cambon sein. Ein völliges Scheitern der Verhandlungen wird zwar nicht befürchtet, doch sind die Ihnen vorgestern gemeldeten Vorsichtsmaßnahmen an der Ostgrenze keineswegs aufgehoben. Man nützt den Anlaß aus, um jene scharfe Kritik, welche seinerzeit General Négrier an Frankreichs Vorbereitungen für den Ernstfall übte, durch umfassende Verbesserungen gegenstandslos zu machen."

Dieser Bericht, der offenbar auf guten Informationen beruht, gibt anscheinend das Programm der französischen Regierung. Danach will Frankreich die Konferenz beschicken, sofern ihm von uns vorher gewisse, von den Konferenzberatungen auszuschließende Sonderrechte garantiert werden, wogegen uns gleichfalls einige Sonderrechte eingeräumt werden sollen. Vorschläge dieser Art erscheinen uns nicht annehmbar.

Wie wir wiederholt ausgeführt haben, können wir gegenwärtig nach den dem Sultan erteilten Zusicherungen schlechterdings nicht unsere Hand dazu bieten, daß diesem Bedingungen aufgezwungen werden, die seine Unabhängigkeit tatsächlich beseitigen würden. Dies würde umsoweniger angängig sein, wenn wir uns dadurch gleichfalls Vorteile auf seine Kosten verschaffen wollten. Die englische Presse hat uns bereits wiederholt vorgeworfen, daß wir durch unser Vorgehen lediglich die Erpressung solcher Vorteile beabsichtigten.

Überdies würden die von Frankreich in Aussicht genommenen Abmachungen dem Rechtsstandpunkte, wie er in dem Zirkulartelegramm Nr. 117 dargelegt ist, direkt zuwiderlaufen.

Frankreich scheint seine Reformvorschläge über das Heerwesen und die Polizei, die in der Euerer pp. gestern mitgeteilten Aufzeichnung unter I. und II. 1. näher beleuchtet sind, aufrechterhalten zu wollen. Diese Vorschläge, welche die Unabhängigkeit des Sultans weitaus am meisten bedrohen, verstoßen zweifellos gegen den Artikel 17 der Madrider Konvention, selbst wenn der Sultan sie angenommen haben sollte. Tatsächlich hat er aber nach den uns vorliegenden Berichten solche Zugeständnisse nicht gemacht, vielmehr die Vorschläge nachdrücklich zurückgewiesen.

Ebenso würden übrigens auch wir gegen die Madrider Konvention verstoßen, wenn wir uns Sondervorteile, die mit dem Artikel 17 nicht im Einklange stehen, ohne die Zustimmung sämtlicher Signatarmächte bewilligen lassen wollten. In der Tat sind von uns irgendwelche Versuche nach dieser Richtung nicht gemacht worden.

Euere pp. bitte ich, vorstehende Gesichtspunkte bei Ihrer morgigen Besprechung mit Herrn Rouvier, falls dieser sich im Sinne der eingangs erwähnten Korrespondenz äußern sollte, nachdrücklich zu vertreten und dabei nochmals zu betonen, daß uns nach wie vor eine Konferenz über die gesamte Marokkofrage als das beste Mittel zur Herbeiführung eines Ausgleichs erscheint.

Zu dem soeben eingehenden Telegramm Nr. 218

bemerke ich folgendes: Die Konferenz kann, wie bereits in meinem Erlasse Nr. 740 dargelegt wurde, keine positiven Resultate haben, welche geeignet wären, die französische Zukunft zu verschlechtern. Es handelt sich also jetzt nur um eine Etikettenfrage und um einen Aufschub. Ob es für Frankreich der Mühe wert ist, deswegen die Aussichten auf eine materielle Besserung der deutsch-französischen Beziehungen in Frage zu stellen, muß Herr Rouvier entscheiden. Was die Demütigung anlangt, so war diese bisher in der Marokkofrage ausschließlich auf der deutschen Seite und erfordert Remedur. Wir sind aber gern bereit, jede Art von Remedur in Erwägung zu ziehen, welche uns nicht wortbrüchig macht gegen den Sultan von Marokko, den wir vor wenigen Wochen zum Widerstand ermutigt haben.

AN DEN BOTSCHAFTER IN PARIS
FÜRSTEN VON RADOLIN   Berlin, den 10. Juni 1905

Seine Majestät der Kaiser hat gestern beim Abschluß der Übungen in Döberitz den zu den Übungen zugezogenen fremdländischen Offizieren seine Befriedigung über ihr Erscheinen ausgesprochen und auf das Wohl der durch sie vertretenen Heere und insbesondere auch des französischen sein Glas geleert. General de Lacroix dankte in wärmsten und herzlichsten Worten. Seine Majestät hat alles in der sicheren Annahme getan, daß das ihm verhaßte System Delcassé mit Herrn Delcassé wirklich beseitigt sei. Sollte sich, wie ich nach den Morgenblättern und auch nach den Andeutungen des Vertrauensmanns fast annehmen muß, herausstellen, daß Rouvier durch zurückgebliebene Anhänger von Delcassé ahnungslos in die Bahnen dieses letzteren zurückgeschoben wird, so würde sich bei Seiner Majestät eine umso schärfere Reaktion bemerkbar machen. Um keine gefährlichen Mißverständnisse aufkommen zu lassen, ist es deshalb nötig, daß Major von Hugo von den Kaiserlichen Worten, die er mitbekommen hat, den Franzosen erst Kenntnis gibt, wenn die gegenwärtige Lage ihre Schärfe verloren hat. Wenn die Franzosen jetzt, wo sie offenbar zwischen dem friedlichen und dem Aktionsprogramm schwanken, zu der irrtümlichen Auffassung kämen, daß Seine Majestät seinen Standpunkt in der Marokkofrage geändert habe (was nicht entfernt der Fall ist), so würde ich darin eine wirkliche Kriegsgefahr sehen.

AN DEN BOTSCHAFTER IN WASHINGTON FREIHERRN SPECK VON STERNBURG   Berlin, den 10. Juni 1905

Ew. Mitteilungen über verdächtige Haltung Englands werden unterstützt durch einen Bericht des Kaiserlichen Geschäftsträgers in Paris vom 7. d. Mts. Ein Vertrauensmann des Herrn Rouvier hatte in höherem Auftrage dem Geschäftsträger am selben Tage gesagt, „daß von englischer Seite hier (in Paris) in aller Form das Anerbieten einer Offensiv- und Defensivallianz mit antideutscher Spitze gemacht worden sei. Man habe aber bis jetzt in hiesigen leitenden Kreisen nicht den Entschluß fassen können, darauf einzugehen, weil der überwiegende Teil der französischen Regierung hoffe, doch noch zu einem befriedigenden Verhältnis zu Deutschland zu gelangen. Es sei aber nunmehr an der Zeit für Deutschland, sich in dieser Hinsicht zu entscheiden, da andernfalls Frankreich doch gezwungen sein würde, engere Fühlung mit England zu suchen."

So lautet wörtlich die Meldung des Geschäftsträgers. Aus allerlei halbamtlichen Mitteilungen ersehen wir, daß die französische Regierung uns unter dem Namen „Interessensphäre" ein Stück Marokko geben möchte, während sie den größeren Teil des Reiches nehmen will. Wir waren frei, einen solchen Vorschlag anzunehmen oder nicht, bis zu dem Augenblick, wo der Sultan sich i n f o l g e u n s e r e r A n r e g u n g auf den Boden der Madrider Konferenz stellte. Wir können nicht unmittelbar hinterher uns mit Frankreich und vielleicht Spanien als Drittem in das marokkanische Reich teilen, müssen vielmehr, wenn es nötig wird, aus unabweisbaren Gründen der Loyalität für den Sultan eintreten, welcher unserem Rate gefolgt ist. Hier liegt also der seltene Fall vor, daß wir in Krieg verwickelt werden könnten, nicht weil wir zuviel haben wollen, sondern weil wir nichts haben wollen.

Wenn England, wie man nach dem Pariser Bericht und nach manchen anderen Anzeichen annehmen muß, sich mit dem Gedanken trägt, Frankreich in einem Kriege gegen Deutschland zu unterstützen, so geschieht das natürlich nicht wegen der marokkanischen, sondern wegen der ostasiatischen Frage. Das wahrscheinliche Ergebnis eines französisch-englischen Krieges gegen Deutschland würde sein, daß Frankreich zu Lande den kürzeren zieht, daß aber die vereinigten Flotten von Frankreich und England die deutsche Flotte zugrunderichten. Alsdann würde in Ostasien Amerika allein stehen gegenüber der Gruppe England-Japan-Frankreich, wo Rußland vielleicht als Vierter hinzukäme.

Der Zusammenhang der marokkanischen mit der ostasiatischen Frage fällt in die Augen. Wenn es England und Frankreich zunächst in einem marokkanischen Kriege gelänge, Deutschlands Seemacht zu vernichten, dann wäre England der Erwerbung des Jangtsebeckens erheblich näher als heute, denn das isolierte Amerika würde die Aufteilung Chinas, bei welcher voraussichtlich auch für Rußland ein weites Gebiet abfallen würde, schwerlich hindern können. Viel leichter würde es für den Präsidenten Roosevelt sein, dieser gefährlichen Lage dadurch vorzubeugen, daß er entweder eine friedliche Lösung der marokkanischen Frage, also eine Konferenz, fördert, oder daß er, wenn ihm dies nicht paßt, England hindert, sich an einem durch die Aggressivpolitik Frankreichs gegen Marokko hervorgerufenen deutsch-französischen Kriege zu beteiligen.

Auf die Gefahr der Bildung einer den Interessen von Deutschland und Amerika feindlichen Gruppe haben wir seit längerem hingewiesen. Ein marokkanischer Krieg würde diese Gruppierung fördern. Gleichfalls förderlich ist ihr der Umstand, daß Rußland unter den Friedensbedingungen die Zahlung einer Kriegsentschädigung und die Abtretung von Sachalin (weil russisches Gebiet) schwer annehmen wird. Diese beiden schwierigen Punkte wären sofort beseitigt, wenn nach der maritimen Lahmlegung Deutschlands eine Lage geschaffen wäre, welche es ermöglichte, Rußland und Japan durch chinesische Gebietsteile schadlos zu halten.

Ew. ersuche ich, das Vorstehende baldmöglichst mit dem Präsidenten zu besprechen.

AN DEN BOTSCHAFTER IN LONDON
GRAFEN VON METTERNICH   Berlin, den 11. Juni 1905

Der englische Botschafter Sir Frank Lascelles suchte mich gestern vor seiner Abreise nach London auf, um die englisch-deutschen Beziehungen mit mir zu besprechen, die auch für ihn ein Gegenstand des Bedauerns und der Sorge sind. Meine Ausführungen gegenüber Sir Frank fasse ich wie folgt zusammen:

Bei dem gegenseitigen Mißtrauen zwischen Deutschland und England handelt es sich um ein großes Mißverständnis. Es gibt Engländer, die glauben, daß wir England angreifen, überfallen, unterminieren, schwächen wollen; es gibt Deutsche, die dasselbe von England annehmen. Bei uns halten überspannte alldeutsche Professoren gelegentlich törichte Reden, und pensionierte Offiziere schreiben alberne Artikel oder Romane à la Battle of Dorking; in England leisten frühere Admirale und selbst noch im Amt befindliche Regierungspersonen ähnliches. Beides ist gleich unsinnig. Ein Unterschied waltet nur insofern ob, als die deutschen Narreteien mehr in die Vergangenheit, die englischen mehr in die Gegenwart fallen. Die ungeheure Mehrheit der verständigen Leute in Deutschland fürchtet den Krieg so wenig, wie ihn die Engländer fürchten, ist aber überzeugt, daß er für beide Teile kein Vorteil wäre, sondern daß infolgedessen sich Dritte den Weltmarkt erobern würden, ohne einen Schuß abzufeuern.

Es werden alarmierende oder für England unfreundliche Bemerkungen Seiner Majestät des Kaisers kolportiert. Die Engländer kennen Seine Majestät doch genügend, um zu wissen, daß er im Ernstfall als preußischer Offizier und Prinz nicht zurückweichen würde, aber auch nicht im Traum an irgendwelche Offensive gegen England denkt. Allerdings ist Seine Majestät durch die fortgesetzten Verdächtigungen der englischen Presse gegenüber unserer Politik und die zum Teil unqualifizierbaren Hetzereien verletzt und hier und da erregt. Ich verwies hierbei unter vielen anderen Beispielen auf die völlig dreist erlogene Behauptung, wir hätten uns in die Tibetangelegenheit einmischen wollen. Erst neuerdings sei in einem von den englischen Konservativen herausgegebenen Flugblatt die Behauptung aufgestellt worden, wir hätten nach dem Zwischenfall von der Doggerbank unsere Flotte mobilisiert. Diese Behauptung sei in ihrer Lügenhaftigkeit geradezu absurd. Bei diesem Anlaß erzählte ich streng vertraulich dem Botschafter, daß sich die Sache in Wirklichkeit gerade umgekehrt verhalte. Als wir nach dem Doggerzwischenfall von russischer nichtamtlicher, aber Hoher Seite sondiert worden wären, hätten wir geantwortet, daß Rußland in keiner Weise auf unseren Beistand zählen könne. Eine weitere Lüge der „Times" sei, daß wir die Fortdauer des ostasiatischen Krieges wünschten, dessen Ausbruch wir seinerzeit beklagt haben. In Wahrheit bemühten wir uns, und nicht ohne Erfolg, um die Wiederherstellung des Friedens.

Unsere Flotte diene nur defensiven Zwecken. Der Gedanke, daß wir die Absicht hätten, eine starke Flotte zu bauen, um die englische Marine niederzuzwingen, errege bei jedem seiner fünf Sinne mächtigen deutschen Seeoffizier wie Staatsmann Achselzucken. Schiffe müßten wir haben, da wir nicht wissen könnten, von wem, wo und von wie vielen wir angegriffen werden würden, und die Pflicht hätten, unsere Handelsemporien, unsere Seehäfen und unseren überseeischen Handel zu schützen. Alle anderen Länder, Amerika wie Italien, Frankreich und Rußland, bauten auch Schiffe.

In der Marokkoangelegenheit stünden wir auf vertragsmäßigem Boden. Die Engländer würden doch nicht im Ernst behaupten, daß wir ruhig zusehen müßten, wenn man ohne unser Zutun über unsere Rechte disponiere. Im vorliegenden Falle hätten wir ein

Jahr gewartet und uns erst gerührt, als die Franzosen, ohne uns auch nur zu fragen, unseren Namen mißbraucht hätten, um die Einwilligung des Sultans von Marokko für ein Programm zu erlangen, welches aus Marokko ein zweites Tunis gemacht haben würde. Wir hätten in Marokko Handelsinteressen, die wir nicht ohne weiteres preisgeben könnten. Dazu käme die Frage der Würde. Eine Großmacht wie Deutschland könne sich nicht als quantité négligeable und schlecht behandeln lassen, wie dies die Franzosen trotz unserer freundlichen und höflichen Haltung mit uns versucht hätten. Unsere Würde würden wir immer zu wahren wissen, und über unsere vertragsmäßigen Rechte dürfe nicht ohne uns disponiert werden. Als der beste Ausweg aus der Marokkoangelegenheit erscheine mir alles in allem die vom Sultan vorgeschlagene Konferenz. Sie würde auch am ehesten Reformen in Marokko ermöglichen. Käme es nicht zur Konferenz, so bliebe eben in Marokko alles beim alten. Beiläufig ließ ich einfließen, wir hörten nicht aus offizieller, aber sehr guter und ernster Quelle, daß die Engländer Delcassé eine Defensiv- und Offensivallianz gegen Deutschland angeboten hätten. Die Art und Weise, wie ein großer Teil der englischen Presse die Franzosen gegen uns gehetzt hätte, gebe dieser Mitteilung einen gewissen Anschein von Wahrscheinlichkeit. Ich schloß mit der Bemerkung, wir sähen in fast allen Organen der englischen öffentlichen Meinung eine blinde Feindschaft gegen uns und hörten von allen Seiten, daß die englische Politik uns direkt unfreundlich sei. Ich stelle anheim, daß Euere Exzellenz in Ihren Unterhaltungen mit Sir Frank Lascelles in die gleiche Kerbe hauen.

AN DEN BOTSCHAFTER IN PARIS
FÜRSTEN VON RADOLIN   Berlin, den 12. Juni 1905

Dem Wunsche des Herrn Rouvier, vor der Marokkokonferenz mit uns eine Aussprache über die Ausdehnung der zulässigen Reformen zu haben, würden wir unter der Voraussetzung entsprechen können, daß Frankreich zuvor die Einladung zu der Konferenz annimmt. In diesem Falle würden voraussichtlich auch die übrigen Signatarmächte der Madrider Konvention zur Teilnahme an der Konferenz bereit sein, so daß deren Zustandekommen gesichert wäre. Alsdann würden wir uns gern dazu verstehen, noch vor dem Zusammentreten der Konferenz den ernsten und ehrlichen Versuch zu machen, uns mit Frankreich über das Programm und die Ziele der Konferenz zu verständigen.

Sollte Herr Rouvier schon jetzt Näheres über unsere Intentionen in dieser Hinsicht zu erfahren wünschen, so würden Euere pp. zu erwidern haben, daß Sie in Ermangelung eines amtlichen Auftrages eine Ansicht hierüber nicht zu äußern vermöchten. Nach dem von uns bisher eingenommenen Standpunkte werde sich indes die französische Regierung von selbst sagen können, daß für die Konferenz zwei Gesichtspunkte maßgebend sein müßten, nämlich einerseits für jetzt keine Beeinträchtigung der Unabhängigkeit Marokkos zugunsten Frankreichs oder irgendeiner anderen einzelnen Signatarmacht und andererseits keine Verschlechterung der französischen Zukunft. Aus diesen Gesichtspunkten scheine sich logisch ohne weiteres zu ergeben, daß die notwendigen Reformen auf dem Gebiete des Heerwesens und der Polizei international zu gestalten und zeitlich zu beschränken seien, daß ferner die Finanzreformen gleichfalls international behandelt werden müßten, und daß endlich die wirtschaftliche Erschließung Marokkos unter Beachtung des Grundsatzes der open door zu erfolgen habe. Dies alles sei aus der Natur der Sache zu folgern; dabei zweifelten Sie aber nicht, daß sowohl die Kaiserliche Regierung als auch die übrigen Signatarmächte den berechtigten französischen Wünschen, soweit irgend möglich, Rechnung tragen würden. Bei Ihrem Gespräche über dieses Thema bitte ich übrigens zu beachten, daß die vorstehenden Ausführungen nur objektive Deduktionen sind, und daß wir mit Frankreich in entsprechende Verhandlungen erst eintreten wollen, nachdem die französische Regierung die Konferenzeinladung in formeller Weise angenommen haben wird.

Wir geben uns der Hoffnung hin, daß unter diesen Umständen die Konferenz für Frankreich annehmbar sein wird. Andererseits befürchten wir, daß, wenn sie am Widerspruche Frankreichs scheitert, sich erhebliche Schwierigkeiten herausstellen werden, auch wenn die französische Regierung ihre weitere Aktion vorläufig einstellen sollte. Der Sultan hat unserem Gesandten in Fes mitgeteilt, daß algerische Kaufleute fortfahren, den Prätendenten mit Zufuhr zu versehen, daß kürzlich eine marokkanische Abteilung eine solche Karawane angegriffen, und daß es dabei auf beiden Seiten Tote und Verwundete gegeben habe. Falls nach einer Wiederholung solcher Vorfälle der Sultan unsere Vermittelung anrufen sollte, würden wir nach allem, was vorausgegangen ist, kaum umhin können, diesem Ansuchen zu entsprechen.

Euere pp. bitte ich, im Sinne der vorstehenden Ausführungen sofort mit Herrn Rouvier Rücksprache zu nehmen und dabei unserer aufrichtigen Hoffnung Ausdruck zu geben, daß auf dem angedeuteten Wege der von beiden Seiten gewünschte Ausgleich erzielt werden möge. Es handelt sich für uns, wie schon genugsam betont worden ist, nicht um Erlangung neuer Vorteile, sondern hauptsächlich um eine Form- und Etikettenfrage, nämlich darum, daß wir mit Anstand aus der Zwangslage herauskommen, in welche wir durch das herausfordernde Vorgehen des Herrn Delcassé gedrängt worden sind. Die Herausforderung — das muß nochmals betont werden — kam von französischer Seite, wenn auch die Inspiration vielleicht von dritter Seite kam. Sobald wir über diese formale Schwierigkeit hinweg sind, sehe ich kein Hindernis weiter gegen eine sachgemäße Erwägung solcher Fragen, wo die Gleichartigkeit deutscher und französischer Interessen ein gemeinsames Verhalten der beiden Mächte als angezeigt erscheinen läßt.

AN DEN BOTSCHAFTER IN PARIS
FÜRSTEN VON RADOLIN   Berlin, den 16. Juni 1905

Euere pp. bitte ich, bei Ihren weiteren Besprechungen mit Herrn Rouvier an dem in meinem Telegramme Nr. 127 dargelegten Standpunkte festzuhalten, daß wir mit Frankreich in Verhandlungen über das Programm und die Ziele der Konferenz erst eintreten können, nachdem die französische Regierung die Konferenzeinladung in formeller Weise angenommen haben wird.

Wir glauben nach wie vor, daß in diesem Falle die Konferenz zustandekommen wird. Denn wenn auch England die Einladung endgültig ablehnen sollte, so brauchte doch daran allein die Konferenz nicht zu scheitern, da England auf seine hier in Betracht kommenden Interessen zugunsten Frankreichs verzichtet hat, mithin durch dieses auf der Konferenz gewissermaßen mitvertreten sein würde.

Wir glauben ferner, daß die Konferenz im wohlverstandenen Interesse Frankreichs selbst liegen würde. Denn sie würde es Marokko erleichtern, den berechtigten französischen Wünschen zu entsprechen, da diese alsdann ebenso wie die sonst als notwendig erkannten Reformmaßregeln eine europäische Sanktion erhalten würden. Ohne die Konferenz aber würden wir schon mit Rücksicht auf die dem Sultan erteilten Zusicherungen sowie auf unsere öffentliche Meinung daran festhalten müssen, daß die Unabhängigkeit des Sultans nicht im Widerspruche mit den bestehenden Vereinbarungen beeinträchtigt werden dürfte.

Die Frage des Herrn Rouvier, wie der Ausdruck „international" bei den Reformen auf dem Gebiete des Heerwesens, der Polizei und der Finanzen zu verstehen sei, werden Eure pp. wie folgt beantworten können: Das Heerwesen und die Polizei würden zunächst insofern international zu ordnen sein, als, wie Herr Rouvier richtig hervorgehoben hat, die Konferenz ein Mandat zur Durchführung der erforderlichen Reformen erteilen müßte. Dieses Mandat würde naturgemäß, soweit es sich um die Distrikte an der algerischen Grenze handelt, Frankreich allein zufallen können, womit, soweit sich aus den Rouvierschen Ausführungen entnehmen läßt, der Hauptwunsch Frankreichs erfüllt sein würde. Dagegen würde kein Grund vorliegen, weshalb das Mandat auch für die entfernter liegenden Plätze, insbesondere die am Atlantischen Ozean, an Frankreich übertragen werden sollte. Vielmehr würde es hier der Sachlage entsprechen, daß die Armee- und Polizeireformen, soweit erforderlich, in den einzelnen Distrikten verschiedenen Mächten zugeteilt würden. Die Finanzreformen würden vor allem dadurch international zu gestalten sein, daß die nach dem französischen Reformprojekte zu gründende marokkanische Staatsbank ... nicht lediglich von einer französischen Bankgruppe, sondern von Bankgruppen verschiedener Mächte ins Leben gerufen würde. Dabei würden das einzuschießende Kapital wie die zu besetzenden leitenden Stellen möglichst gleich zu verteilen sein.

Bei Entwickelung der vorstehenden Gesichtspunkte bitte ich wiederholt darauf hinzuweisen, daß es sich hier um objektive Deduktionen und keineswegs um Vorschläge der Kaiserlichen Regierung handelt.

Euerer pp. stelle ich hiernach anheim, sofort in weitere Verhandlungen mit Herrn Rouvier einzutreten.

AN DEN INTERIMISTISCHEN LEITER DER GESANDTSCHAFT IN TANGER GESANDTEN GRAFEN VON TATTENBACH
Berlin, den 19. Juni 1905

Die Aussichten für das Zustandekommen der Marokkokonferenz haben sich in den letzten Tagen wesentlich gebessert. Insbesondere scheint nunmehr auch Frankreich einen Ausgleich auf diesem Wege für möglich zu halten, nachdem wir uns bereiterklärt haben, mit der französischen Regierung in Vorbesprechungen über das Programm und die Ziele der Konferenz einzutreten, sobald sie die Einladung in formeller Weise angenommen haben wird. An der Ablehnung Englands, die übrigens noch keineswegs endgültig zu sein scheint, brauchte die Konferenz nicht zu scheitern, da England auf seine Interessen zugunsten Frankreichs verzichtet hat, mithin durch dieses auf der Konferenz gewissermaßen mitvertreten sein würde.

Sollte die Konferenz zustandekommen, so würden

wir dort auf ein ernsthaftes Reformwerk hinarbeiten müssen und uns nicht etwa, wie dies nach Ihrer Berichterstattung in marokkanischen Kreisen anscheinend gewünscht wird, mit bloßen Scheinreformen begnügen können. Die Notwendigkeit von Reformen in Marokko wird allgemein anerkannt, sie ist auch von der marokkanischen Regierung zugegeben und noch jüngst durch die Vorgänge in Masagan bestätigt worden. Ein Scheitern des Reformwerks auf der Konferenz aber würde uns schweren Vorwürfen aussetzen, nachdem wir durch unser Vorgehen die einseitigen französischen Reformvorschläge vereitelt und mit dem Sultan den ganzen Reformplan an die Konferenz verwiesen haben.

Die Unabhängigkeit des Sultans würde durch das Reformwerk nur dann gefährdet werden, wenn es entsprechend den französischen Vorschlägen von Frankreich allein durchgeführt würde; denn in diesem Falle könnte es, wie das Beispiel von Tunis zeigt, leicht eine Aufsaugung Marokkos zur Folge haben. Dagegen würde das Reformwerk, sofern es durch die Konferenz einer Gruppe von Mächten übertragen wird, ebenso wie in der Türkei erhaltend wirken, da alsdann die europäische Sanktion den Verwickelungen mit einzelnen Mächten vorbeugen, auch tatsächlich die Gelegenheit zu solchen Verwickelungen durch die verbesserten Zustände vermieden würde. In diesem Sinne glauben wir daher im Interesse des Sultans selbst für das Zustandekommen und die Durchführung ernsthafter Reformen eintreten zu sollen.

Den Beratungen der Konferenz könnte hiernach vielleicht das französische Reformprogramm in gewissem Umfange mit der Modifikation zugrundegelegt werden, daß die notwendigen Reformen auf dem Gebiete des Heerwesens und der Polizei international zu gestalten und zeitlich zu beschränken wären, daß ferner die Finanzreformen gleichfalls international behandelt werden müßten, und daß endlich die wirtschaftliche Erschließung Marokkos unter Beachtung des Grundsatzes der open door zu erfolgen hätte. Das Heerwesen und die Polizei würden einmal insofern international zu ordnen sein, als die Konferenz ein Mandat zur Durchführung der Reformen erteilen müßte. Sodann würde dieses Mandat zwar, soweit es sich um die Distrikte an der algerischen Grenze handelt, Frankreich allein zufallen können, womit anscheinend einer seiner Hauptwünsche erfüllt sein würde. Dagegen würde kein Grund vorliegen, das Mandat auch für die entfernter liegenden Plätze, insbesondere für die am Atlantischen Ozean, an Frankreich zu übertragen. Vielmehr würde es hier der Sachlage entsprechen, daß die Militär- und Polizeireformen, soweit erforderlich, in den einzelnen Distrikten verschiedenen Mächten zugeteilt würden. Die Finanzreformen könnten vor allem dadurch international gestaltet werden, daß die nach dem französischen Reformprojekte zu gründende marokkanische Staatsbank nicht lediglich von einer französischen Bankgruppe, sondern von Bankgruppen verschiedener Länder ins Leben gerufen würde. Dabei wären das einzuschießende Kapital wie die zu besetzenden leitenden Stellen möglichst gleich zu verteilen.

Entsprechende Andeutungen sind der französischen Regierung von unserem Botschafter in Paris, wenn auch in gänzlich unverbindlicher Form und keineswegs als Vorschläge der Kaiserlichen Regierung, gemacht und anscheinend nicht ungünstig aufgenommen worden.

Euere pp. ersuche ich, sich möglichst bald zu der Reformfrage unter Berücksichtigung der vorstehenden

Gesichtspunkte eingehend telegraphisch zu äußern. Insbesondere erbitte ich Ihre Ansicht darüber, ob diese Gesichtspunkte, die, soweit es sich um das Heerwesen handelt, den Bedingungen Marokkos zu den französischen Vorschlägen möglichst Rechnung tragen, dem Sultan annehmbar gemacht werden könnten. Auch wäre mir eine Äußerung darüber erwünscht, ob bei einer Beteiligung Deutschlands an den Militär- und Polizeireformen von uns Casablanca und vielleicht auch Agadir — als geeignete Stützpunkte für eine etwaige künftige deutsche Interessensphäre — auszuwählen sein würden, während für Spanien wohl Tanger und für Italien, falls dieses überhaupt beteiligt werden sollte, möglicherweise Rabat in Betracht käme.

Die in diesem Erlasse enthaltenen Mitteilungen sind vorläufig ausschließlich zu Ihrer persönlichen Information bestimmt und daher weder mit der marokkanischen Regierung noch mit Ihren dortigen Kollegen zu erörtern. Ihr weiteres Verhalten bitte ich so einzurichten, daß Ihnen später ein nachdrückliches Eintreten für die vorstehenden Gesichtspunkte nicht erschwert wird.

AN DEN INTERIMISTISCHEN LEITER DER GESANDTSCHAFT IN TANGER GESANDTEN GRAFEN VON TATTENBACH

Vertraulich   Berlin, den 20. Juni 1905

Reformen sind unvermeidlich, wir würden sonst isoliert bleiben. Auch Präsident Roosevelt, welcher — als einziger — in dem Augenblick, wo die französische Regierung am stärksten von England bearbeitet wurde, uns direkt und kräftig in Paris unterstützt hat, erklärt Reformen für nötig, wenn auch unter Wahrung der Offenen Tür. Letztere, welche von Anfang an ein Hauptpunkt unseres Programms war, sichert die Autorität des Sultans, welche durch die von England angeregten Interessensphären stark beeinträchtigt, wenn nicht illusorisch gemacht worden wäre. Wir werden jetzt gegen die Interessensphären Stellung nehmen. Jedoch im Hinblick auf die Möglichkeit, daß nach und nach die Instrukteurposten sich zu Interessenzentren entwickeln, empfiehlt es sich, daß auch wir schon jetzt als Instrukteure an einer geeigneten Stelle Posto fassen.

Wir haben den Franzosen bereits gesagt, daß wir, nachdem sie die Konferenz angenommen haben werden, bereit sind, vor Beginn derselben mit Frankreich allein die Modalitäten der Reformen zu besprechen. Im Hinblick auf diese Besprechungen sehe ich jetzt zunächst den landeskundigen Vorschlägen Ew. entgegen.

Unsere Reformanträge müssen naturgemäß dieselben Fragen behandeln wie das französische Reformprojekt, aber wir möchten die Reformen reduziert sehen auf das Minimum dessen, was als eine Remedur des chronischen Geldmangels und als der Anfang einer Remedur gegen das jetzt geltende Faustrecht betrachtet werden kann.

Zunächst steht uns, wenn nicht die Anzeichen trügen, eine lebhafte Auseinandersetzung mit der französischen Regierung bevor, da letztere den Wunsch erkennen läßt, noch vor Ihrer Erklärung zur Konferenzfrage die Hauptpunkte des Reformprogramms mit uns zu erledigen unter tunlichster Aufrechterhaltung des Entwurfs von Delcassé. Wir unsererseits vertreten die Ansicht, daß die in meinem gestrigen Telegramm an Ew. wiedergegebenen Eröffnungen den Franzosen genügende Sicherheit für unser Entgegenkommen geben, und daß wir berechtigt sind, als nächsten Schritt die französische Annahme der Konferenzeinladung zu gewärtigen. Wir werden auch der französischen Regierung andeuten, daß die Begünstigung des Prätendenten durch Frankreich zu einer Verlegenheit für beide Regierungen, die deutsche wie die französische, werden kann.

Ich nehme an, daß die telegraphischen Reformvorschläge Ew. Zeit haben werden, heranzukommen, bis die Vorfrage erledigt ist.

Was insbesondere die in Ew. Telegramm Nr. 27 erwähnte Unterstellung des ganzen marokkanischen Heeres unter deutsche Leitung betrifft, so liegt ein solcher Schritt, welcher womöglich als Verletzung des Madrider Vertrags ausgelegt werden würde, bisher nicht in unserer Absicht. Wir können damit drohen, wenn Frankreich sich untraitabel zeigt, würden aber mit Rücksicht auf die Schonung unserer Beziehungen zu Frankreich vorziehen, daß diese Maßnahme uns durch eine praktische internationale Verteilung der Militärreform erspart würde. Auch in dieser Beziehung sehe ich den Vorschlägen Ew. mit lebhaftem Interesse entgegen.

Die in Ew. Telegramm 28 besprochene Sendung des französischen Panzergeschwaders nach Tanger ist, wie ich zu Ew. vertraulicher Orientierung bemerke, infolge einer Demarche des Fürsten Radolin unterblieben.

Daß Ew. eine Besprechung der Reformfragen mit dem französischen und englischen Kollegen vermeiden, ist richtig, schon allein wegen der Rückwirkung auf die zuschauenden Marokkaner. Letzteren gegenüber werden Ew. wohl am besten (unter Hinweis auf die zu erwartende Konferenz) Ihre bisherige abwartende Haltung bewahren.

AN DEN BOTSCHAFTER IN MADRID
VON RADOWITZ   Berlin, den 21. Juni 1905

Es ist von großer Wichtigkeit, daß Ew. den neuen Auswärtigen Minister möglichst bald über die Stellung Deutschlands zur Marokkofrage orientieren. Deutschland ist in dieselbe hineingegangen, um keine Einbuße an Würde und an berechtigtem Interesse zu erleiden. Vorteile erstreben wir nicht, haben aber Verständnis dafür, daß Spanien welche erstrebt. Zunächst möchten wir den bestehenden Zustand, wenn auch mit einigen notwendigen Reformen, erhalten sehen. Wenn aber der schnell fortschreitende Zerfall des Scherifischen Reiches in fernerer oder näherer Zukunft zu einer Änderung drängt, werden wir gern bereit sein, die Wünsche Spaniens zu unterstützen. Insbesondere würden wir Tanger nebst Gebiet lieber in den Händen von Spanien als in denen von England oder Frankreich sehen. Unsere Unterstützung würde natürlich die Voraussetzung haben, daß Spanien nicht in der Zwischenzeit eine deutschfeindliche Politik gemacht hat. Im letzteren Falle würden wir bei der finalen Auseinandersetzung mit Frankreich lediglich deutsche und französische Interessen als Gegenstand der Beratung betrachten. Falls Ew. in der Persönlichkeit des neuen Ministers Bedenken gegen diese Bestellung sehen, bitte ich um Drahtbericht.

AN KAISER WILHELM II.   Berlin, den 22. Juni 1905

Nach einer soeben eingegangenen telegraphischen Meldung von Radolin probiert Rouvier seit gestern, uns das Marokkoprogramm von Delcassé als sein eigenes aufzudrängen. Er will seine Annahme der Konferenzeinladung abhängig machen von unserer vorherigen Annahme der Hauptpunkte des Delcassé-

Programms. Dadurch würden wir uns in direkten Widerspruch mit den Zusicherungen setzen, die Ew. in Tanger dem Sultan von Marokko gemacht haben. Auch würden wir so dem biederen Delcassé noch nachträglich einen Triumph bereiten. Denn hiermit wäre der Beweis geführt, daß sein Programm, welches für Frankreich die tatsächliche Verfügung über Heer, Polizei und Finanzen in Marokko beanspruchte, richtig und annehmbar war, daß er also mit Unrecht gestürzt wurde. Delcassé wäre mit einem Schlage wieder der große Mann und hätte womöglich Aussicht, an Stelle von Rouvier Ministerpräsident und Auswärtiger Minister zu werden.

Rouvier, von dem wir wissen, daß er keinen Konflikt mit uns haben will, hat sich offenbar von dem Clan Delcassé überreden lassen und versucht jetzt als Handelsmann, wieviel von seiner Überforderung sich durchsetzen lassen wird. Sein Hauptargument ist, daß er auf unsere Großmut zu wirken sucht, indem er bittet, wir möchten ihm doch wegen seiner Deputiertenkammer Konzessionen machen. Das ist Unsinn, denn weder die Deputiertenkammer noch sonst jemand in Frankreich macht Rouvier verantwortlich für die Fehler von Delcassé, und die Deputiertenkammer will vor allen Dingen keinen Krieg. Rouvier würde ihr für das Programm von Delcassé erst verantwortlich, wenn er sich dasselbe endgültig aneignete. Unsere Rücksichtnahme auf Rouvier kann meines ehrfurchtsvollsten Erachtens keinesfalls soweit gehen, daß wir ihm oder eigentlich dem Delcassé zu einem Erfolge auf unsere Kosten verhelfen.

Wenn mich mein Gedächtnis nicht täuscht, steht der Fürst von Monako in guten persönlichen Beziehungen zu Rouvier. Vielleicht wird er deshalb und als Freund von Frankreich für die Rouvierschen Vorschläge plädieren. In diesem Falle würde es par ricochet nützlich wirken, wenn gegenüber dem Fürsten von Monako die Bemerkung fiele, wir hörten mit wahrem Bedauern, daß Rouvier beabsichtige, die marokkanische Konferenzeinladung erst anzunehmen, nachdem wir den Hauptpunkten des Delcassé-Programms zugestimmt haben würden. Wenn Rouvier darauf wirklich bestünde, würden wir das aus mehrfachen Gründen aufrichtig beklagen. Einmal im Interesse der deutsch-französischen Beziehungen, welche wir gebessert sehen möchten. Wir würden ja wegen des marokkanischen Delcassé-Programms keinen Angriffskrieg machen, aber wenn Rouvier an diesem Programm festhielte, wären wir doch genötigt, die aussichtslosen Verhandlungen mit Frankreich ruhen zu lassen, einen Defensivvertrag mit dem Sultan von Marokko abzuschließen und dann abzuwarten, was Frankreich tut. Damit wäre eine Lage geschaffen, aus welcher, namentlich im Hinblick auf den marokkanischen Aufstand und die Unterstützung, welche derselbe von Algier aus erhielte, bedenkliche Komplikationen resultieren könnten. Wir hofften um so mehr, daß Rouvier uns das ersparen würde, weil eine Adoptierung der wesentlichen Punkte des Delcassé-Programms die Politik dieses Ministers nachträglich rechtfertigen müßte. Die politische Welt in Frankreich und außerhalb würde sich fragen, warum Herr Rouvier denn eigentlich Herrn Delcassé gestürzt habe, wenn er dessen Programm in der Hauptsache für das richtige hielte. Wir würden also gerade durch unsere Annahme des von Rouvier jetzt endossierten Delcassé-Programms die sonst unmögliche Rehabilitierung von Delcassé anbahnen. Das wären die Folgen, welche wir voraussähen, wenn Frankreich die Politik von Delcassé ohne Delcassé weiterführen wollte.

Ich möchte nur noch untertänigst hinzufügen, daß wir uns zwar mit dem Sultan von Marokko nicht ganz und namentlich nicht für immer identifizieren dürfen, aber schon im Hinblick auf die Wahrung des Ansehens Ew. in der islamitischen Welt seine Souveränität und die Unabhängigkeit Marokkos nicht so vollständig an Frankreich ausliefern können, wie Rouvier dies nach dem Vorgang von Delcassé jetzt wünscht.

AUFZEICHNUNG   Berlin, den 23. Juni 1905

Der französische Botschafter, der sich gestern bei mir angemeldet hatte, erschien heute mittag bei mir, um mir die „Note" zu überreichen, welche Herr Rouvier vorgestern dem Fürsten Radolin hat zugehen lassen. Ich verhehlte dem Botschafter nicht, daß diese „Note", welche ich lieber ein „Exposé" nennen wolle, mich überrascht und befremdet habe. „Je ne puis vous cacher que cette réponse aux ouvertures que notre ambassadeur a été chargé de faire à Paris m'a causé une profonde surprise et donne lieu à des appréhensions sérieuses." Die französische Regierung wolle der Konferenzeinladung nicht zustimmen, ohne von uns Erklärungen über die verschiedenen Einzelfragen erhalten zu haben, welche der Konferenz unterbreitet werden sollten. Wenn wir auf diese Forderung eingingen, würden wir gezwungen sein, ein vollständiges Programm für die Konferenz aufzustellen und ihren Entschlüssen vorzugreifen. Ein solches Verlangen zu erfüllen, sei aus formalen und sachlichen Gründen für uns nicht möglich. Die Einladung zur Konferenz ginge vom Sultan von Marokko aus, der ihre Aufgabe dahin präzisiert habe, daß sie über die für Marokko notwendigen Reformen und über die Beschaffung der Mittel verhandeln solle, welche unentbehrlich wären, um diese Reformen ins Werk zu setzen. Es sei also Sache des Sultans, ohne dessen Mithilfe die Reformen nicht durchzuführen wären, den Teilnehmern an der Konferenz die Einzelheiten des Konferenzprogramms mitzuteilen. Dazu käme, daß wir gar nicht in der Lage wären, hinsichtlich des Programms der Konferenz Detailvorschläge zu machen, weil die verschiedenen Detailpunkte sorgsam geprüft werden müßten, was eben die Aufgabe der Konferenz sein würde.

Vertraulich fügte ich hinzu, Fürst Radolin habe Herrn Rouvier bereits eröffnet, daß wir auf der Konferenz „sérieusement et loyalement" bemüht sein würden, auf ein für alle Teile befriedigendes Ergebnis hinzuwirken und insbesondere mit Frankreich zu einer Verständigung zu gelangen. Die beiden Punkte, welche in dieser Richtung eine annehmbare und praktische Grundlage bilden könnten, wären einerseits die Aufrechterhaltung der Unabhängigkeit und Autonomie des Sultans, andererseits „le maintien de l'avenir intact de la France". Das erstere wäre für uns notwendig nach allem, was seit einem Jahr passiert sei, und wenigstens für einige Zeit; das andere lasse für Frankreich die Zukunft offen.

Ich warf nun einen Rückblick auf die französische Politik des letzten Jahres, indem ich betonte, daß mir Rekriminationen namentlich persönlicher Natur fernlägen und ich nur in objektiver Weise auf die vorliegenden Tatsachen hinweisen wolle. Als ich vor einem Jahr im Reichstage über die Marokkofrage und das englisch-französische Abkommen gesprochen hätte, wäre es für die französische Regierung ein leichtes gewesen, sich mit uns über Marokko auseinanderzusetzen. Man habe dies von französischer Seite nicht gewollt, man habe uns ignoriert, man habe uns als quantité négligeable behandelt. Auf diese Weise habe man uns gezwungen, dem Sultan von Marokko gegenüber gewisse Verpflichtungen einzugehen, die wir nicht von einem Tage zum anderen repudiieren und denen wir jetzt nicht untreu werden könnten. Ich ließ hierbei einfließen, daß ich vor einem Jahr öffentlich erklärt hätte, ich glaubte nicht, daß das englisch-französische Abkommen eine Spitze gegen uns enthielte. Vieles, was seitdem geschehen sei — die immer wieder hervortretende Tendenz, uns zu isolieren, Versuche, uns unsere Verbündeten abspenstig zu machen, Begünstigung aller spezifisch deutschfeindlichen und kriegerischen Elemente in der Welt —, hätte mich gezwungen, meine Ansicht in dieser Beziehung zu revidieren, und nicht allein mich, sondern auch eine andere sehr hochstehende Persönlichkeit im Deutschen Reich und sehr weite Kreise des deutschen Volks.

Ich fuhr fort: „La situation est sérieuse. Avec un peu de bon vouloir et de décision on pourrait en sortir. Mais si on laisse s'embrouiller les choses, si on les laisse trainer, si on les abandonne aux fanatiques coloniaux, elles pourraient prendre une mauvaise tournure." Ich erzählte dem Botschafter, gestern abend gegen Mitternacht sei ein seriöser Journalist bei mir erschienen, um mir zu melden, daß von Paris aus an Berliner Publizisten und Finanziers und sogar an die Wolffsche Telegraphen-Agentur telephoniert worden wäre, die französische Armee wäre mobil gemacht worden und die Truppentransporte hätten begonnen. Ich fügte hinzu: „Il ne faut pas jouer avec le feu." Das gelte auch für die Haltung der algerischen Grenzbehörden gegenüber Marokko. Der Sultan beklage sich bei uns, daß Frankreich den Prätendenten gegen ihn unterstütze und ihm unter Verletzung der bestehenden Verträge die Bekämpfung der Rebellen unmöglich mache. Ich bat Herrn Bihourd, grade in dieser Richtung in Paris zur Vorsicht zu mahnen. Es sei das ein gefährliches Spiel, „qui pourrait mener plus loin que nous ne voudrions vous et moi."

Herr Bihourd hob in seiner Erwiderung namentlich hervor, daß er über die Marokkofrage und den Stand der Unterhandlungen gar nicht oder ungenügend informiert wäre, daß Frankreich den Frieden wolle, daß Herr Rouvier eine Verständigung mit uns wünsche, daß der französische Ministerpräsident aber das französische Nationalgefühl schonen, sich selbst und das republikanische Regime nicht kompromittieren und seinen Gegnern nicht zu viel Angriffsflächen bieten dürfe. Die Beschickung der Konferenz durch Frankreich könnte von den Gegnern der Regierung und der Republik leicht als eine Demütigung Frankreichs hingestellt werden. Deshalb möchte Herr Rouvier gewisse Garantien haben hinsichtlich des Programms und des Verlaufs der Konferenz. Herr Rouvier lehne die Konferenz nicht ab; er möchte nur nicht, daß die Konferenz sein und seiner politischen Richtung Grab werde.

Ich schloß die Unterredung, indem ich nochmals hervorhob, daß das französische Exposé uns nicht befriedige, daß seine Forderungen nicht annehmbar für uns wären, und daß ich im Interesse des Friedens und der Ruhe dringend wünschte, es möge ohne zu viel Zeitverlust eine Angelegenheit geregelt werden, die ernste Gefahren in sich berge.

AN DEN BOTSCHAFTER IN PARIS
FÜRSTEN VON RADOLIN   Berlin, den 23. Juni 1905

Ew. erhalten anbei eine Aufzeichnung über meine heutige Unterredung mit dem französischen Botschafter. Ich möchte dem, was ich dem Botschafter sagte, noch ein paar Betrachtungen hinzufügen.

Herr Rouvier hat schon wiederholt die Bitte ausgesprochen, wir möchten den Schwierigkeiten seiner Stellung Rechnung tragen und ihn vor dem Unwillen der Kammer und des Landes durch weiteres Entgegenkommen unsererseits retten. In Wirklichkeit denkt niemand daran, weder in der Kammer noch sonst in Frankreich, Herrn Rouvier verantwortlich zu machen für die Fehler von Delcassé. Die Deputiertenkammer, welche, soviel mir bekannt ist, keinen Krieg will, würde Herrn Rouvier für das Programm von Delcassé erst dann verantwortlich machen können, wenn er sich dasselbe endgültig aneignete. Er scheint allerdings im Begriff zu sein, dies zu tun. Die inspirierten Zeitungsartikel der letzten Tage besprechen Gedanken, welche dem Programm Delcassé entnommen sind. Es ist nämlich ein Irrtum, wenn das französische Exposé sagt, wir kennten die dem Sultan von Marokko gemachten französischen Vorschläge nicht. Der Sultan hat sie uns mitgeteilt. Das Exposé vermeidet es zwar, Einzelvorschläge zu machen, aber allein schon die Tatsache, daß die französische Regierung die Absicht erkennen läßt, über die wichtigsten inneren Fragen Marokkos mit fremden Mächten ohne jede Rücksicht auf den Sultan zu verhandeln, läßt erkennen, daß der oder die Verfasser des Exposés über den Sultan zur Tagesordnung übergehen möchten, ganz im Geiste der Delcasséschen Politik. Wenn wir die in dem Exposé des Herrn Révoil entwickelten Anschauungen als richtig anerkannt hätten, so wäre damit der Beweis geführt worden, daß das Programm des Herrn Delcassé richtig und annehmbar war, daß er also mit Unrecht gestürzt wurde. Herr Delcassé wäre mit einem Schlage wieder rehabilitiert worden und hätte auf Grund seiner erfolgreichen Politik vielleicht nochmal mit Herrn Rouvier in Konkurrenz treten können. Daß Herr Rouvier dies nicht einsieht, beweist, wie vollständig er jetzt in den Händen der Anhänger von Delcassé ist. Ich kann mir kaum denken, daß welterfahrene und lebenskluge Männer wie die Herren Léon und Jean Dupuy gleichfalls den in die Augen springenden Umstand übersehen haben sollten, daß durch die Weiterführung der Marokkopolitik von Delcassé Herr Rouvier nur daran arbeitet, diesen wieder ministrabel zu machen.

Solange Herr Rouvier sich der Leitung von Leuten wie Etienne und Révoil überläßt, würden wir durch Konzessionen im einzelnen nichts erreichen. Herr Révoil, den Herr Combes — wenn ich nicht irre im April 1903 — seines algerischen Postens wegen Chauvinismus entsetzte, vertritt Delcassés Marokkopolitik in ihrer ganzen Rücksichtslosigkeit. Dies ersieht man aus der prinzipiellen Stellungnahme gegenüber dem Sultan von Marokko, welcher in dem Exposé gänzlich ignoriert ist. Die deutsche Regierung hat Herrn Rouvier gegenüber ihren Standpunkt nicht geändert. Wir versprachen ihm, soweit an uns liege, Frankreichs marokkanische Zukunftsaussichten unberührt zu halten. Gleichzeitig aber ließen wir ihm keinen Zweifel darüber, daß wir in den letzten Monaten während der durch Herrn Delcassés Politik verursachten Spannung gewisse Verpflichtungen gegen den Sultan übernommen hätten, die es uns unmöglich machten, denselben nun plötzlich im Stich zu lassen, weil Frankreich uns ein freundliches Gesicht zeigt. Auf diese unsere Lage nimmt die neueste französische Marokkopolitik, so wie dieselbe sich in den inspirierten Zeitungen und in dem Exposé des Herrn Révoil widerspiegelt, ebensowenig Rücksicht wie auf den Sultan von Marokko, nur mit dem Unterschiede, daß man die Geneigtheit durchblicken läßt, uns für die

Auslieferung des Sultans einen Preis zu zahlen. Wenn Herr Rouvier sich diese Ideen der Delcassé-Gruppe wirklich aneignet, dann ist er in der Tat weit entfernt von dem Standpunkt, den er noch vor sechs Wochen einnahm. Er kann sich dann nicht wundern, wenn er mit uns zu keiner Verständigung kommt, denn wir haben nicht die Person des Herrn Delcassé, sondern dessen Politik bekämpft und tun dies auch heute noch. Wir wären gern bereit, Herrn Rouvier entgegenzukommen, aber wenn er sich den Kolonialchauvinisten anschließt, welche uns zumuten möchten, von heute auf morgen mit Frankreich Verträge über Marokko abzuschließen, als ob Marokko einem von uns oder uns beiden gehörte, so mutet er uns zu viel zu.

Aus einem Preßtelegramm ersehe ich, daß Lord Lansdowne sich beeilt hat, der französischen Regierung sein volles Einverständnis mit dem Exposé des Herrn Révoil auszusprechen. Ungefähr gleichzeitig bringt der „Figaro" einen Artikel von Sir Charles Dilke, wo dieser die Franzosen zum Kriege ermuntert durch den Hinweis, daß vier französische Geschütze so viel wert seien wie sechs deutsche. Lansdowne und Dilke rufen beide Frankreich auf zum Streite gegen Deutschland. Vor sechs Wochen sah Herr Rouvier in dieser Hinsicht ganz klar, aber heute scheint er anderen Einflüssen zu folgen. Indessen gebe ich die Hoffnung nicht auf, daß er zu der Ansicht zurückkehren wird, er werde von sich selber besser beraten als von der Gruppe Delcassé.

Der französische Botschafter, welchem ich nichts von dem Vorstehenden sagte, machte mir einen sympathischen und pflichttreuen Eindruck. Er war eifrig bemüht, auch seinerseits mir darzustellen, in welcher schwierigen Lage Herr Rouvier sich befinden würde, wenn Deutschland sich zu dem Exposé ablehnend verhielte. Wie gesagt, unterdrückte ich Herrn Bihourd gegenüber den Gedanken, daß Herr Rouvier, falls er wirklich an diesem Exposé von Révoil festhielte, hauptsächlich für den Ruhm von Delcassé arbeiten würde.

AN KAISER WILHELM II.　　　Berlin, den 24. Juni 1905

Ew. Majestät Telegramm mit ehrfurchtsvollstem Dank erhalten. Rouvier geht um den Kernpunkt der Frage herum wie die Katze um den heißen Brei. Bevor Frankreich die Einladung zur Konferenz angenommen hat, können wir nicht unter völliger Ignorierung des Sultans von Marokko Vorverhandlungen über Marokko führen. Einerseits, weil solche Vorverhandlungen sich ins Unendliche ausdehnen würden; andererseits, weil es Aufgabe des Sultans ist, das Programm der Konferenz zu entwerfen. Ist die Konferenz erst einmal gesichert, so werden wir uns über Einzelheiten und Verlauf derselben unschwer mit Frankreich verständigen können. Offenbar ist jetzt ein Wendepunkt in der Marokkofrage eingetreten. Wenn Rouvier weiter laviert und finessiert, werden die Gegensätze zwischen Deutschland und Frankreich sich wieder verschärfen zur Freude der tertii gaudentes, die Frankreich mit Deutschland verhetzen möchten. Akzeptiert Rouvier die Einladung zur Konferenz, was ohne jede Beeinträchtigung für ihn und Frankreich möglich ist, so ist damit der schwierigste Teil der Marokkofrage überwunden.

AN DEN BOTSCHAFTER IN PARIS
　FÜRSTEN VON RADOLIN　　　Berlin, den 24. Juni 1905

Seine Majestät der Kaiser, Allerhöchstwelchem ich über die in Paris eingetretene ungünstige Wendung Meldung erstattet hatte, telegraphiert nachstehendes. Ich bemerke zu diesem Allerhöchsten Telegramm, daß der Fürst von Monako, welcher Seiner Majestät persönlich ergeben und dabei ein warmer Freund friedlicher Beziehungen zwischen Frankreich und Deutschland ist, zur Zeit in Kiel weilt.

„Fürst von Monako völlig überrascht und niedergeschmettert! Er hatte mir wenige Stunden vorher erzählt, Radolin hätte ihn tags zuvor an die Bahn gebracht und versichert, alles gehe gut nach Wunsch. Rouvier habe beim Fürsten am Tag vor Delcassés Sturz gegessen und sei dort von ihm und seinen Freunden überzeugt und bestärkt worden, Delcassé zu stürzen, was auch geschehen. Seitdem habe Rouvier den Fürsten fast täglich aufgesucht und jedesmal sich schärfer und schroffer über das Unerhörte des Benehmens und Vorgehens von Delcassé ausgesprochen. Der Präsident Loubet sei über die Mitteilungen über Delcassés Tun und Treiben dergestalt in völligstem Dunkel gewesen, daß bei der Information darüber und der daraus etwa resultierenden Perspektive derselbe völlig rat- und fassungslos gewesen sei. Delcassé sei ein unerhörter Gauner gewesen und habe, ohne daß die maßgebenden Kreise es geahnt oder erwartet hätten (er selbst auch nicht), Frankreich an den Rand des Verderbens gebracht. Das sei jetzt erkannt und darüber die Empörung groß. Er habe keineswegs das Land hinter sich gehabt noch jetzt bekommen. Rouviers augenblickliches Verhalten völlig unbegreiflich und im krassen Widerspruch zu allem, was er bisher dem Fürsten gesagt. London sei vielleicht dabei im Spiel. Fürst hat vor, an Rouvier sofort das Mitgeteilte zu schreiben. Wilhelm I. R."

Wir stehen jetzt vor dem Wendepunkt der marokkanischen Frage. Unsere Hoffnung, daß dieser Wendepunkt schon mit dem Sturz von Delcassé eingetreten sei, hat sich nicht erfüllt, da Rouvier mit einer plötzlichen Volte-face, die zuerst in seiner Unterredung mit Ew. pp. vom 11. d. Mts. erkennbar wurde, sich anschickt, das Delcassé-Programm durchzuführen. Wenn Frankreich die Konferenz ablehnt, hat Deutschland die Wahl, entweder stillzusitzen und zuzusehen, wie Frankreich den Sultan vergewaltigt, oder Frankreich zu erklären, daß wir uns verpflichtet halten, für den Sultan und den Status quo einzutreten bis zu dem Augenblick, wo eine Konferenz der Vertragsstaaten uns diese Verantwortung abnimmt. Mit der bisherigen deutschen Politik steht allein die zweite Alternative im Einklang. Es entsteht die weitere Frage, ob es besser ist, stillschweigend abzuwarten, bis die Ereignisse uns nötigen, einzuschreiten, oder Herrn Rouvier schon jetzt anzudeuten, was Frankreich eventuell zu gewärtigen haben würde. Rouvier schien früher einer gütlichen Regelung der Marokkofrage den Vorzug zu geben. Neuerdings schlägt er Wege ein, welche eine solche in Frage stellen. Je eher wir ihm klarmachen, welche Folgen die französische Ablehnung der Konferenz und die weitere französische Unterstützung des Prätendenten haben müßte, desto mehr vermindern wir die Gefahren der Lage. Es erscheint daher dringend wünschenswert, ohne Zeitverlust Herrn Rouvier zu orientieren. Jede weitere Verzögerung könnte ihn in den jetzigen Delcasséschen Bahnen befestigen und weitertreiben, womit der Sache des Friedens nicht gedient wäre. Ew. werden dort am besten imstande sein, zu ermessen, ob Sie die obige Andeutung hinsichtlich der Folgen einer eventuellen französischen Konferenzablehnung dem Ministerpräsidenten direkt machen oder durch einen der bisher verwandten Vertrauensmänner übermitteln wollen. Um die öffentliche Meinung nicht vorzeitig zu alarmieren, empfiehlt es sich, die Presse noch nicht ins Vertrauen zu ziehen.

AN KAISER WILHELM II.   Berlin, den 25. Juni 1905

Euerer Kaiserlichen und Königlichen Majestät unterbreite ich ehrfurchtsvollst ein soeben eingegangenes Telegramm von Sternburg. Es geht daraus hervor, daß der schlaue Rouvier in Washington denselben Versuch unternommen hat, den er beim Fürsten von Monako machte, nämlich glauben zu machen, daß Frankreich die marokkanische Konferenz so gut wie angenommen habe. Diesen Punkt bei Roosevelt aufzuklären, wird nicht schwer sein. Ich habe mich darauf beschränkt, an Sternburg en clair die Stelle aus der französischen Note zu telegraphieren, welche lautet:

„Dans l'état actuel des choses, une réponse définitive à la question qui nous a été posée serait encore de notre part insuffisamment éclairée. Le Gouvernement de la République est vivement frappé de cette double considération que la conférence pourrait être dangereuse si elle n'est pas précédée d'une entente et inutile si elle la suit."

Das nennt Rouvier die Konferenz annehmen. Übrigens behauptet die Pariser Presse, daß nicht Rouvier an dem rabulistischen „Exposé" schuld sei, sondern eine Kreatur von Delcassé namens Révoil. Delcassé ließ denselben zum Generalgouverneur von Algerien machen, Combes aber setzte ihn im April 1903 kurzerhand ab, weil er merkte, daß Révoil auf einen marokkanischen Krieg losging. Diesen Mann hat Rouvier merkwürdigerweise sich ausgesucht, um das marokkanische Exposé zu machen, und Révoil hat die Gelegenheit benutzt, seinen Freund Delcassé zu rehabilitieren, indem er dem in Kolonialsachen offenbar unerfahrenen Rouvier das Delcassé-Programm als Kuckucksei unterschob. Solange Rouvier sich von

Révoil leiten läßt, ist die Lage dieselbe, als wenn Delcassé noch am Ruder wäre. Aber ich denke mir, daß Rouvier, der von Natur ein heller Kopf ist, allmählich ein Einsehen haben und Révoil wieder abschieben wird, wenn er merkt, daß dieser ihm mit dem Kopf gegen die Wand führt.

Ich nehme an, daß es Euerer Majestät Allerhöchsten Intentionen entsprechen dürfte, durch Sternburg dem Präsidenten Roosevelt zu danken. Eine Aufklärung des französischen Irrtums wird zwar kaum noch nötig sein, es wäre meines alleruntertänigsten Erachtens aber doch nützlich, daß Euere Majestät auf die Sache noch zurückkommen, vielleicht etwa wie folgt:

„Sagen Sie dem Präsidenten meinen herzlichen Dank. Frankreich hat zwar keineswegs schon angenommen, aber meine Dankbarkeit für die uneigennützigen Bemühungen des Präsidenten bleibt deshalb doch die gleiche. Die Schwierigkeit besteht eben, wie das der Präsident ja schon durch Sie erfahren hat, darin, daß die Franzosen den Sultan von Marokko gänzlich ignorieren, es nicht einmal der Mühe wert halten, auf seine Konferenzeinladung zu antworten, sondern anstatt dessen mit mir über die Zukunft von Marokko verhandeln wollen. Ich glaube, daß ich allerlei Vorteile erlangen könnte, wenn ich darauf einginge. Ich kann das aber nicht, denn ich habe dem Sultan erklärt, daß ich ihn als einen unabhängigen Souverän betrachte, und er hat darauf, meinem Worte vertrauend, die Anträge von Delcassé abgelehnt. Ich kann nun nicht den Sultan fallen lassen, weil Frankreich mir ein freundliches Gesicht macht. Würde Theodore Roosevelt, wenn er einem armen Nigger ein Versprechen gemacht hätte, sein Wort brechen? Ich glaube, in dem Punkte denken wir beide gleich und werden uns verstehen. Übrigens zweifle ich nicht, daß die Sache mit der Konferenz sich zurechtziehen wird. Die augenblicklichen Schwierigkeiten kommen davon, daß Rouvier, der zwar die innere französische Politik genau kennt, aber in kolonialen Dingen gänzlich unerfahren ist, sich in seinen auswärtigen Anfängen den Anhängern von Delcassé hat anvertrauen müssen, und diese versuchten natürlich, das Programm Delcassé wieder zu Ehren zu bringen. Ein Freund von Rouvier, der Fürst von Monako, welcher hier bei mir ist, zweifelt ebenfalls nicht daran, daß man sich mit Rouvier, sobald er in seiner neuen Stellung sich zurechtgefunden hat, wird verständigen können; aber wie gesagt, mich mit Frankreich über Marokko verständigen und den Sultan draußen lassen, das kann ich nicht, weil es gegen mein Wort wäre."

Die Meldung, welche auf Euerer Majestät Allerhöchsten Befehl der Gesandte von Tschirschky mir über seine Unterredung mit dem Fürsten von Monako erstattet hat, war mir in hohem Grade wertvoll.

AN DEN RAT IM KAISERLICHEN GEFOLGE GESANDTEN
VON TSCHIRSCHKY   Berlin, den 25. Juni 1905

Meines Erachtens wäre es nützlich, wenn dem Fürsten von Monako auch mein gestriges Telegramm an Seine Majestät mitgeteilt würde. Ich glaube, es ist von hohem Wert, wenn Seine Majestät geruhen wollen, entweder direkt oder durch Euer Hochwohlgeboren den Fürsten von Monako über den wahren Stand der Marokkofrage und unsere Stellung zu derselben zu orientieren. Dadurch wird eine Gegenwirkung ausgeübt gegen blinde französisch-koloniale und gefährliche englische Einflüsse.

AN DEN BOTSCHAFTER IN PARIS
FÜRSTEN VON RADOLIN   Berlin, den 25. Juni 1905

Das deutsche Marokkoexposé wird Ihnen morgen nachmittag mit Kurier zugehen. Ich bitte, das Exposé Herrn Rouvier persönlich zu übergeben und an der Hand der darin enthaltenen Ausführungen die Konferenzfrage nochmals ausführlich mit ihm zu erörtern. Dabei würden etwa nachstehende Gesichtspunkte verwertet werden können.

Der Hauptgrund, weswegen wir uns vor Annahme der Konferenzeinladung durch Frankreich nicht auf einen Meinungsaustausch, mit anderen Worten auf Abmachungen über alle Einzelfragen sowie über deren Lösung einlassen wollen, ist der, daß wir den Sultan weder für einen guten Preis verkaufen noch auch sonst gegen seinen Willen in seiner Unabhängigkeit beeinträchtigen lassen können, nachdem dieser soeben, auf unsere Zusicherungen bauend, die französischen Reformanträge abgelehnt hat. Nach der Annahme der Konferenz steht die Sache insofern anders, als dann eine Beschränkung der Hoheitsrechte des Sultans zugunsten der notwendigen Reformen nur mit Zustimmung des Sultans wie der übrigen Signatarmächte erfolgen kann. Wir sind daher nach wie vor der Ansicht, daß den beiderseitigen Standpunkten am besten Rechnung getragen wird, wenn nunmehr die französische Regierung die Konferenzeinladung annimmt.

In diesem Falle wären wir bereit, alsbald eine Verständigung mit Frankreich auf der früher angedeuteten Grundlage herbeizuführen. Diese Verständigung würde in der Weise erfolgen können, daß wir uns mit Frankreich über die Ratschläge einigen, die unsere beiderseitigen Vertreter dem Sultan für die Einzelvorschläge des Programms zu erteilen hätten. Sache des Sultans würde es dann sein, das vervollständigte Programm den Signatarmächten vor dem Zusammentritte der Konferenz mitzuteilen. Dies würde selbstverständlich nicht ausschließen, daß die Signatarmächte auch ihrerseits der Konferenz Vorschläge unterbreiten.

Sollte die französische Regierung die Einladung vor Feststellung des Programms nicht annehmen wollen, so würde vielleicht noch der Ausweg möglich sein, daß das Programm von unseren beiderseitigen Vertretern in Fes in Gemeinschaft mit Vertretern des Sultans ausgearbeitet würde. Ich würde einen solchen Ausweg an sich für annehmbar halten, weil damit unser wichtigstes Bedenken, nämlich die Vergewaltigung des Sultans, in Wegfall käme. Zu erwägen bleibt allerdings, daß sich die Verhandlungen in Fes schwierig gestalten könnten, und daß inzwischen die Spannung, die wegen der Ungewißheit über das Zustandekommen der Konferenz eingetreten ist, ungelöst bliebe. Falls Euere pp. den Eindruck gewinnen, daß die französische Regierung an ihrem bisherigen Standpunkte unter allen Umständen festhalten will, gebe ich Ihnen anheim, Herrn Rouvier diesen Ausweg anzudeuten und ihm die Stellung eines entsprechenden Vorschlags nahezulegen.

Sollte die französische Regierung die Einladung endgültig ablehnen und dadurch die Konferenz zum Scheitern bringen, so würde die Folge sein, daß der jetzige vertragsmäßige Zustand unverändert aufrechterhalten bliebe. Wir würden alsdann wegen des marokkanischen Delcassé-Programms keinen Angriffskrieg führen, aber wir würden genötigt sein, die aussichtslosen Verhandlungen mit Frankreich ruhen zu lassen, da wir uns insbesondere von der Fortsetzung schriftlicher Erörterungen schlechterdings keinen Erfolg mehr versprechen. Auch würden es weder unsere vertragsmäßigen Rechte, noch unsere Interessen, noch unsere Würde gestatten, daß wir den Sultan der französischen Politik preisgeben. Wir würden daher Angriffe gegen ihn oder eine Unterstützung des Prätendenten durch die französische Regierung nicht ruhig hinnehmen können, sondern dem Sultan alsdann unsere Unterstützung gewähren müssen; von dieser Sachlage würden wir ihn in Kenntnis setzen. Damit wäre allerdings eine Lage geschaffen, aus welcher sich namentlich im Hinblick auf den marokkanischen Aufstand bedenkliche Komplikationen ergeben könnten. Ganz vertraulich und lediglich zur persönlichen Information bitte ich Herrn Rouvier folgendes mitzuteilen: *Seitens der marokkanischen Regierung seien uns bereits Anerbietungen gemacht worden, die uns in Marokko eine Vormachtstellung sichern würden. Wir seien auf alle diese Anerbietungen bisher nicht eingegangen und würden auch an diesem Standpunkte festhalten, solange wir auf eine Verständigung mit Frankreich rechnen könnten.* Dagegen müßten wir selbstverständlich freie Hand für den Fall behalten, daß in Ermangelung einer solchen Verständigung unsere Rechte und Interessen in Marokko gefährdet erschienen.

AN DEN BOTSCHAFTER IN WASHINGTON FREIHERRN
SPECK VON STERNBURG   Berlin, den 26. Juni 1905

Die in Ew. Telegramm Nr. 130 wiedergegebene Mitteilung des Präsidenten gibt mir den Schlüssel zu einem Telegramm, welches ich heute nacht vom Fürsten Radolin erhielt. Dasselbe meldet eine günstige Wendung in der Haltung der französischen Regierung, ohne jedoch Details zu geben. Wenn Frankreich die Konferenz wirklich angenommen hat, ist damit die bedenkliche Phase der Marokkofrage überwunden. Diese war dadurch entstanden, daß Frankreich zuerst die Vertragsstaaten außer England und Spanien gänzlich unberücksichtigt ließ und dann später mit Deutschland in Sonderverhandlungen eintreten wollte, zu denen wir nach allem, was inzwischen geschehen war, ohne Mandat der übrigen Unterzeichner des Madrider Vertrags in keiner Weise legitimiert waren. Durch die Annahme der Konferenz kehrt Frankreich auf den vertragsmäßigen Boden zurück. Damit ist die Kriegsgefahr beseitigt. Denn die Beschlüsse der Konferenz, gleichviel wie sie ausfallen, können für Deutschland kein Kriegsfall werden, weil die Verantwortung, welche wir als Vertragsmacht während des durch die Delcassé-Politik geschaffenen vertragswidrigen Zustandes gegenüber dem Sultan übernommen hatten, mit dem Zusammentritt der Konferenz sich auf die Gesamtheit der Vertragsstaaten verteilt. Wir sehen bei der Konferenz keine besonderen Schwierigkeiten voraus. Jedenfalls gehen wir zur Konferenz mit der Absicht, uns entgegenkommend zu zeigen. Daß angesichts der vom Präsidenten so richtig resümierten internationalen Lage ein Krieg für uns ebensowenig etwas Verführerisches gehabt haben würde wie für Frankreich, bedarf keiner Erörterung. Daß Präsident Roosevelt dazu beigetragen hat, uns einen solchen Krieg zu ersparen, dafür werden Deutschlands Kaiser und Deutschlands Volk, beide gleich friedlich gesinnt, ihm dauernd dankbar bleiben.

AN DEN BOTSCHAFTER IN WASHINGTON FREIHERRN
SPECK VON STERNBURG   Berlin, den 27. Juni 1905

Aus Ew. Telegrammen Nr. 130, 131 und 133 ersehe ich, daß unsere Ansichten über eine friedliche Erledigung der Marokkofrage mit derjenigen des

Präsident Roosevelt übereinstimmen. Diese Übereinstimmung erleichtert wesentlich die fernere Behandlung der Frage. Denn wenn nach erfolgter Annahme der Konferenz durch Frankreich wir mit den Franzosen verhandeln und dabei Meinungsverschiedenheiten hervortreten sollten, werde ich allemal bereit sein, bei Seiner Majestät dem Kaiser diejenige Entscheidung zu befürworten, welche Präsident Roosevelt als praktisch und fair empfehlen wird. Dies wollen Ew. ebenso wie den übrigen Inhalt dieses Telegramms zur Kenntnis des Präsidenten bringen. Ich bin mir bewußt, hiermit eine für einen leitenden Minister ungewöhnliche und sehr weitgehende Erklärung abzugeben, aber ich weiß, wem ich sie gebe. Der Präsident soll hierdurch die Gewißheit bekommen, daß die Unterstützung, welche er uns gewährt, auch wirklich der Sache des Friedens und damit den Interessen unserer beiden Völker dient.

Die entgegengesetzte Tätigkeit derjenigen Gruppe, auf deren Treiben Ew. seit sechs Monaten die Aufmerksamkeit des Präsidenten zu lenken hatten, dauert inzwischen in Paris ungeschwächt fort. Einerseits ist es der auswärtige und koloniale Anhang von Delcassé, welcher diesen wieder hochbringen möchte, indem er Delcassés Programm dem in kolonialen Dingen unerfahrenen Rouvier aufzudrängen versucht, andererseits aber und hauptsächlich ist es England, welches, wie Fürst Radolin von Freunden Rouviers streng vertraulich erfahren hat, „mit allen Mitteln und einer wahren Wut" arbeitet, um die Konferenz zu verhindern und Mißtrauen gegen die deutsche Politik zu säen. Indessen hofft Fürst Radolin neuerdings, daß Herr Rouvier sich von dem heute stattfindenden Ministerrat ermächtigen lassen wird, die Konferenzeinladung anzunehmen. Unter diesen Umständen werde ich heute den hochbedeutsamen Brief des Präsidenten, welcher durch Ew. Telegramm Nr. 130 übermittelt wurde, ebenso wie Ew. Telegramme 131 und 133 Seiner Majestät übersenden. Ich unterließ das bisher im Interesse der Sache, weil ich Seine Majestät genug kenne, um vorher zu wissen, daß die falschen Vorspiegelungen, welche die französische Diplomatie hinsichtlich der Bereitwilligkeit Frankreichs zur Annahme der Konferenzeinladung dem Präsidenten gemacht hat, den Kaiser irritieren und weniger geneigt zu einem Entgegenkommen stimmen würden. Jetzt aber schicke ich die Sachen, weil ich Seiner Majestät mit gutem Gewissen sagen kann, daß ich nun endlich selber die Hoffnung auf einen guten Ausgang hege. Denn einerseits ist die Hetztätigkeit der englischen Diplomatie und Presse durch das energische Eingreifen des Präsidenten Roosevelt wohl so ziemlich neutralisiert worden, während andererseits Rouvier durch politische Freunde auf die Gefahren aufmerksam gemacht worden ist, welche ein längeres Gewährenlassen der Anhänger von Delcassé nicht nur für Frankreich, sondern auch für die persönliche Stellung des Ministerpräsidenten nach sich ziehen würde. Ich erwarte deshalb, daß der elektrische Draht innerhalb der nächsten achtundvierzig Stunden nach Berlin und Washington die französische Konferenzannahme melden wird. Sobald das geschieht, sobald die positive Annahme der Einladung durch Frankreich Tatsache ist, können Ew. Ihre diplomatische Aufgabe für die nächste Zeit als befriedigend erledigt ansehen und Ihren Urlaub jeden Tag antreten. Zu meinem Teile sage ich Ihnen meinen aufrichtigen Dank für das patriotische Opfer, was Sie durch Ausharren in dem heißen Washington gebracht haben.

AN DEN BOTSCHAFTER IN WASHINGTON FREIHERRN
SPECK VON STERNBURG   Berlin, den 28. Juni 1905

Frankreich hat die Konferenz noch immer nicht angenommen. Bei Entgegennahme der Ew. pp. bekannten deutschen Antwort sprach der Ministerpräsident Rouvier den Wunsch aus, daß zunächst ein deutscher und ein französischer Vertreter gemeinsam mit dem Sultan von Marokko die einzelnen Punkte des Programms beraten und feststellen möchten. Diese Substituierung einer Konferenz zu Dreien an Stelle der allgemeinen Konferenz halten wir für bedenklich, weil der Sultan, der überdies in letzter Zeit vielfach Ratschläge vom englischen Vertreter empfängt, ein natürliches Interesse daran haben wird, Deutschland und Frankreich zu entzweien. Jedenfalls würden diese Verhandlungen sich endlos hinziehen und unberechenbaren Zwischenfällen und Intrigen Dritter ausgesetzt sein.

Fürst Radolin ist beauftragt, diese Gesichtspunkte, die vom Standpunkt der gesunden Vernunft schwer zu widerlegen sein dürften, Herrn Rouvier nochmals auseinanderzusetzen.

AN DEN BOTSCHAFTER IN PARIS
FÜRSTEN VON RADOLIN   Berlin, den 28. Juni 1905

Es unterliegt keinen Bedenken, daß Herr Rouvier entweder in der Note, womit er uns die Annahme der Konferenzeinladung mitteilt, oder mündlich Euerer pp. gegenüber etwa folgendes erklärt: Die französische Regierung habe ihre anfänglichen Bedenken gegen die Konferenz zurücktreten lassen können, nachdem sie aus den mündlichen Aufklärungen Euerer pp. die Überzeugung gewonnen habe, daß

Deutschland auf der Konferenz keine Ziele verfolgen werde, die mit den berechtigten Interessen Frankreichs im Widerspruche ständen. — Weitere Mitteilungen aus den Telegrammen Nr. 127 und 133 sind jedenfalls für die Öffentlichkeit nicht zu verwerten.

Sobald die französische Regierung die Einladung angenommen hat, werden wir uns mit ihr gemäß dem Telegramm Nr. 151 über die Ratschläge einigen können, die unsere beiderseitigen Vertreter in Fes dem Sultan für die Einzelvorschläge des Programms zu erteilen haben. Zu diesem Zwecke würde es sich empfehlen, wenn die französische Regierung ihr bisheriges Reformprogramm mit den in den Telegrammen Nr. 127 und 133 angedeuteten Gesichtspunkten in Einklang bringt und es uns dann als Grundlage für die weiteren Besprechungen mitteilt.

Nachschrift: Soeben trifft Telegramm Nr. 253 ein. Im Interesse der Sache ist es dringend erwünscht, daß Herr Rouvier die oben angegebene Erklärung für genügend erachtet und unter dieser Begründung die Konferenz annimmt. Die Zuziehung des Sultans zur Feststellung des Konferenzprogramms vor Annahme der Konferenz ist, wie Euere pp. aus Telegramm Nr. 151 wissen, für uns nicht unannehmbar, aber Herrn Rouvier wird es ebenso klar sein wie uns, daß diese Verhandlung sehr langwierig und recht bedenklich ist wegen der Möglichkeit friedensfeindlicher Einwirkungen von den verschiedensten Seiten, solange die Konferenz nicht endgültig gesichert ist.

Ich bitte daher, auf diesen Vermittelungsvorschlag vorläufig nicht einzugehen, dagegen mit Herrn Rouvier sofort unsere Vorschläge, die sich mit Ihrem Telegramme gekreuzt haben können, zu erörtern.

AN KAISER WILHELM II. Berlin, den 28. Juni 1905

Fürst Radolin telegraphiert über seine gestrige Unterredung mit Rouvier, die zwei Stunden dauerte. Rouvier sprach wieder die Befürchtung aus, er werde gestürzt werden, wenn er eingestehen müsse, daß er dem Drängen Deutschlands „bedingungslos" nachgegeben habe. Er machte verschiedene Vorschläge, um uns vor Erteilung einer Zusage doch noch auf ein bestimmtes Programm zu verpflichten. Diese Vorschläge könnten dazu führen, uns den Sultan abspenstig zu machen und auf diese Weise die Konferenz zu vereiteln. Im einzelnen handelt es sich um folgende Vorschläge:

1. Rouvier wünscht, daß vor Annahme der Konferenz ein deutscher und ein französischer Vertreter gemeinsam mit dem Sultan von Marokko die einzelnen Punkte des Programms beraten und feststellen. Dieser Vorschlag erscheint deshalb bedenklich, weil solche Verhandlungen sich sehr langwierig und schwierig gestalten könnten. Auch würden voraussichtlich, solange die Konferenz nicht endgültig gesichert ist, friedensfeindliche Einwirkungen auf den Sultan von den verschiedensten Seiten versucht werden.

2. Ein anderer Vorschlag Rouviers geht dahin, daß Deutschland und Frankreich sich allein über die Hauptpunkte des Programms verständigen, daß aber diese Verständigung erst in Kraft tritt, nachdem Frankreich die Konferenz in formeller Weise angenommen hat. Dieser Vorschlag kommt sachlich auf den von uns abgelehnten Standpunkt des neulichen französischen Exposés hinaus. Er erscheint unannehmbar, umsomehr als nach dem Wunsche Rouviers die Frankreich zu gewährenden Vorteile im wesentlichen vorher festgestellt werden sollen, während die den an-

deren Mächten zuzubilligenden Äquivalente in suspenso bleiben würden.

3. Rouvier empfiehlt Abberufung des deutschen, französischen und englischen Gesandten aus Fes, da dies die Situation klären und dem Sultan zur Beruhigung dienen werde. Eine Abberufung unseres Gesandten im gegenwärtigen Augenblicke würde als ein Systemwechsel Deutschlands angesehen werden und uns um allen Einfluß beim Sultan bringen, während der Einfluß Frankreichs durch die französischen Truppen an der Grenze dauernd gesichert ist. Selbstverständlich können wir hierauf vor der Annahme der Konferenzeinladung durch Frankreich nicht eingehen.

Fürst Radolin ist beauftragt, diesen Vorschlägen gegenüber an unserem bisherigen Standpunkt „erst Annahme, dann Verhandlung" festzuhalten, dabei aber Herrn Rouvier nachstehendes mitzuteilen. Wir seien bereit, sobald die französische Regierung die Konferenzeinladung angenommen haben werde, mit ihr in einen eingehenden, sachlichen Meinungsaustausch über Marokko einzutreten. Das Ziel würde sein, uns über gemeinsame Ratschläge zu einigen, die unsere beiderseitigen Vertreter in Fes dem Sultan für die Aufstellung des Konferenzprogramms zu erteilen hätten. Den Bedenken im Hinblick auf Kammer und Volksstimmung könne Rouvier sehr wohl dadurch Rechnung tragen, daß er in seiner Mitteilung an uns über die Annahme der Konferenz etwa folgende Erklärung abgebe: „Die französische Regierung hat ihre anfänglichen Bedenken gegen die Konferenz zurücktreten lassen, nachdem sie aus den mündlichen Aufklärungen des deutschen Botschafters die Überzeugung gewonnen hat, daß Deutschland auf der Konferenz keine Ziele verfolgen wird, die mit den berechtigten Interessen Frankreichs im Widerspruche stehen."

Eine solche Erklärung dürfte auch der französischen Kammer genügen, wenn der Ministerpräsident noch hinzufügt, daß weitere Enthüllungen der vaterländischen Sache schädlich sein würden; denn man müsse bedenken, daß Frankreich und Deutschland nicht unter vier Augen allein, sondern von einer wißbegierigen Gruppe neugieriger Interessenten umgeben seien.

AN DEN BOTSCHAFTER IN PARIS
FÜRSTEN VON RADOLIN   Berlin, den 30. Juni 1905

Die englische Presse sucht jetzt nach Erschöpfung anderer Mittel eine deutsch-französische Verständigung dadurch zu hintertreiben, daß sie behauptet, der in der deutschen Antwortnote vertretene Standpunkt sei geeignet, die vertragsrechtliche Gültigkeit des englisch-französischen Abkommens vom 8. April 1904 in Frage zu stellen. Man hofft so auf das Rechtsgefühl des Herrn Rouvier zu wirken.

Euere pp. wollen an allen geeigneten Stellen — bei Herrn Rouvier und in der Presse — dieser Auffassung energisch entgegentreten. Das englisch-französische Abkommen stellt sich dar als eine Desinteressierung Englands hinsichtlich Marokkos. Diesen Akt der englischen Regierung kann niemand anfechten. Andererseits ist es aber nach der eigenen Erklärung der englischen Regierung ausgeschlossen, daß diese beabsichtigt habe, über die Rechte der übrigen Unterzeichner der Madrider Konferenzakte zu verfügen. Wenn letztere jetzt beanspruchen, ihre Rechte wahrzunehmen, so hat das mit der englisch-französischen Aktion nichts zu tun.

AN DEN BOTSCHAFTER IN PARIS
FÜRSTEN VON RADOLIN   Berlin, den 1. Juli 1905

Ew. erhalten anbei eine Aufzeichnung, wo ich den Hauptinhalt meiner vorgestrigen Unterredung mit dem Botschafter Bihourd zusammengefaßt habe. Ich glaube, meine Äußerungen lassen keinen Zweifel darüber, daß die deutsche Politik bestrebt ist, Frankreich in der Marokkofrage nicht nur nicht zu brüskieren, sondern möglichst entgegenzukommen, weil Deutschland die Verbesserung und vermehrte Sicherung seiner Beziehungen zu Frankreich für wichtiger erachtet als die Interessen, welche wir in Marokko haben. Indessen gibt es eine Grenze, über die wir beim besten Willen nicht hinausgehen können. Ew. Meldungen und mehr noch die Andeutungen anscheinend inspirierter französischer Blätter lassen mich besorgen, daß die französische Regierung, dem vereinten Drängen Englands und der Hinterbliebenen des Herrn Delcassé nachgebend, versuchen wird, uns über diese annehmbare Grenze hinauszudrängen. Dies würde der Fall sein, wenn man das Verlangen stellte, daß wir uns schon jetzt für einzelne Punkte festlegen, wo augenscheinlich ein Zwangsverfahren gegen den Sultan in Aussicht genommen ist. Dadurch würden wir uns in Widerspruch bringen mit unserem Grundsatz der vertragsmäßigen Gemeinsamkeit und auch mit den dem Sultan gegenüber eingegangenen Verpflichtungen, welche nach unserer Auffassung uns solange binden, bis die Gesamtheit der Signatarstaaten in Beratung tritt. Wir würden daher, wenn Frankreich darauf bestände, uns schon jetzt isoliert auf eine Politik eventueller Gewalt gegenüber dem Sultan zu verpflichten, erwidern müssen, daß wir unter solchen Umständen weitere deutsch-französische Pourparlers auf dieser

Basis als aussichtslos betrachteten, und daß wir uns nunmehr der Aufgabe zuzuwenden hätten, mit dem Sultan zu verhandeln, um die Schwierigkeiten seiner jetzigen Lage zu erleichtern, besonders diejenige, welche aus dem Treiben des Prätendenten erwächst. Wir würden dabei betonen, daß wir nach wie vor eine Konferenz als das für alle Teile geeignetste Mittel zur Lösung der marokkanischen Verwickelungen ansehen, und daß wir nach wie vor bereit sind, uns an einer solchen eventuell zu beteiligen. Ew. werden besser als ich beurteilen können, ob die Stellung des Herrn Rouvier in der Kammer nicht sogar erleichtert werden würde, wenn er in die Lage gesetzt wäre, eine derartige deutsche Erklärung mitzuteilen. Vielleicht besprechen Ew. mit Herrn Dupuy, ob die Stellung des Ministerpräsidenten gegenüber der Kammer und der öffentlichen Meinung erleichtert werden würde, wenn er die nachstehenden Gesichtspunkte ganz oder teilweise verwertete:

„Gewichtige Anzeichen berechtigen zu der Überzeugung, daß Deutschland korrekte und friedliche Beziehungen mit uns zu haben wünscht. Die deutsche Regierung hält sich jedoch nicht für befugt, in ihrer Eigenschaft als einzelne Vertragsmacht im voraus bindende Erklärungen abzugeben, durch welche sie sich verpflichten würde, einer selbst unfreiwilligen Änderung des bestehenden Zustandes in Marokko zuzustimmen. Sie hält sich vielmehr verpflichtet, bis zu dem Augenblick, wo die Signatarmächte sich in der Konferenz äußern, den Sultan in der Erhaltung des Status quo zu unterstützen, und würde, falls die Konferenz nicht zustandekommt, dementsprechend mit dem Sultan verhandeln. Wir können uns nicht verhehlen, daß dieser Zustand für unsere nächste Zukunft Elemente der Unsicherheit in sich birgt, welche zu beseitigen beide Teile bemüht sind. In langen, mühsamen, aber vom Geist beiderseitiger Loyalität und gegenseitigen Entgegenkommens getragenen Unterhandlungen hat sich ergeben, daß der französische und der deutsche Standpunkt nicht so unvereinbar sind, wie anfänglich angenommen wurde. Frankreich hat niemals beabsichtigt, die Integrität von Marokko, die Unabhängigkeit des Sultans und die bestehenden internationalen Verträge zu verletzen. Auch dem englisch-französischen Abkommen lag diese Absicht fern. Auf der anderen Seite verkennt Deutschland nicht, daß Frankreich als Nachbar von Marokko diesem gegenüber eine besondere Stellung einnimmt, welche ihm die Sorge um sein afrikanisches Reich und dessen Sicherheit verleiht. Beide Mächte sind einig darin, daß die Reformen für Marokko, die sie beide für notwendig halten, unter Beobachtung dieser beiden großen Grundsätze durchgeführt werden sollen. Von Nachgiebigkeit ist auf keiner von beiden Seiten die Rede gewesen, sondern nur von dem aufrichtigen Wunsche, etwa vorhandene Mißverständnisse aufzuklären. Frankreich kann die Konferenz annehmen, weil Deutschland ihm die bestimmte Zusicherung gegeben hat, daß es nichts auf der Konferenz vertreten wird, was im Widerspruch stehen würde mit den Rechten und legitimen Interessen von Frankreich. Um auch an Ort und Stelle unnötige Friktionen zu vermeiden, werden nach dem Zusammentritt der Konferenz die Vertreter von Deutschland, Frankreich und England Fes verlassen. Die Annahme der Konferenz ist für Frankreich in keiner Weise eine Annullierung der englisch-französischen Konvention, sondern der loyale Versuch, dieses Abkommen in Einklang zu bringen mit den berechtigten Interessen der übrigen handeltreibenden Völker und so dem Frieden der Welt zu dienen. Indessen möchte ich nicht, daß mir in der Zukunft der Vorwurf gemacht werde, ich habe die Interessen Frankreichs vernachlässigt. Deshalb habe ich die Lage so, wie ich sie vorfand, der Kammer offen dargelegt und bitte die Vertreter des französischen Volks zu entscheiden."

Durch diesen Schritt würde ein leitender Minister die Verantwortung von sich auf die Kammer übertragen, welche, wie ich annehmen möchte, der englischen Zudringlichkeit weniger ausgesetzt ist als ein einzelner Staatsmann. Die Kammer würde wahrscheinlich einsehen, daß Deutschland in diesem Augenblick nicht anders handeln kann, und daß man wegen einer Frage, welche in ihrem natürlichen Verlaufe doch wohl nur eine Frage der Zeit und des Aufschubs ist, keinen unabsehbaren Konflikt zu riskieren braucht.

Bei der Erörterung des Vorstehenden mit Herrn Dupuy wollen Ew. hervorheben, daß eine deutsche Antwort wie die oben skizzierte ausgeschlossen wäre, wenn man auf französischer Seite von Vorschlägen absähe, welche darauf hinauslaufen, uns für eine eventuelle Vergewaltigung des Sultans schon jetzt festzulegen.

AN DEN BOTSCHAFTER IN PARIS
FÜRSTEN VON RADOLIN   Berlin, den 2. Juli 1905

Mit dem von Herrn Rouvier vorgeschlagenen Notenaustausch sowie mit den darauf auszuwechselnden Erklärungen sind wir im allgemeinen einverstanden und hoffen bestimmt, daß auf dieser Basis die gewünschte Verständigung erfolgen wird.

Im einzelnen haben wir einige Änderungen für die Noten wie für die Erklärungen vorzuschlagen, dergestalt, daß deren Text folgendermaßen lauten würde:

Text der Note

„Rouvier an Fürst Radolin.

Die Regierung der Republik ist durch die Besprechungen, welche zwischen den beiderseitigen Vertretern in Paris und Berlin stattgefunden haben, zu der Überzeugung gelangt, daß die Kaiserliche Regierung auf der von dem Sultan von Marokko vorgeschlagenen Konferenz keinerlei Ziele verfolgen werde, welche die berechtigten französischen Interessen in diesem Lande in Frage stellen oder im Widerspruch stehen mit den aus seinen Verträgen (oder Arrangements) sich ergebenden Rechten und in Einklang mit folgenden Grundsätzen zu bringen sind:

Souveränität und Unabhängigkeit des Sultans.

Integrität seines Reiches.

Wirtschaftliche Freiheit ohne jede Ungleichheit.

Nützlichkeit von polizeilichen und finanziellen Reformen, deren Einführung für kurze Zeit nach internationaler Vereinbarung zu regeln ist.

Anerkennung der für Frankreich in Marokko geschaffenen Situation, wie sich dieselbe ergibt: aus der langen Grenzberührung zwischen Algerien und dem Scherifischen Reiche; ferner aus den besonderen hieraus für die beiden Nachbarländer herzuleitenden Beziehungen.

Infolgedessen nimmt Frankreich von seinen ursprünglichen Einwendungen gegen die Konferenz Abstand und nimmt die Einladung an."

Text der Erklärung

„Die Regierung der Republik und die deutsche Regierung kommen überein:

1. Gleichzeitig ihre zurzeit in Fes befindlichen Gesandtschaften nach Tanger zurückzuberufen, sobald die Konferenz zusammengetreten ist.

2. Dem Sultan von Marokko gemeinschaftlich durch ihre Vertreter in Fes Ratschläge bezüglich der Feststellung des Programms geben zu lassen, welches er auf Grundlage der unter dem (Datum fehlt) zwischen dem Ministerpräsidenten, Minister des Äußern und dem deutschen Botschafter in Paris ausgetauschten Note der Konferenz in Vorschlag bringen wird."...

Ich gebe mich der Hoffnung hin, daß es Euerer pp. gelingen wird, die französische Regierung unter Hinweis auf diese Gründe zur Annahme unserer Abänderungsvorschläge zu bewegen, und ermächtige Sie, in diesem Falle zum alsbaldigen Austausche der Noten und zur Auswechslung der Erklärungen zu schreiten.

AN DEN BOTSCHAFTER IN PARIS
FÜRSTEN VON RADOLIN   Berlin, den 5. Juli 1905

Herr Rouvier hält die von uns gewünschten Abänderungen in den auszutauschenden Noten und Erklärungen an sich für irrelevant, trägt aber mit Rücksicht auf die öffentliche Meinung Bedenken, auf unsere Abänderungsvorschläge einzugehen.

Wenn Herr Rouvier mit der öffentlichen Meinung operiert, so liegt die Sache bei uns nicht viel anders. Eine größere Anzahl deutscher Blätter wirft der Regierung und mir schon jetzt vor, daß ich la proie pour l'ombre hergegeben und tatsächlich auf der ganzen Linie nachgegeben hätte. In dieser Beziehung nous sommes logés à la même enseigne, Herr Rouvier und ich. Wenn wir zu einer Verständigung kommen, werden wir die vernünftigen Leute in beiden Ländern für uns haben, alle diejenigen, welche das Aufhören der gegenwärtigen politischen und wirtschaftlichen Spannung wünschen, und den bon sens du public.

Übrigens dürfte die Annahme unserer Vorschläge

kaum zu einer Erregung der öffentlichen Meinung in Frankreich führen, da der durch die bisherigen Veröffentlichungen bekanntgewordene Inhalt der Entwürfe durch die von uns gewünschten Abänderungen nicht berührt wird. Andererseits können wir ohne solche Abänderungen die Schriftstücke unserer Öffentlichkeit wirklich nicht vorlegen und uns auch nicht auf die loyale Durchführung der darin enthaltenen Versprechungen verpflichten. Im einzelnen haben wir zu den französischen Gegenvorschlägen folgendes zu bemerken:

1. Aus allen meinen Mitteilungen an Ew. wissen Sie, daß wir die feste und loyale Absicht haben und es dem deutschen politischen Interesse für entsprechend halten, die französische Zukunft in Marokko intakt zu erhalten. Aber in einem internationalen Aktenstück können wir den Ausdruck „l'avenir réservé à la France" aus schon angegebenen Gründen jetzt noch nicht zur Anwendung bringen. Auf dem juristisch präziseren Ausdruck „intérêts justifiés de la France" wollen wir nicht bestehen, um den französischen Wünschen entgegenzukommen. Wir begnügen uns mit dem allgemeineren Ausdruck „intérêts légitimes".

2. Die Wendung „et par l'intérêt particulier qu'a la France à ce que l'ordre règne dans tout le territoire marocain" würde zu Mißdeutungen Anlaß geben, die wir unter den momentanen Umständen vermeiden müssen. Wenn aber dadurch die letzte Differenz beseitigt würde, wollen wir uns mit folgender Fassung der Stelle einverstanden erklären: „et par l'intérêt spécial qui en résulte pour la France à ce que l'ordre règne dans l'empire chérifien."

3. Der Vorschlag, daß unsere Gesandten bis zum Zusammentritt der Konferenz (Nr. 1 der Erklärung) in Fes bleiben, die Verhandlungen wegen des Pro-

gramms aber in Tanger (Nr. 2 der Erklärung) geführt werden, erscheint nicht praktisch. Es wäre unnatürlich, zu erwarten, daß die Gesandten, solange sie in Fes sind, sich jeder Tätigkeit enthalten. Es würden also Besprechungen stattfinden in Tanger und in Fes, was zu Verwirrung und unendlicher Verzögerung führen müßte. Sobald die Konferenz zusammentritt, rufen wir unsern Gesandten aus Fes ab.

Seine Majestät verläßt in den allernächsten Tagen den deutschen Boden. Bei der Geringfügigkeit der jetzt noch übrigbleibenden Divergenzen darf ich die Erwartung hegen, daß die Unterzeichnung nunmehr ohne Verzug erfolgen kann.

AN DEN BOTSCHAFTER IN PARIS
FÜRSTEN VON RADOLIN   Berlin, den 8. Juli 1905

Während sich die Verhandlungen durch französisches Verschulden unabsehbar auszudehnen drohen, wird die innere Krisis in Marokko immer akuter. Dem Prätendenten ist es tatsächlich gelungen, seine Anhänger mit modernen Gewehren und sogar mit Maschinengewehren zu versehen. Ob dieselben, wie der Sultan behauptet, aus Frankreich kamen, ist für das Endergebnis gleichgültig. Udjda ist nach wie vor bedroht. Der Sultan bittet um Hilfe. Er wünscht namentlich, daß Deutschland ihm Waffen, Munition und Instrukteure schickt. Ich fahre morgen früh zu Seiner Majestät dem Kaiser. Ich bedauere, daß ich Allerhöchstdemselben diese Anliegen des Sultans vortragen muß, ohne Seiner Majestät gleichzeitig sagen zu können, daß infolge der Annahme der Konferenzeinladung durch Frankreich die deutsch-französischen Beziehungen auf festen Boden gestellt sind.

AN DEN BOTSCHAFTER IN PARIS
FÜRSTEN VON RADOLIN   Berlin, den 11. Juli 1905

Nachdem die französische Regierung die Marokkokonferenz angenommen hat, sind wir unserer früheren Zusage gemäß gern bereit, uns mit ihr im einzelnen über das Programm und die Ziele der Konferenz zu verständigen. Dies erscheint schon deshalb angezeigt, damit wir dem Sultan die in Aussicht genommenen gemeinsamen Ratschläge für das Programm erteilen können. Der einfachste Weg würde, wie wir bereits angedeutet haben, der sein, daß uns zunächst die französische Regierung ihre einzelnen Vorschläge und Wünsche mitteilt.

Euere pp. bitte ich, Herrn Rouvier eine entsprechende Mitteilung zu machen und mich von seiner Antwort telegraphisch zu unterrichten.

AN DEN INTERIMISTISCHEN LEITER DER GESANDTSCHAFT
IN TANGER GESANDTEN GRAFEN VON TATTENBACH
Berlin, den 11. Juli 1905

Das Zustandekommen der Marokkokonferenz erscheint nunmehr gesichert, nachdem sich Frankreich zu deren Annahme auf Grund des Ihnen anderweitig mitgeteilten Schriftwechsels vom 8. Juli bereiterklärt hat.

Euere pp. bitte ich, der marokkanischen Regierung eine entsprechende Mitteilung zu machen und dabei folgendes zu bemerken. Wir glauben, den Wünschen des Sultans durchaus entsprochen zu haben, indem wir die Annahme der Konferenz durch Frankreich und damit voraussichtlich auch durch die übrigen Mächte durchgesetzt haben. In den mit Frankreich ausgetauschten Erklärungen wird die Souveränität und

Unabhängigkeit des Sultans, sowie die Integrität seines Reiches ausdrücklich anerkannt, ebenso die internationale Grundlage des in Aussicht genommenen Reformwerks. Wenn wir versprochen haben, auf der Konferenz die legitimen Interessen Frankreichs und seine Vertragsrechte zu achten, so haben wir uns damit zu nichts verpflichtet, was die Unabhängigkeit Marokkos gefährden könnte.

In den deutsch-französischen Erklärungen ist vorgesehen, daß dem Sultan gemeinsame Ratschläge zur Feststellung des Konferenzprogramms erteilt werden sollen. Im Hinblick hierauf haben wir die französische Regierung gebeten, uns im einzelnen ihre Vorschläge und Wünsche mitzuteilen. Vor weiterer Verständigung mit Frankreich werden Ihnen diese zur gutachtlichen Äußerung zugehen.

Entgegen dem von Frankreich ausgesprochenen Wunsche haben wir entschieden daran festgehalten, daß Euere pp. bis zum Zusammentritte der Konferenz in Fes verbleiben, damit wir einen maßgebenden Einfluß auf den Sultan behalten. **Für die Konferenz selbst sind Sie als unser erster Delegierter in Aussicht genommen.**

Was Ihre weitere Haltung in Fes betrifft, so bitte ich, im Auge zu behalten, daß Sie demnächst mit dem französischen Vertreter gemeinsam zu handeln haben werden. Die vom Sultan uns angebotenen Konzessionen erachten wir als wünschenswerte Vorteile, werden sie indes nur dann annehmen können, wenn sie mit den zu erwartenden Konferenzbeschlüssen nicht im Widerspruche stehen. Euere pp. wollen daher gegenüber den Ihnen bisher gemachten Angeboten eine abwartende Stellung einnehmen und sich hierfür auf den vorstehend angegebenen Grund berufen.

Der wichtigste und schwierigste Punkt wird für

uns der sein, durchzusetzen, daß uns von der Konferenz die in Ihrem Telegramm Nr. 38 erwähnten Polizeireformen an der Atlantischen Küste übertragen werden. Ich würde es aus naheliegenden Gründen für richtig halten, daß wir nicht selbst entsprechende Anträge stellen, sondern daß uns diese Reformen gewissermaßen gegen unsern Willen aufgedrängt werden. Das würde vielleicht auf dem Wege zu erreichen sein, daß wir, wenn Frankreich für sich militärische und polizeiliche Reformen in den Grenzdistrikten verlangt, dem Sultan klarmachen, wie solche Reformen, um nicht seine Unabhängigkeit zu gefährden, eines Gegengewichts bedürfen, also entsprechende Reformen anderer Mächte in sonstigen Teilen seines Gebiets zur Voraussetzung haben müssen. Das Nähere wird sich indes erst übersehen lassen, wenn die französischen Einzelwünsche vorliegen.

AN DAS AUSWÄRTIGE AMT

Streng geheim   Norderney, den 20. Juli 1905

Für Exzellenz Baron von Holstein; demselben sofort vorzulegen

Seine Majestät teilt mir mit dem Vermerk: „Selbst entziffern" und „Ganz geheim" mit, daß er bei Kaiser Nikolaus angefragt hätte, „ob dieser irgendwelche Wünsche für ihn habe". Kaiser Nikolaus habe geantwortet: „Delighted with your proposal. Would it suit you meet at Bjoerkoe-sund, near Wiborg, a pleasant quiet place, live on board our yachts? In this serious time I cannot go far from the capital. Of course our meeting will be quite singly and homely. Look forward with intense pleasure to see you."

Seine Majestät bittet mich, ihm s o f o r t u n d d i r e k t Abschrift des dem Zaren im vergangenen November von uns vorgeschlagenen Defensivbündnisses,

„ehe es von Graf Lamsdorff verballhornisiert wurde", zu telegraphieren. Seine Majestät verlangen ausdrücklich, daß ich niemanden (nicht einmal der Polizei) von bevorstehender Entrevue Mitteilung machen soll. Auf der „Hohenzollern" wisse niemand etwas von der Begegnung, über die absolut nichts vorzeitig in die Öffentlichkeit kommen dürfe.

Sie sind der einzige, dem ich etwas von der Sache sage. Wie die Dinge liegen, halte ich die Begegnung für nützlich: 1. wir erfahren endlich einmal etwas Sicheres über die weiteren russischen Absichten im Innern und nach außen; 2. wird Seine Majestät bei diesem Anlaß den bevorstehenden Wechsel Graf Alvensleben = von Schoen dem Zaren mitteilen; 3. wahrscheinlich wird es zum Frieden kommen. Möglicherweise wird die russische Dynastie die jetzige Krisis überdauern. In diesem Falle würde, wie der Generalstab noch kürzlich hervorhob, Rußland in 6—11 Monaten wieder an unserer Grenze aktionsfähig sein. Dann wird König Eduard seine Bemühungen um eine englisch-russische Verständigung, die er niemals aus den Augen verloren hat, mit erneutem Eifer aufnehmen, und Frankreich seine Haltung uns gegenüber ändern. Unter allen Umständen bleibt Rußland ein starker Klumpen, mit dem Fühlung zu halten solange nützlich bleibt, bis er wirklich auseinandergefallen sein sollte.

Bitte telegraphieren Sie mir umgehend den Text des damals vorgeschlagenen Bündnisses. Telegraphieren Sie mir vor allem, was Sie mir raten, Seiner Majestät bei Übermittelung dieses Textes vorzuschlagen. Ich glaube, Ihr erfindungsreicher Geist wird aus dem damals nicht fertiggestellten Gewebe diejenigen Fäden herauszufinden wissen, aus denen sich etwas für uns Nützliches herstellen läßt. Ein Eintreten für Rußland bei den Friedensverhandlungen kann nicht in Frage kommen. Vorteilhaft aber wäre, wenn wir den Zar soweit engagierten, daß Witte und Graf Lamsdorff nach hergestelltem Frieden nicht sofort eine russisch-französisch-englische Entente anbahnen können, welche die „Nowosti" in St. Petersburg und Clemenceau in Paris schon jetzt mit dem Hinzufügen empfehlen, daß dann auch die Marokkofrage ihre Lösung finden würde, die Delcassé nur im unrichtigen Moment hätte akut werden lassen.

AN DAS AUSWÄRTIGE AMT   Norderney, den 22. Juli 1905
Für Exzellenz Baron von Holstein

Besten Dank.
Zwei wichtige Punkte:

1. Soll ich Seiner Majestät telegraphieren, daß wir Rußland nicht erlauben können, Frankreich einzuweihen und zum Beitritt aufzufordern, bevor sich Rußland uns gegenüber gebunden hat? Erbitte Drahtantwort. —

2. Wichtig erscheint mir ein Telegramm nach Tokio (vielleicht auch nach Washington), in welchem wir etwa sagen, daß die bevorstehende Kaiserbegegnung nicht eine Einmischung Deutschlands in die schwebenden Friedensverhandlungen bedeute. Von einer Wiederholung des Vorgangs von 1895 sei keine Rede. Eher sei zu erwarten, daß die Begegnung mit dem Deutschen Kaiser, dessen Anteil an dem Zustandekommen der amerikanischen Friedensvermittelung größer sei, als die Öffentlichkeit wisse, den russischen Kaiser in seinem Entschluß bestärken werde, alles zu tun, um einem für Rußland so verhängnisvollen Kriege eine Ende zu machen.

Drahten Sie mir, wenn Sie mit der gleichfalls telegraphisch abgehenden Preßinstruktion nicht einverstanden sein sollten.

AN DAS AUSWÄRTIGE AMT
Ganz geheim   Norderney, den 22. Juli 1905

Seine Majestät der Kaiser hatte mit Rücksicht darauf, daß er zurzeit in der Nähe der russischen Küste kreuzt, bei Seiner Majestät dem Kaiser Nikolaus angefragt, ob dieser irgend Wünsche für ihn habe. Der Zar erwiderte nachstehendes: „Delighted with your proposal. Would it suit you meet at Bjoerkoe-sund, near Wiborg, a pleasant quiet place, live on board our yachts? In this serious time I cannot go far from the capital. Of course our meeting will be quite singly and homely. Look forward with intense pleasure to see you."

Nach Empfang dieses Telegramms ersuchte mich Seine Majestät, ihm Abschrift des von uns im vergangenen November dem Zaren vorgeschlagenen Defensivbündnisses zu telegraphieren, ehe es „von Graf Lamsdorff verballhornisiert wurde".

Daraufhin habe ich heute an Seine Majestät die nachstehenden drei Telegramme gerichtet:

1. Ganz geheim.

Unsere Fassung des Vertragsentwurfs lautete: . . .

England wünscht eine englisch-russische Gruppierung. Frankreich würde auch heute, wo Delcassé fort ist, eine solche wahrscheinlich einer deutsch-französisch-russischen Entente vorziehen. Witte und Lamsdorff neigen der englisch-französischen Kombination zu. Unter diesen Umständen dürfen wir die Initiative zu einer Besprechung der Vertragsfrage nicht ergreifen, da die Gefahr vorliegt, daß Graf Lamsdorff unsere Anregung und die russische Ablehnung in Paris, London und Washington gegen uns verwertet. Wir müssen warten, bis der Zar, wenn auch nur in allgemeinen Wendungen, den Wunsch nach einer gemeinsamen Haltung zu erkennen gibt.

Den Widerstand von Lamsdorff und Witte wird der Zar nur überwinden können, wenn er beiden mit Festigkeit erklärt, daß er sich gegenüber der Rolle, welche England vor dem Kriege und während desselben gespielt habe, unter keinen Umständen auf ein Einvernehmen mit dieser Macht einlassen könne; bei einem solchen würde Rußland immer der Geprellte sein, zumal Frankreich naturgemäß mehr zu dem liberalen England als zu dem russischen Kaiserreich hinneigen würde.

Wenn der Zar meinen sollte, daß die Seestreitkräfte des russisch-deutsch-französischen Dreibundes schwächer sein würden als diejenigen des englisch-japanischen Zweibundes, so wäre zu erwidern, daß England niemals wagen würde, sich zu rühren, wenn Rußland, Deutschland und Frankreich verbündet wären, weil dann durch Frankreich und Deutschland die englische Küste, durch Rußland Indien und Persien bedroht sein würden. Die Besorgnis der Engländer vor einem Angriff auf Indien ist größer, als sie sich äußerlich merken lassen.

Wenn der Zar auf dem für uns ganz unannehmbaren Zusatz von Graf Lamsdorff (leur entente cordiale subsisterait également en présence des difficultés qui pourraient surgir à l'époque des négociations de paix entre la Russie et le Japon) bestehen sollte, so könnte ihm erwidert werden: Der moralische Eindruck bei dem Bekanntwerden der neuen Gruppierung Rußland, Deutschland, Frankreich würde so groß sein, daß die japanischen Forderungen dadurch sehr erheblich herabgedrückt werden würden. Dagegen könnte England als Verbündeter von Japan sich erst nach dem Friedensschluß Rußland nähern und während der Friedensverhandlungen Rußland nichts nützen.

Wenn es zum Abschluß des Bündnisvertrages, d. h. Angliederung Deutschlands an den russisch-französischen Zweibund kommt, so muß der neue Bündnisvertrag von uns seinem ganzen Inhalt nach öffentlich bekanntgegeben werden. Der wahre Grund ist, daß wir sonst für immer das Vertrauen von Roosevelt und den Amerikanern verlieren. Dem Zaren gegenüber wäre aber wohl besser die Rücksicht auf Bundesrat und Reichstag als Motiv anzugeben. Es hat auch gar kein Bedenken, daß Artikel IV (Kohle usw.) ebenfalls bekanntgemacht wird.

III. Geheimnis über bevorstehende Begegnung von unserer Seite absolut gewahrt. Dagegen ist aus St. Petersburg mehreren Pariser Blättern telegraphiert worden, daß Zar an Bord Kaiserjacht „Polarstern" viertägige Reise unternehmen werde; amtlich würde mitgeteilt, daß es sich nur um Fahrt längs Küste handle; man glaubte aber, daß Zar mit Kaiser Wilhelm Begegnung in schwedischen Gewässern haben werde.

Wenn Euere Majestät bei der bevorstehenden Entrevue dem Zaren gegenüber die herzliche und warme Note anschlagen, die Euerer Majestät ganze Haltung während des Russisch-Japanischen Krieges inspiriert hat, so wird das dem Hohen Herrn gerade (in dem) für ihn so schweren Augenblick sehr wohltun. Euerer Majestät Leitmotiv war ja immer: Wir haben nur den Wunsch, daß die russische Dynastie unverletzt und die russische Machtstellung ungeschwächt aus dieser Krisis hervorgehen möge, denn das liegt im preußisch-monarchisch wie im deutschen politischen Interesse, und diesem Interesse entspricht voll und ganz die persönliche Freundschaft des Deutschen Kaisers und Königs von Preußen für Seine Majestät den Kaiser Nikolaus.

Ich hoffe, der Zar bringt Lamsdorff diesmal nicht mit. Sollte dies doch geschehen, so werden Euere Majestät an den Spruch denken: „A corsaire, corsaire et demi", und Lamsdorff äußerlich die allerfreundlichste

Miene zeigen, um so eher wird es möglich sein, seinen
Einfluß auf den Zaren zu paralysieren.

AN DEN BOTSCHAFTER IN LONDON
GRAFEN VON METTERNICH

Ganz vertraulich   Norderney, den 22. Juli 1905

Herzlichsten Dank für Ihre beiden ausführlichen und sehr wichtigen Privatbriefe vom 5. und 12. d. Mts.

Am meisten interessiert hat mich natürlich, was Sie zur Beurteilung der Gesinnung Seiner Majestät des Königs uns gegenüber mitteilen. Ich gebe sonst sehr viel auf das ruhige und erfahrene Urteil des Grafen Seckendorff. Ich habe auch bisher, wie Sie wissen, der von ihm und auch von Ihnen vertretenen Auffassung zugestimmt, daß König Eduard im Grunde doch bessere Beziehungen zwischen Deutschland und England wünsche und darauf hinarbeite. Ich muß aber doch gestehen, daß in letzter Zeit vieles zusammenkommt, was mich einigermaßen stutzig macht. Sie selbst erwähnen die Mitteilung der Großherzogin-Witwe von Mecklenburg-Strelitz, daß der König seit unserer Marokko-Politik das Vertrauen zu unserem Allergnädigsten Herrn verloren habe. In derselben Richtung geht ein Brief Schlözers, von welchem Sie Abschrift erhalten haben. Ebenso erzählt Sternburg auf Grund einer Mitteilung des Präsidenten Roosevelt: der König habe auf den todkranken Staatssekretär Hay auf das lebhafteste eingeredet, damit er Roosevelt von Deutschland abziehe.

Es wäre nützlich gewesen, wenn Seckendorff Ihre völlig zutreffende Darlegung über unsere Gravamina gegenüber England dort weitergegeben hätte. Daß unsere Marokkopolitik nicht gegen den französisch-englischen Vertrag und überhaupt nicht gegen England gerichtet ist, haben Sie mit vollem Recht betont.

Unsere Absichten waren und sind noch heute so wenig englandfeindliche, daß wir bei Einleitung unserer Aktion in Marokko und noch eine geraume Weile nachher auf Grund der Erklärung, die Ihnen Lord Lansdowne im Sommer v. Js. gegeben hatte, von der Hoffnung ausgingen, England würde in dieser Frage, wo es sich nur um Offene Tür und wirtschaftliche Gleichberechtigung handelte, wenn nicht auf unserer Seite, so doch mindestens neutral stehen.

Die Nachricht von einem row zwischen Fürst Radolin und seinem englischen Kollegen beruht in der an Sie herangetretenen Version auf einer Entstellung. Sir Francis Bertie hat es für passend gefunden, auf einer Soirée beim Prinzen Murat in Anwesenheit des Kronprinzen von Griechenland Radolin ganz unvermittelt und in gereiztem Tone Vorhaltungen über die „Sinnlosigkeit" unserer Bemühungen für eine Marokkokonferenz zu machen. Radolin hat diese ungewöhnlich taktlose Erklärung vornehm übersehen und ist sogar auf dem wenige Tage darauf stattfindenden offiziellen Empfang des englischen Botschafters erschienen, wenn auch begreiflicherweise in kühler Haltung.

Den Rat des Grafen Seckendorff, daß wir die Angelegenheit des Grafen Gleichen für die nächste Zukunft unberührt lassen sollten, wollen wir nach Möglichkeit beherzigen und deshalb auf die Frage der Abberufung des hiesigen englischen Militärattachés für jetzt nicht weiter zurückkommen. Ganz auf sich beruhen lassen werden wir die Sache aber auf die Dauer nicht können, weil es sich dabei, wie Sie mit Recht Sir Frank und Lord Lansdowne gegenüber betont haben, nicht sowohl um die Person des Grafen Gleichen als vielmehr um eine sehr wichtige Prinzipienfrage handelt. Unser prinzipieller Standpunkt muß gewahrt bleiben, nämlich, daß die Einheit der deutschen Armee nach außen hin die Ernennung von fremden Militärattachés bei den einzelstaatlichen Regierungen ausschließt, und daß die Sonderstellung, welche Bayern sowie in geringem Maße auch Sachsen und Württemberg für einzelne militärische Angelegenheiten eingeräumt ist, lediglich ein deutsches Internum bildet, welches das Ausland nichts angeht. Das Nähere über diese reichs-staatsrechtliche Seite der Sache ersehen Sie aus dem anliegenden Rechtsgutachten, welches im Jahre 1896 aus Anlaß eines Spezialfalles mit einer anderen Großmacht in Berlin ausgearbeitet wurde. Seine Majestät der Kaiser hat sich damals, es handelte sich um einen russischen Militärattaché, auf das allerentschiedenste gegen die Zulassung von fremden Militärattachés bei den Bundesstaaten ausgesprochen. Das Rechtsgutachten weist nach, daß ein Militärattaché bei einer fremden Mission in München an die der Tätigkeit dieser Mission gezogenen Schranken gebunden wäre und folglich sich nur mit den wenigen Besonderheiten des bayerischen Heerwesens würde befassen dürfen, in denen Bayern nicht gehalten ist, sich wie sonst überall auf dem Gebiete des Heerwesens nach dem preußischen Vorbilde zu richten. Ganz im Einklang hiermit hat Seine Majestät der König von Sachsen nach einem hier eingegangenen Berichte des Königlichen Gesandten in Dresden der englischen Regierung auf die Anmeldung des Grafen Gleichen als großbritannischen Militärattachés für Sachsen erwidern lassen: Es würde ihn jederzeit freuen, den Grafen als Privatmann an seinem Hofe zu sehen, in amtlicher Eigenschaft, als Militärattaché, könne er ihn aber nicht empfangen, da es nach den bestehenden Bündnisverträgen fremde Militärattachés in Dresden nicht geben könne, die

Annahme von solchen vielmehr Berlin vorbehalten sei.

Noch aus einem anderen Gesichtspunkte haben wir guten Grund, uns über das in dieser Angelegenheit von englischer Seite eingeschlagene Verfahren zu beklagen. Wir haben bekanntlich schon früher den Wunsch ausgedrückt, daß die englische Regierung in allen Fällen von irgendwelchen beabsichtigten Veränderungen in ihren Vertretungen bei den deutschen Höfen die Ansicht der Kaiserlichen Regierung darüber zuvor vertraulich einholen möchte. Dies ist uns im Jahre 1890 von Lord Salisbury ausdrücklich zugesagt worden. Nachdem wir aber in der Folge mehrfach zu beobachten hatten, daß diese Zusage auf englischer Seite in Vergessenheit zu geraten schien, müssen wir jetzt umso mehr daran erinnern und auf ihrer Beobachtung bestehen.

Trotzdem sonach der englische Standpunkt rechtlich nicht zu halten ist, will ich doch, nachdem Seine Majestät König Eduard für den Grafen Gleichen in so nobler Weise eingetreten ist und die Verantwortung für die Bestallung des Grafen als Militärattaché bei den drei Königreichen auf sich selbst genommen hat, aus Deferenz für die Person Seiner Majestät des Königs von einem Antrage auf Rücknahme jener Ernennung einstweilen absehen. Wir müssen aber um so mehr darauf bestehen, daß, sobald Graf Gleichen hier einen Nachfolger erhält, dieser nicht wieder als Attaché bei deutschen Einzelstaaten bestellt wird. Auch bleibt es nach wie vor für uns dringend erwünscht, daß der Graf von einer Wahrnehmung von Militärattachéfunktionen in Bayern und Württemberg absieht. Dieser Wunsch rechtfertigt sich übrigens, abgesehen von allem anderen, schon dadurch, daß eine Bloßstellung Seiner Majestät des Königs von

Sachsen, wie zum Dank für Höchstdessen oben erwähntes korrektes Verhalten, unter allen Umständen vermieden werden muß.

Das Vorstehende ist vorerst nur zu Ihrer Orientierung bestimmt. Unter den obwaltenden Umständen muß ich es lediglich Ihrem Ermessen überlassen, wann und wem gegenüber Sie dort von den darin enthaltenen Einzelheiten mit der nötigen Vorsicht Gebrauch machen können, ohne die Stimmung gegen uns noch mehr zu verschlechtern.

Was die Frage einer Würdigung des verstorbenen John Hay durch mich in der „North American Review" angeht, so hat sich Sternburg gegen die Veröffentlichung eines solchen Artikels ausgesprochen. Sein in mancher Hinsicht interessantes Votum füge ich abschriftlich in der Anlage bei. Unter diesen Umständen kann ich in diesem Spezialfalle den Wunsch der Herren Leveson-Gower und Harvey nicht wohl erfüllen, bin aber sehr damit einverstanden, daß Sie beide kultivieren und weiter in guter Stimmung für uns erhalten.

Seit vorgestern weilt Seckendorff hier. Obwohl er Ihnen seine Reiseeindrücke schon mitgeteilt hat, fasse ich dieselben noch einmal ganz kurz wie folgt zusammen:

1. In Frankreich herrscht Angst vor uns, niemand will dort den Krieg gegen uns, auch Delcassé trieb nur Bluffpolitik, aber allerdings in sehr unvorsichtiger und ungeschickter Weise. Sein Abgang wird in Frankreich von niemand bedauert.

2. Die Avancen der Engländer und namentlich Seiner Majestät des Königs Eduard schmeichelten den Franzosen und namentlich dem eitlen, aus kleinen Verhältnissen emporgestiegenen Delcassé. Seckendorff bestreitet, daß der König die Franzosen gegen uns aufgehetzt habe. Ich muß zu meinem Bedauern

hinzufügen, daß viele Franzosen uns das Umgekehrte versichern. Seckendorff glaubt nicht, daß die Franzosen sich auf ein wirkliches Bündnis mit England einlassen würden. Das Mißtrauen gegen „la perfide Albion" sei doch tief gewurzelt und neu befestigt durch die Hetzereien der englischen Presse, „qui sont trop cousues de fil blanc". Auch dächten nicht nur die französischen Politiker, sondern vielleicht noch mehr die Masse des französischen Volkes, daß die Engländer den Franzosen zu Lande, worauf es für Frankreich im letzten Ende allein ankomme, gar nichts nützen könnten. Die Franzosen hätten kein Vertrauen zu ihrer eigenen Armee, namentlich nicht zu ihren Generälen.

3. Bertie und sein Personal sind sehr antideutsch.

4. Die Pariser Haute Finance ist überzeugt, daß Rußland auch auf sehr harte japanische Friedensbedingungen und namentlich auf eine sehr hohe Indemnität eingehen wird. Die entgegenstehenden Behauptungen russischer Blätter und Diplomaten wären Redensarten. Die Pariser Finanzkreise rechnen mit einer russischen Indemnität von vier bis fünf Milliarden und sind bereit, sie Rußland zu leihen. Den Krieg könne Rußland nicht fortsetzen, weil seine innere Lage es nicht gestatte und das Volk und jetzt auch der Zar kriegsmüde wären. Aber Rußland besitze so große innere Hilfsquellen, daß die internationale Finanz ihm immer wieder Geld vorstrecken würde.

5. Seckendorff glaubt nicht, daß die in England maßgebenden politischen Faktoren uns überfallen wollen. Er glaubt auch nicht, daß diese uns für so wahnwitzig halten, um uns Angriffsabsichten gegen England ernstlich zuzutrauen. In Marinekreisen schiene der Gedanke eines prophylaktischen Krieges gegen Deutschland mehr Anhänger zu haben. Im übrigen möge man uns nicht und sei neidisch auf uns. Mit Ge-

duld, Ruhe und „good manners" würden sich die Verhältnisse, wenn auch langsam, wieder bessern können.

6. Wie schon erwähnt, ist Seckendorff der Ansicht, daß Seine Majestät der König Eduard nicht unser Feind sei. His Majesty werde nur von seiner uns fast durchweg feindlichen Umgebung aufgehetzt, die ihm einrede, daß sein hoher Neffe „unberechenbar" sei und alle möglichen „coups de tête" von Seiner Majestät zu erwarten wären.

7. Feindlich sind uns besonders Prinzeß Viktoria (Tochter des Königs), die Herzogin von Connaught, Prinzeß Louis Battenberg. — Albert von Holstein und seine Eltern klatschen nach beiden Seiten. Richtig ist, daß der indiskrete und taktlose junge Prinz Seine Majestät, Allerhöchstwelchen seine Späße unterhalten, gegen die Royal family aufhetzt.

8. Seckendorff frug mehrfach, ob die „Times" sich nicht gewinnen lasse. Chirol könne Holstein den schroffen Bruch von 1896 nicht verzeihen. Walter fühle sich durch Eckardstein beleidigt. Glauben Sie, daß Sie mit Ihrem Takt in dieser Richtung etwas machen können?

9. His Majesty deutete Seckendorff an, daß Gleichen im Winter, vielleicht schon im Herbst abberufen werden würde. Es dürfe aber nicht so aussehen, als ob His Majesty dazu gezwungen worden wäre. Es scheint, daß His Majesty schon einen Nachfolger für Gleichen in petto hat.

10. Seckendorff kam immer wieder darauf zurück, daß das Streben des Königs nach wie vor darauf gerichtet sei, auch mit Rußland zu einem Agreement zu kommen.

AN DAS AUSWÄRTIGE AMT
Ganz geheim   Norderney, den 23. Juli 1905

Herr von Mendelssohn sagte mir mit der Bitte um strengste Diskretion, der Zar habe Herrn Witte zu nachstehenden Zugeständnissen an Japan ermächtigt: 1. Korea; 2. die Mandschurei; 3. halb Sachalin; 4. womöglich gar keine, jedenfalls nur eine geringe Kriegsentschädigung, die eine halbe Milliarde nicht überschreiten dürfe und anders frisiert werden müsse; 5. die Eisenbahnstrecke Charbin—Port Arthur gibt Rußland auf, behält aber die Strecke Charbin—Wladiwostok. — Herr Witte sei überzeugt, daß sich mit diesen Konzessionen der Frieden nicht abschließen lassen werde. Rußland müsse ganz Sachalin opfern und auch eine weit höhere Indemnität ins Auge fassen, wenn er sich auch bemühen werde, dieselbe unter eine andere Etikette zu bringen. Witte wünscht, daß Seine Majestät auf den Zaren einwirkt, damit ihm letzterer für die Friedensunterhandlungen mehr Latitüde läßt. Sonst würden nach der Ansicht von Witte die Friedensverhandlungen bald scheitern.

Wie wir uns zu dieser Anregung verhalten, hängt von der Beantwortung der Grundfrage ab, ob es dem deutschen Interesse entspricht, daß der ostasiatische Krieg weitergeht. Herr Witte äußerte zu Herrn von Mendelssohn: „Wenn wir Frieden schließen, können die Folgen vielleicht unangenehm werden (Gefühl der Demütigung; Rückkehr einer geschlagenen und verbitterten Armee; die Nihilisten werden den Bauern einreden, daß infolge der Kriegsentschädigung die Steuern erhöht werden würden usw.). Geht der Krieg weiter, so werden die Folgen jedenfalls ganz schlimm sein. Es könnten dann Zustände in Rußland eintreten, welche die Ereignisse der Französischen Revolution in Schatten stellen würden. Il y aura des torrents de sang."

Die lebhafte Färbung dieser Prognose ist wohl von dem Wunsch inspiriert, daß wir auf den Zaren einwirken, damit er Herrn Witte seine Friedensmission erleichtert. Die Pariser Börse hat die Nachricht von der bevorstehenden Kaiserentrevue mit einer Hausse in russischen Papieren begrüßt. Ich hatte aber doch den Eindruck, daß die forschen Auslassungen von Herrn Witte gegenüber dem Vertreter der „Associated Press" und jetzt in Paris Bluff sind. Andererseits erzählte Herr Witte an Herrn Mendelssohn, daß die kriegerischen Kundgebungen der Generale in der Mandschurei keine bestellte Arbeit wären, sondern daß diese wirklich glaubten, die militärischen Chancen lägen jetzt für Rußland nicht ungünstig. Auch unter den Hofgeneralen wäre diese Ansicht verbreitet. Der Zar sei unberechenbar. Herr von Mendelssohn glaubt, daß Rußland, wenn es Frieden schließt, in Frankreich, England und Deutschland Geld finden werde, sonst sehr schwer.

AN DAS AUSWÄRTIGE AMT

Ganz geheim Norderney, den 24. Juli 1905

Für Exzellenz Baron von Holstein

Wie denken Sie über die Mendelssohn-Wittesche Anregung wegen unserer Einwirkung auf den Zaren hinsichtlich der russischen Zugeständnisse an Japan? Erbitte umgehend Drahtantwort, da ich Seiner Majestät wegen der gegenüber dem Zaren zu führenden Sprache heute nochmals telegraphieren und die zur Sprache zu bringenden Punkte gleichzeitig behandeln will. Wollen wir raten, Japan keine weiteren Zugeständnisse zu machen, wohl aber die Bulyginsche Verfassung sofort zu proklamieren?

AN DAS AUSWÄRTIGE AMT   Norderney, den 24. Juli 1905

Ich habe an Seine Majestät telegraphiert:
„Darf ich alleruntertänigst noch nachstehende Gesichtspunkte hervorheben, die mir in den letzten Tagen durch den Kopf gegangen sind?

I. Es ist wahrscheinlich, daß nicht nur Witte und Graf Lamsdorff, sondern auch die beiden Zarinnen dem Zaren mehr zum Anschluß an England als an uns zureden werden. Demgegenüber gibt es zwei gute Argumente: 1. Deutschland wird, wenn es sich dem Russisch-Französischen Zweibund angliedert, naturgemäß (wegen der Freundschaft der beiden Souveräne, den identischen konservativen Interessen, weil die Intimität zwischen Rußland und Frankreich immer größer sein wird als zwischen Deutschland und Frankreich) immer mit Rußland gehen und damit also Rußland die Überlegenheit und Entscheidung bei jeder gemeinsamen Aktion sichern. Dagegen würde England als Dritter immer mit Frankreich gehen, namentlich in allen Fragen des nahen Orients. Rußland würde dann immer der Schwächere sein. Seine Lage würde noch gedrückter und bedenklicher werden, wenn etwa Japan, der Verbündete Englands, und Italien als alter Krimkriegsgenosse in den Bund aufgenommen würden, was schon jetzt im Plan liegt. Rußland wäre unter den übrigen, die sich comme larrons en foire verstehen würden, verraten und verkauft. Eben deshalb, um Rußland dauernd lahmzulegen, drängt England so sehr auf den Viererbund England-Frankreich-Japan-Rußland, und eben deshalb ist für Rußland die Hineinziehung Deutschlands zur Erhaltung des Gleichgewichts notwendig. 2. Deutschland kann sich schon v o r dem Friedensschluß mit Rußland verbünden und dadurch die Stellung Rußlands gegenüber Japan bei den Friedensverhandlungen wesentlich verbessern; England kann sich erst nach dem Frieden Rußland anschließen; somit also keine ernstliche Einwirkung auf die japanischen Friedensbedingungen ausüben. — Ich darf nochmals ehrfurchtsvollst wiederholen, wie wünschenswert es ist, daß die Besprechung der Bündnisfrage nicht von unserer Seite ausgeht. Eine russische Ablehnung, auch wenn sie in der Weise erfolgte, daß der Zar verspricht, die Bündnisfrage sich zu überlegen, und daß er dann von Peterhof aus abtelegraphiert, würde nämlich in Verbindung mit der zu gewärtigenden Graf Lamsdorffschen Indiskretion und tendenziösen Interpretation die deutsch-russischen Beziehungen nicht verbessern.

II. Schiemann erhielt sehr ernste Nachrichten, wonach neue Attentate und allgemeine Aufstände zu erwarten sind, wenn nicht endlich etwas Positives in der Verfassungsfrage geschieht. Der von dem Minister des Innern Bulygin ausgearbeitete Entwurf entspricht im wesentlichen Euerer Majestät Ratschlägen an den Zaren und an den Großfürsten Michael Alexandrowitsch. Er enthält nach der Ansicht von Schiemann das Minimum dessen, was zu gewähren ist, mit allen möglichen Einschränkungen, hohem Zensus usw. Weniger könnte kaum gewährt werden. Als erster Anfang würde sein Inkrafttreten unbedingt beruhigend wirken und wäre geeignet, die Liberalen von den Anarchisten zu trennen, weil erstere die Möglichkeit sehen würden, auf legalem Wege etwas zu erreichen. Der Zar sollte nicht länger zögern, den Bulyginschen Entwurf als Verfassung zu proklamieren, sonst nimmt die Sache in Rußland noch ein ganz schlimmes Ende.

III. Es liegt im Interesse des Zaren, daß er zur Vermeidung persönlicher Gefahr die Verantwortung für Annahme oder Ablehnung japanischer Friedensbedingungen mit dem Semstwo teilt und diese Versammlung nach Maßgabe der Vorschläge von Bulygin mit größtmöglicher Beschleunigung zusammenberuft. Die Versammlung soll nach dem Bulyginschen Vorschlag nur beratendes Votum haben; sie würde aber immerhin die Kaiserliche Verantwortung sehr wesentlich entlasten. Sobald der Zar sich mit den Bulyginschen Vorschlägen einverstanden erklärt hat, würde er auch in der Lage sein, solche japanischen Bedingungen zurückzuweisen, welche mit der Würde Rußlands nicht vereinbar sind, und die von der Armee als Demütigung empfunden werden würden. Seckendorff sagte mir, die Engländer wünschten jetzt, daß Rußland mit den Japanern um jeden Preis Frieden schlösse, in der Hoffnung, daß dann die innere Lage in Rußland noch durch militärische Pronunziamientos verschärft werden würde."

AN DAS AUSWÄRTIGE AMT
    Ganz geheim   Norderney, den 24. Juli 1905

Seine Majestät telegraphiert mir aus Björkoe von heute, Montag, mittag fünf Uhr:

„Vertrag soeben von Zaren und mir unterschrieben; von Marineminister Birilew und Herrn von Tschirschky gegengezeichnet. Zar war sofort bereit, ,d a w i r j e t z t m i t F r a n k r e i c h j a g u t s t ä n d e n', was ihn besonders freue. Er erblicke darin den Abschluß der elsaß-lothringischen Frage für immer. Bis Frieden abgeschlossen, soll er geheim bleiben. Gratuliert Ihnen zu diesem großen Erfolge Ihrer geschickten Behandlung Frankreichs. Ich fahre heute drei Uhr nachmittags nach Wisby ab. Empfang war überaus warm und herzlich, Zar umarmte mich nach Unterzeichnung."

AN KAISER WILHELM II.   Norderney, den 24. Juli 1905

Euerer Majestät gnädiges Telegramm aus Björkoe mit tiefer Bewegung und innigem Dank erhalten. Zu diesem Erfolge sind allein Euere Majestät zu beglückwünschen, denn Euere Majestät allein haben diese Wendung ermöglicht und herbeigeführt.

AN DAS AUSWÄRTIGE AMT
Ganz geheim   Norderney, den 25. Juli 1905
Für Exzellenz Baron von Holstein

Ich erwarte, daß Seine Majestät bezw. Tschirschky mir aus Wisby eingehender telegraphieren werden. Sobald ich Näheres weiß, informiere ich Sie. Inzwischen nachstehende Gedankenspäne: 1. Wieweit bindet dieser Vertrag formal die Russen, wieweit uns? 2. Wenn der Vertrag bis zum Friedensschluß geheim bleiben könnte, so würde dies meines Erachtens nützlich sein. Oder halten Sie es für notwendig, Roosevelt schon vorher zu informieren? (Natürlich eventuell de chef d'Etat à chef d'Etat durch persönliches Telegramm Seiner Majestät, der Diskretion zur Ehrenpflicht macht.) 3. Sollen wir es Rußland allein überlassen, Frankreich zu initiieren, oder soll Radolin mithelfen? Der rein defensive, Frieden sichernde Charakter des Bündnisses müßte wohl dabei von uns stark in den Vordergrund geschoben werden. Vielleicht ließe sich auch der Gedanke verwerten, daß Deutschland und Frankreich gemeinsam die bevorstehende russische Anleihe finanzieren könnten. 4. Wie wird der Eindruck auf England sein, wenn die Sache bekannt wird?

Hier müßte noch mehr wie gegenüber Frankreich der streng defensive Zweck des Abkommens betont werden. Das wird seinerzeit auch gegenüber unserer öffentlichen Meinung nötig sein. 5. Mein letztes Telegramm an Seine Majestät habe ich kassiert, nachdem feststand, daß dasselbe nicht mehr rechtzeitig angekommen wäre. Wir können erwägen, ob ich Seine Majestät bitten soll, wegen der Bulyginschen Verfassung an den

Zaren zu schreiben. 6. Bitten Sie Herrn von Mühlberg, in der Presse darauf hinwirken zu lassen, daß der von unseren Gegnern verbreiteten Annahme entgegengetreten wird, als ob Seine Majestät im Gegensatz zu seiner ganzen bisherigen Haltung dem Zaren absolutistische oder kriegerische Ratschläge erteilt hätte. 7. Auf Umwegen höre ich, daß Seine Majestät die Absicht hat, noch einen Besuch in Kopenhagen abzustatten. Vorher will Seine Majestät nach Cadinen und Danzig. Ich bitte mir rechtzeitig zu sagen, welche Ratschläge ich Seiner Majestät für diesen Besuch geben soll mit schlagenden Argumenten come al solito. 8. Graf Seckendorff sagt mir, er sei in der Lage, einen Besuch des Königs Eduard bei Seiner Majestät etwa in Homburg vor der Höhe (Anfang September, wenn der King seine Marienbader Kur absolviert hat und der Kaiser im Manöver weilt) zu arrangieren. Würden Sie einen solchen Besuch für nützlich halten?

KAISER WILHELM II. AN DEN REICHSKANZLER
FÜRSTEN VON BÜLOW   Wisby, den 25. Juli 1905

Mein lieber Bülow!

Durch meine Telegramme haben Sie schon erfahren, daß das Werk der Annäherung gekrönt und der Wurf gelungen ist! Der Vertrag ist noch wesentlich vereinfacht, indem der alte § 4 in Fortfall gekommen ist. Im § 1 ausdrücklich 1 Europäische Macht in Europa eingefügt, so daß Asien und Indien für uns in Wegfall kommen. Im neuen § 4 verpflichtet sich der Kaiser ausdrücklich, nach Abschluß des Friedens Frankreich zur Teilnahme einzuführen; ebenso wie der Vertrag erst in Kraft tritt nach Abschluß des Friedens, so daß der ganze jetzige Kriegszustand für uns völlig unverbindlich ist.

Und jetzt, da es so gekommen ist, da wundert man sich, und sagt, wie ist so etwas möglich? Die Antwort ist für mich sehr klar! Gott hat es also gefügt und gewollt, allem Menschenwitz zum Trotz, allem Menschentreiben zum Hohn, hat er zusammengeführt, was zusammengehörte! Nun, Seine Wege sind andere als unsere Wege und Seine Gedanken sind höher denn unsere! Was im vorigen Winter Rußland im Hochmut ausschlug und, in Intrigensucht, zu unserm Nachteil auszugestalten versuchte, hat es jetzt, durch des Herrn furchtbare, harte, demütigende Hand herabgedrückt, mit Dank freudigst als eine schöne Gabe akzeptiert. Ich habe die letzten Tage soviel nachgedacht, daß mir der Kopf brummte, um sicher zu sein, daß ich es richtig anfange, stets die Interessen meines Landes vor Augen, aber nicht minder diejenigen des Monarchischen Gedankens im allgemeinen. Schließlich habe ich meine Hände zum Herrn über uns alle erhoben, und ihm alles anheimgestellt, und gebeten, Er wolle doch mich leiten und führen wie Er wolle, ich sei nur ein einfach Werkzeug in Seinen Händen, und werde tun, was Er mir eingeben werde, möge die Aufgabe noch so schwer sein. Und zum Schluß habe ich auch den Wunsch des Alten Dessauers bei Kesselsdorf ausgesprochen, wenn Er mir nicht helfen wolle, dann auch dem anderen Seine Hilfe nicht zu geben. Nun fühlte ich mich wunderbar gestärkt und der Wille und die Absicht wurden bei mir immer fester und bestimmter, „Du setzt es durch, koste es, was es wolle"! So sah ich vertrauensvoll der entrevue entgegen. Und was fand ich nun vor? Einen warmen, liebevollen, begeisterten Empfang, wie er nur einem von Herzen aufrichtig geliebten Freunde zuteil werden konnte. Der Zar hat mich umarmt und an sich gedrückt, als sei ich sein leiblicher Bruder, und mit dankerfüllten freudestrahlenden Augen blickte er mich immer wieder an. Die Russ[ische] Umgebung — ohne den austerähnlichen Auswärtigen P . . . .* — war von einer Herzlichkeit, wie ich es noch nie erlebt. Benckendorff ließ sogar sein Monokel aus dem Auge fallen, als ich ihm die Hand gab!! Der Großfürst Thronfolger war eigens mitgebracht worden und war auch eitel Freude! Bald nahm mich der Zar beiseite und sagte, er brenne auf eine eingehende Konversation. Wir steckten die Zigaretten an, und waren bald in Medias Res. Er war ungemein erfreut über unser Marokkoabkommen, was den Weg zu guten dauernden Beziehungen zu Frankreich eröffne, und spendete meiner Hoffnung, daß daraus eine dauernde Verständigung, vielleicht sogar ein „agreement" mit Gallien hervorblühen möge, lebhaften Beifall.

---

* „Der von dem Kaiser über Graf Lamsdorff gebrauchte Ausdruck entzieht sich der Wiedergabe", heißt es in der Aktenpublikation.

Als ich darauf aufmerksam machte, daß trotz der Engl[ischen] Hetzereien Frankreich glatt refüsiert habe, mit uns auf die Mensur zu gehen, und sich also um die Reichslande nicht mehr schlagen wolle, sagte er scharf: „Yes that I saw, it is quite clear the Alsace-Lorraine question is closed once for all, thank God." Nun kam das Gespräch auf England und es zeigte sich sehr bald, daß der Zar eine schwere persönliche Wut auf England und den König hat. Er bezeichnete Edw[ard] VII. als den größten „mischief maker" und unaufrichtigsten sowie auch gefährlichsten Intriganten in der Welt. Ich konnte ihm nur beipflichten mit dem Bemerken, daß ich ganz besonders unter seinen Intrigen in den letzten Jahren gelitten hätte, was zumal nach seinem Empfang in Kiel geradezu unverantwortlich gewesen sei. Er habe die Passion, überall mit jeder Macht etwas anzuzetteln, „a little agreement" zu machen, da unterbrach mich der Zar, indem er mit der Faust auf den Tisch schlug: „Well I can only say, he shall not get one from me, & never in my life against Germany or you, my word of honour on it."

Dann wurde über die Einleitung und Durchführung der Friedensaktion gesprochen, wobei der Zar sich sehr lebhaft bei mir bedankte für den Vorschlag mit Roosevelt und Meyer. Ersterer habe ihm einen so netten, entgegenkommenden Brief geschrieben, Meyer sei ein ganz reizender causeur und Mensch, und sei er sehr schnell ins Reine gekommen. Und das Nette an der ganzen Sache sei, daß alle drei Dinge a tempo bei ihm zusammengekommen seien! Man sieht daraus, wie richtig es war, daß ich dem Zaren den Brief am Abend des 4. Juni nach dem Einzug der Braut schrieb und gleich abfertigte. Der Zar erhofft von Roosevelt, dem er volles Vertrauen entgegenbringt, daß er etwaige Jap[anische] exorbitante Forderungen zu vernünftigen Dimensionen zurückzuführen imstande sein werde.

Über Norwegen war er sehr beunruhigt; auf die Mitteilung, daß König Oskar es gleichgültig sei, wer sein Nachbar werde, ja sogar nichts gegen eine Republik habe, schlug er die Hände über dem Kopf zusammen, ausrufend: „Auch das noch, na das fehlte uns gerade noch, als ob wir nicht schon genug Republiken und ihnen ähnliche Monarchien in der Welt hätten, wo bleibt das Monarchische Prinzip!?" Er meinte, wenn kein Schwedischer Prinz hingehe, und Kopenhagen dabei interessiert sei, könne ja Prinz Waldemar hingehen. Der habe einige Lebenserfahrung, eine elegante nette Frau, und schöne stramme Kinder. Ich pflichtete ihm bei, machte aber darauf aufmerksam, daß nach

Privatmitteilungen aus Kopenhagen der König von England bereits einer eventuellen Wahl seines Schwiegersohns sein Einverständnis erteilt habe. Der Zar war sehr unangenehm davon überrascht, schien nichts davon zu wissen, und meinte, sein Vetter Carl sei völlig ungeeignet für diesen Posten, da er nirgendwo gewesen, keine Lebenserfahrung habe, unbedeutend und indolent sei; Waldemar sei viel besser. Bei Carl werde England „by fair means or foul" die Finger nach Norwegen hineinstecken und Einfluß gewinnen, Intrigen beginnen, und am Ende das Skagerrack durch Besetzung von Christiansand u[nd] damit uns alle in der Ostsee abschließen; ebenso im Norden seien dann seine Murmanhäfen erledigt. Damit war unsere erste Konversation erschöpft und ich erhob mich zum Abschied; er kam aber gleich mit mir auf die „Hohenzollern" und als wir die Treppe seiner Yacht auf Deck zu emporstiegen, fiel er mir plötzlich wieder um den Hals, mir nochmals für mein Kommen dankend. Das Diner bei mir auf „Hohenzollern" — fing um 1 0 , 3 0 a b e n d s e r s t a n ! — war sehr angeregt und der Zar in heiterer und zufriedener Stimmung. Sein alter prächtiger Leibarzt Hirsch sagte mir, so munter habe er den Zaren lange nicht mehr gesehen. Er gönne ihm diesen Ausflug aus den Verhältnissen zu Haus, und die Aussprache mit mir, das h o f f t e n s i e a l l e, werde ihm gut tun und für Rußland bestimmt auch im Inneren segensreiche Folgen haben. Es war schon heller Morgen, als der Zar, nachdem er mit allen meinen Herren eingehende Konversationen gehabt hatte, die Yacht verließ. Meine Herren erzählten mir, daß Fredericks sowohl wie Graf Heyden im Laufe der afterdinner Konversationen ihnen unumwunden erklärten, ein Deutsch-Russisch-Französisches Bündnis sei die beste Lösung der Situation; vielleicht könne sich mal später Japan daran beteiligen. Aus allem Vorstehenden war mir klar, daß der Boden für meine Aktion wohlvorbereitet und der Gedanke soweit schon gereift war, daß er in die Tat umgesetzt werden konnte. Denn wenn schon diese Umgebung des Zaren so offen darüber sprechen durfte, mußte der Herr nichts mehr dagegen einzuwenden haben. Und so zeigte es sich auch.

Am nächsten Morgen schlug ich meine Losungen* auf und fand folgenden Text: „Ein jeglicher wird seinen Lohn empfangen nach seiner Arbeit." Und hoffnungsfreudig stieg ich ins Boot, das mich zur Yacht des Zaren führte, den Vertrag in der Tasche,

---

* Die „Losungen der Brüdergemeinde für 1905".

nachdem ich einen kurzen Händedruck mit meinem treuen Tschirschky ausgetauscht — der sich in der ganzen Affäre ganz hervorragend à la hauteur gezeigt hat! Ein ganz goldener Charakter! — Der Zar empfing mich unten auf dem Fallreep mit herzlicher Umarmung und dann ging's mit Micha zusammen zu dreien zu einem vortrefflichen breakfast hinunter. Hierbei kam das Gespräch auf ziemlich die nämlichen Themata wie die oben geschilderten. Dabei konnte ich bald wahrnehmen, wie schwer verletzt der Zar war über das Verhalten Frankreichs in der Doggerbankaffäre und als es auf Englands Geheiß Roschestwensky aus Cochinchina hinausjagte quasi den Japs in die Hände „the French behaved like scoundrels to me, by order of England, my Ally left me in the lurch'. And now look at Brest! How they fraternize with the English! And they never told me anything about it before, did not even ask my permission!" Im übrigen habe sich Regierung und Presse Galliens noch leidlich korrekt benommen und die Pariser wären kalt geblieben. Ob sie wohl was miteinander abgemacht hätten? Ich meinte, so was wie ein kleines „agreement" — Edward VII. habe ja ein faible dafür — ohne Mitwirkung des Bundesgenossen, könne wohl dabei herausgekommen sein. Tieftraurig ließ er den Kopf hängen; „that is too bad"! „What shall I do in this disagreeable situation"? Jetzt, fühlte ich, war der Moment gekommen! — Da der Allié ohne Mitteilung und Anfrage beim Zaren sich die Politik der freien Hand und Rückversicherungen gewahrt habe, sei es ihm ja unbenommen, ohne Unrecht zu begehen, ein gleiches zu tun „suum cuique"! Wie wäre es denn, wenn wir auch so ein „little agreement" machten? Wir hätten ja im Winter schon mal eins beraten, das sei aber nicht gegangen wegen Delcassé und Spannung mit Frankreich. Jetzt sei das ja alles vorbei, wir würden gute Freunde der Gallier werden, also nun falle jedes Hindernis fort?! „Oh yes to besure, I remember well, but I forgot the contents of it, what a pity I havent got it here". Ich besitze eine Abschrift, die ich so ganz zufällig in der Tasche bei mir habe. Der Zar faßte mich beim Arme und zog mich aus dem Saale in seines Vaters Kajüte und schloß sofort alle Türen selbst. „Show it me please"; dabei funkelten die träumerischen Augen in hellem Glanze. Ich zog das Kuvert aus der Tasche, entfaltete das Blatt auf den Schreibtisch Alexanders III. vor dem Bilde der Kaiserin Mutter, zwischen lauter Photos aus Fredensborg und Kopenhagen, und legte es vor den Zaren hin. Er las einmal, zweimal, dreimal den Ihnen bereits mitgeteilten Text. Ich betete ein Stoßgebet zum lieben Gott, Er möge jetzt bei uns sein und den jungen Herrscher lenken. Es war totenstill; nur das Meer rauschte und die Sonne schien fröhlich und heiter in die trauliche Kabine, und gerade vor mir lag leuchtend weiß die „Hohenzollern", und hoch in den Lüften flatterte im Morgenwind die Kaiserstandarte auf ihr; ich las gerade auf deren schwarzem Kreuz die Buchstaben „Gott mit Uns", da sagt des Zaren Stimme neben mir: „that is quite excellent. I quite agree!" Mein Herz schlägt so laut, daß ich es höre; ich raffe mich zusammen und sagte so ganz nebenhin: „Should You like to sign it? It would be a very nice souvenir of our entrevue"? Er überflog noch einmal das Blatt. Dann sagte er: „Yes I will". Ich klappte das Tintenfaß auf, reichte ihm die Feder und er schrieb mit fester Hand „Nikolas", dann reichte er mir die Feder, ich unterschrieb, und als ich aufstand, schloß er mich gerührt in seine Arme und sagte: „I thank God & I thank you, it will be of most beneficial consequences for my country & Yours; You are Russia's only real friend in the whole world, I have felt that through the whole war & I know it." Mir stand das helle Wasser der Freude in den Augen, — allerdings rieselte es mir auch von Stirn und Rücken herab — und ich dachte, Fried[rich] W[ilhelm] III., Königin Louise, Großpapa und Nicolai I., die sind in dem Augenblicke wohl nahe gewesen? Herabgeschaut haben sie jedenfalls, und gefreut werden sie sich alle haben! Als ich den Zaren darauf aufmerksam machte, es werde sich empfehlen, vielleicht noch zwei Gegenzeichnungen zu haben, das sei so Sitte bei dergl[eichen] Instrumenten, stimmte er zu und befahl sofort Tschirschky herüber und Admiral Birilew herab. Die Freude vom ersteren hätten Sie sehen sollen, der zehn Jahre der schwersten Zeit russischen Übermuts, Mißtrauens und hochfahrender Behandlung in Petersburg hatte erleben müssen. Ihm und Birilew teilten wir beide das factum des Vertrages mit und der alte Seemann faßte stumm meine Hand mit seinen beiden Händen und küßte sie ehrerbietig.

So ist der Morgen des 24. Juli 1905 bei Björkoe ein Wendepunkt in der Geschichte Europas geworden, dank der Gnade Gottes; und eine große Erleichterung der Lage für mein teures Vaterland, das endlich aus der scheußlichen Greifzange Gallien-Rußland befreit werden wird. Der Zar besichtigte noch die „Berlin" und gab ein großes Abschiedslunch bei sich für alle meine Herren, bei dem er in aufgeräumtester Stimmung war. Ich habe noch nachzuholen, daß, während wir auf die beiden Herren zum Kontrasignieren warteten, da der Zar auch ein Exemplar des

Vertrags haben müßte, ich ihm vorschlug, sein Bruder möge es abschreiben, was auch von ihm sofort angeordnet ward. Auf diese Weise war es möglich, daß der eventl. Thronfolger oder Regent mit dem Vertrag, der sonst ganz geheim gehalten wurde, bekannt wurde. Es wurde auch viel über Dänemark gesprochen und drückte der Zar den Wunsch aus, wir möchten in Erwägung ziehen, ob nicht irgendeine Form zu finden wäre, durch die wir beide dem König Christian seinen Länderbestand garantieren könnten, damit wir sicher seien, daß [wir] im Kriegsfalle die Verteidigung der Ostsee nördlich v o r d e n B e l t e n führen könnten. Da eine Neutralitätserklärung uns nichts nütze, bei der die Dänen, ihrer Ansicht nach mit Recht, feindliche Schiffe direkt in die Ostsee vor unsere Häfen lotsen könnten. Im Falle der Gegner die Neutralität Dänemarks nicht respektiere, was bei der großen Schwäche des Ländchens anzunehmen sei, dann lege er sofort die Hand darauf und das neutrale Reich sei auf des Feindes Seite zum Mittun gezwungen, und gewähre ihm eine vortreffliche Basis für seine Operationen gegen unsere Küsten. Dänemark sei nun einmal ein Ostseestaat und keine Nordseemacht. Ich versprach, mit Ihnen darüber zu beraten. In Kopenhagen werde ich Schoen ausfragen und etwas horchen, was man sich dort denkt unter Neutralität. Das Wetter ist prachtvoll, die Fahrt wunderschön.

Ihr treuer Freund W i l h e l m I. R.

P. S.

Im Laufe der Gespräche über die innere Lage Rußlands habe ich ihm ganz reinen Wein eingeschenkt. Ich habe ihm zwei Dinge geraten zu tun.

Erstens: dem Lande in feierlicher Form — etwa wie die magna Charta in England — durch eine habeas Corpus Akte die persönliche Sicherheit und Gerechtigkeit für die Bürger seines Reiches zu geben unter Aufhebung des Administrativen Verfahrens. Wenn diese Charta vom Ministerium fertiggestellt sein werde, sie nicht gleich zu promulgieren, sondern erst den Staatsrat — in der von mir skizzierten Form und Zusammensetzung — zusammenzuberufen und sie ihm vorzulegen. Bei den u n t e r s e i n e m P r ä s i d i u m stattfindenden Sitzungen solle er erst die Leute über Parlament und Konstitution reden und zanken lassen — denn jeder werde einen Entwurf in der Tasche mitbringen —. Wenn dann bei der Passion und Begabung der Slawen für das Reden die Gesellschaft sich gehörig ausgeredet und total verzankt haben werde, dann könne er hervortreten und unter Hinweis auf die Vorgänge, daß es doch nicht so leicht sei, eine Konstitution zu erfinden, zunächst einmal mit etwas Bestimmtem, dem Volke direkt Nützlicherem anzufangen; hier sei eine Garantie für persönliche Sicherheit und gerechte Behandlung der Russ[ischen] Staatsbürger; habeas Corpus, ehe einer abgeurteilt wird, und 36 Stunden nach Inhaftierung Vorführung und Aburteilung durch den Richter.

Zweitens: Sein Heer habe sich im Felde brav geschlagen bei recht mangelhafter Führung — S[eine] M[ajestät] gab letzteres unumwunden zu — ebenso seit 6 Monaten unermüdlich die Revolution bekämpft, dabei ihm unsympathische Polizeidienste zu tun. Die Garde sei zu Haus geblieben. Es müsse daher die Linientruppe eine exemplarische Belohnung erhalten. Das sei Gleichberechtigung mit der Garde in Chargen und Avancement! Damit der alle Linienoffiziere tief kränkende Zustand (der) Offiziere II. Klasse zu sein, aufhöre. S[eine] M[ajestät] hat mir in die Hand versprochen, eine diesbezügliche Order an die Armee zu erlassen. Dann wird sie, auch ohne Sieg, wenn Frieden geschlossen wird, gehoben und befriedigt heimkehren.

Anlage

Text des Vertrags

Björkoe, den 24. Juli 1905

11. Juli

Leurs Majestés les Empereurs de toutes les Russies et d'Allemagne, afin d'assurer le maintien de la paix en Europe ont arrêté les Articles suivants d'un Traité d'Alliance défensif.

Article I

En cas où l'un des deux Empires serait attaqué par une Puissance Européenne son allié l'aidera en Europe de toutes ses forces de terre et de mer.

Article II

Les hautes parties contractantes s'engagent à ne conclure de paix séparée avec aucun adversaire commun.

Article III

Le présent Traité entrera en vigueur aussitôt que la paix entre la Russie et le Japon sera conclue, et restera valide tant qu'il ne sera pas dénoncé une année à l'avance.

Article IV

L'Empereur de toutes les Russies, après l'entrée en vigueur de ce traité, fera les démarches nécessaires pour initier la France à cet accord et l'engager à s'y associer comme alliée.

Wilhelm I. R.   Nicolas
von Tschirschky und Bögendorff   A. Birileff

AN DAS AUSWÄRTIGE AMT

Ganz geheim   Norderney, den 26. Juli 1905

Für Exzellenz Baron von Holstein

1. Sind Sie der Ansicht, daß der Zusatz „en Europe" den Vertrag für uns wertlos macht, weil in Europa Rußland uns mit seiner aufgeriebenen Flotte überhaupt nicht und mit seinem Heer nicht gegen England nützen kann? Soll ich unter diesen Umständen durch Verweigerung meiner Gegenzeichnung den Vertrag hinfällig machen? oder glauben Sie, daß auch in dieser Form der Vertrag als Durchlöcherung des Zweibundes für uns Wert hat?

2. Der Wunsch Seiner Majestät, Roosevelt von dem Vertrag in Kenntnis zu setzen, entspricht Ihrem Gedankengang. Es fragt sich nur, ob Roosevelt gegenüber Witte dicht halten würde, und ob letzterer, wenn er die Sache erfährt, nicht durch Graf Lamsdorff dem Zaren sagen läßt, eine solche Indiskretion von deutscher Seite entbinde Rußland von dem Vertrage. Ich setze dabei voraus, daß Sie den Vertrag mit dem Zusatz „en Europe" der Konservierung für würdig halten.

3. Wenn letzteres der Fall ist, würde es wohl auch unserem Interesse entsprechen, daß wir das Zustandekommen des Friedens begünstigen.

4. In diesem Falle würden wir uns auch an der Aktion gegen Witte beteiligen müssen, der zweifellos mehr für die Anlehnung Rußlands an Frankreich und

England wie an Deutschland ist. Ich habe mit dieser Aktion schon begonnen, indem ich das Preßbüro angewiesen habe, ganz unauffällig einen für Witte kompromittierenden Artikel der letzten Nummer der „Zukunft" in die deutsche Presse und auch in die „Darmstädter Zeitung" zu bringen.

5. Sehr damit einverstanden, daß Seine Majestät dem Zaren wegen Verfassung und Übernahme der Verantwortung für die japanischen Friedensbedingungen durch die Semstwos schreibt. Es fragt sich nur, ob Seine Majestät sofort schreiben oder dem Zaren Zeit lassen soll, etwas zu verschnaufen.

AN DAS AUSWÄRTIGE AMT   Norderney, den 27. Juli 1905

Ich habe gestern abend an Herrn von Tschirschky das nachstehende Telegramm gerichtet:
„Bitte um Wiederholung des dritten Satzes Ihres Telegramms aus Wisby vom 26. d. Mts.: ‚Au cas où l'un des deux empires serait attaqué par une puissance européenne, son allié l'aidera en Europe de toutes ses forces de terre et de mer.' Wie ist der Zusatz ‚en Europe' hinter ‚l'aidera' hereingekommen? Erbitte umgehend Drahtantwort. Nähere vertrauliche Mitteilungen über Gang der Verhandlungen und begleitende Umstände mir sehr erwünscht."

AN DAS AUSWÄRTIGE AMT
Ganz geheim   Norderney, den 27. Juli 1905

Gesandter von Tschirschky telegraphiert mir:
„Der Satz ist richtig wiedergegeben ‚son allié l'aidera en Europe de toutes ses forces'. Bei Besprechung des früheren Vertragsentwurfs kam die Rede

auf die Möglichkeit, daß Deutschland etwa von Rußland angehalten werden könnte, außerhalb Europas seine Kräfte — Flotte — zur Verfügung stellen zu müssen. Seine Majestät befahl darauf, den Zusatz ‚en Europe' einzufügen. Ich hatte gleich anfangs meine Bedenken gegen jede Änderung des Textes ohne Euerer Durchlaucht Einverständnis geltend gemacht. Leider war Einholung Euerer Durchlaucht Ansicht materiell unmöglich. Ausführliche Mitteilungen über Gang der Verhandlungen überbringt heutiger Feldjäger."

Da der Zusatz „en Europe" von uns eingefügt worden ist, erscheint es mir nicht unmöglich, denselben wieder herauszubringen und dies vielleicht sogar als Konzession an Rußland zu frisieren. Es könnte diese Korrektur in der Weise vor sich gehen, daß wir neue Vertragsinstrumente mit regelrechter Gegenzeichnung durch mich und Graf Lamsdorff austauschen.

Erbitte dortseitige Ansicht über die Tragweite der Worte „en Europe", und welcher Wert auf ihre Eliminierung gelegt wird.

Wenn der mir von Tschirschky angekündigte Feldjäger über Berlin geht, so bitte ich, ihn dort zu öffnen, von seinem Inhalt Kenntnis zu nehmen und ihn mir dann hierher zu senden.

AN DAS AUSWÄRTIGE AMT   Norderney, den 27. Juli 1905

Ich habe soeben nachstehendes an Seine Majestät telegraphiert:

„Ganz geheim.

Euerer Majestät ist durch den Abschluß des Vertrags ein großer Wurf gelungen. Jetzt kommt es darauf an, daß der Zar am Leben und am Ruder bleibt. Der Vertrag tritt erst in Kraft, wenn der Russisch-

Japanische Krieg aufhört. Bis dahin muß der Vertrag strikt geheimgehalten werden, denn sonst suchten die Engländer und vielleicht auch die Franzosen die japanischen Friedensbedingungen derartig hinaufzuschrauben, daß der Krieg in infinitum fortdauert und der Zar unterdessen beseitigt wird. Die englische Politik hat vor grade hundert Jahren den Kaiser Paul beseitigt, weil er sich ihr nicht anschließen wollte. Bei dieser Sachlage halte ich es für unmöglich, dem Präsidenten Roosevelt jetzt schon irgend etwas von unserem Vertrag mitzuteilen, und habe Euerer Majestät Ermächtigung entsprechend nur den ersten Teil des Telegramms Euerer Majestät an den Präsidenten weitergegeben. Sobald der Frieden hergestellt ist, teilen Euere Majestät dem Präsidenten als erstem den Vertrag mit unter der vorzüglichen Motivierung, die Euere Majestät jetzt formuliert hatten.

Schiemann erhielt ernste Nachrichten aus Rußland, wonach neue Attentate und allgemeine Aufstände zu erwarten sind, wenn nicht endlich etwas Positives in der Verfassungsfrage geschieht. Der von dem Minister des Innern (Bulygin) ausgearbeitete, aber von dem Zaren noch nicht sanktionierte und noch nicht veröffentlichte Verfassungsentwurf entspricht im wesentlichen Euerer Majestät Ratschlägen an den Zaren und an den Großfürsten Michael Alexandrowitsch. Er enthält nach der Ansicht von Schiemann das Minimum dessen, was zu gewähren ist, mit allen möglichen Einschränkungen, hohem Zensus usw. Weniger könne unmöglich gewährt werden. Nach der Meinung von Schiemann würde das Inkrafttreten des Bulyginschen Verfassungsentwurfs trotzdem unbedingt beruhigend wirken und geeignet sein, die Liberalen von den Anarchisten zu trennen, weil die ersteren die Möglichkeit sehen würden, auf legalem Wege etwas zu erreichen. Der Zar sollte nicht länger zögern, den Bulyginschen Entwurf als Verfassung zu proklamieren, sonst nimmt die Sache für ihn noch ein [übles] Ende. Ich weiß nicht, ob Euere Majestät die Möglichkeit hatten, mit dem Zaren die innere russische Lage zu besprechen. Falls Euere Majestät dem Zaren in dieser Richtung schriftliche Ratschläge zukommen lassen wollen, würde es sich meines alleruntertänigsten Erachtens vielleicht empfehlen, dies nach dem Besuch in Kopenhagen zu tun, um für die betreffenden Warnungen auch die Autorität des besorgten Großvaters anrufen zu können.

Fürst von Radolin drahtet: ‚Rouvier sprach mir ausführlich über seine Unterhaltung mit Herrn Witte, die genau mit dem stimmt, was letzterer auch mir über die Aussichten der Friedensverhandlungen gesagt. Wenn Rußland auf der verblendeten Weigerung einer Kriegsentschädigung Japans beharrt, meint Rouvier, sei wenig Aussicht auf Frieden, und Rußland würde wohl noch schlimmeren Enttäuschungen entgegengehen. In finanzieller Beziehung würde Rußland bei Fortsetzung des Krieges nicht die geringste Aussicht haben, Geld in Frankreich zu finden. Das Publikum sei gesättigt, und würden die großen Bankinstitute mit dem besten Willen nicht in der Lage sein, eine russische Anleihe im Publikum unterzubringen. Geld sei nur auf Grund sicherer Friedensaussicht zu erlangen. Übrigens scheint Herr Witte so wenig Hoffnung auf Gelingen seiner Friedensbemühungen zu haben, daß er sich kurz vor seiner Abreise dahin geäußert, er werde voraussichtlich in sehr kurzer Zeit zurückkehren.

Es wäre augenscheinlich für den Zaren sehr gefährlich, wenn er die Verantwortung für die Annahme oder Ablehnung der japanischen Friedensbedingungen allein auf seine Person und Dynastie übernähme. Tut er dies, so fallen in dem einen wie in dem anderen Falle alle

Parteien über ihn her, und die Folgen lassen sich gar nicht absehen. Er muß die Friedensbedingungen so, wie sie von Witte eingereicht werden, einer Volksvertretung vorlegen, damit diese den Zaren entlastet. Auch deshalb sollte der Zar sobald als möglich irgendeine Verfassung (also den Bulyginschen Entwurf, da der gerade fertig ist) oktroyieren und die Vertreter unverzüglich wählen lassen, damit sie zur Stelle sind, wenn sie für den Friedensschluß gebraucht werden. Nach dem Bulyginschen Vorschlag soll die Versammlung nur beratendes Votum haben; sie würde aber immerhin die Kaiserliche Verantwortung und Gefahr sehr wesentlich erleichtern. Es wäre sehr bedenklich, wenn Witte unverrichteter Sache aus Amerika wieder abzöge. Auch in dieser Richtung würde eine Warnung Euerer Majestät an den Zaren durch die Unterstützung des Königs Christian vielleicht noch an Gewicht gewinnen."

Ende des ersten Bandes

www.ingramcontent.com/pod-product-compliance
Lightning Source LLC
Chambersburg PA
CBHW031948290426
44108CB00011B/717